# 자살의 단기인지행동치료

*Brief Cognitive-Behavioral Therapy for Suicide Prevention*

*Craig J. Bryan* · *M. David Rudd* 저
육성필 역

박영story

# 역자 서문

a Preface to a Translation

내가 자살에 대한 연구를 시작하고 저술작업을 하던 1990년 중반에 비해 지금은 사회적으로나 국가적으로 자살에 대한 관심이 크게 증가되었다. 특히 자살에 대한 전문적인 개입의 필요성과 조력 전문가의 소진에 대한 관심도 높아지고 있어서 바람직한 일이라 생각한다. 하지만 여전히 학계나 전문가집단에서도 심각한 자살문제에 대해 관심을 갖는 것이 때로는 일시적으로 보이고 사회적으로 이슈화하는 정도에 머무는 것 같아 아쉬운 생각이 들기도 한다.

그동안 일반시민과 전문가 대상의 자살에 대한 교육이 어느 정도 이루어졌다. 이에 따라 일반시민들도 정신건강에 대한 욕구가 구체화되어 연령별·계층별·주제별 맞춤형 심리상담을 기대하게 되었다. 그러나 막상 자살위기에 처한 사람들에게 도움이 필요한 상황이 되었을 때 적절한 개입과 효과적인 서비스제공을 제공할 전문가가 부족한 현실은 여전히 개선되고 있지 않은 상태이다. 이러한 상황을 접하면서 자살위기에 처한 사람들을 어떻게 하면 제대로 잘 도울 수 있을까, 어떻게 하면 적절한 도움을 제공하고자 하는 사람들의 전문성을 강화할 수 있을까에 대한 고민을 하게 된다.

그동안 나는 전문가와 임상상담수련생, 일반인을 위한 자살심리의 이해와 개입, 현장에서의 위기개입 등과 관련된 연구와 저역서 작업을 해왔다. 이번에 출간하는 『자살의 단기인지행동치료(Brief Cognitive Behavioral Therapy for Suicide Prevention)』는 실제 현장에서 자살하려는 사람을 만나고 있는 마음건강전문가와 위기관리전문가들을 위한 책이다. 물론 임상 및 상담전문가가 되기 위해 수련하고 있는 사람들에게 도움이 될 수 있는 책이라고 생각한다.

이 책의 저자인 Bryan과 Rudd는 책의 추천사에도 나타나듯이 자살위기관리영역에서는 누구도 이들의 전문성과 임상경험에 대해 의문을 가질 수 없는 최고의 전문가들이다. 이들은 단순히 이론이나 생각을 중심으로 책의 내용을 구성하기보다, 실제 자신들의 임상 경험을 근거로 치료과정과 현실적인 조언을 제시하고 있다. 이 책의 내용들은 임상가들이 자살행동을 이해하는 것은 물론 자살위험성의 평가와 개입하는데 있어 많은 도움이 될 것이다. 특히, 자살의 위험성의 장기적인 예측과 단기적인 예측부분은 현장의 자살위기전문가들에게는 상당히 유용할 것이다. 또한 이 책은 임상 실제에서 자살하려는 사람을 위한 회기별 해당 주제와 요령을 상세하게 제시하고 있다. 실제 회기 내에서 사용할 수 있는 치료계획, 위기지원계획, ABC 워크시트 등의 도구들이 임상현장에서 당장 자살하려는 사람에게 사용하기 쉽게 잘 정리되어 있다.

이 책은 인지행동적인 접근에 익숙한 전문가가 활용하기 용이하게 되어 있지만, 임상이나 상담심리 수련생 혹은 대학원생이라도 자살행동에 대한 인지행동적인 관점에서 자살행동에 대한 효과적인 개입의 과정과 기법을 매우 친절하고 상세히 기술하고 있어 읽고 실제에 적용하는 데 별다른 어려움은 없을 것이다.

수업시간에 이 책으로 수업을 진행하면서 많은 논의와 토론을 함께 하고 초벌 번역작업을 해준 서울상담심리대학원대학교 위기관리상담전공 석·박사과정생들에게 고마움을 전한다. 좋은 책이 나올 수 있도록 전적으로 지원하고 격려해주신 피와이메이트 노현 대표님과 여러 번의 교정, 표지디자인 등을 크고 작은 수고를 마다하지 않고 끝까지 좋은 책이 나올 수 있도록 해 주신 편집부 김윤정 선생님께도 감사드린다.

특별히, 언제나 그렇듯 내가 하는 모든 일에 무한한 신뢰와 지원을 아끼고 않으며, 바쁘고 힘든 와중에도 문맥과 내용을 다듬는 데 열의와 정성을 다한 나의 동반자 이혜선 박사에게 깊은 감사와 고마움을 전한다. 이혜선 박사의 심리상담전문가로서 지치지 않고 항상 최선을 다하는 모습은 같은 전문가인 나 스스로를 돌아보게 한다.

2023. 1

육성필

# 차례 CONTENT

## PART 01 배경과 개념적 기반



## PART 02 첫 회기



## PART 03 1단계: 정서조절과 위기관리

## PART 04 2단계: 자살신념체계 약화



## PART 05 3단계: 재발방지

# PART 01

# 배경과 개념적 기반

CHAPTER

# 01

# 왜 자살예방에 단기인지행동치료인가?

2014년 미국에서는 사만명 이상의 사람들이 자살로 사망했다(Centers for Disease Control and Prevention, 2016). 1970년부터 2000년까지 미국의 일반 인구 자살률은 10만 명당 13.2명에서 10.4명으로 약 20% 감소했다. 그러나 세기가 바뀔 무렵 이러한 감소추세는 역전되었고 2014년에는 자살률이 10만 명당 13.4명으로 증가했다. 대부분의 모든 연령집단에서 자살률이 증가했지만, 중년(즉, 45~64세) 백인 남성 집단에서 가장 두드러진 증가세를 보였다. 연령층에서 차이가 있기는 하지만 세계적으로 유사한 경향이 관찰되었다(Chang, Stuckler, Yip, & Gunnell, 2013). 일례로 유럽에서는 15세에서 24세의 젊은 남성들 사이에서 자살이 가장 극적으로 증가했다. 한 사람이 자살로 사망할 때 자살시도는 10~30건이 발생하는 것으로 추정된다(Centers for Disease Control and Prevention, 2016). 이러한 경향으로 인해, 자살로 인한 사망과 좀더 일반적으로는 자살행동을 줄이기 위한 개입과 예방 전략을 확인하고 개발하는 것에 대한 관심이 증가되었다.

미국에서 자살에 대한 이해와 치료에 초점을 둔 연구는 1950년대에 본격적으로 시작되었으며, 대부분 임상심리학자인 에드윈 쉬나이드만과 노만 파블로우 그리고 로스 엔젤레스 자살예방센터(Los Angeles Suicide Prevention Center)의 정신과 의사인 로버트 리트만이 주도했다. 자살 연구자의 수가 급격히 증가했지만, 미국과 전 세계의 임상연구자들은 1990년대에 이르러서야 자살생각을 줄이고 자살시도를 예방할 수 있는 효과적인 치료법을 개발하고 평가하기 위해 엄격한 과학적 방법을 적용하기 시작했다. 이러한 노력에도 불구하고 미국의 일반인구의 자살률은 1999년부터 증가하기 시작했고 2014년에는 거의 30년 만에 최고치를 기록했다(Centers for Disease Control and Prevention, 2016).

자살하려는 사람들을 치료하는 전통적인 접근방식은 자살 위험요인 모델(*The risk factor model of suicide*)의 영향을 많이 받았으며, 자살생각과 자살행동의 관련성을 확인하고 설명함으로써 이해하려고 한다. 예를 들면, 자살생각과 행동에 대해 잘 정립된 몇 가지 상관관계에는 남성, 백인 또는 코카서스 인종, 45세 이상 연령 및 정신과적 진단이 포함된다(Franklin et al., 2017). 정신과적 진단의 일반적인 범주에서는 전통적으로 기분장애 및 약물남용 장애가 연관되어 왔다(Kessler, Borges, & Walters, 1999; May & Klonsky, 2016; Nock et al., 2008).

자살 위험요인 모델은 자살행동에 대해 특정한 기저의 과정이나 원인을 반드시 제시하는 것이 아니라, 자살의 원인을 자살생각과 행동에 기여하는 여러 위험요인의 축적이라고 가정한다. 이 모델에 의한 치료는 자살생각과 행동의 발생률 또는 심각성을 감소시킬 수 있을 것이라는 가정 아래 위험요인을 줄이는 것을 목표로 한다. 이러한 가정을 검증하기 위해 그동안 이루어진 50년간의 연구결과를 대상으로 한 최근의 메타분석 결과는 위험요인 모델이 자살예방이나 효과적인 치료법 개발에 상대적으로 거의 영향을 미치지 않는 것으로 확인되었다(Franklin et al., 2017). 따라서 자살 위험요인 모델의 효용성에 대한 의문이 점차 제기되고 있다.

자살생각과 행동을 정신질환의 증상으로 개념화하는 정신의학적 증후군 모델(*The psychiatric syndromal model*)은 좀 더 일반적인 위험요인 모델의 특정 하위범주이다. 이러한 관점에서는 자살생각과 행동은 관찰 가능한 특성과 행동의 표면적 특징(예 방법, 치사율 및 의도)에 따라 설명되고 정리되며, 정신건강 및 의료전문 분야에서 일반적으로 사용되는 증후군 분류 체계와 유사하다(예 세계 보건기구의 국제 질병 분류, 미국 정신의학협회의 진단 및 통계 매뉴얼). 의학 분야에서 증후군의 특징과 표면적 특징이 근본적인 과정 및 원인과 연결되면 증후군은 질병으로 재분류된다. 자살에 적용되는 정신의학적 증후군 모델은 자살하려는 사람을 치료할 때 정신질환이 중심적 역할을 한다고 전제한다. 즉, 정신질환을 치료하면 자살위험이 해결된다고 가정한다. 나아가 자살하려는 사람이 우울증으로 진단되면 전문가는 자살시도를 방지하기 위해 우울증을 치료해야 한다. 또한 자살하려는 사람이 외상 후 스트레스 장애가 있는 경우 전문가는 외상을 치료해야 한다. 정신의학적 증후군 모델은 수십 년 동안 자살에 대한 임상적 이해에서 지배적 관점이었고 대부분의 임상가가 자살하려는 사람들의 치료에 사용하는 접근법임에도 불구하고, 축적된 증거들은 이 개념적 체계의 효과를 뒷받침하는 데 실패했다(예 Tarrier, Taylor, & Gooding, 2008). 이와 같은 결과는 부분적으로 대부분의 정신질환이 자살생각과는 연관이 있지만 자살행동과는 관련이 없다는 사실 때문일 수 있다(Kessler et al., 1999; May & Klonsky, 2016; Nock et al., 2008). 이러한 사실은 정신장애를 우선시하는 치료가 자살행동을 일으키는 메커니즘에 적합하지 않을 수 있음을 시사한다. 결과적으로 정신과적 증상은 감소하지만 자살시도의 위험은 감소하지 않는다는 것이다.

자살행동을 이해하기 위한 세 번째 일반적인 체계는 기능적 모델(*The functional model*)이다. 이 모델에 따르면, 자살생각과 행동은 시간이 지남에 따라 자살생각과 행동을 구체적으로 촉진하고 유지하는 근본적인 정신병리 과정의 결과로 개념화할 수 있다(Hayes, Wilson, Gifford, Follette, & Strosahl, 1996). 이러한 관점에서 보면 자살생각과 행동은 특정한 심리적 과정(예 정신질환)의 결과가 아니다. 오히려 개인의 과거력, 당면한 주변상황(immediate environment) 그리고, 반응으로 나타나는 행동의 맥락에서 개인이 심리적 과정을 경험하는 방식의 결과이다. 임상적으로 기능적 모델은 자살하려는 사람들을 치료하는 주요 목표가 정신질환 자체가 아니라, 시간의 흐름에 따른 자살 위험의 출현 및 유지를 둘러싼 맥락임을 시사한다.

이와 같은 모델 간의 차이점을 강조하기 위해, 결혼생활 문제로 인해 우울증 진단을 받은 두 명의 서로 다른 여성을 생각해보자. 두 사람 모두 비슷한 수준의 심각한 우울증을 앓지만, 이들 여성 중 한 명(환자 A)은 파트너와 말다툼 후 자살시도를 한 반면, 두 번째 여성(환자 B)은 비슷한 논쟁 후 자살생각을 경험했지만 자살시도는 하지 않았다. 위험요인 모델과 정신의학적 증후군 모델에서 보면, 두 여성이 경험하는 자살증상은 부분적으로는 근본적인 우울증으로 설명된다. 왜 이 두 여성 중 한 명만 자살시도를 했는지에 대한 명확한 설명은 없지만, 두 모델 모두 일반적으로 환자 A가 자살시도를 했지만 환자 B는 시도하지 않았기 때문에 환자 A는 환자 B보다 더 많은 위험 요인을 가지고 있어야 한다고 가정할 것이다. 위험요인 모델은 두 사람에 대한 치료 계획을 세우기 위해 두 여성을 감별할 수 있는 위험요인 확인을 분명히 해야 한다고 제안할 수 있다. 이러한 치료계획은 일반적으로 각 여성의 위험요인을 줄이거나 제거하려고 하는 것이다. 정신의학적 증후군 모델은 좀 더 집중적이기는 하지만 유사한 접근 방식을 취할 것이다. 두 여성에 대한 치료접근 방식은 우울증 감소에 초점을 맞춘다. 환자 A가 자살을 시도했기 때문에 정신의학 증후군 모델에서는 환자 B에 비해 전반적으로 더 심각한 임상 양상을 가지고 있다고 가정할 것이다. 따라서 환자 A는 더 높은 수준의 치료가 필요한 것으로 판단될 수 있기 때문에 환자 B보다 입원장면에서 치료를 받을 가능성이 더 높을 수 있다.

이 두 가지 접근법과는 대조적으로, 기능적 모델은 두 여성이 경험하는 자살 증상이 우울증에 의해 부분적으로만 설명된다고 가정한다. 보다 완전한 설명은 각 여성의 과거력과 자살사건 발생의 상황 맥락(자살을 목격하거나 가까운 사람을 자살로 잃은 경험 여부)에서 우울증을 고려하여 제공된다. 환자 A는 자살시도를 했지만 환자 B가 자살하지 않은 이유를 이해하기 위해 우리는 두 여성이 여러 영역에서 파트너와의 말다툼에 반응하는 방식의 차이를 확인하려고 한다. 인지적(예 그녀는 왜 말다툼이 일어났다고 생각하는가?, 그녀는 그 말다툼이 그녀 자신의 대인관계에 대해 무엇을 의미한다고 믿는가? 또는 한 사람으로서 자신에 대해 무엇을 의미한다고 믿는가?), 정서적(예 그녀가 어떤 정서를 경험했는가?), 행동적(예 말다툼 후 그녀는 어떤 조치를 취했는가?, 그녀는 자신의 정서를 어떻게 관리하려고 했는가?) 그리고 신체적(예 그녀는 말다툼 도중과 후에 어떤 신체적 감각을 경험했는가?) 요컨대, 환자 A는 우울증 때문이 아니라 이전의 삶의 경험과 효과적인 자기조절 및 대처의 일반적인 결함으로 인해 형성된 방식으로 말다툼을 경험했기 때문에 자살을 시도했다. 따라서 환자 A에 대한 외래 치료는 환자 B에 대한 치료와 다를 가능성이 높으며, 우울증에만 집중하는 대신 자기조절 및 대처에서의 결함에 초점을 맞출 것이다.

위험요인 또는 정신의학적 증후군 모델에 기반을 둔 치료 접근법에 비해 기능적 모델에 기반을 둔 치료 접근법의 우월성은 이제 경험적으로 충분히 확립되었다. 예를 들어, 자살생각과 자살시도에 대한 치료 효과를 조사한 24개 연구의 메타분석에서 자살생각과 행동을 직접 목표로 삼은 치료(즉, 기능적 접근)는 주로 정신과적 진단을 목표로 하는 치료에 비해 자살 위험정도를 통계적으로 유의하고 더 크게 개선하는데 기여했다(Tarrier et al., 2008). 이러한 연구결과를 근거로 하여 자살 연구자들 사이의 일반적인 합의는 자살하려는 사람들에 대한 치료는 정신과적 진단이 아닌 자살위험 자체에 직접 초점을 맞추어야 한다는 것이다. 안타까운 사실은 이러한 관점을 뒷받침하는 과학적 증거에도 불구하고, 대다수의 정신건강전문가는 정신의학적 증후군 모델에 영향을 많이 받고 있다는 것이다. 이러한 문제는 대부분 새롭고 더 나은 모델들과 관련된 전문가를 위한 교육 및 훈련이 불충분하기 때문이다(Schmitz et al., 2012).

## 자살시도의 예방을 위한 인지행동치료의 발전

임상장면에서 자살에 대한 연구들은 전반적으로 매우 다양한 분야(예 심리학, 사회사업, 정신의학, 사회학)와 임상 전통(예 생물의학, 정신역동, 인지행동, 대인관계)에서 비롯되었지만, 자살하려는 사람들을 위한 효과적인 치료법의 발전에서 가장 중요한 진전은 분명 인지행동 전통에서 비롯된 것이다. 이것은 다른 이론적 관점과 전통에서 훈련된 임상연구자들로부터 중요한 지식을 얻지 못했다는 것이 아니라, 인지행동모델이 자살개념화에 대한 기능적 접근법에 좀 더 "적합"할 수 있다는 것을 의미한다. 실제로, 자살치료의 기능적 모델은 맥락적인 선행사건을 이해하고 자살생각과 행동의 결과(예 생각, 정서, 행동 반응)를 이해하는 것을 강조하는데 이는 인지행동 이론의 핵심개념 원리와 유사하다.

일반적으로 자살행동에 대한 치료 효과를 고려할 때 자살로 인한 사망을 예방하는 치료법이 없다는 사실을 먼저 알아야 한다. 이러한 결과는 대부분 자살행동의 치료효과에 대한 연구를 수행하고 구현하는 데 필요한 비용이 매우 많이 들어가기 때문이다. 자살로 인한 사망은 매우 드물게 발생하기 때문에 자살행동으로 인한 결과로서 죽음을 연구하기 위해서는 매우 많은 참가자 표본이 필요하다. 이러한 관점에서 살펴보면, 단기인지행동치료에 대한 2건의 연구(Brown, Ten Have, et al., 2005; Rudd et al., 2015)에서 총 272명의 참가자 중 연구기간 동안 자살로 사망한 사람은 3명이었다. 즉, 환자의 1%만이 자살로 사망했다. 이 두 연구에 참여한 참가자의 약 90%가 일생 동안 최소 한 번의 자살시도를 한 것을 고려할 때(대부분의 경우 자살시도는 지난 한 달 이내였음), 해당 참가자의 자살위험성이 매우 높다는 것을 의미하기 때문에 이처럼 낮은 자살 사망률은 주목할 만하다.

따라서 연구자들이 치료가 자살로 인한 사망위험을 절반으로 줄일 수 있다는 것을 보여주기 위해서는 매우 많은 수의 고위험 개인(1,500명 이상)을 연구에 등록해야 한다. 안타까운 것은 이러한 대규모 연구를 수행하기 위해서는 여러 연구 사이트의 협력적 참여가 필요하며, 많은 기금기관들이 현실적이라고 생각하는 것보다 훨씬 더 많은 비용이 필요하다는 것이다.

자살로 인한 사망은 아직 연구의 목적을 위해 이용 가능한 종속변인이 되기 어렵기 때문에, 치료효과 연구에서는 일반적으로 자살시도와 자살생각 같이 더 빈번하게 발생하는 자살사망의 대용물을 사용한다. 주요한 결과물로 자살시도에 대한 치료의 효과를 평가하는 연구는 일반적으로 자살생각에 대한 치료 효과를 고려하는 연구보다 더 엄격하고 유용한 것으로 간주되는 반면, 정신과 진단 및 기타 자살 위험요인에 대한 치료의 영향을 평가하는 연구는 일반적으로 그다지 유용하지 않은 것으로 간주된다. 이는 자살시도가 자살 생각과 정신과적 진단보다 자살로 인한 사망에 훨씬 더 가깝고(자살로 사망하려면 자살시도를 해야 한다.), 자살시도는 자살생각이나 정신과 진단보다 자살로 인한 이후의 죽음에 더 강력한 위험요인이기 때문이다. 예를 들어, 정신질환으로 인한 자살에 대해 조사한 249개 연구에 대한 고전적인 메타 분석에서 헤리스와 바라크로프(1997)는 자살시도 이력이 있는 개인의 표준화된 사망률이 대략 40이라는 것을 발견했는데 이것은 자살을 시도한 적이 없는 사람보다 자살로 사망할 확률이 40배 더 높다는 것을 의미한다. 이에 비해 일반적으로 자살과 관련된 정신질환의 표준사망률은 훨씬 더 낮았다. 주요 우울장애의 경우, 표준사망률은 20, 물질사용 장애의 경우 19, 양극성 장애의 경우 15, 조현병의 경우 8.5이다. 따라서 자살시도는 자살로 인한 사망에 대한 가장 좋은 대용물로 간주된다.

치료 효과와 관련하여 또 다른 중요한 고려 사항은 대조군 또는 비교치료 조건의 특성인데, 대조군이 없으면 치료가 효과적인지를 판단할 수가 없다. 급성의 자살하려는 사람을 치료하지 않는 것은 비윤리적이므로 자살환자에 대한 연구는 통제조건으로 적극적인 치료를 포함해야 한다. 자살시도를 예방하기 위한 치료 연구에서 가장 일반적인 통제조건은 일반적인 치료(treatment as usual), 일반적 돌봄(as usual care)이라고 한다. 일반적인 치료는 보통 정신건강전문가가 제공하는 표준적인 정신건강 치료를 제공한다. 대부분의 연구에서 일반적인 치료와 같은 치료는 흔히 개인정신 치료와 향정신성 약물의 조합을 수반하며 집단치료, 약물남용 상담 및 사례 관리를 포함할 수 있다. 본질적으로 일반적인 치료를 제공하는 전문가는 자살하려는 환자에게 일반적으로 그들이 할 수 있는 모든 것을 하도록 요청받는다. 즉, 치료를 수행하는 방법에 대해 변경하라는 요청은 받지 않는다. 치료는 정신건강전문가가 널리 사용하는 다른 적극적인 치료 방법에 비해 자살시도의 위험을 줄이는 경우에만 자살시도의 위험을 예방하거나 줄이는데 '효과적인' 것으로 간주된다. 즉, 효과적인 치료라는 것은 일대일 비교에서 다른 형태의 치료보다 좋은 결과를 나타내는 경우인 것이다. 현재까지 인지행동치료는 효과와 관련하여 가장 일관적인 효과성의 증거를 제시했으며 이는 수많은 연구에서 다른 형태의 치료법을 능가했음을 보여준다.

자살을 예방하기 위한 단기인지행동치료(Brief Cognitive Behavioral Therapy: BCBT)는 수십 년 동안 임상연구자들이 성공적으로 사용한 인지–행동모델의 발전 및 정교화를 기반으로 한, '진일보한 단계의 모델'로 간주되고 있다. 현재 자살위험을 줄이기 위한 인지행동치료의 효과를 검증하는 약 30건의 임상시험이 다양한 측정치(결과)들을 사용하여 수행되었다(Tarrier et al., 2008). 자살시도의 위험을 줄이는 효과를 입증한 첫 번째 치료법 중 하나는 변증법적 행동치료다(Dialectical Behavior Therapy: DBT; Linehan, 1993). 자살의 생물사회적 모델을 기반으로 하는 DBT는 심리교육 기술훈련 집단, 개인 심리치료, 환자를 위해서 회기 간 전화상담 및 정기적으로 수행하는 전문가의 감독을 수반하는 복합적으로 구조화된 인지행동 치료법이다. DBT와 수정된 버전의 DBT의 효과는 여러 임상시험에서 반복적으로 확인되어 '자살행동에 대한 가장 철저하게 연구된 효과적인 심리치료'가 되었다(National Action Alliance Clinical Care & Intervention Task Force, 2012, p. 17). DBT는 인지 재구성, 노출 및 행동 시연과 같은 다양한 인지행동 개입을 통해 수행되는 정서조절, 고통 감내력, 문제해결 및 인지 재평가 기술에 대한 교육을 수반한다(Lynch, Chapman, Rosenthal, Kuo, & Linehan, 2006).

DBT(Linehan, Armstrong, Suarez, Allmon, & Heard, 1991)의 첫 번째 무선화 임상시험 결과, DBT를 받은 환자가 12개월의 추적검사 기간 동안 일반적인 치료를 받은 환자보다 자신에 대해 폭력(self–directed violence)을 행사할 가능성이 32% 낮았다(DBT 64% 대 일반적인 치료 96%). 자신에 대한 폭력을 행사한 DBT 환자 중 자신에 대한 폭력 사건의 수는 일반적인 치료로 치료 중인 환자보다 현저히 적었고(DBT 1.5회 대 12개월 동안 일반적인 치료집단 9.0회), 행동의 의학적 치명성은 훨씬 덜 심각했다. 치료활용 측면에서 DBT 환자는 일반적인 치료로 치료 중인 환자보다 개인치료를 시작할 가능성이 훨씬 높았으며(DBT 100% 대 일반적인 치료 73%), 1년 동안 치료를 지속할 가능성이 훨씬 더 높았다(DBT 83% 대 일반적인 치료 42%). 또한 DBT 환자는 일반적인 치료로 치료 중인 환자보다 12개월의 추적기간 동안 정신병원 입원 일수가 훨씬 적었다. 그러나 우울증, 절망, 자살생각의 심각성 측면에서는 일반적인 치료를 받은 환자와 DBT 치료 환자들이 비슷한 수준으로 개선되었다.

DBT의 최근 임상시험 결과는 첫 번째 연구와 유사했지만, 이 새로운 연구에서 통제조건은 시애틀 정신분석학회의 동료들이 지명한 전문가가 제공했으며(전문가에 의한 지역사회 치료라고 함) 자살시도는 비자살적인 자해와 별도로 평가되었다(Linehan, Comtois, Murray, et al., 2006). DBT로 치료받는 환자는 2년의 추적기간 동안 다른 전문가의 치료를 받은 환자보다 자살을 시도할 가능성이 50% 낮았다(DBT 23% 대 다른 전문치료 46%). 자살시도를 한 사람들 중에서 시도의 의학적 치명성은 전문가 치료보다 DBT에서 현저하게 덜 심각했다. DBT치료를 받은 환자는 전문치료 환자에 비해 치료를 계속할 가능성이 훨씬 높았으며(DBT 81% 대 전문치료 43%) 정신병원에 입원할 가능성이 현저히 낮았다. 자살 생각, 우울증 및 삶의 이유 측면에서 DBT치료와 전문치료 환자는 비슷한 수준으로 향상되었다. 따라서 이후의 연구 결과는 첫 번째 DBT연구의 결과에서 나타난 패턴과 유사했다.

DBT는 자살시도 예방을 위한 치료법으로 상당한 가능성을 보여주었지만, 치료가 매우 자원 집약적이고 시간 소모적이며 배우기 어렵다는 사실로 인해 DBT의 광범위한 구현이 방해받고 있다. 따라서 보다 실용적이고 유연하게 전달할 수 있는 더 짧고 덜 복잡한 인지행동치료 모델이 필요하다. 러드, 조이너와 라잡(2001)은 자살하려는 환자를 위한 시간 제한적인 인지행동치료를 명확히 한 최초의 임상 연구자이다. 자살에 대한 유동적 취약성 이론(fluid vulnerability theory)과 자살 모드(Suicide mode)의 개념(2장에서 자세히 설명)을 기반으로 한 이 구조화된 외래환자 개인치료는 인지 재평가, 문제해결 및 정서조절에 대한 기술훈련을 함께 다룬다. 러드와 동료들의 치료 접근방식의 핵심요소는 위기대응계획으로, 위기

상황에서 보다 적응적으로 대처하고 이에 대응하기 위해 취해야 하는 단계를 설명하는 명확한 지침을 제공하는 개입이다(위기대응계획은 10장에 자세히 설명되어 있다). 위기대응계획의 버전들은 이후 자살시도를 방지하기 위한 인지행동치료의 후속 정교화에서도 유지되었다(예 Wenzel, Brown, & Beck, 2009). 또한 이후에 위기대응계획은 응급실, 입원환자 정신병동, 외래환자 클리닉, 1차 진료 클리닉 및 위기 핫라인을 포함한 여러 장면에서 독립적인 위기개입으로 사용하도록 개선되고 조정되었다(Bryan, Mintz, et al., 2017; Stanley & Brown, 2012). 위기대응계획의 초점을 응급상황에서 효과적인 기술사용에 둔 것은 자살시도를 방지하기 위한 후속 치료 개선의 핵심적인 특징이 되었다.

자살시도를 예방하기 위한 간단하고, 시간 제한적인(time-limited) 인지행동치료의 효과를 뒷받침하는 경험적 증거는 브라운, 텐 해브 및 동료(2005)에 의해 처음 발표되었다. 이들은 자살모드의 개념에 기반을 둔 10회의 외래환자 개인 인지치료를 사용했으며 인지 재평가, 문제해결 및 정서조절을 위한 기술훈련에 초점을 두었다. 러드와 동료(2001)가 설명한 접근방식과 유사하게, 비록 이후 안전계획개입으로 이름이 바뀌었지만, 위기대응계획은 이 인지치료 프로토콜이 중심적인 역할을 했다(Stanley & Brown, 2012). 이 치료를 위해 몇 가지 새로운 개입이 개발되었으며, 그 중 가장 주목할 만한 것은 15장에 설명된 생존키트와 재발방지과제(20장에 설명)이다. 자살예방을 위한 인지치료와 일반적인 치료를 비교한 무선화 임상시험에서 브라운과 동료들은 이전 DBT 실험에서 얻은 것과 매우 유사한 결과를 보고했다. 자살시도의 경우 인지치료를 받은 환자는 일반적인 치료를 받은 환자보다 18개월의 추적기간 동안 자살시도를 할 가능성이 50% 낮았지만(인지치료에서 24%, 일반적인 치료에서 42%), 환자들의 우울증, 절망, 그리고 자살생각에서의 차이는 미미했다. 또한 DBT와 유사하게 인지치료를 받은 환자는 치료를 계속할 가능성이 훨씬 높았지만(첫 6개월 동안 인지치료 88% 대 일반적인 치료 60%), 18개월의 추적기간 동안 입원할 가능성에서는 인지치료가 더 높았다(인지치료 13% 대 일반적인 치료 8%). 브라운과 동료들이 만든 인지행동 모델에 대한 정교화와 개선의 많은 부분이 BCBT에 유지되었다.

브라운, 텐 해브 및 동료(2005)의 연구결과는 단기 인지행동치료 개발에 중요한 진전을 보였으며, 시간 제한적인 치료가 더 길고 복잡한 인지행동치료만큼 효과적일 수 있다는 것을 증명했다. 시간-제한적인 치료가 복잡한 합병증과 같은 어려운 임상 문제와 다른 사람의 도움을 거부하거나 부정하는 경향이 있는 고위험 환자에게는 특히 적합하지 않다고 생각할 수 있지만(Rudd, Joiner, & Rajab, 1995), 메타분석 결과는 장기간의 인지행동치료가 시간-제한적인 인지행동치료보다 더 효과적이지 않음(덜 효과적임)을 시사한다(Tarrier et al., 2008). DBT에서도 환자가 참석한 총 회기 수는 임상 결과와 관련이 없었다(Linehan et al., 1991; Linehan, Comtois, Murray, et al., 2006). 치료 기간이 자살시도를 예방하는 인지행동치료의 능력과 거의 관련이 없다면 치료의 어떤 측면이 그 효과에 기여할까?

## 효과적인 치료의 공통 요인

자살시도의 위험을 줄이기 위해 특정 유형의 인지행동치료가 다른 유형의 치료보다 낫다는 증거가 늘어나면서 연구자들은 이러한 차이를 설명하는 요소 또는 '구성 요소'를 분명하게 하는 데 관심을 갖게 되었다. 특정의 치료법이 다른 치료법보다 더 효과적인 이유는 무엇일까? 이 질문에 답하는 것은 보다 집중적이고 강력한 치료법을 개발하는 데 중요하다. 최근 몇 년 동안 임상연구자들은 효과적인 치료법과 덜 효과적인 치료법을 구별하는 몇 가지 공통 요인에 대해 의견 일치를 보이고 있다(Rudd, 2009, 2012). 이러한 발견은 다음에 설명하는 BCBT 프로토콜의 개발 과정에서 이루어진 특별한 수정의 토대를 제공하였다. 이 책 전체에서 분명하게 알 수 있듯이 BCBT는 이러한 모든 핵심 요소들을 기반으로 하여 개발되었다.

### *간단하고 임상적으로 유용한 이론 모델*

가장 효과적인 치료법들은 모두 임상 실제에서 적용하기 쉽게 변환되는 간단하고 실용적인 모델을 기반으로 해야 한다. 예를 들어, DBT는 자살의 생물 사회적 모델(Linehan, 1993)을 기반으로 하는 반면, 자살 예방을 위한 인지치료는 자살모드 개념을 기반으로 한다(Wenzel et al., 2009). 이러한 이론과 모델의 공통적인 특징은 생각, 정서처리 및 관련 행동 반응 간의 연결이 자살 생각과 행동에 기여한다고 보는 것이다. 더 나아가 자살과정을 바꾸기 위해 전문가와 환자는 이러한 영역 간의 연결을 직접 지정하고 수정해야 한다. 전문가는 유용한 모델을 기반으로 하여 환자가 자살을 원하는 이유와 특정 개입이 도움이 되는 이유를 환자에게 더 쉽게 설명할 수 있기 때문에 치료의 효과가 향상된다. 예를 들면, 효과적인 치료법은 환자가 '무엇이 잘못되었는지'와 '그것에 대해 해야 할 일'을 이해하는 데 도움이 되는 개념적 모델을 제공한다. 이 원칙에 따라 BCBT는 자살의 유동적 취약성 이론과 자살모드의 개념을 기반으로 하며, 두 가지 모두 2장에서 자세히 설명할 것이다.

### *치료 프로토콜 및 전문가의 충실도*

가장 효과적인 치료법들은 모두 프로토콜에 의해 진행되는데, 이는 문제나 주제의 우선순위를 최적화하는 방법과 특정 개입의 순서를 가장 빠르고 효과적으로 지정하는 방법을 사전에 분명하게 한다는 것을 의미한다. 효과적인 치료에서 자살위험은 가장 우선순위가 높은 임상문제이며, 각 개입은 이 우선순위를 개입의 목표로 하여 직접적으로 선택된다. 자살위험을 간접적인 타겟으로 하는 치료(예 대신에 정신과 진단을 타겟으로 하는 치료)는 효과적이지 않다(Tarrier et al., 2008). 치료프로토콜이 의도한 대로 실행되도록 하기 위해서 효과적인 치료는 종종 전문가가 따라야 할 매뉴얼을 세공한다. 매뉴얼화 된 치료라는 개념은 많은 전문가에게 부정적인 의미를 담고 있다. 종종 '매뉴얼화(manualized)'라는 용어가 실제로는 '고정된' 또는 '엄격한'을 의미하기 때문이다. 실제 장면에서는 각 환자를 위한 프로토콜을 가장 잘 관리하는 방법을 결정할 때 전문가가 상당한 유연성을 가진다. 또한 전문가는 처방된 프로토콜에서 '고민'하는 경향을 최소화하기 위해 집중적인 교육과 감독을 받는다. 전문가가 프로토콜을 따르는 정도를 전문가 충실도라고 한다. 전문가의 충실도가 높은(즉, '지시 사항을 따르는') 치료는 전문가가 낮은 충실도를 나타내는 치료보다 더 나은 결과를 나타낸다. 이러한 결과는 충실도가 신뢰성을 반영하기 때문이다. 프로토콜을 따를 때 전문가는 주어진 환자와 여러 환자 모두에게 일관된 방식으로 치료를 제공할 수 있다. 다른 효과적인 치료법과 마찬가지로 BCBT는 매뉴얼로 되어 있고 전문가의 충실도가 강조된다. 따라서 이 치료매뉴얼은 자살시도를 예방하는데 효과적인 것으로 밝혀진 개입 및 절차를 설명한다. 전문가의 충실도는 효과적인 치료에 매우 중요하므로 BCBT 충실도 체크리스트는 부록 B.1에 제시되어 있다. 이러한 충실도 체크리스트는 전문가의

BCBT 프로토콜 준수 여부를 평가하는 데 사용될 수 있다. 또한 공인된 BCBT 전문가가 치료를 배우는 전문가에게 개별화된 피드백을 제공하기 위해 사용된다.

### 환자순응도

효과적인 치료는 전문가가 기대하는 바를 명확하게 설명하는 것 외에도 환자에게 기대되는 바를 설명한다. 특히 중요한 것은 치료 과정에 대한 환자의 참여 수준이다. 따라서 효과적인 치료는 환자가 과제를 완료하지 않거나 치료 회기에 참여하지 않거나 예기치 않게 치료를 중단하거나 치료를 방해하는 다른 행동에 참여하는 경우 전문가가 해야 할 일에 대한 명확한 계획을 제공한다(참조: Linehan, 1993). 치료에 대한 환자의 순응에 대한 강조는 효과적인 치료가 비교치료보다 환자와 관계를 훨씬 더 잘 지속시킨다는 사실을 보여주는 결과에 반영된다(Brown, Ten Have, et al., 2005; Linehan et al., 1991; Linehan, Comtois, Murray, et al., 2006). BCBT에서 환자 순응도는 치료 전반에 걸쳐 강조되며, 환자 순응도를 직접 개입의 목표로 하기 때문에 BCBT 프로토콜에 추가된 새로운 개입인 치료계획서(11장에 설명됨)부분에서 구체화하여 설명한다.

### 기술훈련 강조

인지행동치료는 일반적으로 '대화 치료'의 한 형태이지만, 효과적인 치료의 내용은 단순히 문제와 해결책에 대해 이야기하는 것에 국한되지 않는다. 효과적인 치료는 자살위기에 기여하고 유지하는 것으로 확인된 기술결함을 대상으로 하는 행동기술의 시연을 통해 이러한 논의를 행동 변화로 나타나게 한다. 따라서 전문가는 환자에게 무엇을 해야 하는지 알려줄 뿐만 아니라 환자에게 무엇을 해야 하는지 보여주고 회기에서 이러한 기술을 연습하고 문제해결 또는 문제해결에 대한 피드백을 받을 수 있도록 충분한 시간을 허용한다. 그런 다음 환자는 회기와 회기 사이에 이러한 새로운 기술을 연습하고 전문가에게 이와 관련된 진행 상황을 보고한다. 전문가는 기술습득 및 숙달을 강화하고 환자가 여러 상황에서 기술을 일반화하도록 돕는다. BCBT에서 전문가는 각 회기에서 새로운 기술 또는 개념을 가르치고, 환자에게 기술을 수행하는 방법을 보여주고, 회기에서 환자와 함께 기술을 연습한 다음, 환자가 회기와 회기 사이에서 기술을 연습할 수 있도록 계획을 세운다.

### *환자의 책임과 자율성*

자살하려는 환자를 치료하는 전통적인 접근 방식에서는 치료 진행에 대한 일차적인 책임이 종종 전문가에게 있다고 가정되는 반면, 효과적인 치료에서는 치료 진행에 대한 일차적인 책임을 환자와 전문가가 공유한다. 따라서 효과적인 치료는 환자의 자율성을 강조하고 환자가 치료계획 및 위기관리에 적극적으로 참여하도록 요청한다. 전문가는 비교하자면, 프로토콜을 신뢰할 수 있도록 안정적으로 관리하고(즉, 전문가의 충실도) 환자가 순응하지 않을 경우 이를 해결하는 일을 주로 담당한다. BCBT에서 치료 진행에 대한 환자의 책임은 환자가 스스로 위기를 효과적으로 관리하는 방법을 가르치는 것을 목표로 하는 위기대응계획(10장에서 설명)으로 제시한다. 또한 환자의 자율성은 환자에게 환자의 안전을 극대화하기 위한 계획을 세우고 시행하도록 요청하는 수단안전상담과 같은 개입에서 강조된다(13장에서 설명).

### *위기해결을 위한 명확한 지침*

효과적인 치료는 환자에게 새로운 위기를 확인하는 방법을 가르치고 이를 해결하기 위해 따라야 할 명확한 단계를 제공한다. 개인의 책임과 자율성의 원칙에 따라 이러한 계획은 환자가 스스로 사용할 수 있는 전략을 우선시 한다. 이러한 개입단계가 실패하거나 부적절함이 입증된 경우 효과적인 치료를 통해 환자는 예비로 전문적인 서비스 및 응급 서비스에 접근하는 방법을 알고 있다. 효과적인 치료는 항상 위기관리 기술을 연습하는 데 충분한 시간을 할애한다. 앞서 언급했듯이 위기대응 계획은 환자에게 BCBT에서 위기를 식별하고 효과적으로 관리하는 방법을 가르치는 기초 역할을 한다. 마찬가지로 BCBT에서 사용되는 모든 개입 및 절차는 환자의 위기관리 기술을 강화하기 위해 고안되었다.

### *개인상담 형식*

테리어와 동료(2008)의 28개의 인지행동치료 메타분석 결과에 따르면, 개인 형식으로만 제공되거나 집단 회기와 결합된 개인 형식으로 제공되는 치료(예 DBT)에서는 자살시도와 자살생각이 크게 감소했지만 집단 형식으로만 제공되는 치료는 더 나은 결과와는 관련이 없었다. 이러한 결과에 대한 정확한 이유는 충분히 파악되지 않았지만, 가장 전통적인 대인관계 과정 형식을 사용하는 집단치료는 기술훈련에 충분히 초점을 맞추지 않았다는 것에 대한 문제제기가 있다. 이러한 발견을 근간으로 하여 BCBT는 개인 치료법으로 개발되었다.


## 요약

전반적으로 자살시도를 효과적으로 예방하는 치료법에서 몇 가지 경향이 나타났다. 첫째, 효과적인 인지행동치료는 자살예방에 필수적인 것으로 보이는 몇 가지 주목할 만한 유사점을 가지고 있다. 유용한 이론적 모델, 매뉴얼 및 전문가 충실도, 환자 순응에 대한 강조, 기술훈련, 환자의 자율성 존중, 위기관리 기술, 그리고 개인 치료를 포함하는 형식이다. 둘째, 인지행동치료는 치료 후 18개월 동안 환자의 자살시도 위험을 지속적으로 최대 50%까지 줄인다. 셋째, 효과적인 인지행동치료를 받은 환자가 자살시도를 하면 그 시도는 의학적으로 덜 심각해서 환자가 생존할 가능성이 더 높다. 넷째, 이러한 치료가 정신과적 증상을 감소시키거나 자살생각을 줄이는 데 반드시 다른 치료법보다 우수하지 않다는 사실에도 불구하고 효과적인 인지행동치료에서는 자살시도의 위험이 감소한다. 이러한 결과는 자살위험을 이해하기 위한 정신의학적 증후군 모델이 부적절하다는 관점을 뒷받침한다. 임상연구 결과 정신과적 증상과 심지어 자살생각조차, 치료 진행 및 자살에 대한 전반적인 위험의 지표로 유용하지 않을 수 있음을 시사한다. 다섯째, 환자는 효과적인 인지행동치료를 지속할 가능성이 더 높다. 치료 기간과 참석한 총 회기 수가 결과와 관련이 없다는 증거를 고려할 때, 이러한 결과는 일부 인지행동치료가 환자의 치료와 변화시키는 능력에 대한 절망감을 약화시키는 데 더 나은 역할을 한다는 것을 제안한다. 마지막으로 효과적인 인지행동치료는 환자가 입원할 가능성이 적으면서도 자살시도를 예방하므로, 외래 치료가 더 집중적인 치료방식과 비교하면 안전하고 효과적임을 시사한다.

## 단기인지행동치료의 효과

앞에서 언급한 바와 같이, 치료 매뉴얼에 설명된 BCBT 프로토콜은 자살시도를 예방하기 위한 치료의 발전으로 개발된 다음 단계의 접근이다. 지난 25년 동안 자살시도를 예방하기 위한 인지행동 접근방식은 위험감소가 32%(Linehan et al., 1991)에서 50%로 꾸준히 개선되었다(Brown, Ten Have et al., 2005; Linehan, Comtois, Brown, Heard, & Wagner, 2006). BCBT는 이러한 인지행동치료에 효과적인 것으로 밝혀진 많은 요인을 포함하고 있기 때문에 자살예방을 위한 DBT 및 인지치료와 유사점이 많다. 또한 BCBT는 최근 자살연구의 발전을 기반으로 치료의 전반적인 효과를 개선하기 위한 몇 가지 개선사항과 새로운 구성요소를 포함한다. 이러한 개선사항 및 추가 사항은 그 논리와 함께 후속 장에서 설명할 것이다.

이 BCBT 프로토콜의 효능을 검증하는 무선화 임상시험이 최근 완료되어 발표되었다(Rudd et al., 2015). 이 연구에는 지난 한 주 동안 자살생각을 가지고 있거나 지난 한 달 동안 자살시도를 한 152명의 현역 군인(85% 남성)이 참가하였다. 참가자들은 자살위험을 이유로 입원치료 후 퇴원할 때 연구에 의뢰되었다. 절반은 BCBT를 받기 위해 무작위로 배정되었고, 절반은 일반적인 치료를 받기 위해 무작위로 배정되었다. 일반적인 치료는 참가자의 1차 정신건강전문가(즉, 공인된 심리학자 또는 정신과 의사)에 의해 결정되었으며 개인 및 집단 심리치료, 정신과 약물치료, 약물남용 치료 또는 지지그룹이 포함되었다.

일반적인 치료 외에도 BCBT에 무작위로 배정된 참가자는 매주 또는 격주로 예정된 12번의 외래환자 개인 BCBT를 받게 되며, 첫 번째 회기는 90분, 후속 회기는 60분 지속되었다. BCBT는 서로 다른 수준의 전문 경력을 가진 두 명의 임상사회복지사가 관리하였다. 임상사회복지사는 최근 석사 학위를 마친 사람과 20년 넘게 면허가 있는 개업의로 활동한 사람이다.

이 연구에서 확인된 결과는 이전의 임상연구 결과와도 일치했다. <그림 1.1>에서 볼 수 있듯이 치료 중 자살시도율의 차이는 치료 시작 후 6개월 이내에 나타났으며 최대 2년 동안 지속되었다. 2년간의 연구 과정에서 BCBT 참가자는 일반적인 치료를 받은 참가자에 비해 자살시도를 할 가능성이 60% 적었다(BCBT에서 14% 대 일반적인 치료에서 40%). 정신과적 증상의 중증도 측면에서, BCBT 참가자

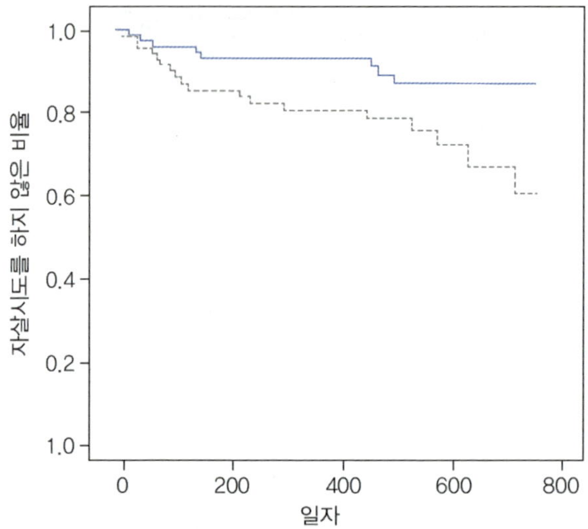


**그림 1.1** BCBT를 받는 참가자(실선)와 일반적인 치료를 받는 참가자(점선)의 첫 자살시도까지의 시간에 대한 생존 곡선

들은 일반적인 치료로 치료중인 환자와 비교하여 시간이 지남에 따라 약간 덜 심각한 증상을 보고했지만, 이러한 차이는 통계적으로 유의하지 않았다(<그림 1.2> 참조). 따라서 이와 같은 양상의 결과는 자살예방을 위한 DBT 및 인지치료에 대한 이전 연구와 일치한다. 그러나 이전 연구와 달리 BCBT실험 참가자들을 최대 2년까지 추적했으며, 이는 현재까지 수행된 가장 긴 추적 조사이다. 또한 주로 남성 표본을 등록한 첫 번째 연구로 기록되었고, 이 모델이 남성에게 효과가 있는지 확인한 것이었다.

이 연구는 군대장면에서 수행되었기 때문에 치료에서 직업경력이 결과에 미치는 영향도 조사했다. 연구결과에 따르면 BCBT 참가자는 일반적인 치료에 참여한 참가자보다 의병제대할 가능성이 적어(BCBT 27% 대 일반적인 치료 42%), BCBT가 사회 직업기능에 긍정적인 영향을 미칠 수 있음을 시사한다. 임상적 이점 외에도 전반적으로 BCBT 참가자는 평균 12회의 BCBT회기에 참석했으며 일반적인 치료에 참가한 사람은 연구 첫 3개월 동안 평균 12회의 개인치료 회기에 참석했는데, 이는 두 치료에 참가한 참가자가 비슷한 '분량'의 개인치료를 받았음을 나타낸다. 전체 연구기간 동안 전반적인 치료 활용(즉 집단치료, 자조치료, 약물남용치료, 약물치료) 측면에서 두 집단사이에 차이는 없었다. BCBT 참가자는 입원 일

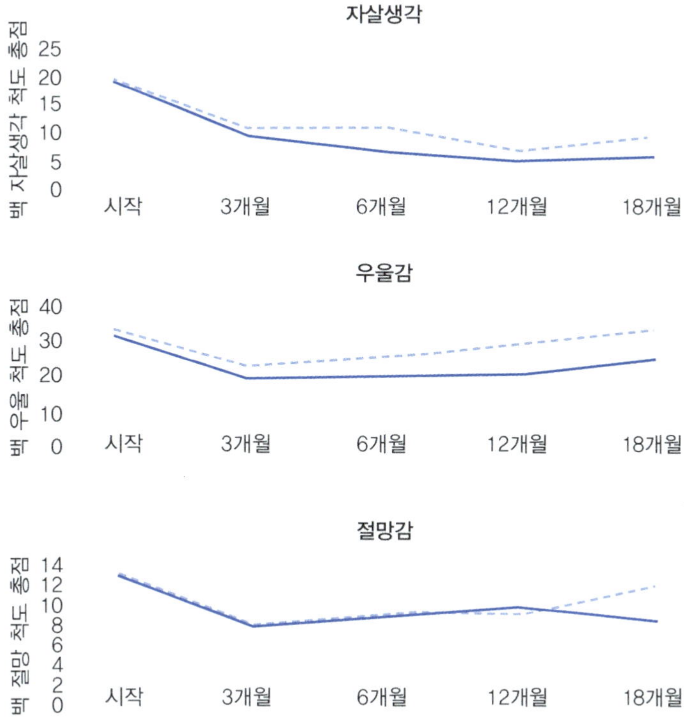


**그림 1.2** BCBT를 받는 참가자(실선)와 일반적인 치료를 받는 참가자(점선)의 자살생각, 우울감 및 절망감의 심각성 차이. BSSI(Beck Scale for Suicide Ideation, 백의 자살생각 척도); BDI-II(Beck Depression Inventory-2nd Edition, 백 우울 척도-제2판); BHS(Beck Hopelessness Scale, 백 절망 척도)

수가 상당히 적었지만(BCBT에서 3일 대 일반적인 치료에서 8일), DBT를 적용한 이전의 연구결과와 유사했다. 이차적인 분석은 BCBT에서 용량효과의 잠재적 역할을 조사하기 위해 수행되었다(Bryan & Rudd, 2015). 12회 미만의 개인치료 회기를 받은 참가자 중 추적관찰 동안 자살시도율은 일반적인 치료를 받은 사람 26.3%에 비해 BCBT에서는 0%였다. 12회 이상의 개인치료 회기를 받은 사람들 중 추적관찰 중 자살시도율은 BCBT에서 19.7%였고, 일반적인 치료에서 43.8%였다. 참고로, 전체적으로 훨씬 적은 수의 개인치료 회기를 받은 참가자들 사이에서도 BCBT에서 자살시도가 극적으로 감소했으며(표 1.1 참조) 이는 BCBT의 몇 번의 회기조차도 일반적인 치료의 여러 번의 회기보다 좋다는 것을 나타낸다.

**표 1.1** 추수기간 동안 개별치료 회기수에 따른 BCBT 및 일반적인 치료의 자살시도 확률 추정

| 개인치료 회기수 | BCBT | 일반적인 치료 |
|---|---|---|
| 0~12 | 0.0% | 25.5% |
| 13~24 | 11.5% | 38.5% |
| 25~48 | 20.9% | 21.0% |
| 49+ | 18.6% | 51.0% |

환자의 특성에 따른 하위집단별로 BCBT가 효과가 있는지를 결정하기 위해 몇 가지 추가적인 자료 분석이 수행되었다. 추가적인 분석결과는 <표 1.2>에 요약되어 있다. <표 1.2>에 제시된 것과 같이 BCBT는 성별, 자살시도 과거력, 정신과적 진단에 관계없이 자살시도 위험이 감소하는 것과 관련이 있으며, 이는 다양한 환자 특성에 걸쳐서도 BCBT의 효과가 있음을 뒷받침한다.

**표 1.2** 환자 특성에 따른 BCBT 및 일반적인 치료의 자살시도 확률 추정

| 하위집단 | BCBT | 일반적인 치료 |
|---|---|---|
| 성별 | | |
| 남 | 9% | 58% |
| 여 | 14% | 34% |
| 진단 | | |
| 외상후스트레스 | 14% | 34% |
| 약물사용 | 21% | 47% |
| 경계선 성격 | 0% | 51% |
| 이전의 자살시도 | | |
| 없음 | 0% | 54% |
| 있음 | 15% | 32% |

요약하면, 러드와 동료(2015)의 연구결과는 브라운, 텐 해브와 동료(2005)의 연구 결과와 부분적으로 동일하고 DBT와 같은, 더 길고 시간 집약적인 치료에 대한 실행 가능한 대안으로서 BCBT의 효과를 확인했다. 아마도 더 중요한 것은 BCBT를 받은 개인의 자살시도 위험이 60% 감소한 것은 현재까지 자살시도 위

험이 가장 크게 감소한 것으로, 이는 시간이 지남에 따라 인지행동치료의 효과가 더욱 점진적으로 개선될 가능성을 암시한다. BCBT를 더욱 개선하려는 노력은 계속되지만, 이 책에 설명된 프로토콜은 현재까지 개발된 자살시도를 예방하기 위한 가장 최신의 효과적인 치료법을 나타내고 있다.

## 단기인지행동치료 매뉴얼 개요

이 매뉴얼은 러드와 동료(2015)가 검토한 BCBT 프로토콜을 구성하는 모든 절차와 개입에 대해 설명한다.

이 매뉴얼의 첫 번째 부분은 BCBT 및 그 실시의 기초가 되는 이론적, 개념적 원리에 대한 논의를 제공한다. 자살의 유동적 취약성 이론과 자살모드와 관련된 개념을 먼저 자세히 설명한다. 다음으로 고위험 환자와 효과적인 치료동맹을 구축하기 위한 핵심 원칙과 전략이 검토되고, 사전 동의를 얻기 위한 접근과정에 대한 설명이 이어진다. 다음 장에서는 환자의 자살위험성을 평가하고 그에 따라 자살위험성을 기록하기 위한 전략과 팁을 설명한다. 다음으로 BCBT 동안 진행상황을 모니터링하기 위한 다양한 방법에 대한 설명이 제공되며, 여기에는 치료과정 중에 발생하는 자살시도와 정신병원 입원과 관련된 적절한 대처방법이 포함된다. 제 1부는 자살하려는 환자와 함께 작업할 때 전문가가 일반적으로 좀더 우려하는 두 가지 이슈인 약물사용과 향정신성 약물사용에 대한 논의를 포함하여 BCBT의 개요로 마무리한다.

이 매뉴얼의 두 번째 부분은 전체 치료 중 가장 구조화된 회기인 BCBT의 첫 회기에 중점을 둔다. 여기에서는 BCBT에 대한 설명, 자살 위기에 대한 서술적 평가 실시, 치료기록 설명, 환자와 협력하여 사례개념화 완료, 위기대응계획 수립 등 첫 회기를 구성하는 특정 절차와 순서를 설명한다.

제 3부에서는 일반적으로 2회기에서 5회기에 걸쳐 있는 BCBT의 첫 번째 단계를 구성하는 절차 및 개입에 대해 설명한다. 이 단계는 치료계획의 개발과 치료에 대한 합의(commitment to treatment statement)로 시작되며, 후자는 환자의 치료순응을 직접적인 목표로 한다. 환자의 안전과 반복적인 자살시도의 위험을 해결

하기 위한 전략은 수단안전상담에서 설명한다. 다음 장에서는 BCBT의 첫 번째 단계에서 사용되는 다양한 절차 및 개입에 대해 설명한다(자극통제 및 수면위생, 이완, 마음챙김, 삶의 이유 및 생존키트). 이는 고통의 증상과 자살시도의 단기 위험을 신속하게 줄이기 위해 정서조절 및 위기관리기술 교육을 우선시하는 BCBT의 가장 중요한 접근 방식과 일치한다. 특정 절차에 대한 순서를 처방하는 매뉴얼로 구성된 다른 치료와 달리 BCBT는 환자의 요구와 치료 목표에 가장 적합한 절차와 개입을 유연하게 선택할 수 있다. 이러한 방식으로 전문가는 모델에 대한 충실도를 유지하면서 환자의 고유한 요구에 따라 특정 절차의 시행을 환자에 따라 조정할 수 있다. 이러한 유연성에도 불구하고 일부 순서는 다른 순서보다 더 잘 작동하는 경우가 많다. 따라서 우리는 이 장에서는 환자와 전문가 모두에게 가장 적합한 절차의 순서를 설명한다.

이 매뉴얼의 네 번째 부분은 BCBT의 두 번째 단계를 구성하는 절차와 개입을 설명하며 일반적으로 6회기에서 10회기까지이다. 이 치료 단계에서 초점은 환자의 자살 신념체계(suicidal belief system)로 옮겨지는데, 자살 신념체계는 자살 생각과 행동에 기여하고 유지하는 자동적인 사고, 가정, 핵심신념으로 구성되어 있다. 2장에서 논의된 바와 같이, 자살 신념체계는 환자의 앞으로의 위험의 기초가 되는 취약성의 주요기제로 가정된다. 여기에서 설명된 절차는 제식, 몬손과 차드(2017)가 외상 후 스트레스 장애(PTSD)에 대한 인지처리 치료를 위해 개발한 워크시트를 기반으로 하며, 환자에게 생활환경, 신념 및 부정적인 정서 간의 관계를 식별하는 방법과 보다 유용한 생각을 채택하는 방법(ABC 워크시트, 도전질문 및 문제적 사고패턴)이다. 또한 인지변화를 보완하고 지원하는 두 가지 행동 전략인 활동계획 및 대처카드를 설명하고 있다. 첫 번째 단계와 마찬가지로, 전문가는 대안적인 순서로 구성할 수 있는 융통성을 가지고 있지만 환자와 전문가에게 가장 효과가 있는 순서대로 장을 구성한다.

이 설명서의 다섯 번째 부분은 BCBT의 세 번째이자 마지막 단계인 재발방지 작업을 구성하는 유일한 절차에 대해 설명한다. 일반적으로 11회기와 12회기에 걸쳐 지시된 심상연습이 수반된다. 이 최종 절차에서 환자는 BCBT 동안 배운 기술을 구현하여 정서적 위기를 성공적으로 해결하고 자살행동이 향후 대처 전략으로 사용될 가능성을 줄이는 능력을 보여준다. 또한 이 부분에서 다루는 내용은 치료를 마무리하기 위한 제안과 함께 환자가 BCBT를 끝마칠 준비가 된 것으로 판단해야 하는 시기를 결정하는 것이다.

매뉴얼은 BCBT를 성공적으로 실시하기 위한 특정 도구와 자원을 제공하는 두 개의 부록으로 마무리된다. 부록 A에는 BCBT에 필요한 환자를 위한 모든 양식 및 유인물의 복사본이 포함되어 있으며 부록 B에는 충실도 검사 목록, 자살위험 평가 문서 템플릿, 이완 및 마음챙김 스크립트와 같은 실제 사용할 수 있는 도구의 사본이 포함되어 있다.

전문가가 쉽게 학습할 수 있도록 이 매뉴얼에 설명된 개념과 절차는 BCBT를 배우는 전문가를 위한 가이드로 사용할 수 있는 스크립트의 샘플로 보완된다. 이러한 스크립트를 반드시 정확히 따라야 하는 것은 아니다. 오히려 전문가가 BCBT를 구현할 때 사용할 수 있는 언어 및 구조의 예를 제공한다. 또한 다양한 위험수준과 임상장면에서의 복잡성을 반영하여 환자에게 BCBT를 구현할 수 있는 방법에 대한 예를 제공하기 위해 매뉴얼 전체에 몇 가지 사례를 소개하고 있다. 이 사례를 통한 연구는 BCBT 프로토콜을 완료한 실제 환자를 기반으로 하지만 비밀유지와 개인 정보 보호를 위해 세부 사항이 변경되었다. 마지막으로 이 매뉴얼에는 임상연구 과정에서 배운 중요한 교훈, 다른 자살 연구자와의 협력, BCBT 사용법을 배우는 전문가에 대한 수퍼비전 및 자살하려는 환자를 BCBT로 치료하는 우리의 개인적 경험을 강조하는 '팁과 조언' 부분이 포함되어 있다.

CHAPTER

# 02

# 자살의 개념화

## 자살모드

## 자살모드

1장에서 언급한 것처럼, 효과가 있는 치료의 일반적인 요소는 치료가 기반으로 하고 있는 간단하고 실용적인 이론적 모델이다. 대부분의 경우, 효과적인 치료의 기초가 되는 모델은 자살을 삶의 사건들, 심리적 상태(예 인지 및 행동), 행동의 상호작용의 결과로 개념화하고 자살은 개인수준 요인과 환경수준 요인의 상호작용의 결과로 이해될 수 있다. BCBT는 자살모드로 알려진 개념적 모델을 기초로 하고 있는데, 이는 자살의 유동적 취약성 이론에 내재되어 있다(Rudd, 2006). 유동적 취약성 이론의 몇 가지 핵심가정은 <글상자 2.1>에 제시되어 있고 주요 가정은 자살위험은 종종 기저위험과 급성위험으로 일컬어지는, 안정적이고 역동적인 두 개의 요인에 의해 특징지어 진다는 것이다.

기저위험(Baseline risk)은 자살하려 하거나 자살시도를 하게 하는 개인의 '설정값' 또는 일반적인 성향을 의미한다. 기저위험은 시간이 지남에 따라 상대적으로 일정하게 유지되거나 시간이 지남에 따라 변화에 저항하는 경향이 있는 개인들의 발달적인 특성과 특질과 같은 것을 포함한다. 예를 들면, 다음과 같은 위험요인 즉 성별, 외상 노출 및 과거 자살행동은 변하지 않는 역사적 위험요인이지만 정서적 불안, 인지 반응성 및 문제해결 스타일은 특질과 유사하다. 수정 가능하지만 변화에 저항하는 경향이 있는 요인과 관련된 위험요인 외에도, 기저위험 성향에는 자살에 대한 취약성이 증가함에 따라 자살에 대한 취약성 감소와 관련

**글상자 2.1** 유동적 취약성 이론의 핵심 가정

1. 자살위험은 기저위험(baseline risk)과 급성위험(acute risk)으로 언급되는 안정적이며 동적인 특성을 포함한다.
   기저위험은 위험의 만성적인 또는 보다 지속적인 측면을 수반하는 반면 급성위험은 상태의존적인 또는 더 일시적인 위험의 양상을 나타낸다.
2. 자살 에피소드는 시간제한적이다.
3. 기저위험은 개인의 고유한 과거사나 발달적 특징에 따라 개인마다 다르다.
   그러한 성향은 촉발사건에 따른 반응활성화에 대한 개인의 임계치를 결정한다.
4. 급성 자살사건은 취약한 사람들이 스트레스가 심한 촉발사건을 경험할 때 발생한다.
   a. 기저위험이 높은 개인은 활성화되는 임계치가 낮으므로 경미한 스트레스를 경험할 때에도 빈번하고 오래 지속되는 자살에피소드를 경험한다.
   b. 기저위험이 낮은 개인은 활성화 임계치가 높기 때문에 극심한 스트레스를 경험하더라도 자살을 거의 하지 않는다.
5. 여러 번의 자살시도와 비자살적인 자해는 지속적인 위험에 대한 높은 기저위험 및 취약성이다.
6. 급성 자살위험은 자살을 유지하는 악화요인이 해결되면 자살모드가 활성화되지 않거나 축소된다.
7. 급성 자살사건이 해결되면, 개인은 기저위험 수준으로 돌아간다.

된 보호요인 부재, 사회적 지지, 특성적인 낙관주의 또는 인지적인 유연성과 같은 요인들이 포함될 수 있다.

유동적 취약성 이론은 기저위험이 위험요인 및 보호요인의 고유한 구성에 따라 개인마다 다르다고 제안한다. 따라서 기저위험은 다음과 같은 경우에 더 높을 것이다. 적은 보호요인과 결합된 많은 기질적인 위험요인은 위험수준을 더 높일 것이며 반면 많은 보호요인과 더불어 기질적인 위험요인이 없는 경우는 기저의 위험수준이 낮을 것이다. 스트레스가 많은 생활에서 사건에 직면했을 때 기저위험 수준이 높은 사람은 기저위험 수준이 낮은 사람보다 자살상태가 되기 쉽고 자살시도를 하기 쉽다. 따라서 위험의 기저수준 차원은 시간이 지나도 지속되는 자살위험의 안정적인 측면에 해당한다.

반면에 급성위험(Acute risk)은 삶의 스트레스 요인이나 경험을 유발하는 것과 같은 상태에서 발생하는 자살위험의 단기 변동을 수반한다. 급성위험은 상대적으로 일시적이고 상태에 의존하는 생각(예 '이건 불공평해'. '또 망쳤어'. '더 이상 참을 수 없어.'), 감정(예 우울, 분노, 죄책감) 및 생리적 경험(예 동요, 수면 장애, 신체적 통증)과 관련된 스트레스 반응을 포함한다. 또한 급성위험은 개인이 이러한 스트레스에 반응하는 결과적인 행동(예 물질 사용, 사회적 철회)과 관련이 있다. 이들 행동은 종종 정서적 고통을 줄이거나 피하는 것을 목표로 하지만 이러한 목표를 달성하기 위한 가장 효과적인 전략은 아닐 수 있다. 기저위험 수준과 달리 급성 위험요인은 본질적으로 역동적인 경향이 있으며 일반적으로 수정될 수 있다. 유동적 취약성 이론에 따르면, 적극적인 자살위기 해결은 시간경과에 따른 자살위기와 가장 직접적으로 관련된 급성 위험요인을 목표로 할 때 가장 효과적으로 이루어질 수 있다. 따라서 위험의 급성차원은 시시각각 변하는 위험의 역동적인 측면에 상응하여 반응한다.

## 자살 모드

지난 수십 년 동안, 수천은 아니더라도 수백 개의 위험요인과 보호요인이 확인되었다. 개념에 대한 단순한 모델이 없을 때, 수많은 위험요인과 보호요인들은 자살을 이해하는 것을 어렵게 보이도록 했다. BCBT에서는 자살모드 개념을 사용하여 위험요인과 보호요인을 구조적으로 구성하였다(그림 2.2). 자살모드의 시각적 그림은 부록 A.1에 제시되어 있다. 많은 전문가들이 자살하려는 환자와 작업할 때 쉽게 참조할 수 있도록 부록 A.1사본을 사용하는 것이 도움이 된다고 생각한다. 자살모드를 시각적으로 개념화하는 것은 전문가가 임상정보를 입수하여 정리하고 '실시간'으로 사례를 개념화하여 더 나은 결과를 도출하는 데 도움이 될 수 있다.

자살모드는 자살에피소드의 특성과 양상(실제 자살을 포함하거나 포함하지 않을 수 있음)을 설명하기 위한 인지행동적 틀을 제공하며, BCBT에 내재된 이론적 토대가 된다. 구조적으로 자살모드는 인지적, 행동적, 감정적, 신체적인 네 개의 상호작용 및 영향을 주는 영역으로 구성되어 있다. 이 네 개의 영역은 자살의 유동적 취약성 이론에서 설명한 정적(즉, 기저) 및 동적(즉, 급성) 차원으로 개념화한 것이다. 이것은 인지적 위험요인에 안정적이고 역동적인 측면이 있고, 행동적 위험요인에도 안정적이고 역동적인 측면이 있다는 것 등을 반영한 것이다. 예를 들어, 이전의 정동장애 진단은 특성상 다시 증상이 나타날 수 있고, 기분변동에 대한 취약

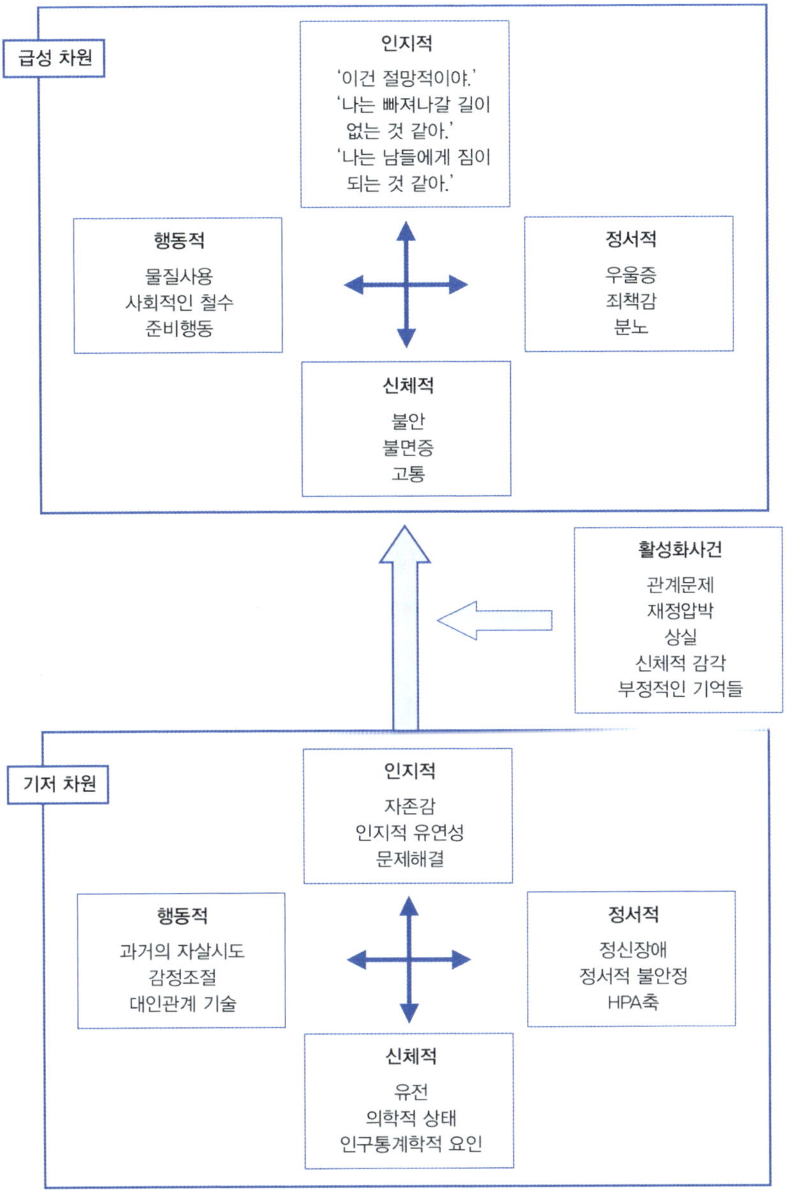


**그림 2.1** 자살모드

성을 반영하기 때문에 기저의 위험요인으로 작동한다. 또한 기분은 시간에 따라 변하기 때문에(예를 들면, 기분이 좋은 날들도 있고 나쁜 날들도 있다) 우울증은 급성 위험요인으로 기능한다. 따라서 <그림 2.1>에서 '정신장애'는 정서적 영역의 기저

위험으로 분류되고 우울증은 정서적 영역의 급성 위험요인으로 분류된다.

따라서 자살모드의 기저차원은 시간적인 흐름에도 비교적 안정적인 위험요인으로 구성된다. 인지적 영역의 기저 위험요인은 수치심, 자기학대, 지각된 결함을 포함하는 내재화되고 암묵적인 자기 인식, 문제에 대한 잠재적인 해결책을 빠르게 만들어내는 실행기능을 손상시키는 인지적 융통성의 결여, 과거경험을 등한시하고 장기적인 보상을 희생하고 단기적인 보상을 선호하는, 문제해결의 결함, 긍정적인 결과를 과소평가하는 비관적인 스타일을 포함한다. 행동적 영역의 기저 위험요인으로는 스트레스 상황과 촉발사건에 부적응적으로 반응하게 하는, 고통 감내, 정서 조절, 대인간 의사소통에서의 기술결함을 포함한다. 정서적 영역의 기저 위험요인으로는 HPA(시상하부 뇌하수체 부신)의 역기능과 관련되는 자주 재발되고 만성적인 정신증과 정동장애, 정서적인 불안정과 같은 정신과적인 장애를 포함한다. 신체적 영역에는 성별, 인종, 성적인 지향과 외상노출의 과거력, SKA2유전자[1]와 과핵회색질과 관련된 생물적이고 유전적인 취약성, 만성통증과 같은 의학적인 상태가 포함된다.

자살모드는 상황적인 요인과 촉발사건에 의해 시간에 따라 변화하는 상태기반 혹은 동적인 요인으로 구성된다. 이러한 급성요인은 인지적, 행동적, 정서적 그리고 신체적 영역으로 정리할 수 있다. 인지적 영역의 급성 위험요인에는 절망감, 덫에 걸린 느낌, 짐이 된다는 느낌, 자기비하와 같이 스트레스 상황에 대한 반응으로 일어나는 자동적 사고와 전제를 포함한다. 행동적 영역의 급성 위험요인에는 약물사용, 사회적인 철수와 자살시도준비(예 알약세기, 매듭매기, 자살하려는 곳에 가보기)와 같은 정서적인 스트레스를 피하거나 감소시키기 위해 개인이 사용하는 구체적인 대처전략을 포함한다. 정서적 영역의 급성 위험요인에는 우울증, 죄책감, 분노와 같이 자살상태에서 흔한 불쾌감과 불편함 같은 정서적인 표현을 포함한다. 신체적 영역의 급성 위험요인에는 초조, 불면, 고통과 근육긴장 같은 정서적인 어려움과 흔히 연관되는 신체적 경험을 포함한다.

---

1) SKA2는 뇌 전두엽에 존재하는 유전자로 스트레스 호르몬으로 불리는 '코르티솔'의 분비를 조절하는데 SKA2가 제대로 발현되지 않으면 코르티솔 분비가 많아지면서 극도의 스트레스 상태에 놓이게 되고 자살을 선택할 가능성이 높아진다.

이러한 다양한 영역은 본질적으로 상호작용하기 때문에 한 영역의 활성화는 종종 다른 영역의 활성화와 관련된다. 위험요인들은 서로 얽혀 있어서 활동의 복잡한 네트워크의 부분으로써 서로 지속적으로 밀고 당긴다. 복잡한 활동 네트워크의 이 밀기 및 당기기 동작은 <그림 2.1>에서 4개의 영역 사이에 있는 네 방향 화살표로 표시되며 자살을 하는 많은 사람들이 묘사하는 '하향 나선' 또는 '눈덩이 효과', 자살위기로 치닫게 하는 인지, 정서, 신체적 감각과 행동적인 반응의 결과이다. 자살모드의 다양한 영역의 복잡한 상호작용이 자살행동의 위기상태를 끝내는 상승효과를 유발할 수 있지만, 이러한 분출이 회복을 위한 목적으로 사용될 수도 있다. 위험요인의 특정 영역을 비활성화시키는 것이 다른 영역의 위험요인을 비활성화하게 할 수 있다. 이러한 논리는 BCBT를 구상하고 구조화하는 데 중요한 이론적 근거가 된다. 한 영역에서의 개선은 전형적으로 다른 영역에서의 개선을 유도한다. BCBT는 위험요인의 다양한 영역을 목표로 하기 때문에 자살행동을 다시 하게 할 수 있는 장기적인 취약성을 감소시킬 수 있다.

## 활성화사건과 자살위험에 대한 민감화

유동적 취약성 이론에 따르면, 개인의 성향이 상황에 따라 활성화되거나 '촉발되는' 경우에만 급성 자살위기로 이어진다. '방아쇠'라고도 하는 자극 즉, 활성화사건에는 관계 문제, 재정적 스트레스 또는 인지된 상실과 같은 환경적인 스트레스 요인 또는 신체적 감각(예 고통) 및 심리적 경험(예 외상성 기억, 부정적인 감정)이 포함된다. 기저 위험요인, 활성화사건 및 급성 위험요인 간의 관계는 <그림 2.1>에 두 개의 화살표로 표시된다. 첫 번째 화살표는 기저 위험요인에서 급성 위험으로 이동하는데, 이는 개인 고유의 안정적인 위험요인들의 집합에서 발생하는 자살생각과 행동을 경험하는 취약성을 나타낸다. 실질적으로 이것은 자살위기의 구조적 특성이 개인의 안정적인 위험요인과 종종 관련된다는 것을 의미한다. 예를 들어 만성질환을 앓고 있는 사람들에게서, 급성 자살위기는 개인의 안정적인 위험요인인 의학적이거나 건강과 관련된 걱정을 반영할 가능성이 만성적인 의학적 문제를 가지고 있지 않은 사람이 급성 자살위기를 경험하는 경우보다 훨씬 크다. 이러한 사람에게 급성 자살 위험요인은 고통이나 신체적인 불편감과 같은 신체적인 증상, 결함이 있다거나 '망가졌다'는 자기지각, 대처전략으로서의 약물 사용으로 특징지어진다. 마찬가지로 외상 경험이 있는 개인은 확실한 외상관련 위험요인을 반영한 급성 위험요인, 즉, 자의식적이고 자기비하적인 표현(예 "다 내 잘못이야."), 외상과 관련된 악몽으로 인한 수면문제, 죄책감과 수치감으로 특징지어지는 정서, 신뢰와 관련된 어려움으로 인한 사회적 지지의 거부 경험을 하기 쉽다.

<그림 2.1>의 두 번째 화살표는 활성화사건에서 기저 위험요인과 급성 위험요인으로 연결되는 화살표이다. 이것은 개인의 기저 위험요인에 충분한 활성화사건이 있을 때 급성 자살에피소드로 이어질 것으로 예상된다는 관점을 반영한다. 다시 말하면, 많은 기저 위험요인을 가지고 있는 개인에게서 자살위기의 가능성은 활성화사건의 질이나 강도에 달려있다는 있다는 것이다. 즉, 자살에피소드는 활성화사건과 관련된 스트레스가 개인의 임계치를 초과할 때 발생한다. 많은 기저 위험요인을 가진 사람이 낮은 임계치를 가지고 있으면 작은 자극에 의해서도 자살에피소드를 경험할 수 있다. 이러한 사람의 경우 약하거나 자그마한 자극에 의해서도 종종 오래 지속되는 자살위기 에피소드를 경험하기 쉽다. 반대로 기저 위험요인이 없지만 높은 수준의 임계치를 가진 사람은 매우 심한 촉발사건을 경험했어도 자살에피소드에 잘 대응할 수 있다. 하지만 만약 활성화사건이 충분히 스트레스가 심하고 만성적이라면, 활성화된 자살위기를 경험할 것이다. 어떤 사람은 자살위기를 경험하고 어떤 사람은 그렇지 않은지를 이해하기 위해서는 개인이 가지고 있는 독특한 기저 위험요인의 맥락 안에서, 활성화사건의 독특한 양상과 특성을 어떻게 경험하고 있는가를 고려해야 한다.

## 자살신념체계와 지속되는 위험의 본질

유동적 취약성 이론의 관점에서 행동적 위험요인과 인지적 위험요인, 이 두 영역은 앞으로의 자살시도의 위험성을 감소시킬 수 있는 자살에 대한 기저 위험요인을 직접적이고 안정적으로 조절할 수 있기 때문에 특별한 주의를 기울여야 한다. 나아가 이 두 영역에서 충분한 변화를 보이지 않은 환자는 치료를 종결한 후에도 상승된 수준의 기저 위험요인을 유지할 것이다. 그러므로 기저의 행동적 위험요인과 인지적 위험요인에서의 변화는 BCBT의 주요한 변화의 기제로 생각된다. 이러한 주장은 인지치료에 따르는 자살시도의 위험성 감소는 문제해결의 개선과 부주의함이나 충동적인 의사결정의 감소를 나타낸다는 연구를 기반으로 한다(Ghahramanlou-Holloway, Bhar, Brown, Olsen, & Beck, 2012). 또한 수치심, 자기혐오와 지각된 결함과 같은 내재화되고 암묵적인 부정적 자기지각은 우울증과 자살생각과 같은 급성 자살위험요인보다 미래의 자살시도를 잘 예측한다는 것(Bryan, Rudd, Wertenberger, Etienne, et al., 2014; Nock et al., 2010)과 자살시도를 한 사람과 비자살적 자해를 한 사람을 구분할 수 있는 것으로 나타났다(Bryan, Rudd, Wertenberger, Etienne, et al., 2014). 이러한 후자의 발견은 특히 자살과 관련된 지각된 부담감과 같은 인지적 위험요인(예 '사람들에게는 내가 없는 편이 나을 거야.'), 자기혐오(예 '나는 벌을 받아야 해.', '나는 사랑받을 가치가 없어.'), 그리고 무능함(예 '나는 이것을 처리할 수 없어.', '나는 모두 실패해.')을 포함한다. 이와 같은 자살 특화된 도식들은 자살모드 활성화와 장기간에 걸친 자살모드 유지의 가능성을 높이기 때문에 BCBT에서는 자살신념체계라고 부른다.

장기적인 위험성의 감소에 있어, 내재하는 인지적이고 행동적인 위험요인의 중요성을 설명하기 위해, 메리라는 젊은 여성을 생각해보자. 그녀는 기본적인 스트레스 관리기술이 부족하고, 자살신념체계(예 '나는 실패자이다.', '나는 완전히 사랑받을 가치가 없다.', '나는 실수에 대해 용서받을 자격이 없다.', '나는 가치가 없다.')와 일치하는 부정적인 자기도식을 갖고 있다. 메리는 연인과 갈등이 있었고 그녀는 의도적으로 치료가 필요할 정도로 수면제를 과다복용해서 잠시 입원하였다. 메리와 파트너는 갈등을 해결했고 그녀의 정서적인 스트레스는 원래 상태가 되었다. 더 이상 자살을 생각하지 않아서, 병원에서 퇴원하였다. 메리는 현재 안정화되었지만, 여전히 행동적(예 빈약한 스트레스 관리기술) 그리고 인지적(예 자살에 대한 신념) 요인을 가지고 있다. 따라서 메리의 동적인 자살모드가 비활성화 되었지만, 그녀의 오래된 자살위험은 새로운 자살위기가 될 새로운 활성화사건을 경험하기 전에는 두드러지지 않을 취약성으로 수면 하에서 지속된다. 하지만 메리가 기본적인 스트레스 관리기술(예 이완, 자기명상)을 습득하고 자신의 비판적인 자기지각을 낙천성(예 '다 괜찮을 거야.'), 유능감('나는 이것을 다룰 수 있어.', '좋아질 거야.')과 자부심('나는 존경받을 만하다.')과 같은 더 긍정적인 인지스타일로 바꾼다면 미래에 활성화사건에 반응해서 다시 자살상태가 될 가능성은 적을 것이다(Bryan, Andreski,

McNaughton Cassill, & Osman, 2014; Bryan, Ray-Sannerud, Morrow, & Etienne, 2013b, 2013c; Hirsch & Conner, 2006). 이러한 변화가 일어난다면 메리의 기저 자살위험은 감소될 것이고 또 다른 자살시도를 할 위험성을 장기적으로 감소시킬 것이다.

BCBT는 개인이 심각한 고통을 겪지 않는 경우에도 장기간 지속되는 자살시도에 대한 기저의 위험요인을 줄이기 위해 특별히 고안되었다. BCBT는 환자가 삶의 스트레스 요인에 보다 효과적으로 대응하고(즉, 행동적인 소인) 자살신념체계를 회복탄력성을 증진시키고 자살위기에 대한 취약성을 감소시키는 긍정적이고 적응력 있는 스키마로 대체하여(즉, 인지적인 소인) 목표를 달성한다.

## 임상적 적용

자살모드는 BCBT 프로토콜의 중요한 구성 원리로 기능한다. 모든 개입은 여기에서 빠져나오는 것이다. 자살모드는 환자가 자신이 자살로 죽기를 원하거나 시도한 이유를 이해할 수 있는 단순하면서 직접적인 방법을 제공한다. 또한 환자에게 치료의 각 과정과 사용하는 개입에 대한 근거를 제공한다. 이러한 목적을 위해 환자에게 새로운 개입을 소개하고 가르칠 때, 전문가는 개념이나 기술이 직접 자살모드와 연결됨을 분명히 한다. 그러한 기술을 사용해야 하는 이유와 어떻게 효과를 나타내는지 분명히 이해한 환자는 그 기술을 훨씬 더 효과적으로 사용하기 쉽다.

유동적 취약성 이론은 시간에 따른 자살위험의 등장과 해소의 이해에 있어 중요한 함의를 갖는다. 앞에서 언급했듯, 많은 기저 위험요인을 갖고 있는 사람은 더 적은 기저 위험요인을 가진 사람보다 활성화사건을 경험할 때 더 쉽게 활성화된다. 나아가 많은 기저 위험요인을 가진 사람이 더 적은 기저 위험요인을 가진 사람보다 자신의 자살위기를 해결하는데 더 오래 걸린다. 이러한 역동은 <그림 2.2>에 설명되어 있다. 이 그림은 자살 위험성의 기저선이 낮은 기저의 위험성이 있는 개인(사람 A, 실선) 및 높은 개인(사람 B, 점선)의 자살위험성의 변화를 나타낸다. 급성 자살위기 에피소드를 경험하게 하는 활성화사건을 경험할 때까지 각각은 기저의 위험수준을 유지한다. 자살에피소드의 상대적인 정도

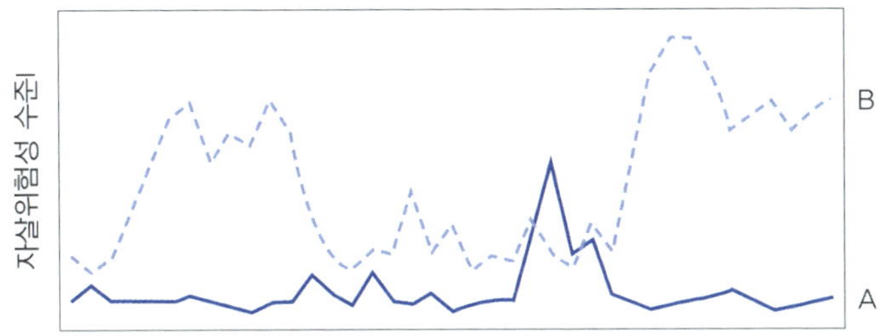


**그림 2.2** 자살위험성의 기저선이 낮은 기저위험의 개인(A: 실선)과 높은 개인(B: 점선)의 시간의 흐름에 따른 자살위험의 발생과 해결

는 두 사람에게 동일하지만 B는 처음부터 위험수준이 더 높았기 때문에 전체적으로 더 큰 위험에 처한다. 위기가 해결됨에 따라 두 사람은 위험수준의 기저선으로 돌아가지만 A는 B보다 빨리 해소된다. 이 그림은 유동적 취약성 이론의 중요한 함의를 강조한다. 비록 B가 저위험수준에 있더라도 그는 A보다 전반적으로 위험성 수준이 높다. 게다가 A가 급성위기에 처한 동안에도 심각도는 B의 기저선의 심각도보다 높지 않다. 그러므로 B의 '상대적으로 가장 나은 상태'는 A의 '상대적으로 가장 나쁜 상태' 보다 자살위험성이 낮지 않다. 이는 유동적 취약성이론의 중요한 함의를 강조하고 있다. 환자의 전반적인 자살위험성 수준을 판단할 때(예 자살위험성 평가를 위한 면담동안) 전문가는 오직 급성의 차원만 고려하는 것과는 달리 위험성의 기저 차원과 급성 차원 둘 다 고려해야 한다는 것이다. 이렇게 하는 것은 급성 위험이 기저 위험의 최고치에 더해질 수 있기 때문이다. 기저수준이 높은 사람은 상대적으로 좋은 상태에 있어도 여전히 높은 위험수준이 지속된다.

위험수준의 기저선의 중요성은 자살생각 및 시도와 급성 위험요인과의 관계를 비교할 때 안정적 위험요인과 강하게 연관되어 있다는 연구결과에 의해 지지된다. 예를 들어, 과거의 자살시도와 비자살적인 자해는 최근과 앞으로의 자살시도에 대한 강한 예측인자 중 하나이고 우울증과 절망감과 같은 다른 급성 위험요인을 능가한다(Bryan, Bryan, Ray-Sannerud, Etienne, & Morrow, 2014; Joiner et al., 2005; Klonsky, May, & Glenn, 2013). 상당한 정도의 증거가 두 번 이상 자살시도를 한 사람은 아주 높은 위험의 환자라는 것을 지적한다. 그러므로 여러 번의 자살시도는 위험성의 기저선이 상승했다는 매우 분명한 지표로 간주된다(Bryan &

Rudd, 2006). 왜냐하면 여러번 자살시도를 했던 과거사는 일반적으로 과거의 정신병리, 손상된 문제해결 능력, 정서조절 기술 손상을 포함하는 다른 관련된 기저의 위험성의 분명한 지표이기 때문이다(Forman, Berk, Henriques, Brown, & Beck, 2004; Rudd, Joiner, & Rajab, 1996). 최근의 연구는 비자살적인 자해도 마찬가지로 위험수준의 기저선 상승의 지표로 본다(Bryan, May, Klonsky, 2015; Bryan, Rudd, Wertenberger, Young-McCaughon, & Peterson, 2014; Guan, Fox, & Prinstein, 2012; Wilkinson, Kevin, Roberts, Dubicka, & Goodyer, 2011). 자살생각과 자살행동이 나타남에 있어 기저 위험요인이 강력한 역할을 한다는 것을 전제로 할 때, 전문가는 안정적인 위험요인의 중요성을 축소하거나 무시하여 환자의 위험성 수준을 평가절하하지 않도록 주의해야 한다.

유동적 취약성 이론의 또 다른 핵심 가정은 개인이 급성 자살에피소드의 해결에 따라 자신의 위험성의 기저수준으로 돌아간다는 것이다. 이것은 명백한 결론처럼 보이지만, 높은 기저 수준의 위험성을 가진 환자와 작업할 때는 임상적으로 중요한 함의를 가진다. <그림 2.2>를 보면 A, B 두 사람은 급성의 자살에피소드에 이어 각각의 위험성의 기저수준으로 돌아가지만 B는 전반적으로 상승한 상태를 유지한다. 앞에서 언급했듯이 B의 위험성의 기저수준은 A의 최대위험수준보다 낮지 않다. 이것은 상대적으로 B의 최상의 상태가 A의 상대적인 최악의 상태와 많이 다르지 않다는 것을 나타낸다. 치료계획을 세울 때, 기저 위험수준을 간과하는 전문가(와 환자)는 비현실적이거나 성취할 수 없는 기대나 치료목표설정을 할 수 있다. 예를 들어, 일부 기저의 위험수준이 높은 환자(특히 여러 번 자살시도를 한 환자)는 빈도가 적기는 하지만 낮은 강도의 자살생각을 경험한다(예 '하루에 자살을 수백 번 생각하지만 자살생각은 위기에 처하지 않았을 때도 내 마음 속으로 들어 왔다가 나간다.'). 이런 환자들에게 자살생각하지 않기를 치료목표로 정하는 것은 비현실적이기 때문에, 잘 하고 있을 때조차 실패하게 되는 대처법이다. 이와 비교하여 자살시도를 할 위험성을 감소시키는 것과 같은 목표가 환자의 기저 위험수준과 상관없이 더 현실적이고 성취가능하다.

위에서 지적한 부분에 함축된 것은 자살위험이 본질적으로 역동적인 구조로 되어 있다는 것이다. 치료의 맥락에서조차, 자살위험성은 강도에서 때로는 매우 빨리 또는 예기치 않게 변동된다. 당연한 것처럼 보일 수 있지만 그럼에도 불구하고 다시 강조한다. 치료과정 중에 자살위험성이 크게 감소하더라도 일시적으로 위험성이 증가할 수 있다. 이러한 변화는 여러 번 자살시도를 한 환자들에게서 발생하기 쉽다(Bryan & Rudd, 2017). 따라서 전문가는 대부분의 환자들이 치료의 어느 시점에서는 좌절감을 경험할 것이며, 많은 환자가 새로운 기술을 배우지 못하거나 원하는 만큼 빨리 새로운 아이디어를 시도하지 못할 것이라는 것, 새로운 자살에피소드를 경험하고 몇몇은 자살시도를 한다는 것을 예상해야 한다. 드물기는 하지만 치료 중 자살시도를 한 환자가 사망할 수도 있다. 흥분과 불안을 일으키는 자살하려는 사람과의 임상적인 작업에서 BCBT는 환자가 위기 전, 중, 후 자살과정의 어디에 있든 환자의 욕구에 유연하게 반응하도록 고안되었다.

## 유동적 취약성 이론과 자살의 다른 개념적 모델의 통합

BCBT의 개발은 주로 유동적 취약성 이론과 자살모드의 개념을 기반으로 했지만 임상적인 문헌에서 언급하는 자살의 다른 개념적 모델도 BCBT와 관련이 있다. 특히 두 가지 모델인 자살에 대한 대인관계 심리이론(Joiner, 2005)과 통합된 동기 의지모델(O'Connor, 2011)은 지난 10년간 임상 연구자들에게 영향을 끼쳤다. 유동적 취약성 모델과 유사하게 각각의 모델은 자살생각과 그 위험요인들을 자살행동과 그 위험요인을 구분한다는 점에서 생각에서 행동으로의 개념틀(the ideation-to-action flamework, Klonsky & May, 2015)에서 기술된다. 메이와 크론스키(2016)가 언급했듯이, 잘 기술된 자살의 위험요인은 자살생각과 실제로 관련되어 있지만, 자살생각을 하는 사람과 실제로 자살하려는 사람을 구별하지는 못한다. 자살생각에서 행동으로 가는 개념적 틀은 일반적으로 자살예방 영역에서 특히 자살하려는 환자를 위한 임상적 치료에서는 최근의 중요한 진전이다. 이러한 개념은 임상적인 노력에 걸친 일관된 패턴에 대한 설명을 제공한다. BCBT를 포함해서 자살행동의 빈도를 유의미하게 감소시키는 치료가 자살생각과 다른 정신과적 증상을 감소시키는 것에서 반드시 월등하지는 않다(Brown, TenHave, et al., 2005; Gysin-Maillart, Schwab, Soravia, Megert, & Michel, 2016; Linehan et al., 1991, 2006; Rudd et al., 2015). 따라서 효과적인 치료는 자살행동과 자살생각에 독특한 방식으로 영향을 미친다.

대인관계 심리이론과 통합적 동기 의지모델은 자살행동을 이해하기 위한 대안적 관점을 제공하지만, 접근방식은 유동적 취약성 이론과 상당히 겹친다. 하지만 이러한 대안적인 개념적 접근방식은 반드시 경쟁적인 아이디어를 제시하는 것이 아니라 개인이 자살생각에서 행동으로 전환하는 다양한 경로를 강조한다. 따라서 각 모델은 BCBT를 사용하여 자살하려는 사람을 보살피는 것에서 중요하고 독특한 의미를 가지고 있다. 그러므로 각 모델과 각 모델이 BCBT에 대해 갖는 함의를 간략하게 기술하고자 한다.

## 대인관계 심리이론

조이너(2005)의 자살의 대인관계 심리이론(the interpersonal psychological theory)은 자살에 대한 최신의 이론 중에서 가장 친숙한 이론일 것이다. 이 모델에 따르면 자살행동은 그 자체로는 충분하지 않지만 두 가지의 필수조건(자신을 죽이려는 욕구와 그렇게 할 수 있는 능력)을 필요로 한다. 자살하려는 욕구와 그렇게 할 수 있는 능력이라는 두 가지 필수 조건은 그 자체로 충분하다. 따라서 대인관계 심리이론은 자살을 생각하는 사람들을 구별하기 위한 간단하고 직접적인 모델을 제공한다. 자살하려는 욕구(즉, 자살생각)는 두 개의 중요한 사고과정의 결합을 포함한다(지각된 짐스러움과 위축된 소속감). *지각된 짐스러움*은 다른 사람이 부담을 지게 된다거나 다른 사람이 자신의 부재나 죽음으로 혜택을 받을 수 있다는 지각이다(예 '내가 없으면 다른 사람에게 좋을 텐데.'). 반면에 *위축된 소속감*은 자신이 고립되어 있거나 혼자라는 지각 혹은 다른 사람들과 맞지 않는다는 것이다(예 '누구도 나를 신경쓰지 않는다.'). 지각된 짐스러움과 위축된 소속감 수준이 높고 이러한 심리적 상태가 끝나지 않을 것이라고 인식하면, 자살생각이 빈번하게 나타나기 쉽다. 그러므로 자살에 대한 욕구는 지각된 짐스러움, 위축된 소속감과 절망감의 조합을 수반하는데 이것은 자살모드의 인지적인 영역의 구체적인 특징이다.

그러나 대인관계 심리이론의 관점에서 보면 자살시도를 하는 사람에게 자살생각의 존재만으로는 충분하지 않다. 자살하려는 사람은 자살에 대한 능력을 가지고 있어야 한다. *자살에 대한 능력*은 자살생각을 가진 사람들이 자살의도를 가지게 하는 죽음에 대한 두려움이 없는 것으로 시작하는 다양한 요소를 포함한다. 자살의도가 증가한 사람이 통증에 대한 내성을 가지고 있다면 자살행동을 할 가능성은 증가한다(Van Orden, Witte, Gordon, Bender, & Joiner, 2008). 자살능력에 내재되어 있는 두 개의 잠재적인 구조(죽음에 대한 두려움이 없는 것, 고통에 대한 내성)는 자살모드의 다양한 차원에 걸쳐 영향을 미친다. 신체적이든 심리적이든 위협과 불편함에 대한 인지적인 평가과정, 정서조절과 같은 정서과정, 인지, 정서와 신체적인 경험에 대한 반응으로 나타나는 행동적인 반응(접근이나 회피)에 영향을 미친다.

자살능력은 초기에는 폭력, 공격과 외상과 같은 고통스런 경험에 노출된 결과로 개인이 삶의 과정에서 획득하는 것으로 생각되었다(Joiner, 2005; Selby et al., 2010; Van Orden et al., 2008). 최근의 연구는 이러한 가정을 지지하지 않는 것 같다. 그대신에 자살능력은 폭력적이고 잠재적으로 외상적인 경험에 노출되어도 시간의 흐름에 걸쳐 안정적으로 유지되는 특질과 같은 특징을 갖는 것으로 제안된다(예 Bryan, Sinclair, & Heron, 2016). 이와 같은 새로운 발견은 자살능력이 기저의 자살위험에 대한 유동적 취약성 이론과 맥락을 같이하는 것으로 보인다. 개념적으로 자살능력은 유동적 취약성 이론 특히, 정서조절(즉, 두려움 없음, 고통에 대한 내성)과 인지적인 평가(즉, 지각된 짐스러움과 위축된 소속감)와 같은 정교화된 자살에 대한 중요한 고유의 취약성을 포함한다. 그러므로 대인관계 심리이론은 유동적 취약성 이론과 양립할 수 있고 자살모드를 포함하는 개념적 모델이다.

임상적 관점에서 대인관계 심리이론은 자살욕구 및 자살능력을 개입 목표로 해야 하는 필요성을 지지한다. 이 두 작업 중 첫 번째 작업은 전문가와 연구자들의 상당한 관심을 받고 있으며 지각된 짐스러움과 위축된 소속감을 재고하게 하는 것을 목표로 하는 인지적 개입을 통해 달성한다(예 Joiner, Van Orden, Witte, & Rudd, 2009). 두 번째 작업인 자살능력을 감소시키는 것은 최근 특히 총기류와 같은 잠재적으로 치명적 자살수단에 접근하는 것을 제한하는 것의 가치에 대한 관심이 증가하고 있기는 하지만 상대적으로 전문가들과 연구적인 관심을 적게 받았다(Britton, Bryan, & Valenstein, 2016; Bryan, Stone, & Rudd, 2011). 이러한 함의와 일치하여 BCBT는 지각된 짐스러움과 위축된 소속감을 포함한 자살에 대한 신념을 약화시키기 위한 인지전략을 포함하고 있으며 수단에 대한 접근차단상담과 위기대응계획을 통해 치명적인 수단에 접근하는 것을 차단하는 것을 목표로 한다.

## 통합된 동기 - 의도 모델

기존의 많은 이론적 모델들의 중요한 한계는 적은 수의 위험성 영역에, 어떤 경우에는 단일 위험영역에만 제한된 초점을 둔다는 것이었다(O'Connor, 2011). 예를 들어 바우마이스터(1990)는 자살행동의 주된 동기로서 자아로부터의 도피의 중요성을 강조했다. 반면 웬젤과 백(2008)은 절망감과 다른 인지적 도식을 강조하였다. 이러한 한계점을 지적하면서, 자살행동에 대한 통합된 동기–의도모델(The Integrated Motivational–Volitional Model)(O'Connor, 2011)은 자살행동의 여러 모델을 통합하기 위해 개발되었으며 유동적 취약성 이론 및 자살모드개념과 많은 유사점이 있다.

생각–행동 프레임워크와 마찬가지로, 통합된 동기–의도 모델은 개인이 어떻게 자살하려는 상태가 되고, 어떤 경우에 자살행동으로 전환되는지를 이해하기 위한 모델을 제공한다. 이 모델은 동기전, 동기 그리고 의지의 세 단계로 구성된다. *동기전 단계*는 자살생각과 자살행동이 나타나기 전에 있던 배경 요인(예 인구 통계학적 변인, 성격 특성, 이전의 트라우마), 환경적인 유관성(예 사회적 지원, 자원에 대한 접근) 및 삶의 주요사건(예 관계적인 문제, 재정적 부담)을 포함한다. 이러한 동기전의 요인들은 서로 상호작용하고 자살생각이나 행동이 나타날지를 결정한다. 유동적 취약성 이론의 위험성의 기저 요인과 같이 통합된 동기–의도모델은 사람들이 배경요인 특히, 과거의 자살생각과 자살시도의 경험에 의해 주로 결정되는 자신만의 활성화 임계치를 갖고 있는 것으로 본다. 과거 자살상태에 있었던 사람은 앞으로의 추가적인 자살위기에도 민감해져 있다. 마찬가지로 과거에 자살시도를 했던 사람은 추가적인 자살시도를 하는 것에 민감해져 있다.

통합된 동기–의도 모델의 두 번째 단계인 *동기*단계는 자살생각과 의도를 형성하는 것을 수반한다. 자살생각과 자살행동에 대한 주요한 가설적 경로는 패배, 굴욕, 덫에 걸림과 관련된다. 특히, 배경적인 취약성을 많이 갖고 있는 사람은 패배(예 '나는 실패자이다.')와 굴욕(예 '나는 당황스럽다.')의 신호에 예민하다. 예를 들어, 높은 수준의 완벽주의를 가진 사람은 인생의 고난이나 어려움을 실패라고 해석하는 경향이 좀 더 많고 모욕, 죄책감과 수치심과 같은 자기-의식적인 감정을 경험하기 쉽다(O'Connor & Noyce, 2008; O'Connor & O'Connor, 2003; O'Connor, Rasmussen, & Hawton, 2010). 패배와 모욕감과 같은 감정은 이러한 감정의 잠재적인 가능성이 건드려질 때 덫에 걸린 느낌(예 지금 상황에서 빠져 나갈 길이 없다)을 촉발시킨다. 이러한 요인들을 통합된 동기-의도모델에서는 *자기 조절자에 대한 위협(threat to self-moderators)*이라고 하고 손상된 문제해결능력, 대처결여, 반추와 같은 변인을 포함한다. 다음으로 덫에 걸린 느낌은 이러한 느낌이 인지정서적인 요인(위축된 소속감, 지각된 짐스러움, 희망과 낙관주의의 부재, 제한된 사회적 지지와 같은 것을 모아서 동기적인 조절자라고 일컫는다)과 결합하면 자살생각과 자살의도를 갖게 한다. 동기단계는 자살생각과 행동의 유발을 촉진하고 자살위기의 심각성을 심화시키는 위험요인의 다양한 영역(즉, 인지적, 정서적, 행동적, 신체적)에서의 상호작용을 가정하는 자살모드에 대한 유동적 취약성 이론과 일치한다. 통합된 동기-의도 모델의 세 번째 단계인 *의지*단계는 자살생각과 의도에서 행동으로 변화되는 것을 수반한다. 통합된 동기-의도 모델에 따르면 사람들은 자살의도의 강도를 강화하고 자살생각에 따라 행동하는 것을 방해하는 것을 약화시키는 변인과 요인을 포함하는 의도적인 조절자가 충분한 수준에 달하면 자살생각에 따라 자살행동을 할 것으로 본다. 이러한 의도적인 조절자는 죽음에 대한 두려움이 없음, 고통 감내력, 충동성, 치명적인 수단에의 접근, 연습이나 준비행동과 같은 것을 포함한다. 통합된 동기-의도 모델에서 사람들이 자살생각에서 행동을 하게 되는지에 대한 관점은 대인관계 심리이론과 유사하다.

대인관계 심리이론과 유사하게 통합된 동기-의도모델은 임상적인 조절을 통해 위축된 소속감과 지각된 짐스러움을 감소시켜 자살행동의 위험성을 감소시킨다. 통합된 동기-의도모델은 대인관계 심리이론에서 정교화하지 않은 패배, 모욕과 덫에 걸림 등과 같은 다양한 추가적인 인지-정서목표를 제공한다. 이러한 개념은 자살모드의 인지적이고 정서적인 영역에 해당하고 BCBT의 두 번째 단계에서 인지적인 개입을 통해 수정할 수 있다. 인지적 재평가 기술훈련에 더해, 통합된 동기-의도모델은 자살행동에 대한 BCBT의 효과에 내재되어 있다고 가정하는 두 가지 중요한 기제인 문제해결과 정서조절 기술훈련의 이득을 부가적으로 지지한다(Bryan, 2016; Bryan, Grove, & Kimbrel, 2017).

## 사례 예시

BCBT의 많은 개념과 원칙을 설명하기 위해 BCBT를 받은 세 명의 환자(존, 마이크, 제니스)를 소개할 것이다. 환자들을 보호하기 위해 세부사항을 변경하였다. 이 매뉴얼을 통해 BCBT가 다양한 범주의 환자들에게 어떻게 성공적으로 적용되었는지를 보여주기 위해 다음의 사례들을 제시할 것이다.

### 존의 사례

존은 현재 미군에서 복무하는 22세의 히스패닉계 남성이다. 전문가를 만나기 약 1주일 전에, 아내의 가족을 방문하기 위해 가는 중 그는 아내와 말다툼을 했다. 말다툼을 하는 동안 아내는 존이 '자신의 말을 듣지 않는다.'는 것과 '좋은 남편이 아니었다.'는 말을 했다. 존은 화가 났고 좌절했다. 존은 '아내가 항상 부정적인 말을 하는 것에 지쳤다.'고 했다. 아내와 통화를 하면서 존은 자신의 아파트 창고로 가서 소총을 움켜잡았다. 아내는 그가 무엇을 하는지 들었고 하지 말라고 애원하였다. 존은 그녀를 무시하고 소총을 아파트 안으로 가져와서 커피 테이블에 총알을 놓은 다음 그의 어깨에 소총을 걸친채로 벽에 기대고 앉았다. 존의 아내는 그에게 계속 하지 말라고 간청했고 친구를 부를 것이라고 말했다. 존은 갑자기 '정신차리자.'라고 하고 아내에게 친구한테 전화하라고 말했다. 친구가 급하게 와서 존을 지역의 정신과로 데려갔다. 그곳에서 평가를 받기는 했지만 치료를 위해 입원하지는 않았다. 다음 날 아침 일찍 집으로 돌아와서 전화로 방문예약을 했다. 존은 정신장애의 이력이 없었고 이번 일 이전의 자살생각과 시도력은 부인하였다. 존은 자신이 한 행동에 대해 '죄책감'을 느꼈고 다른 사람들이 무슨 일이 있었는지 알게 될까봐 '당황스러워' 했다.

### 마이크의 사례

마이크는 과거에 법집행관으로 근무했던 55세의 백인 남성이다. 약 15년 전, 마이크는 그의 상사들에 의해 직장에서 '강제퇴출'되었다. 그는 상사들을 '자신을 배반한', 속임수를 쓰고 사기를 친 놈들이라고 했다. 이후 그는 직장을 옮겨 지난 몇 년간 쇼핑몰 경비원 아르바이트로 자리를 잡았다. 그는 자신의 직업을 보람 없고 '굴욕적'이라고 이야기 했지만 '어떻게든 세금을 내야 했기 때문에' 그 일을 계속했다. 몇 년 동안 그와 그의 아내는 만나고 헤어지는 관계를 유지했다. 그들은 한동안 같이 살았으나 몇 달 전 그는 아내가 자신들의 미래가 불확실하다는 표현을 하자 말다툼 끝에 집을 나왔다. 마이크는 어머니 집 지하실로 이사했는데, '다 자란 성인임에도 엄마와 함께 사는 사람'이라는 것이 그를 더 당혹스럽게 만들었다. 그는 정기적으로 정신을 잃을 정도로 술을 마신다는 것과 자신의 감정을 '통제할 수 없다.' 그리고 '나 자신을 견딜 수 없다.'고 느낀다고 하였다. 마이크가 여동생에게 밤늦게 문자 메시지로 심한 우울증과 절망감을 표현하고 총을 가지고 잠든다는 메시지를 보내자 여동생은 치료를 받아 보라고 강력하게 권유했다. 초기 상담 중에 마이크는 눈에 띄게 불편해하고 동요했으며, 눈물을 흘리며 억눌린 목소리로 말했다. 그는 눈물을 흘리면서 눈맞춤을 하지 못하고 다리를 빠르게 흔들기 시작했다. 마이크는 우울한 기분, 분노, 심한 불면증은 인정했지만 최근과 과거의 자살에 대해 물었을 때 자살생각과 자살행동을 모두 부인했다.

### 제니스의 사례

제니스는 42세의 백인 여성으로 의료적인 장애로 인해 현재 실직상태이다. 그녀는 과거 몇 차례 당시 남편에게 성폭행을 당했고 이후 PTSD 및 경계선 성격장애로 진단되었다. 그동안 제니스는 군 제대 전에 약물 과다복용으로 거의 치명적인 자살시도를 했었다. 2년 후, 그녀는 약물 과다복용으로 두 번째 자살시도를 했고 그 결과 1주일 이상 혼수상태가 지속되었다. 제니스는 다양한 항우울제, 기분안정제 및 불안완화제를 사용하여 치료를 받았으며 지난 5년 동안 PTSD, 우울증, 불안, 경계선 성격장애를 위한 다양한 유형의 심리치료를 받았다. 그녀는 임상사회복지사로부터 치료를 위해 의뢰되었다.

제니스가 임상사회복지사에게 회기 중에 자신은 자살계획을 가지고 있다는 것을 인정하자, 사회복지사는 그녀를 '만성적 자살위험성과 PTSD'를 다루기 위한 치료과정에 의뢰했다. 제니스는 '지금까지 몇 년 동안 자살계획을 가지고 있었는데 무슨 큰 문제인가?'라고 이야기했지만 자살을 '지속적으로 생각'한다고 보고했다.

CHAPTER

# 03

# 자살하려는 사람을 위한 치료의 핵심원칙

2006년 자살예방지원센터(Suicide Prevention Resource Center)는 자살위험성 평가 및 관리를 위한 24개의 핵심 임상역량을 밝혔다. 태도 및 접근 방식, 자살의 이해, 정확한 평가를 위한 정보 수집, 위험 공식화, 치료 및 서비스계획 개발, 치료 관리, 자살위험과 관련된 법과 규제 문제 이해의 총 7개의 영역으로 구성되어 있다. 이러한 임상적 역량은 자살하려는 환자를 위한 효과적인 치료의 기본원칙과 관련된 토대를 제공한다. BCBT는 이러한 핵심역량에 대한 전체적인 개요를 작성하고 전문가가 24개의 모든 역량을 충족시킬 수 있는 구조와 구체적인 선택을 제공한다. 결국 이러한 노력은 높은 수준의 효과적인 관리로 이어진다. 핵심 임상역량에 대한 완전한 논의는 본 장의 범위를 벗어나지만, 이러한 핵심역량과 관련된 세 가지 이슈(언어, 치료적 동맹, 사전 동의)는 자살하려는 환자와 함께 BCBT를 사용하는 전문가가 특별한 주의를 기울여야 할 부분이다.

## 자살의 언어

자살시도를 예방하는 작업과 관련된 우리의 제한적인 이해에 기여하는 주요한 요인 중 하나는 연구자와 전문가들이 사용하는 언어와 용어의 불일치이다. 자살과 관련된 생각과 행동을 기술하는 데 사용되는 용어는 매우 다양하며, 장면과 전문분야에 따라서도 매우 다르다(Silverman, 2006). 이와 관련된 문제의 심각성을 강조하기 위해 실버만(2006)은 현존하는 문헌에 적어도 11개의 구별되는 자살에 대한 정의가 존재하며, 다른 자살관련 현상과 관련된 수십 개의 용어를 발견할 수 있었는데 그 중 상당수는 공식적인 정의가 없다고 지적했다. 예를 들어, 자살제스처(suicide gesture)라는 용어는 많은 전문가가 일반적으로 사용하는 용어지만 이 용어의 공식적인 정의는 존재하지 않는다. 공식적인 정의가 없는 경우, 서로 다른 전문가들이 매우 다양한 방식으로 이 용어를 사용하기 때문에 사실상 신뢰도나 임상적 의미가 결여된다(Bryan & Tomchsson, 2007). 실제로, 이것은 두 명의 전문가가 어떤 것이 자살 제스처이고 어떤 것이 아닌지에 동의할 가능성이 매우 낮다는 것을 의미한다. 이는 임상장면이나 임상가 사이에 돌봄을 위해 협조하는 과정에서도 상당한 문제를 유발한다.

연구적인 측면에서 보면 자살관련 용어의 불일치는 자살에 대한 지식의 발전을 늦추고 자살시도를 예방하는 가장 효과적인 방법을 확인하는 능력을 방해했다. 예를 들어, 앞 장에서 논의한 인지행동치료에 대한 임상실험 중 몇 가지를 고려해보자. DBT의 첫 번째 무작위 임상실험에서 리네한과 동료들(1991)은 치료를 받은 환자들 사이에서 준자살행동(parasuicide)의 위험성이 33% 감소했다고 보고했다. 이 연구에서, 자살에는 자살시도와 죽을 의도가 없는 다른 의도적인 형태의 자해(비자살적 자해, 이 용어는 분명하게 정의되었고 뒤에서 논의할 것이다)를 포함했다. 반면에 2006년 무작위 임상실험에서 리네한과 동료들은 자살시도를 비자살적 자해와 별개로 구별했으며, DBT를 받은 환자들 사이에서 자살시도 위험성이 50% 감소했지만 비자살적 자해에는 영향을 미치지 않았다고 보고했다. 1991년 임상실험 결과를 2006년 임상실험 결과와 비교할 때, 결과에서의 차이에 대한 가능한 설명은 첫 번째 연구의 결론에 따라 DBT가 정제되고 개선되어 더 나은 결과(즉, 33% 감소 대 50% 감소)를 얻었다는 것이다. 또 다른 가능한 설명은 DBT가 자살시도와 비자살적 자해에 대해 서로 다른 영향을 끼친다는 것이지만 이는 두 번째 실험에서만 명백했다는 것이다. 따라서 첫 번째 실험에서 자살시도와 비자살적 자해의 조합은 관찰된 결과를 '희석'시켰을 수 있으며, 따라서 자살시도 및 비자살적 자해는 고려되지 않았기 때문에 DBT가 첫 번째 연구에서 자살시도에 미치는 영향이 과소평가되었을 수 있다. 불행하게도, 이것을 확실하게 알 수 있는 방법은 없다. 이 두 가지 획기적인 연구가 다른 방식으로 결과를 측정했기 때문에 DBT가 어떻게 그리고 왜 작동하는지에 대한 우리의 이해는 간단하지 않다.

이러한 문제와 관련하여, 자살관련 결과물에서 언어와 용어를 표준화하려는 공동의 노력이 등장하여, 연구와 임상장면 모두에 걸쳐 공식적 정의가 누적되었다(Crosby, Ortega, & Melanson, 2011). 이러한 정의는 이후 질병관리본부, 국방부, 보훈처 등에서 채택되었으며 점점 더 많은 수의 연구자와 전문가들이 채택하고 있다. BCBT를 사용하는 전문가와 특히 관련이 있는 것은 자살시도와 비자살적 자해의 구별이다.

- **자살시도:** 비치명적이고, 자발적이며, 그 행동의 결과로 죽을 의도가 있는 잠재적으로 해로운 행동. 자살시도는 부상을 입힐 수도 있고 그렇지 않을 수도 있다.
- **비자살적 자해:** 자발적이고 의도적으로 부상을 입거나 자신에게 부상을 입힐 가능성이 있는 행동. 암묵적이건 명시적이건 자살의도에 대한 증거는 없다.

이러한 정의에서 알 수 있듯이 자살시도와 비자살적 자해는 둘 다 고의적이고 자기 주도적이며 치명적이지 않은 부상을 초래할 수 있다는 점에서 유사하다. 두 행동을 구별하는 것은 의도다. 자살시도는 행동의 결과로 죽고자 하는 욕망에 의해 동기가 부여되는 반면, 비자살적 자해는 다른 이유들에 의해 동기가 부여된다. 가장 흔한 이유는 감정완화이다(Nock & Prinstein, 2005).

자살시도와 비자살적 자해는 유사하고 서로 겹치는 부분이 있지만 표준화된 정의는 주어진 행동을 정확하게 분류하는 간단한 방법, 즉 자살의도의 존재를 제시한다. 자살의도는 명시적이든 암묵적이든 개인이 자신을 죽이려고 의도했거나 부상 당시에 죽기를 원했고 가능한 행동의 결과를 이해했다는 증거가 있는 것으로 정의된다. 따라서 환자의 행동을 분류하기 위해, 자살의도는 다음과 같은 두 가지 방식으로 구분된다. 즉 자살의도가 어느 정도 존재하는지 존재하지 않는지를 구분한다. 자살의도가 어느 정도 존재한다면 그 행동은 자살시도로 분류되지만, 자살의도가 전혀 없다면 그 행동은 비자살적 자해로 분류된다. 이는 자해 발생 시 모호한 의도나 양면성을 보고하는 환자와 함께 일하는 전문가들에게 실질적인 해결책을 제공한다(예 '나는 얼마나 죽고 싶었는지 잘 모르겠다.' 또는 '조금 죽고 싶었던 것 같다.'). 자살의도가 0이면 그 행동은 비자살적 자해로 분류된다. 만약 자살의도가 0보다 크다면, 매우 작은 정도라도 그 행동은 자살시도로 분류된다.

또한 자살시도와 비자살적 자해의 정의는 잠재적으로 해를 끼칠 수 있는 행동만을 필요로 한다. 실제로 부상을 입어야 하는 것은 아니다. 많은 전문가들이 이러한 행동이 자살시도로 간주되기 위해서는 어떤 형태로든 신체적 상해나 조직 손상을 초래해야 한다고 생각하기 때문에, 신체적인 상해나 조직손상은 아마도 자살시도를 분류하는 데 가장 중요한 것일 수 있다. 그러나 환자는 부상을 입지 않고 자살을 시도할 수 있다. 예를 들어 도로에 뛰어들었지만, 차량에 치이지 않으면 부상 없이 자살시도를 한 것이다. 마찬가지로 환자는 치명적이지 않은 양의 약을 복용하고 잠든 다음 신체적인 손상이나 부상 없이 깨어나는 것으로 부상없이 자살을 시도할 수 있다. 이러한 각각의 경우에 그 행동들은 (1) 자기 주도적이고, (2) 잠재적으로 해를 입힐 수 있고, (3) 죽음을 초래하기 위한 것이기 때문에 실제로 어떤 부상도 발생하지 않았음에도 불구하고 자살시도를 정의하기 위한 기준을 충족한다.

자살관련 결과를 보다 정확하게 기술하기 위해 특정용어의 사용을 표준화하고 권장하는 것에 더해, 몇몇 용어들은 개념의 부정확성과 부정적인 또는 경멸적인 함축적 의미 때문에 현재는 임상장면에서 사용하는 것을 권장하지 않는다 (Crosby et al., 2011). **완결된 자살**(completed suicide)과 **성공적인 자살**(successful suicide)이라는 용어는 더 이상 권장되지 않는데, 이 용어는 바라는 결과의 성취(예를 들어 죽음)가 바람직하지 않은 것으로 간주되기 때문이다. BCBT에서는 '성공적' 자살 같은 것은 없다고 주장한다. 대신 사용할 수 있는 권장 용어는 **자살**이나 **자살로 인한 사망**이다. **실패한 시도**는 죽음이 성공의 기준이라는 것을 암시하고, 자신이 실패했다는 개인의 인식을 강화시키기 때문에 마찬가지로 받아들일 수 없다. 그래서 자살시도라는 용어를 권한다. 모든 형태의 자기 주도적 폭력을 지칭하는 포괄적인 용어인 **준자살**(parasuicide)과 자살생각과 행동의 전체 스펙트럼을 나타내는 포괄적인 용어인 자살행동은 충분히 구체적이지 않기 때문에 허용되지 않는다. 실제 고려되는 구성개념에 따라 **자살생각**, **자살계획**, **자살시도** 및 **비자살적 자해**라는 용어가 대신 권장된다. 마지막으로, **자살제스쳐**(suicide gesture)와 **자살위협**(suicide threat)이라는 용어들은 개인의 의도와 동기에 대해 경멸적인 가치 판단을 하기 때문에 허용되지 않는다.

전문가가 사용하는 언어는 시간과 임상 전반에서 치료에 대한 의사소통과 문서화에서 일관성을 보장하고, 전문가가 경멸적인 용어를 사용할 가능성을 감소시키기 때문에 좋은 치료결과에 필수적이다(Bryan & Rudd, 2006). BCBT에서 전문가는 권장되는 표준화된 용어를 사용해야 하며 사용이 허용되지 않는다고 간주되는 용어는 사용하지 않아야 한다.

## 치료동맹

임상가의 역량 중에서 결정적이지만 종종 경시된 영역에는 전문가 자신의 개인적 신념과 자살에 대한 가정이 치료 과정에서 자신의 행동과 결정에 어떤 영향을 미칠 수 있는지에 대한 인식을 포함한다. 환자의 신념이 환자 자신의 선택과 행동에 영향을 주듯이, 전문가의 신념과 가정도 BCBT에서 내리는 결정과 행동에 영향을 미칠 수 있다. 따라서 전문가의 역량 중 하나의 영역은 치료에서의 결정에 영향을 미칠 수 있는 신념과 태도에 대한 전문가 자신의 자각에 초점을 맞춘다. 그러므로 자살하려는 환자와 함께 BCBT를 시행하기 전에 전문가는 자살에 대한 자신의 개인적 신념을, 즉 다음과 같은 질문을 고려하여 전문가 자신의 신념을 명확하게 하는 데 시간을 할애할 것을 권고한다.

- ‘사람들이 자살로 죽는 이유는 무엇인가?’
- ‘자살에 대한 나의 개인적인 도덕적, 영적 또는 종교적 신념은 무엇인가?’
- ‘어떤 유형의 사람이 자살을 시도하는가?’
- ‘자살을 예방할 수 있는가?’
- ‘내가 아는 사람 중에 자살, 자살시도 또는 자살로 사망한 사람이 있는가?’
- ‘자살충동을 느낀 나 자신의 개인적인 경험에 대해 어떻게 생각하는가?’
- ‘환자의 자살이 내 치료에 어떤 영향을 미쳤는가?’
- ‘전문가로서 환자에 대한 나의 책임은 무엇인가?’

이러한 질문에 대한 확실하게 ‘올바른’ 또는 ‘잘못된’ 답변은 없으며 일부 질문은 모든 전문가에게 적용되지 않을 수 있지만, 그럼에도 불구하고 이러한 질문은 치료 과정에 영향을 줄 수 있는 전문가의 특정 요소를 반영한다. 보다 근본적인 수준에서, 전문가의 신념과 가정은 자살환자에 대한 전문가의 정서적 반응에 영향을 미치기 때문에 생산적인 치료적 동맹이나 친분을 유지하는 능력에서 중요한 역할을 한다.

심리치료 연구의 가장 일관된 연구결과 중 하나는 강력한 치료적 동맹이 치료결과와 정적 상관관계가 있다는 것이다(Martin, Garske, & Davis, 2000). 이로 인해 많은 전문가들은 치료적 동맹이 긍정적인 치료 결과에 기여하는 주요한 치료 요인 또는 유일한 치료 요인이라고 가정하게 되었다. 이러한 관점은 치료적인 맥락에서 수행되는 특정기술과 전략이 치료결과에 덜 중요하거나 심지어 무관하다는 것을 암시한다. 그러나 연구결과들은 치료적 동맹과 자살관련 결과와의 관계가 종종 가정하는 것보다 더 복잡할 수 있다는 것을 보여주었다(Bedics, Atkins, Comtois, & Linehan, 2012; Bryan, Corso, et al., 2012). 예를 들어, 치료적 동맹은 짧은 개입의 일차 진료를 받은 환자들의 자살생각의 후속 변화와 전혀 관련이 없는 것으로 밝혀졌다(Bryan, Corso, et al., 2012). 이와 같이 관련이 없다는 결과에 대한 이유는 분명하지 않지만, 한 가지 가능성은 치료적 동맹과 자살관련 결과와의 관계가 제공되는 치료의 유형에 따라 달라질 수 있다는 것이다.

예를 들면, DBT에서 치료동맹은 치료전반에 걸쳐 강화되는 경향이 있으며 비자살적 자해의 발생률 감소와 관련이 있다. 그러나 정신분석학에서 치료동맹이 처음에 약했는데 치료전반에 걸쳐 초기 수준으로 돌아가는 것은 실제로 비자살적 자해의 발생률 증가와 관련이 있다(Bedics et al., 2012). 두 가지 치료법을 함께 고려할 때, 치료적 동맹과 비자살적 자해의 관계는 뚜렷하지 않았는데, 이는 두 가지 치료법 유형에 따라 관계가 다르기 때문이다. 즉, DBT에서는 정적인 연관성이 있지만 정신분석에서는 부적인 연관성이 있다. 자살시도 단기개입프로그램(The attempted suicide short intervention program, ASSIP)에서 가이신, 메일아트와 동료들(2016)도 마찬가지로 첫 번째 회기가 끝날 때의 강력한 치료동맹이 12개월과 24개월 후속평가에서 자살생각을 현저히 감소시키는 것과 관련이 있음을 발견했으나 치료가 끝날 때의 치료동맹은 자살생각과 관련이 없었다. 이것은 치료동맹이 자살과 관련된 결과에 대한 특정 치료의 영향을 매개하기보다는 조절한다는 것을 암시한다. 따라서 자살위험 감소는 효과적인 개입과 강력한 치료동맹의 조합을 필요로 하는 것 같다.

현대의 이론적·경험적 연구는 치료동맹을 상호연관되지만 구별되는 목표, 과제, 유대감이라는 세 과정의 상호 영향이라고 개념화했다(Horvath & Greenberg, 1989). 목표는 환자와 전문가가 치료의 전반적인 목표 또는 목적에 동의하는 정도를 나타낸다. 과제는 환자와 전문가가 이러한 목표를 달성하기 위해 치료 내에서 사용되는 특정 활동과 기술에 동의하는 정도를 나타낸다. 마지막으로 유대감은 환자와 전문가가 정서적으로 서로 연결되어 있다고 느끼는 정도를 말한다. 환자와 전문가 사이의 정서적 유대는 공감과 연민과 같은 다른 중요한 대인관계 역동과 관련이 있다고 가정하기 때문에 많은 사람들이 치료동맹의 중심적인 차원으로 간주하고 있다. 자살하려는 환자와 함께 일할 때 전문가 자신이 경험하는 감정을 염두에 두는 것은 중요한 임상적 능력이다.

자살하려는 환자를 치료하는 것은 전문가들에게 불안, 두려움, 좌절, 분노를 포함한 부정적인 감정들을 이끌어낼 수 있는 스트레스가 많은 임상 활동이 될 수 있다. 이러한 감정은 잠재적으로 전문가의 의사결정에 여러 가지 방법으로 영향을 미칠 수 있다. 예를 들어 불안과 두려움은 전문가가 적정한 수준보다 높은 수준의 치료를 권장하거나 밀어 붙이게 하고, '미안한 것보다 더 안전한' 접근법을 취하도록 이끌 수 있는데, 이는 환자의 자율성을 불필요하게 제한하고 치료관계에 어려움을 초래할 수도 있다. 이와 대조적으로 좌절과 분노는 전문가가 위험을 과소평가하고 심지어 환자를 거부하도록 이끌 수 있다. 환자의 거부반응은 치료를 조기에 종료하거나, 회기를 늦게 시작하거나, 약속에 나타나지 않는 환자에 대한 후속 조치를 피하는 등 치료의 맥락 안에서 여러 가지 양상으로 나타날 수 있다. 전문가는 지속적으로 자살 충동을 느끼거나, 상호작용이 어렵거나, 치료 중 자살을 시도하는 환자에 대한 분노와 적대감을 경험하는 데 특히 취약하다. 전문가는 자신이 자살 환자에게 이와 같은 도움이 되지 않는 방식으로 반응하는 취약성이 있는지 판단하기 위해 시간을 내어 다음과 같은 질문들을 생각해봐야 한다.

- '내가 일상적으로 환자들을 볼 때, 어떤 환자에게 스트레스를 받는가?'
- '어떤 환자가 다른 전문가에게 치료받기를 바라는가?'
- '어떤 환자가 나를 성가시게 하거나 '나쁜 하루'를 보내게 하는가?'

- '환자가 호전되지 않을 때, 내 감정은 어떤가?'
- '환자가 치료 중에 자살을 시도할 때, 나의 첫 반응은 무엇인가?'

대체로 새로운 증거는 치료동맹이 모든 유형의 치료에 적용되는 '공통요인'이 아닐 수 있음을 시사한다. 오히려 치료동맹은 제공된 특정 유형의 치료와 밀접하게 연관되어 있을 수 있다. 이러한 이해는 DBT와 정신분석학에서 치료동맹과 비자살적 자해의 관계에 대한 한 가지 가능한 설명을 제공한다(Bedics et al., 2012). BCBT와 같은 특정 인지행동치료가 효과적인 협력적 동맹의 생성과 개발을 지원하는 틀을 제공하는 것일 수도 있다. 이는 BCBT와 같은 인지행동치료가 치료목표를 개발하고 이러한 목표를 달성하기 위한 구체적인 전략의 이행에 있어 환자가 능동적인 역할을 하도록 명시적으로 초대하는 협력적 치료모델에 기초하고 있기 때문일 것이다. 또한 협력적 접근은 자살하려는 환자와의 작업과정에 내재되어 있는 갈등을 해결하는 데 도움이 되기 때문에 강한 정서적 유대감 형성에 기여한다. 때문에 전문가의 주요 목표는 자살로 인한 사망을 막는 것이고 환자의 주요목표는 심리적 고통을 줄이는 것이다. 자살을 대처전략으로 분명하게 개념화하는 치료인 BCBT는 이러한 갈등을 피하고 전문가와 환자가 고통 완화라는 공통목표를 중심으로 함께 조절할 수 있는 틀을 제공한다. 이는 전문가와 환자가 자살위험에 기여하고 지속하게 하는 문제를 치료목표로 설정하여 팀으로 협력하는 비적대적이고 협력적인 관계를 만들기 위한 토대를 마련한다.

## 환자의 자율성 존중 및 지원

자살하려는 환자를 치료하는 전통적인 접근방식은 환자의 사망을 예방하는 데 중점을 두고 있다. 이러한 접근은 이해할 수 있고 합리적인 관점이다. 그러나 이러한 강조는 종종 전문가들이 치료 옵션을 결정하고 환자의 개인적 자율성과 삶에 대한 통제감을 제한하거나 침해하는 임상결정을 내리도록 유도한다. 자율성을 잃는 것에 대한 두려움은 내면의 생각과 감정, 특히 전문가에게 가장 주된 관심사(예 자살생각과 행동)를 완전히 공개하려는 환자의 동기를 감소시킬 수 있다. 죽음을 예방하려는 전문가의 목표와 잠재적으로 죽음의 메커니즘을 통해 정서적 고통을 완화하려는 환자의 목표 사이의 긴장은 치료 결과뿐만 아니라 치료동맹에도 부정적인 영향을 미칠 수 있다.

BCBT에서 이러한 불일치는 환자의 자율성을 우선시하고 촉진하는 일반적인 대인관계 접근법을 채택함으로써 해결된다. 환자들은 자신의 경험에 대해 전문가로 간주되며, 따라서 치료계획과 임상적인 의사결정의 모든 측면에 적극적으로 관여할 것을 요청받는다. 이 문제와 관련하여, BCBT는 자살할 수 있는 환자와 함께 하는 임상작업의 불편한(그리고 불안한) 현실을 인정하고 수용한다. 즉, 환자가 스스로 목숨을 끊을 수 있다는 것이다. 연장선상에서, 환자는 생존을 선택할 수도 있다. 실제로 BCBT는 역경과 스트레스에도 불구하고 사람들이 삶을 선택할 수 있도록 돕는 치료법으로 가장 잘 개념화되어 있다. 삶을 선택하고 그 안에서 의미와 목적을 찾을 수 있는 힘을 느끼기 위해서는 환자가 자신이 운전석에 있다는 것을 느껴야 한다. 만약 환자들이 자신의 삶에 대해 결정을 내리는 사람이라는 것을 인식하지 못한다면, 자살에 대한 취약성에 대항하는 새로운 정보와 기술을 내면화할 가능성은 거의 없다. 따라서 환자의 자율성을 존중하고 지원하는 것은 빠른 회복과 자살위험의 장기적인 감소를 위한 열쇠가 된다.

## 사전 동의 및 법적인 함의

미국 일반인구의 15% 미만이 매년 정신건강 서비스를 이용하고 있다(Substance Abuse and Mental Health Services Administration, 2014). 비교해 보면 자살생각을 하는 사람의 절반 이상이 매년 정신건강서비스를 이용했다(Substance Abuse and Mental Health Services Administration, 2014). 매년 자살로 사망하는 사람의 절반 이상은 사망 당시 적극적인 정신건강치료를 받고 있었던 것으로 추정된다(Fawcett, 1999). 이러한 결과는 자살한 사람들이 전문적인 치료를 받지 못하거나 어떤 종류의 도움을 받지 못했다는 일반적인 가정에는 맞지 않는다. 반대로, 자살하는 사람들의 대다수는 어떤 종류이든 정신건강치료를 받는다. 그러나 정신건강치료를 받는 동안 자살로 죽는 사람이 너무 많다는 사실은 정신건강치료가 자살을 일으킨다는 것을 암시하는 것이 아니라, 정신건강치료를 찾는 개인이 기본적으로 자살위험을 증가시키는 조건을 가지고 있다는 사실을 반영한다. 달리 말하면, 정신건강치료를 받을 가능성이 가장 높은 개인들(정신질환 또는 극심한 정서적 고통을 겪고 있는 사람들)은 자살로 사망할 가능성이 가장 높은 사람들이다.

따라서 자살시도와 자살로 인한 사망은 정신건강치료를 받는 환자에게 실제로 가능성이 높은 결과이다. 환자가 치료 도중 또는 치료 직후 자살을 시도할 가능성(그리고 그 시도로 인해 사망)은 환자가 나타내는 심각성 또는 복잡성에 따라 증가한다. 자살시도력이 있는 환자, 특히 여러 번 자살시도를 한 환자가 가장 위험하다. 그러나 환자가 특정 주제에 효과적으로 대처할 수 없을 것이라는 걱정(Vande Creek, 2009) 또는 치료와 관련된 위험에 대한 대화가 정서적 고통과 절망감을 유발할 수 있다는 가능성 때문에 이러한 위험에 대해 환자와 논의하는 정신건강전문가는 거의 없다(Cook, 2009). 이러한 우려에도 불구하고 전문가는 치료와 관련된 위험과 이득을 환자와 논의할 의무가 있다(Bennett et al., 2006). 포메란츠와 헨델스만(2004)은 환자에게 최소한 아래에 명시된 문제에 대해 알려야 한다고 제안했다. 이러한 영역을 자세히 다루는 유인물은 부록 A.2에서 확인할 수 있다. 이 유인물은 BCBT의 위험과 이득에 대해 환자와 이야기하는 것을 촉진하기 위한 실질적인 도구로 전문가가 사용할 수 있다.

- 제공 중인 치료의 이름
- 전문가가 어떻게 치료하는 법을 배웠는지
- 특정 치료가 다른 치료와 어떻게 비교되는지
- 치료 방법
- 치료 빈도 및 기간
- 치료와 관련된 가능한 위험
- 치료로 개선되는 환자의 비율, 환자가 개선되는 방식 및 그 정보의 출처
- 치료과정에서 더 악화되는 환자의 비율, 환자가 더 악화되는 방식 및 그 정보의 출처
- 개선된 환자의 비율과 치료를 받지 않거나 다른 치료에서 악화된 비율
- 환자가 치료의 효과가 없다고 느낄 경우 어떻게 해야 하는가

이러한 문제와 관련된 BCBT에 관한 정보는 부록 A.2에서 찾을 수 있다.

정신건강치료의 잠재적 위험(및 이점)에 대한 솔직하고 직접적인 논의는 사전 동의 절차의 필수적인 요소이지만, 자살위험이라는 특정문제에 대한 사전 동의 절차를 적용하는 것은 최근까지도 문헌에서 크게 언급되지 않고 있다(Rudd, Joiner, et al., 2009). 이는 정신건강치료에서 자살과 자살시도가 매우 흔하게 일어난다는 것을 감안할 때 놀라운 일이다. 예를 들어, 외래 정신건강치료를 받는 주요우울장애 환자의 약 2%는 자살로 사망하고, 입원치료를 받는 환자의 약 9%는 자살로 사망한다(Bostwick & Pankratz, 2001). 자살시도 비율과 관련된 임상연구 전반에 걸쳐 집계한 자료에 따르면, DBT(Linehan et al., 1991; Linehan, Comtois, Murray, et al., 2006), 인지치료(Brown, Ten Have, et al., 2005) 또는 BCBT(Rudd et al., 2015)를 받은 환자 중 적어도 절반은 이러한 위험이 감소하지만, 적극적인 자살생각이나 자살시도이력으로 치료를 시작하는 환자의 최대 50%가 치료 중 또는 직후에 자살시도를 할 것이라고 한다. 종합하면 이러한 자료는 다음과 같은 몇 가지 중요한 점을 강조한다. 첫째, 자살시도는 정신건강치료를 받는 환자들, 특히 자살시도의 이력이 있거나 치료를 시작할 때 자살하는 환자들 사이에서 흔하다. 둘째, 자살로 인한 사망은 자살시도보다 흔하지 않지만 일부 환자는 정신건강치료를 받더라도 자살로 사망한다. 셋째, 일부 치료법은 다른 치료법보다 자살시도 위험을 더 낮춘다.

이 뒷부분의 요점은 심리치료에서 철저한 정보에 입각한 사전 동의가 중요하지만 과소평가된 구성 요소, 즉 대안적인 치료와 비교하여 특정 치료의 위험과 이점에 대한 논의를 강조한다. 안타깝게도, 대부분의 전문가들은 그들이 제공하는 특정 치료법의 혜택(위험은 빼고)과 대안적인 치료법의 위험(이점은 빼고)에만 초점을 맞추는 경향이 있기 때문에, 다른 치료법들 사이에 존재하는 상대적인 위험 및 이점은 말할 것도 없고, 대안적인 치료의 가용성에 대해 아는 환자가 너무 적다. 자살하려는 환자의 경우, 이러한 대안적인 치료법에는 심리치료와 향정신성 약물 옵션이 모두 포함된다.

사전 동의는 한 번에 끝나는 것이 아니라 진행 중인 과정으로 이해하는 것이 좋다. BCBT에서 사전 동의는 치료의 위험과 이점에 대한 초기 논의로 첫 번째 회기에서 시작되며, 특정 개입의 성격과 형태에 관한 논의는 이후의 치료 전반에 걸쳐 계속된다. 예를 들어, BCBT 초기에 환자는 치료와 관련된 사전 동의서를 작성하는 것의 일부로서 치료 중 특정의 기대되는 행동을 약속한다(11장에서 설명). 이후 회기에서 각각의 새로운 기술이나 개념을 도입하면서 전문가는 기술을 설명하고 그 근거를 상세히 제공하며 환자가 기술에 대해 질문을 할 수 있게 한다. 재발방지작업을 수행하기 전에 전문가가 이 최종 절차의 위험(정서적 고통, 불쾌한 기억) 및 이점(기술 숙달의 습득)을 설명하고, 환자가 할 수 있는 염려나 걱정에 대해 드러내도록 이 과정은 BCBT가 끝날 때까지 계속된다. 따라서 사전 동의의 문서화가 BCBT의 초기에 수행하는 독립적인 일이기는 하지만, 사전 동의 과정은 치료 내내 계속 된다.

러드, 조이너와 동료들(2009)의 권장사항에 따라 BCBT의 사전 동의 과정에는 다음 요소들이 포함되어야 한다.

1. 과거에 자살시도를 한 적이 있거나 치료를 시작할 때 자살충동을 느끼는 환자의 경우 시간이 지남에 따라 자살위험이 감소하는 경향이 있지만, 치료 내내 자살 위험이 지속될 수 있다. 여러 번 자살을 시도한 환자들은 치료 중 자살시도를 할 위험이 가장 높다.
2. 자살시도를 하거나 자살생각으로 치료를 시작한 환자의 절반 정도는 치료 중 자살시도를 한다.
3. 외래 치료를 받는 환자 중 2% 미만이 치료 중 자살로 사망한다. 치료 중에 자살을 시도하는 환자는 자살로 사망할 위험이 있다.
4. 때로는 치료에 단기적으로는 환자의 고통을 증가시킬 수 있는 정서적으로 어려운 주제에 대한 논의가 포함된다. 이러한 고통증가 기간은 매우 짧기는 하지만, 짧은 시간 동안 환자의 자살욕구를 증가시킬 수 있다. 환자가 이러한 시기를 헤쳐 나갈 수 있도록 전문가와 환자는 함께 노력해야 한다.
5. 환자와 전문가는 환자의 고통 기간 중 자살위험을 관리하기 위해 환자가 문제 해결에 활용할 수 있는 위기관리 절차를 논의하고 실천한다.
6. 치료는 자살시도 없이 문제를 해결하기 위해 고안된 새로운 기술을 실험하는 것을 포함한다.
7. BCBT의 주요 목표는 자살시도를 예방하는 것이다.
8. BCBT를 받은 환자는 치료를 받지 않은 환자에 비해 자살시도의 위험이

절반으로 감소한다. 그럼에도 불구하고 환자는 다른 형태의 심리치료와 약물을 포함하여 다른 종류의 치료를 선호할 수 있다. 예를 들어, 많은 환자들이 BCBT를 받는 것 외에도 약물복용을 선택한다.

9. 환자의 치료목표를 달성하기 위해서는 전문가와 환자가 치료에 대한 협력적 접근법을 사용하여 함께 작업해야 한다.

적절한 사전 동의절차를 따르는 것은 과실 책임에 긍정적인 영향을 미칠 수 있다. 버만(2006)에 의해 논의된 바와 같이, 의료서비스 제공자가 제공한 치료나 서비스가 합리적이고 신중한지 여부를 결정하는 전문가가 설정한 의료 표준의 법적 개념이 과실 책임에 크게 영향을 미친다. 후자의 설명은 일반적으로 제공되는 서비스가 유사한 교육을 받은 전문가들에 의해 유사한 상황에서 제공되는 서비스에서 벗어나지 않는다는 것을 의미한다. 전문가가 환자에 대한 자신의 치료 의무를 위반한 것으로 판단되면 과실이 성립될 수 있으며, 이는 전문가가 환자를 위험으로부터 보호하는 방식으로 행동할 책임이 있음을 의미한다. 전문가가 환자에게 해를 끼치는 방식으로 행동(위임하는 행동)하거나 전문가가 환자에게 위해를 방지할 수 있는 방식으로 행동하지 않는 경우(누락하는 행동), 과실이 성립될 수 있다.

자살사망과 관련된 책임문제에서 주로 관리기준과 과실결정을 하는 두 가지 요인은 예측가능성과 합리적인 돌봄이다. 예측가능성은 일반적으로 자살행동을 하는 환자의 위험에 대해 전문가가 평가한 내용이다. 가장 근본적인 수준에서 예측가능성은 특정 결과, 즉 자살사망이 서비스 전달과정에서 이용 가능한 정보에 기초하여 합리적으로 예상될 수 있었는지가 중요하다. 예측가능성은 전문가가 각 환자의 자살 위험요인 및 보호요인을 다루는 위험평가를 수행하고 문서화해야 하는 것과 가장 많이 관련되지만, 예측가능성은 자살이 가능한 결과라는 것이 치료의 시작 부분에서 명확하게 설명되기 때문에 자살위험을 명시적으로 다루는 사전 동의 절차로도 해결할 수 있다. 사전 동의는 치료의 위험성과 효과성은 물론 대안적인 치료에 대해 환자가 교육을 받는 과정을 수반하기 때문에, 사전 동의 절차에 자살-중심 정보를 명시적으로 통합하는 전문가는 치료와 관련된 예측가능성 문제를 직접 다룰 수 있다.

따라서 사전 동의 절차에 자살위험을 포함시키는 것은 전문가가 (1) 자살행동(및 죽음)이 치료 과정 중에 발생할 수 있는 사건이라는 것, (2) 어떤 환자들은 자살행동에 대한 가능성이 다른 환자들보다 높다는 것, (3) 특정 치료를 통해 자살하려는 행동의 위험성을 줄일 수 있다는 것을 알고 있다는 것을 입증하는 데 도움이 된다. 치료 초기에 자살위험을 직접 다루고 환자와 이 위험에 대해 솔직하게 논의함으로써 전문가는 환자가 자살했을 때 생길 수 있는 과실에 대한 위험을 완화한다.

CHAPTER

# 04

# 자살위험평가 및 문서화

많은 임상장면에서 전문가와 자살환자의 첫 번째 만남에는 일반적으로 초기 면접이 포함된다. 이 첫 만남에는 종종 관련된 임상 및 과거 정보를 수집하도록 설계된 접수면접, 서류검토, 초기 선별 및 평가결과 검토, 주요 어려움에 대한 논의, 치료 목표에 대한 대화가 포함된다. 이러한 자료들은 트라우마 이력, 가족의 자살력, 현재와 과거의 신체적·의학적 상태, 이전의 자살생각 및 행동과 같은 환자의 자살행동 소인에 대한 귀중한 정보를 제공할 수 있다. 첫 만남이 어떻게 진행되었든 전문가는 모든 환자에 대한 일상적인 접수면접 절차에 자살위험 선별검사 및 평가방법을 통합해야 한다. 자살위험 선별 및 평가는 모든 정신건강장면에서 예상할 수 있는 관행이다. 초기 정신건강진단에서 자살위험 평가 절차의 누락은 방문목적이 위기나 응급서비스를 제공하는 것이 아니더라도 정신건강전문가들의 진료기준에 미달하는 것이다. 자살위험 및 치료반응에 대한 임상관련 지표를 측정하기 위한 평가도구 및 수단을 선택하기 위해서 고려해야 할 사항은 5장에서 논의된다.

접수면접 회기가 종료된 후 전문가는 환자의 위험요인과 보호요인 및 평가된 자살위험수준을 기록해야 한다. 자살위험의 문서화에는 이러한 자료들에 국한된 것은 아니지만 접수면접 서류, 심리검사 또는 증상 체크리스트의 결과, 임상적인 면접 및 정보의 부수적인 정보원을 포함한 모든 정보원으로부터 얻은 자료가 포함되어야 한다.

## 이론적 근거

자살위험평가를 문서화하는 것은 임상적 그리고 법적 목적에 모두 도움이 된다. 임상적 관점에서 자살위험평가는 치료 시작 시 가장 적절한 수준의 개입에 대한 전문가의 의사결정을 안내하고 지속적인 위험 모니터링을 위한 토대를 제공한다. 법적으로 자살위험평가문서는 외래환자 정신건강 진료의 표준 치료를 충족하기 위한 요구사항이다. 이 매뉴얼의 앞 장에서 논의된 바와 같이, 치료의 기준은 관할권에 따라 다를 수 있는 법령 및 사법적 결정에 의해 결정되는 법적 개념이며 예측가능성 및 합리적인 치료에 관한 결정의 영향을 받는 경우가 많다(Berman, 2006). 예측가능성은 전문가가 자살과 같은 사건의 가능성을 추정하기 위해 취하는 단계를 말한다. 따라서 자살위험평가에 대한 명확한 문서화는 외래 정신건강 장면에서 표준적인 치료를 충족하는 것과 관련된 두 가지 문제 중 하나를 직접적으로 다룬다. 자살위험평가결과를 문서화하지 않는 것은 종종 '문서화되지 않았다면, 그것은 발생하지 않았다.'는 가정 하에 전문가가 치료표준을 충족하지 못했다는 주장을 뒷받침하는 데 사용된다.

이러한 임상적, 법적 목적 외에도 자살위험평가문서는 전문가가 BCBT 과정에서 치료결정을 안내하기 위해 다양한 임상적 정보원(源)을 통합할 수 있는 방법을 제공한다. 자살위험평가와 관련된 임상자료는 두 가지 경험적으로 도출된 범주인 자살욕구와 결심한 계획(resolved plan)으로 정리할 수 있다(Joiner, Rudd, & Rajab, 1997; Minnix, Romero, Joiner, & Weinberg, 2007). 자살욕구에는 낮은 삶의 욕구, 강한 죽고 싶은 욕구, 자살에 대한 수동적 생각(예 생명을 위협하는 상황에서 자신을 제거할 가능성이 낮음) 및 자살 억제요인이 거의 없음과 같은 요소를 수반한다. 반면에, 결심한 계획에는 자살에 대한 적극적인 생각(예 자해 사망 방법 고려), 구체적인 계획 수립, 시도 가능성 및 기회, 시도할 수 있는 능력 또는 용기에 대한 인식, 실행을 위한 리허설 또는 연습과 같은 요소를 수반한다. 이 두 가지 요인 모두 자살위험 증가와 관련이 있지만, 결심한 계획은 자살 및 자살시도와 상대적으로 더 강한 연관성이 있다. 따라서 전문가는 결심한 계획요소의 징후와 지표에 특별한 주의를 기울여야 하며 자살욕구에 해당하는 변인보다 이러한 변인에 더 많은 가중치를 부여해야 한다(Bryan & Rudd, 2006; Joiner, Walker, Rudd, & Jobes, 1999).

표 4.1 자살위험성평가의 영역과 문서화

| 영 역 | 변 인 |
|---|---|
| 기저 위험요인 | 이전의 자살시도<br>이전의 정신과적 진단<br>남성<br>학대나 외상의 과거력<br>자살의 과거력(유전력) |
| 활성화사건 | 대인관계 문제<br>경제적인 문제<br>법적 또는 훈육 문제<br>급성의 건강문제 또는 악화<br>다른 중요한 상실(실제 혹은 지각된) |
| 증상(정서와 신체반응) | 우울증<br>죄책감<br>분노<br>신체적인 초조<br>불면증<br>환각<br>고통 |
| 자살 관련 신념 | 절망감<br>지각된 짐스러움<br>수치심<br>자기혐오<br>소외 또는 위축된 소속감<br>덫에 걸린 느낌 |
| 충동조절과 행동통제부족 | 비자살적인 자해<br>물질남용<br>공격행동 |
| 보호요인 | 삶의 이유<br>희망<br>삶의 의미<br>낙관성<br>사회적인 지지 |

자살욕구와 결심한 계획 외에도 전문가는 자살모드에서 나타내는 기저 위험요인 (특히 과거 자살시도에 주의), 활성화사건, 정서적 및 신체적 증상, 자살관련 신념, 충동조절 및 행동조절 장애, 보호요인과 같은 여러 영역의 위험요인 및 보호요인을

문서화해야 한다(<표 4.1> 참조).

환자가 최근에 자살시도를 한 경우 전문가는 자살의도의 주관적이고 객관적인 지표에 관한 정보를 추가로 문서화해야 한다. 자살의도는 명시적이든 묵시적이든 개인이 부상 당시 자신을 사망에 이르게 하고 사망이 행동의 결과일 가능성이 있음을 이해했다는 증거로 정의된다(Crosby et al., 2011). 주관적인 의도는 환자가 부상 당시 자신의 동기(예 '죽고 싶었다.' 또는 '실제로 나를 다치게 할 것이라고 생각하지 않았다.')와 관련하여 전문가에게 분명하게 보고하는 내용을 포함하는 반면, 객관적인 의도는 환자의 동기에 대한 간접적 또는 암묵적 증거를 제공하는 부상 당시 존재하는 상황적, 맥락적 또는 행동적 요인을 포함한다. 예를 들어, 자살시도에 대한 신중한 계획, 구조나 발견을 막기 위한 조치 취하기, 또는 사전에 자살시도를 연습하는 것은 모두 높은 자살의도를 나타내는 객관적인 지표다. 주관적인 의도는 정서적 고통과 밀접한 관련이 있지만 객관적인 의도는 자살시도의 치명성과 더 밀접한 관련이 있다(Horesh, Levi, & Apter, 2012). 따라서 객관적인 의도는 자살로 사망할 가능성에 대한 상대적으로 더 나은 지표이며 전문가는 더 많은 가중치를 부여해야 한다. 더 나아가 주관적인 의도는 자살욕구와 연관되는 반면 객관적인 의도는 결심한 계획과 연관된다. 실제적으로 이것은 환자가 술에 취한 상태에서 전날 밤 머리에 총을 겨누고 있다고 보고했지만 현재는 주관적 자살의도를 부인하는 경우를 예로 들 수 있다(예 '나는 그저 술에 취해 멍청하게 굴고 있었어요. 난 사실 자살하고 싶진 않아요.'). 그럼에도 불구하고 전문가는 최근 객관적인 의도와 결심한 계획에 대한 명확한 지표가 있기 때문에 환자를 높은 위험으로 판단해야 한다.

더 나아가 전문가는 현재 또는 최근의 자살생각을 부인하는 환자의 위험성을 과소평가하지 않도록 주의해야 한다. 상당한 증거에 따르면 자살을 시도하거나 자살로 사망한 대다수의 사람들은 시도 또는 사망 직전 가장 최근의 의료적인 만남에서 자살생각이나 의도를 부인했다(Busch, Fawcett, & Jacobs, 2003; Coombs et al., 1992; Hall, Platt, & Hall, 1999; Kovacs, Beck, & Weissman, 1976). 실제로 환자가 자살생각이나 의도를 의료서비스 제공자에게 보고한 것은 자살로 사망할 환자와 그렇지 않을 환자를 구별하는 데 큰 기여를 하지 못한다(Poulin et al., 2014). 대조적으로, 안절부절함에 대한 환자의 보고는 자살로 사망한 환자와 그렇지 않은 환자를 정확하게 구분하고(Poulin et al., 2014), 죄책감, 수치심, 자기혐오와 같은 특정의 자살관련 신념을 지지하는 것은 자살생각과 과거의 자살시도력보다 앞으로의 자살시도를 잘 예측한다(Bryan, Rudd, Wertenberger, Etienne, et al., 2014). 따라서 전문가는 신체적 불안을 보고(또는 행동적으로 입증)하거나 자살신념을 언어적으로 나타내는 환자가 자살생각이나 의도를 부인하더라도 자살위험이 낮은 것으로 간주해서는 안 된다.

## 방 법

접수회기가 끝난 후 전문가는 환자파일에 관련 위험요인 및 보호요인의 유무를 기록한다. BCBT에는 특정 문서구조가 필요하지 않지만, 실용적인 접근방식은 부록 B.2의 자살위험평가문서 템플릿과 같은 표준화된 템플릿을 사용하는 것이다. 표준화된 템플릿은 두 가지 목적으로 사용할 수 있다. 첫째, 표준화된 템플릿은 서술적 평가에서 나타나지 않은 주요 위험요인과 보호요인에 대해 전문가가 질문해야 되는 체크리스트로 사용할 수 있다. 예를 들어 환자가 서술적 평가과정에서 알코올이나 물질 사용에 대해 언급하지 않는 경우, 이 템플릿을 빠르게 검토하면 전문가가 이에 대해 "이야기 중에 알코올 사용에 대해 언급하지 않으셨습니다. 알코올 사용이 당신의 자살위기에 어떤 영향을 미쳤는지 궁금합니다."와 같이 질문하도록 유도할 수 있다. 표준화된 템플릿의 두 번째 목적은 전문가가 문서의 완전성을 개선하여 중요한 변인을 누락하거나 생략할 가능성을 최소화하는 것이다. 표준화된 위험평가 템플릿은 자살에 대한 주요 위험요인의 유무에 대해 전문가들이 기록할 수 있는 방법을 포함할 뿐만 아니라, 환자의 위험요인과 보호요인에 대한 보다 상세한 정보를 포함할 수 있는 공간도 제공한다. 가능하다면, 전문가는 환자의 정확한 언어 또는 진술을 문서화하는 것이 좋다. 이 템플릿은 지필형식으로 사용하거나 전자의료기록 시스템에서 사용할 수 있도록 변환할 수도 있다. BCBT에서 전문가는 후속 회기 때마다 전체 위험평가 템플릿을 작성할 필요는 없다. 그러나 후속 회기 후 전문가는 이러한 위험요인 및 보호요인과 관련하여 변경된 사항을 문서화하여 치료 과정에서 환자의 진행 상황(개선 여부에 관계없이)을 문서화한다.

자살위험평가를 문서화할 때 전문가는 환자의 전반적인 위험수준을 판단해야 한다. 이렇게 결정된 위험수준이 전문가의 치료 결정을 주도해야 한다. 현재 환자의 위험의 가능성을 정하는 것을 경험적으로 지원하는 알고리즘이 없기 때문에 위험수준을 정하는 것은 전문가에게 특히 어려운 작업이 될 수 있다. 이러한 알고리즘이 없는 상황에서, 전문가의 합의와 모범사례와 관련된 권장사항은 일반적으로 몇 가지 주요 고려사항을 권고하고 있다(예 Bryan & Rudd, 2006). 첫째, 여러 차례 자살시도를 한 환자는 이러한 환자들이 최상의 상태에 있을 때라도 자살시도를 한 번 또는 전혀 하지 않은 환자보다 위험을 더 높게 고려해야 한다. 둘째, 객관적 의도와 결심한 계획의 지표는 주관적 의도와 자살충동의 지표보다 더 가중치를 두어야 한다. 셋째, 외래 환자의 안전은 장면에 따라 다를 수 있는 상황적 요구에 영향을 받는다. 예를 들어, 정신질환에 제한된 치료를 제공하는 중증 환자집단을 위한 클리닉은 쉽게 접근할 수 있고 심각도가 낮은 상태를 특징으로 하는 환자집단을 위한 클리닉과는 다른 안전에 대한 고려 사항을 가지고 있다. 넷째, 총기(자살수단) 대한 접근은 위험성 추정과 외래환자의 안전 판단에 상당한 영향을 미친다. 마지막으로, 많은 장면에서 매주 방문하는 외래 심리치료와 정신과 입원치료 사이에 다양한 중간 수준의 치료가 존재한다(예 주 2회 외래 회기, 회기 간 전화 연락). 따라서 전문가는 정신과 입원치료 이외에도 외래 치료

**표 4.2** 임상적인 반응에 기초한 자살위험평가와 수준

| 기준 | 위험수준 | |
|---|---|---|
| | 과거 여러 번 시도 | 과거 시도력이 없거나 한번 |
| 결심한 계획 없음<br>자살욕구 없음 | 낮음 | 해당 없음 |
| 결심한 계획 없음<br>2개 이하의 자살욕구 | 중간 | 낮음 |
| 결심한 계획 없음<br>2개 이상의 자살욕구 | 높음 | 중간 |
| 결심한 계획 있음<br>2개 이하의 자살욕구 | 높음 | 중간 |
| 결심한 계획 있음<br>2개 이상의 자살욕구 | 높음 | 높음 |

의 강도 또는 '복용량'을 증가시킬 가능성을 고려해야 한다. 결심한 계획 및 자살욕구지표 수를 바탕으로 BCBT 내에서 다양한 수준의 자살 위험을 개념화하는 일반적인 접근 방식은 <표 4.2>에 요약되어 있다.

여러 번의 자살시도 과거력은 일반적인 실제 권고사항에서도 그러하듯, 자살위험의 최종 추정에 영향을 미친다. 구체적으로, 여러 번 자살시도의 과거력이 있는 환자가 결심한 계획과 자살욕구의 지표가 거의 없다고 보고하더라도, 그들은 자살과거력이 없는 환자에 비해 자살위험이 높은 것으로 간주된다. 전문가는 치료과정에서 위험의 증가 및 감소를 쉽게 추적하고 모니터링할 수 있도록 자살환자의 위험수준을 결정하기 위해 잘 정의된 방법을 사용해야 한다. 이렇게 설정된 위험수준은 특정 시간에 입원을 해야 하는(또는 입원하지 않는) 이유에 대한 명확한 설명과 함께 의료기록에 분명하게 기록되어야 한다. 이것은 자살환자와 함께 일할 때 중요한 의문을 제기한다. '**환자를 입원 치료하기 위한 기준은 무엇인가**' 불행하게도 이 질문에 대한 분명한 답은 현재로서는 없다. BCBT에서 환자의 입원결정은 대부분 외래환자 안전에 대한 전문가의 판단에 의해 결정된다. 특히 안전을 유지하기 위해 외래 치료관련요인들을 충분히 변경할 수 없는 경우(예 회기 빈도 증가, 총기(자살수단)에 대한 접근 제한), 고위험 환자에게 입원을 지시할 수 있다. 그러나 이러한 관련요인들을 충분히 변경할 수 있다면 고위험 환자에게도 외래 치료를 유지할 수 있다.

## 예시사례의 문서화

존, 마이크 및 제니스에 대한 문서화의 예는 <표 4.3>에 나와 있다. 이 예시노트에서는 이전에 논의한 빈칸 채우기 템플릿이 아닌 많은 전문가가 자살위험을 문서화하기 위해 일반적으로 사용되는 전략인 서술기반 문서화 방법을 사용하는 노트를 바탕으로 한 기록예시를 제공한다. 각 환자와의 첫 만남과 후속 만남의 노트예시를 제공한다. 각 메모에서 전문가는 위험요인 및 보호요인을 나열하고 적절하고 사용가능한 다른 정보출처를 언급한다. 또한 전문가가 시간경과에 따른 위험의 개선 및 악화를 문서화하고 외래치료와 입원치료에 대한 자신의 의사결정을 명확하게 할 수 있는 간단한 설명을 제공해야 한다. 또한 전문

**표 4.3** BCBT 사례 노트의 자살위험성 평가 기록 예시

| 회기 | 기록의 예 |
| --- | --- |
| | 존 |
| 접수 | 자살의 위험요인에는 남성, 결혼생활에서 느끼는 압박감, 우울증, 분노 및 죄책감이 포함된다. 정신과적 진단, 자살생각 또는 자살시도의 과거사는 없다. 최근 중단되었던 자살시도에는 최소한의 사전계획, 높은 객관적 의도 및 높은 주관적 의도를 가진 개인 소유의 총기가 포함된다. 환각, 정신병적 증상 또는 물질 남용의 증거는 없다. 집에 있는 총기는 친구가 일시적으로 치웠다. 추가적인 위험요인 및 보호요인은 접수면접 서류에 기록되어 있다. 평가과정에 참여했으며 사용 가능성이 높은 위기대응계획을 환자와 함께 세웠다. 이러한 위험요인과 보호요인의 조합을 기반으로 자살에 대한 전반적인 위험은 보통수준으로 평가된다. 현재 외래 환자의 안전은 충분하다고 판단된다. 현재 입원수속은 필요하지 않다. |
| 3 | 우울증과 죄책감은 계속해서 개선되고 있다. 환자가 새로운 자살생각이나 충동을 부인하고 있으며, 준비 또는 리허설 행동의 증거는 없다. 위험요인 또는 보호요인에 별다른 변화가 없다. 이러한 위험요인과 보호요인의 조합에 기초하여, 자살에 대한 전반적인 위험은 낮은 위험수준으로 감소한 것으로 평가된다. 현재 외래 환자의 안전은 충분하다고 판단된다. 현재 입원수속은 필요하지 않다. |
| | 마이크 |
| 접수 | 자살의 위험요인에는 남성, 중년, 관계문제, 분노, 우울증, 자기비판, 그리고 '통제할 수 없다는 느낌'이 있다. 환자가 과도한 음주를 보고한다. 자살신념에는 절망과 자기혐오가 포함된다("내가 지금까지 살아온 모습을 견딜 수가 없어."). 고양된 신체적 동요 및 자기보고된 불면증. 집에 있는 총기류를 보고하지만, 그의 여동생이 총기를 '잠가' 버렸다. 자살에 대한 생각이나 의도를 부인했고, 자살행동의 과거력도 부인했다. 이러한 부인에도 불구하고 자살위험이 높은 것으로 평가되었기 때문에 높게 지각된 효능감과 사용능력을 나타내는 환자와 함께 위기대응계획을 세웠다. 이러한 위험요인과 보호요인의 조합을 바탕으로 전반적인 자살위험이 높은 것으로 평가된다. 그러나 외래 환자의 안전은 충분한 것으로 판단되며 현재 환자의 입원은 필요하지 않다. |
| 2 | 환자는 지난 회기 후 술은 먹지 않았다고 보고했다. 위기대응계획을 사용했기 때문에 분노와 우울증이 약간 개선되었다. 환자는 위기대응계획을 통해 자신의 감정을 더 잘 통제할 수 있다고 보고한다. 다른 위험요인에는 변화가 없다. 환자는 여전히 자살생각과 의도를 부인한다. 이러한 위험요인과 보호요인의 조합을 바탕으로 전반적인 자살위험은 계속해서 높게 평가된다. 현재 외래환자의 안전은 여전히 충분하다고 판단되며 입원은 필요하지 않다. |

| | 제니스 |
|---|---|
| 접수 | 자살 위험요인에 PTSD 병력, 경계선 성격 장애, 약물 과다복용을 통한 여러 번의 자살 시도 병력이 포함된다. 두 번의 시도 모두에서, 환자는 구조를 막기 위한 조치를 취하는 것을 포함하여 매우 높은 수준의 주관적이고 객관적인 의도를 가졌다. 환자인 그녀는 "몇 년 동안 자살 계획을 가지고 있었는데 뭐가 문제냐?"라고 말했다. 그러나 현재로서는 주관적인 자살의도를 부인한다. 자살에 대해 '끊임없이' 생각한다. 집에서 술을 마시거나 총기 사용을 금지한다. 높게 지각된 효능과 사용 능력을 나타내는 환자와 함께 위기대응 계획을 세웠다. 이러한 위험요인과 보호요인의 조합을 기반으로 자살에 대한 전반적인 위험은 보통수준으로 평가된다. 현재 외래 환자의 안전은 충분하다고 판단된다. 지금으로서는 입원이 필요하지 않다. |
| 4 | 치료 과정에서 위험요인이 꾸준히 감소했음에도 불구하고 환자는 지난 주 약물 과다복용을 통한 자살시도를 보고했다. 이전의 자살시도와 달리 최근 시도는 주관적인 자살의도가 보통이고 객관적인 의도가 낮았다. 우울증, 불면증, 자살신념 및 자살생각의 강도가 증가했다. 환자의 위기대응계획을 함께 검토하고 그 효과를 개선하기 위한 전략과 위기기간 동안 계획을 사용하려는 동기를 확인했다. 자살시도가 발생한 이후 환자의 전반적인 고통 수준은 그녀의 주관적인 자살의도와 마찬가지로 감소했다. 전반적인 자살위험이 높아졌다. 환자는 위험이 중간 수준으로 돌아올 때까지 외래 회기 횟수를 늘릴 마음이 있다고 하였다. 회기의 변화를 고려해 현재 입원은 권장되지 않지만, 치료옵션을 재평가하기 위해 위험수준을 더 자주 평가할 것이다. |

가가 다른 차원의 위험, 특히 주관적인 자살의도와 객관적인 자살의도를 정기적으로 확인하는 방법에 주의를 기울여야 한다.

### 자살위험성평가 문서화에 대한 팁과 조언

1. **접수서류 및 평가척도 활용하기**. 전문가는 자살위험성평가를 보완하기 위해 접수서류, 증상 척도 및 기타 정보 출처에서 사용할 수 있는 자료를 활용해야 한다. 이러한 자료는 문서화에 통합될 수 있다.
2. **주관적이고 객관적인 자살의도 구분하기**. 자살의도에 대한 정보를 평가하고 문서화할 때 전문가는 종종 주관적인 자살의도만 생각한다. 그러나 이 장의 앞부분에서 논의했듯이 자살의도는 주관적이거나 객관적인 차원으로 구성되며, 후자는 현재와 미래의 자살위험과 더 강력한 상관관계를 가진다. 따라서 전문가는 자살위험의 이 두 가지 차원에 주의를 기울이고 그에 따라 결정을 내려야 한다. 또한 이에 대한 문서화는 이 두 가지 개별 차원의 의도를 반영해야 한다.

3. **체크리스트와 템플릿을 사용하여 부주의한 누락을 최소화하기**. 체크리스트와 템플릿의 가장 큰 실용적인 가치는 전문가가 자살위험성평가 및 문서화에서 간과하거나 또는 누락하는 것을 최소화하도록 돕는 것이다. BCBT의 맥락에서 체크리스트는 서술적 평가를 보완하는 데 사용될 수 있다. 특히 체크리스트를 사용하는 전문가는 서술 평가를 마칠 때 체크리스트를 빠르게 참조하여 중요한 위험요인 또는 보호요인이 언급되지 않았는지 확인할 수 있다. 이런 일이 발생하면 전문가는 환자가 이야기에 어떻게 부합하는지 질문하여 이러한 변인에 대한 추가정보를 제공하도록 환자를 부드럽게 유도할 수 있다.

CHAPTER

# 05

# 치료과정 모니터링

BCBT를 배우고 시행할 때 많은 전문가가 하는 일반적인 질문은 특히 자살위험의 변화와 관련하여 환자에게 나타나는 결과를 어떻게 가장 잘 추적하고 모니터링 하는가이다. 자살위험과 환자의 진행상황을 모니터링 하는 것은 BCBT가 자살예방 효과에 기여하는 핵심적인 요소 중 하나다. 실제로 표준화된 행동평가척도로 치료반응을 추적하는 것이 일반적으로 심리치료에 따른 임상결과를 향상시킨다는 것이 반복적으로 나타나고 있다. 이러한 임상결과에 대한 평가는 환자와 전문가 모두가 공유하고 있다(예 Christoph et al., 2012; Harmon et al., 2007; W. Simon et al., 2013; Slade, Lambert, Harmon, Smart, & Bailey, 2008). 환자 추적 및 피드백 시스템을 사용한 치료와 그러한 시스템이 없는 심리치료 결과와 관련된 6개의 임상시험에 대한 메타분석에서, 추적 및 피드백시스템이 처음에 치료가 실패할 것이라고 예상되었던 환자들에게 특히 강력한 영향을 미쳤다. 고위험 환자집단에서 추적 및 피드백시스템은 임상적 악화를 절반으로 줄이고 긍정적인 결과를 보이는 환자의 비율을 거의 두 배로 높였다(Shimokawa, Lambert, & Smart, 2010). 분석한 결과는 추적 및 피드백시스템은 임상적으로 악화의 징후를 보이는 환자 또는 치료 종결까지 예상보다 느린 반응을 보이는 환자를 도울 수 있다는 것을 나타낸다.

이러한 치료결과 양상은 다양한 임상장면에서 확인되었고(예 외래, 정신과환자 입원병동) 이전에 추적 및 피드백시스템을 사용하지 않았거나 사용에 회의적이었던 장면에서도 성공적이었다. 나아가 추적 및 피드백시스템의 이점은 전문가의 피드백을 받는 것에 달려 있는 것으로 보인다. 전문가에게 피드백을 제공하지 않고 환자의 진행상황을 추적하는 것은 치료에 대한 반응이 느리거나 반응을 보이지 않는 환자에게 동일한 이득을 제공하지 않았다(Lambert et al., 2001). 따라서 추적 및 피드백시스템은 개선될 가능성이 가장 적은 환자에게 회복을 촉진하여 치료결과를 나아지게 한다. 전문가와 환자가 치료과정 초기에 서로 의견을 조율하고 적절한 시정조치를 통하여 차선의 치료법을 확인할 수 있기 때문에 개선될 가능성이 높다(Lambert, 2013).

BCBT의 초기 연구(Rudd et al., 2015)에서 전문가들은 각 회기에서 여러 가지 관련변인을 평가했고 그 자료를 사용하여 임상적인 의사결정을 하는 지침으로 사용했다. 추적 및 피드백시스템의 알려진 이점에 비추어 볼 때 자살행동의 감소에 대한 BCBT의 영향은 부분적으로 추적 및 피드백시스템을 사용했기 때문이었다. 비록 BCBT에 특화된 추적 및 피드백시스템이 아직 개발되지는 않았지만 우리는 자살생각, 주관적인 수면의 질, 자살충동, 알코올 사용 및 전반적인 증상으로 인한 고통과 같은 몇 가지 개념과 변인을 측정하는 것이 도움이 된다는 것을 발견했다. 이러한 요인들이 다음과 같은 몇 가지 이유로 추적 및 피드백시스템의 변인으로 선택되었다. 첫째, 이러한 변인들은 자살의 잘 확립된 위험요인을 반영한다. 따라서 이 변인들은 치료과정에서 자살위험의 변동을 모니터링 하는 기초를 제공하고, 중요한 자료정보에 입각하여 임상적인 결정을 내리고, 나중에 심도 있게 다룰 것이지만 표준 치료와 관련된 법적 요구사항을 다룰 수 있게 해준다. 둘째, 몇 개의 변인(자살신념, 알코올 사용)은 다음과 같이 구별되는 것으로 나타났다. 매뉴얼에서 이미 논의했듯이 BCBT는 자살생각이 자살행동으로 변화되는 과정에서 기초가 되는 것으로 여겨지는 정서조절, 인지 평가스타일, 문제해결과 같은 몇 가지 핵심메커니즘을 해결하기 위해 개발되었다. 이러한 핵심메커니즘에 대한 환자의 주관적인 평가를 나타내는 자살 특화된 신념이 자살생각이나 심리적이거나 정서적인 어려움보다 앞으로의 자살시도를 더 잘 예측한다(Bryan, Rudd, Wertenberger, Young-McCaughon, & Peterson, 2014). 알코올 사용도 자살생각과 자살행동을 구별하는 것으로 비슷하게 나타났고(Kessler et al., 1999; Nock et al., 2008; May & Klonsky, 2016) 자살생각에서 행동으로의 전환을 촉진하는 것으로 나타났다(Bagge, Conner, Reed, Dawkins, & Murray, 2015; Bryan, Garland, & Rudd, 2016). 아마도 알코올 사용은 종종 자살행동과 유사하게 정서적 고통을 완화하거나 탈출하기 위한 대처전략으로서 기능하기 때문일 수 있다. 치료과정 중 알코올 사용의 변화는 정서조절 및 자살행동을 할 가능성에 대한 유용한 지표가 될 수 있다.

이와 같은 핵심변인 외에도 전문가는 환자의 치료목표와 일치하는 환자별로 구별되는 특화된 결과를 선택할 수 있다. BCBT에서는 각 회기에서 결과 및 진행과 관련된 것들을 평가한다. 상담을 위해 방문하면 대기실에서 환자는 지필검사 또는 전자 자료수집 시스템을 통해 평가를 받는다. 평가는 일반적으로 5~10분 정도 소요되고 평가를 완료한 후, 다음 회기를 시작할 때 전문가와 환자가 점수를 함께, 특히 이전 회기 이후의 변화가 특정 개입과 환자의 새로운 행동기술 구현과 관련되었는지에 초점을 두고 검토한다. 이러한 방식으로 회기의 진행을 모니터링하며 치료에 대한 순응도를 강화하면서 자살위험성의 변화(긍정적이고 부정적인)를 모니터링 할 수 있다.

## 치료결과 모니터링 방법 및 전략

광범위한 평가척도와 도구가 개발되었으며 전문가들이 환자의 치료의 진행상황을 추적하는 데 사용될 수 있다. 특정 척도나 도구가 다른 것에 비해 우수하다는 것을 지지하는 연구가 아직 없기 때문에 전문가는 실용적이고 적합한 추적 및 피드백시스템을 선택하고 활용하는 데 어느 정도 융통성이 있다. 그러나 일반적으로 관심 있는 개념을 평가하는 데 유용한 심리측정적인 특성이 강하고 경험적인 지지를 얻은 평가방법을 선택할 것을 권한다. <표 5.1>에는 다양한 평가방법과 전략을 제시하고 있다.

회기 대 회기 기준으로 환자의 진행 상태를 추적하는 가장 효율적인 방법은 관심 있는 다양한 개념을 직접 평가하는 항목을 포함한 척도를 선택하는 것이다. 예를 들어 백 우울증척도 2판(Beck Depression Inventory-2nd Edition)과 같은 많은 우울증 척도(BDI-II; Beck, Steer, & Brown, 1996) 및 환자건강 설문지-9(Patient Health Questionnaire-9)(PHQ-9; Kroenke, Spitzer, & Williams, 2001)은 일반적인 증상에 대한 검증된 측정은 물론 수면의 질과 자살생각을 직접 측정하는 항목도 포함되며, 환자건강 설문지-9은 자살사망 및 자살시도에 대한 중요한 예측자라는 것이 확인되었다(Green et al., 2015; Simon et al., 2013). 다음과 같은 일반적인 증상척도인 결과 질문지-45(Outcome Questionnaire-45)(OQ-45; Lambert et al., 2004) 및 행동건강 측정–20(Behavioral Health Measure–20)(BHM–20; Bryan, Kopta, & Lowes, 2012; Kopta & Lowry, 2002)도 유사하게 고통 증상, 수면의 질 및 자살생각을 평가한다. 이러한 척도의 자살행동에 대한 예측능력은 아직 경험적으로 연구되지 않았지만 행동건강측정–20은 실제로 추적과 피드백시스템을 이용하지 않은 상태에서 자살 환자의 탐지를 크게 증가시키는 것으로 나타났다(Bryan, Corso, Rudd, & Cordero, 2008). 우울증 척도와 비교하면, 일반적인 증상척도는 자살위험 모니터링과 관련된 더 넓은 범위의 증상과 위험요인(예 알코올 사용, 대인관계 문제)을 평가한다.

경우에 따라, 전문가는 심리측정적인 속성과 잘 확립된 예측타당도(Beck, Brown, & Steer, 1997; Beck, Kovacs, & Weissman, 1979; Brown, Beck, Steer, & Grisham, 2000)를 가진 19문항의 자살생각척도(Scale for Suicide Ideation)(SSI; Beck & Steer,

**표 5.1** BCBT에서 환자의 진행추적 척도의 예

| | | 결과평가 | | | | |
|---|---|---|---|---|---|---|
| 척도 | 문항 수 | 자살 생각 | 수면의 질 | 자살 신념 | 알코올 사용 | 고통 증상 |
| Beck Depression Index–II | 21 | ○ | ○ | | | ○ |
| Patient Health Questionnaire–9 | 9 | ○ | ○ | | | ○ |
| Outcome Questionnaire–45 | 45 | ○ | ○ | | ○ | ○ |
| Behavioral Health Measure–20 | 20 | ○ | ○ | | ○ | ○ |
| Scales for Suicide Ideation | 19 | ○ | | | | |
| Depression Symptom Index–Suicidality Subscale | 4 | ○ | | | | |
| Insomnia Severity Index | 7 | | ○ | | | |
| Medical outcome Study Sleep Scale | 12 | | ○ | | | |
| Pittsburgh Sleep Quality Index | 19 | | ○ | | | |
| Alcohol Use Disorders Identification Test | 10/3* | | | | ○ | |
| Interpersonal Needs Questionnaire | 15 | | | ○ | | |
| Suicide Cognitions Scale | 18/9* | | | ○ | | |

* 전체척도와 단축척도의 문항 수

1991)와 같이 자살생각, 의도 및 행동을 평가할 목적으로 개발된 척도를 사용하기도 한다. 또는 4문항의 우울증상지표-자살행동 하위척도(Depressive Symptom Index)(DSI-SS; Joiner, Pfaff, Acres, 2002)는 자살생각 및 자살관련 행동의 여러 차원을 평가하는 이점이 있고 위험의 변동에 대한 이해를 제공할 수 있다. 예를 들어, 자살생각척도(SSI)의 요인분석은 자살행동과 다르게 관련되는(Joiner et al., 2003) 여러 하위척도로 구성되어 있음을 보여준다(예 Beck et al., 1979, 1997).

수면의 질과 알코올 사용에 대한 구체적인 측정도 마찬가지로 일반적인 증상척도에서 얻은 것보다 이러한 개념에 대한 더 자세한 이해를 제공한다. 각각을 측정하기 위한 여러 가지 간단한 척도가 존재한다. 수면의 질과 관련된 7문항의 불면증 심각성 지표(Insomnia Severity Index)(ISI; Bastien, Vallieres, & Morin, 2000), 12문항의 수면척도(Medical Outcome Study Sleep Scale)(Stewart, Ware, Brook, & Davies, 1978) 및 19문항의 Pittsburgh 수면의 질 지표(Pittsburgh Sleep Quality Index)(PSQI, Buysse, Reynolds, Monk, Berman, & Kupfer, 1989)는 신뢰할 수 있다. 알코올 사용과 관련하여 가장 널리 사용되는 척도는 10문항의 알코올사용 장애 식별척도(Alcohol Use Disorder Identification Test)(AUDIT; Saunders, Aasland, Babor, De la Fuente, & Grant, 1993)로, 알코올 소비, 음주 행동 및 알코올 관련 문제를 평가하고, 심각하게 문제가 되는 와해된 알코올 사용의 지표라는 것이 연구결과를 통해 지지받고 있다(Allen, Litten, Fertig, & Babor, 1997). 축약된 3문항형의 척도(AUDIT-C)도 전체 척도와 같이 상당한 정도의 임상적 유용성을 입증했다(Bush, Kivlahan, McDonell, Fihn, & Bradley, 1998).

비교적 최근에 개발된 자살신념의 평가 및 측정은 상당한 정도의 임상적 유용성을 갖는 것으로 나타났다. 특히 두 가지 척도 즉, 대인관계 욕구 설문지(Interpersonal Needs Questionnaire)(INQ; Van Orden, Cukrowicz, Witte, & Joiner, 2012) 및 자살 인지척도(Suicide Cognitions Scale)(SCS; Bryan, Rudd, Wertenberger, Young-McCaughon, & Peterson, 2014)는 자살신념의 다른 유형을 측정하도록 만들었다. 자살에 대한 대인관계 심리이론(Joiner, 2005)을 기반으로 INQ는 많은 연구에서 자살충동과 강한 상관관계가 있는 것으로 나타난 지각된 짐스러움과 위축된 소속감을 평가하도록 고안되었다. 수년 동안 여러 버전의 척도(10, 12, 15, 18 및 25 문항)가 사용되었고 이로 인해 연구자와 전문가를 상당히 혼란스럽게 했다. 모든 버전이 수용 가능한 정도의 신뢰도와 타당도를 보여 주지만 10문항과 15문항 버전이 상대적으로 가장 강력한 심리측정 속성과 타당도를 보여주었고, 이러한 결과는 연구자들이 두 가지 버전 중에서 하나를 권하게 하였다(Hill, et al., 2015). INQ와 대조적으로 18문항의 SCS는 BCBT의 개념적 토대인 유동적 취약성 이론에 기반을 두고 있다(Rudd, 2006). SCS의 초기 요인분석은 두 가지 요인 즉, 사랑스럽지 않음과 견딜 수 없음(Bryan, Rudd, Wertenberger, Young-McCaughon, & Peterson, 2014)을 제안하였다. 하지만 후속 연구에 따르면 세 번째 요인인 해결 불가능성을 추가하여 분석하는 것이 두 요인으로 분석하는 것보다 다소 더 나은 적합성을 제공한다(Bryan, Kanzler, et al., 2016; Ellis & Rufino, 2015). 따라서 SCS는 한 사람이 가망이 없다고 할 정도의 결함과 결점이 있고(사랑스럽지 않음), 겉보기에 압도적인 고통을 견딜 수 없으며(견딜 수 없음) 문제에 해결책이 없다는 인식(해결 불가능성)을 측정한다. 최근 연구에 따르면 신뢰도, 타당도와 임상적인 유용성을 약화시키지 않고 SCS는 9문항(3개의 하위요인에 3문항)으로 축소할 수 있다(Bryan, Kanzler, et al., 2016). BCBT 내에서 자살개념 측정은 전문가와 환자에게 행동의 주요 매커니즘을 추적하는 데 도움이 되어 환자의 내재된 자살행동의 취약성을 결정하는 데 중요한 정보를 제공한다. 이러한 척도는 전문가와 환자의 강력하거나 치명적인 자살신념에 초점을 맞추는데 도움을 주어서 BCBT의 두 번째 단계 동안 특별히 유용하게 사용할 수 있을 것이다.

## 법적인 의미

4장에서 논의된 바와 같이, 자살으로 인한 사망 관련 사건에서 돌봄 및 과실 결정은 주로 예측가능성과 합리적인 돌봄인가에 의해 이루어진다. 예측가능성은 전형적으로 전문가가 환자의 자살행동 위험성을 평가하는 것이고 합리적인 돌봄은 일반적으로 전문가가 유사한 상황에서 하는 일에서 크게 벗어나지 않는 체계적인 치료 계획을 사용하는 것이다(Berman, 2006). 이 장에서 설명하는 것과 같은 추적 및 피드백시스템은 임상적인 돌봄의 효과와 질을 향상시키기 위한 토대를 제공하고 예측가능성과 합리적인 돌봄을 제공한다. 예측가능성과 관련하여 회기를 기반으로 하는 추적 및 피드백시스템은 환자의 자살위험성의 변화를 전문가에게 분명하고 직접적인 방법으로 제시한다. 이러한 변화는 전문가가 치료계획(즉, 회기수 증가, 관련위험요인에 적합한 변수를 목표로 하는)을 적절하게 조정하도록 의사결정을 하는 데 기여한다.

예를 들어, 마지막 회기 후 환자가 자살생각의 두드러진 증가, 괴로움의 증상과 알코올 사용 증가를 보고한다면 전문가는 환자의 위기반응계획의 효율성을 다시 평가해보거나 환자가 규칙적으로 사용하지 않는 정서조절기술을 재검토해야 한다. 이러한 정보는 전문가의 돌봄 수준 특히, 정신과 입원치료에 대한 의사결정을 기록하는 데 사용될 수 있다. 추적 및 피드백시스템을 기초로 치료와 관련된 결정을 하거나 기록하는 것은 합리적인 돌봄과 관련된 의사결정에 대한 체계적인 접근을 보여준다.

평가결과를 문서화하고 이러한 결과가 중요한 임상적인 의사결정에 어떻게 영향을 주었는가를 문서화하는 것은 의료과실의 맥락에서 충분히 강조될 수밖에 없다. 많은 경우, 문서화의 부재는 특별한 조치나 결정이 없었음을 나타내는 것으로 추정된다. 실제로 자살위험성을 문서화하지 않은 것은 자살위험성평가를 전혀 하지 않은 것으로 간주된다. 따라서 전문가는 매회기(session to session)를 모니터링 한 결과를 문서화하고 그 결과가 치료 결정에 어떻게 영향을 미치는지 문서화하는 시스템을 개발해야 한다. 이 작업을 수행하기 위한 비교적 간단한 방법은 환자를 평가한 점수를 의료기록에 기록한 다음 이러한 점수와 다른 점수를 토대로 하여 환자의 위험평가를 업데이트하는 것이다.

## 사례를 통한 예시

가상의 환자인 제니스를 생각해보자. 제니스의 BCBT 전반 네 회기의 점수는 <표 5.2>에 제시되어 있다. 제니스는 우울증, 자살생각, 자살신념, 수면의 질 등 여러 가지 결과 지표에서 전체적으로 약간 개선된 모습을 보였다. 이런 점수에 비추어 세 번째 회기의 종료시 전문가의 계획은 네 번째 회기에서 새로운 개입인 이완 기술훈련을 하는 것이었다. 네 번째 회기동안 제니스는 평소처럼 양식을 작성했다. 전문가는 점수를 모은 후 제니스에서 지난 회기 이후 어떻게 지

**표 5.2** 4회기의 제니스의 증상점수

| 회기 | 개입 | BDI-II 총점 | BDI-II 자살문항 | SCS 총점 | ISI 총점 |
|---|---|---|---|---|---|
| 1 | 서술평가, 위기대응계획, 치료계획 | 51 | 1 | 48 | 26 |
| 2 | 치료개입과 명상 | 38 | 1 | 47 | 24 |
| 3 | 생존키트 | 28 | 0 | 39 | 20 |
| 4 | 서술평가와 위기대응계획 | 48 | 2 | 47 | 29 |

BDI-II: Beck Depressim Index-II, SCS: Suicide Cognitions Scale, ISI: Insomnia Severity Index

냈는지 물었다. 제니스는 '그동안 잘 지냈다.'고 말했지만 그녀의 점수는 이와는 대조적으로 모든 것이 반대방향이었다. 전문가는 이러한 변화에 주의를 기울이고 잘 지냈다고 하는 제니스의 주관적인 보고에도 불구하고 지난 회기 이후 이러한 변화를 설명할 수 있는 일이 있었는지 질문했다. 제니스는 자신과 배우자가 이틀 전 집을 나와 자살시도를 하게 만든 심각한 갈등을 겪었다고 설명했다. 이 일이 있은 후 제니스는 잠을 거의 자지 못하고 통제할 수 없는 걱정을 경험하고 심하게 동요했다. 또한 밤에 혼자 있을 때 자신의 자살생각의 빈도와 강도가 증가하는 것을 경험하고 있다. 이러한 정보에 비추어 전문가는 위기대응계획, 명상기술, 생존키트를 사용했는지 질문했는데 제니스는 이전에 이런 것들이 도움이 된다는 것을 알았지만 이러한 기술을 사용하지 않았다.

전문가와 제니스는 함께 이러한 기술을 검토하고 연습하고 발전시키기로 결정하고 정기적으로 연습하기 위한 새로운 계획을 세웠다. 회기가 끝날 무렵, 그녀는 회기 초반보다 새로운 위기대응계획과 기술연습 일정으로 훨씬 더 차분하고 편안하게 느낀다고 보고했다. 제니스의 위험요인이 너무 증가하여 전문가는 이전 회기보다 그녀의 위험이 높은 것으로 평가했지만 폐쇄병동에 입원할 정도는 아니라고 보았다. 따라서 전문가는 제니스에게 다음 주가 아니라 이틀 후에 다음 회기를 잡을 수 있는지 물어보았다. 제니스는 그렇게 하는 것이 도움이 될 것 같다고 동의하였다. 그녀가 떠난 후 전문가는 그녀의 평가점수, 회기의 내용, 자살위험성의 증가로 인해 외래 회기의 빈도를 늘리기로 한 결정을 기록하였다. 또한 전문가는 자살위험성이 분명하게 증가했지만 입원치료가 필요할 정도로 증가하지는 않았다는 것을 지적했다. 따라서 추적 및 피드백시스템의 사용은 제니스의 주관적인 '잘하고 있다.'는 보고에도 불구하고 갑자기 악화된 것을 확인할 수 있다. 이러한 자료에 비추어 전문가는 제니스의 자살위험을 재평가했다. 이러한 행동은 예측가능성의 개념을 직접 다룬다. 다음으로 전문가는 제니스의 위험수준 재평가에 맞추어서 치료 계획을 수정했다. 특히 새로운 기술을 도입하기로 한 이전의 계획을 포기하고 이전에 배운 기술 특히, 위기대응계획을 검토하는 것을 대신 선택했다는 점이 가장 중요하다. 전문가는 제니스의 자살위험을 증가시키는 것과 직접적이고 근접적으로 관련되는 주제를 목표로 설정하기로 결정하였다. 마지막으로, 전문가는 전형적인 회기보다는 좀더 이르게 다음 회기를 1주 후가 아닌 이틀 후로 계획했다. 이러한 세 가지 결정은 합리적인 돌봄을 직접적으로 다룬 것이다.

**요약**

BCBT의 임상결과를 정기적으로 평가하고 모니터링 하는 것은 전문가에게 환자의 회복과정을 촉진하고 과실에 따른 소송의 위험성을 감소시킬 수 있는 목표지향적인 개입을 제공하는 것을 가능하게 한다. 추적 및 피드백이 임상적인 결과를 개선하는 데 도움이 되는 과정이 충분히 이해되지 않을 수도 있지만, 일반적인 심리상담장면에서 도출된 연구결과에 의하면 과정을 모니터링 하는 것은 자살을 시도하려는 환자들에게 결과를 나아지게 한다는 것을 보여주었다. 따라서 회기별 추적은 BCBT의 중요한 부분으로 간주된다.

## 치료 중의 자살시도와 입원

제니스 사례는 고위험환자에게 BCBT나 다른 치료법을 사용할 때 고려해야 하는 중요한 문제(치료하는 동안 자살행동에 대한 적절한 반응과 정신병원 입원)를 강조한다. BCBT는 치료하는 동안과 그 후에 환자가 자살시도를 할 위험성을 감소시키는 것을 보여주지만, 이러한 위험이 완전히 없어지는 것은 아니다. 따라서 BCBT를 받는 동안 자살시도가 있을 수 있다는 것을 예상할 수 있다. 비록 BCBT와 다른 유사한 인지행동치료에서는 25% 미만의 환자들이 자살을 시도했지만(Brown, Ten Have, et al., 2005; Linehan, Comtois, Murray, et al., 2006; Rudd, et al.,

2015), 자살하려는 사람들을 대상으로 시행된 임상실험결과에 따르면, 치료를 시작할 때 자살생각을 하거나 최근 자살시도를 한 환자의 반 정도가 치료동안 자살시도를 한다(Rudd, Joiner, et al., 2009). 환자가 치료 중에 자살을 시도한다면, 환자가 치료 중에 두 번째 자살을 시도할 가능성이 매우 높다(Rudd, Joiner, et al., 2009). 추가 연구결과, 환자가 치료를 시작한 지 6개월 동안 자살시도를 할 가능성이 가장 높은데, 이 시기는 일반적으로 적극적으로 치료를 진행하는 단계에 해당된다. 예를 들어, 러드와 동료들(2015)은 BCBT를 받은 환자의 약 7%가 치료를 시작한 지 6개월 이내에 자살을 시도한다고 보고했고 이는 자살을 시도한 BCBT 환자의 절반에 해당한다. 동일한 결과를 브라운과 텐 해브와 동료(2005)가 보고하였다. 자살시도를 한 인지치료 환자의 14%가 치료를 시작한지 6개월 이내에 첫 자살시도를 하였다. 평균적으로 BCBT로 자살하려는 환자를 치료하는 전문가는 환자 6명 중에 한 명은 BCBT 동안 자살을 시도할 것이고 또 다른 6명 중 한 명은 BCBT를 시작하고 18개월 이내에 자살을 시도할 것이라고 추정할 수 있다.

자살에 대한 유동적 취약성 이론에 따르면 일부 환자에게는 치료에도 불구하고 자살위험이 지속될 수 있다. 따라서 BCBT 동안 환자가 자살시도를 하지 않을 것이라고 가정하는 것은 비현실적이다. 치료 중 발생하는 자살시도가 반드시 전문가에게 있어 실패를 반영하는 것은 아니다. 오히려 이것은 시간이 지남에도 자살위험의 만성적이고 지속적인 특성을 반영한다. 자살환자를 치료하는 것은 본질적으로 '위험한 일'이며 때때로 환자는 전문가가 BCBT를 적절하게 적용하더라도 자살을 시도한다. 마찬가지로 치료동안 자살을 시도한 환자는 종종 실패로 인식되지만 치료 중 자살시도는 환자에게 실패를 반영하지 않는다. 환자의 자살시도나 병원입원에 동반하는 수치심과 창피함은 적극적인 자살모드를 유지하도록 하기 때문에 전문가는 적절하게 반응하도록 준비해야 한다.

자살시도는 근본적으로 기술결여의 결과로 개념화되기 때문에 치료 중에 발생하는 시도는 실패로 간주되기 보다는 학습 및 기술 연습의 기회로 간주된다. BCBT를 시작하고 처음 3~6개월 이내에 발생하는 자살시도는 아직 충분히 목표설정 되지 않았거나 감소되지 않은 지속적인 취약성의 결과로 판단된다. 예를 들어, 환자가 치료 후 처음 몇 개월 이내에 자살시도를 했다면 이것은 환자가 아직 충분한 '용량'의 치료를 받지 않았고 아직 기저 위험요인을 상쇄할 수 있는 새로운 기술로 충분한 연습을 하지 않은 것이 원인일 수 있다. 기술훈련의 측면에서 새로운 개념이나 대안적인 행동을 소개받은 후 곧바로 이전의 습관으로 돌아가는 것은 놀랍지 않은 일이다. 그러므로 전문가는 환자가 종종 이전의 행동으로 돌아가는 것을 예상할 수 있는데, BCBT과정 동안 자살을 시도하는 것을 포함할 수 있다.

환자가 치료 중에 자살시도를 보고하면, 전문가는 BCBT의 첫 번째 회기에서 했던 것처럼 새로운 자살시도에 대한 서술적 평가를 해야 한다. 하지만 전문가는 환자의 위기대응계획의 사용과 자살위기동안 새롭게 배운 대처기술에 대한 구체적인 정보를 얻어내야 한다. 새로운 자살시도에 대한 서술적 평가를 실시하는 목적은 다음과 같다. 첫째, 서술적 평가는 전문가와 환자가 자살위기의 구조적인 요소(자살모드)들을 이해할 수 있게 하고 자살시도를 하게 된 맥락 즉, 사례개념화와 치료계획을 조정하거나 정교화가 필요한 부분을 알려준다. 둘째, 서술적 평가는 전문가와 환자가 위기대응계획의 효과를 평가하고 환자가 배운 기술에 대한 유능성을 평가한다. 어떤 경우, 특정 전략이 초기에 믿었던 것보다 덜 효과적일 수 있으므로 이러한 전략들은 제거하거나 더 성교화 해야 한다. 다른 경우, 환자가 전략을 최대로 사용하지 못할 수도 있기 때문에(예 전략을 너무 조기에 그만두기) 추가적인 기술훈련이 필요하다. 그러므로 서술적 평가는 무엇이 잘못되어 가는지 진단하게 하고 나아가 이러한 문제를 다루기 위해 무엇을 수정해야 하는지를 도와준다. 자살하려는 환자는 종종 부정적인 인지편향을 가지고 있어서, 자신들의 자살시도를 치료가 효과적이지 않음을 나타내는 것으로 간주한다. 환자들이 위기를 겪을 동안 하나 혹은 그 이상의 전략을 성공적으로 활용하는 경우가 많지만, 그들의 기저 위험요인을 상쇄할 정도로 그 전략들을 충분히 발전시키지 못하기도 한다. 이런 경우, 전문가는 서술적 평가에서 얻은 정보를 사용하여 환자가 진전, 성장과 건강에 더 도움이 되는 방식으로 자신들의 시각을 재구조화하도록 도와주어야 한다. 어떤 경우에는 환자가 자살시도 하기 수 시간 전에는 성공적으로 대처했을 수도 있고 과거에는 이렇게 오래 버티지 못했을 수도 있다. 일단 새로운 서술적 평가가 끝나면, BCBT는 중단된 곳에서 계속한다. BCBT 동안 환자가 입원했을 때도 비슷한 접근이 적용된다. 흔히 입원은 환자에게 자신들의 무능(예 입원하지 않고는 나는 내 자신의 문제를 해결할 수 없다.)을 반영하는 부끄럽거나 수치스러운 사건으로 경험하게 된다. BCBT는 병원입원치료를 피하고 줄이려고 하지만, 다음에 설명하는 위기대응계획의 단계에 따라 자살시도를 하는 상황에서 위기를 겪을 동안 전문적인 지원을 필요로 하는 환자는 입원시킨다. 환자가 입원치료를 받고 퇴원한 후, 전문가는 사건과 그에 따른 상황과 경험을 이해하기 위해 서술적 평가를 해야 한다. 자살시도에 대한 반응과 유사하게, 특정의 내용을 다시 검토하거나 수정할지를 BCBT에서도 입원하기 전에 선택을 한다. 이러한 점은 제니스의 사례에서도 강조되었으며 여기에 더 상세히 기술하였다.

## 사례를 통한 예시

BCBT 초기에 좋은 진전을 보인 후, 제니스는 3회기와 4회기 사이에 과다복용으로 자살시도를 하였다. 앞에서 지적했듯이, 제니스는 초기에는 자신의 전문가에게 자살시도를 공개하지 않았지만 증상척도에서 상승된 점수는 전문가가 최근의 사건과 변화에 대해 질문하게 하였다. 갑자기 악화된 것에 대해 질문하자, 제니스는 전문가에게 다시 악화되고 실패한 것에 대해 지나치게 사과했다. 이어서 전문가는 새롭게 서술적 평가를 하였고 평가하는 동안 제니스는 화가 났고 '그냥 자살해야지.'하는 생각을 하게 되었을 때 위기대응계획을 단계대로 적용했다. 10분 동안 명상을 하고 10분 동안 산책을 하고 친구에게 전화를 걸어 마음을 나누었다. 제니스는 그렇게 하고도 여전히 '비참하고' '가치 없는' 기분이었다. 친구가 전화를 받지 않았을 때 그녀는 '세상에 자신이 혼자'라고 느꼈다. 그 때 약장에 가서 남아있는 수면제를 집었다(총 6알). 그녀는 와인 한 잔과 함께 수면제를 먹었고 잠이 들었다가 다음 날 최악으로 과음을 한 것처럼 잠에서 깨어났다. 이야기를 끝낼 즈음, 제니스는 '위기대응계획이 자신을 도울 수 없었다. 자신은 실패했다.'는 걱정을 표현했다. 전문가는 제니스에게 그녀가 첫 번째 과다복용으로 자살시도한 것을 다시 생각하고, 자살하기로 생각한 것과 실제로 과다복용으로 자살시도 하는데 걸린 시간이 얼마나 되는지 추정해 보라고 하였다. 제니스는 1분이나 2분 정도라고 했다. 전문가는 가장 최근의 자살위기동안에는 자살생각에서 자살시도까지 대략 30분 정도가 흘렀다는 것을 지적하면서 '이것은 치료를 시작할 때보다 지금은 30배 정도 감정을 잘 다스리는 것'을 나타내는 증거라고 제안하였다. 이것은 최근의 자살시도가 비록 추가적인 연습이 필요하다는 것을 제안하기는 하지만, 위기대응계획은 제니스가 고통을 견디는 능력을 개선시켰음을 보여준다.

서술적 평가를 사용하여 전문가와 제니스는 위기대응계획에서 도움이 되는 부분(고통감내력 증진)과 추가적인 노력이 필요한 부분(더 큰 고통을 견디는데 필요한 기술의 연습)을 확인하였다. 아마도 가장 중요한 것은 전문가가 서술적 평가를 통해 제니스가 최근의 위기를 실패의 단서로 보는 것이 아니라 상당한 정도의 성장과 치료에서의 진전을 나타내는 것으로 다시 생각하도록 도와준 것이다. 따라서 제니스가 자살시도를 하기는 했지만, 자신이 올바른 방향으로 치료되고 있다는 것을 알게 되었다. 이 점은 제니스가 희망을 느끼게 하였다.

## 요약

요약하면 BCBT 과정에서 발생하는 자살시도와 입원은 치료하는 동안에도 지속되는 환자의 만성적이고 내재되어 있는 자살의 위험을 나타내는 것으로 개념화된다. 환자가 자살을 시도하고 입원을 하게 되면, 전문가와 환자는 협력적으로 그러한 일이 일어난 상황과 맥락을 이해하려고 해야 한다. 이것은 사례개념화와 치료계획에서 고쳐야 할 필요가 있는 것을 알려주고 환자에게 나타난 개선과 성장의 지표를 나타낸다.

일단 이렇게 수정해야 하는 것이 확인되면, 전문가와 환자는 치료를 중단했던 부분에서 이전에 다루었던 자료를 다시 확인해볼 필요가 있다는 것을 염두에 두고 BCBT를 다시 시작한다.

CHAPTER

# 06

# 단기인지행동치료의 개요

BCBT는 임상적인 우선순위와 시간에 따른 자살위험의 자연적 과정에 상응하는 연속적인 순서에 따라 개입하는 단계적 접근법으로 구성된다. 이 과정은 BCBT 첫 회기의 처음 몇 분 이내에 시작되는데, 이 시간 동안 환자의 자살위기에 대한 상세한 서술적 평가를 한다. 이 초기 평가는 환자의 임상적 욕구를 둘러싼 고유한 요인과 상황에 대한 이해를 제공하여, 치료의 나머지 부분을 위한 단계를 설정하게 한다. 많은 환자들이 급성 위기나 급성 자살위기의 잔존 단계(예 최근 자살시도로 인해 입원 후 퇴원)에서 BCBT를 시작하기 때문에 일반적으로 4회로 구성되는 1단계 치료는 자살모드의 비활성화 및 정서조절 기술훈련을 통한 안정화에 초점을 맞춘다. 일단 자살모드가 해결되고 환자가 기저 위험수준으로 돌아오면, BCBT는 2단계 치료로 전환되는데, 2단계는 일반적으로 5회기가 진행된다. 이 2단계 치료에서 BCBT는 자살위기에 대한 장기적 취약성의 기초가 되는 자살신념체계에 초점을 맞추고 있다. 따라서 BCBT의 중간 부분은 자살에 대한 기본적인 인지적 위험요인을 수정하는 것을 목적으로 한다. 통상적으로 두 회기 동안 지속되는 BCBT의 3단계와 최종 단계에서는 기술통합과 연습에 초점을 둔다. 그러므로 BCBT의 마지막 회기는 재발방지를 목표로 한다. BCBT에서 사용되는 모든 절차와 개입은 각자가 목표로 하는 자살모드의 특정 영역과 함께 단계별로 <표 6.1>에 열거되어 있다.

**표 6.1** BCBT에서 사용하는 개입절차. 자살모드에서 목표로 하고 있는 단계에 따라 구성

| 단계 | 행동 | 정서 | 인지 | 신체 |
|---|---|---|---|---|
| | | 1단계 | | |
| 위기반응계획 | ○ | ○ | ○ | ○ |
| 수단제한상담 | ○ | | | |
| 수면자극통제 | | | | ○ |
| 이완기술훈련 | ○ | ○ | | ○ |
| 명상기술훈련 | ○ | ○ | ○ | |
| 삶의 이유목록/생존키트 | | ○ | ○ | |
| | | 2단계 | | |
| ABC 워크시트 | | | ○ | |
| 도전질문 워크시트 | | | ○ | |
| 문제사고패턴 워크시트 | | | ○ | |
| 활동계획 | ○ | | | |
| 대처카드 | ○ | | ○ | |
| | | 3단계 | | |
| 재발방지과제 | ○ | ○ | ○ | ○ |

BCBT는 처음부터 끝까지 평가와 사례개념화, 행동적 및 인지적 기저 위험요인을 치료목표로 전환, 재발방지로 마무리하는 순서로 되어 있다. 이 순서를 설명하기 위해 존, 마이크, 제니스에 대한 BCBT 회기별 구조를 <표 6.2>에 표시하고 이후 논의과정에서도 참조한다.

표 6.2 세 환자의 BCBT회기의 흐름, 주요개입과 과정

| 회기 | 존 | 마이크 | 제니스 |
|---|---|---|---|
| 치료전 | • 접수면접 | • 서술적 평가<br>• 위기대응계획<br>• 수단안전계획 | • 접수면접 |
| 1 | • 서술적 평가<br>• 위기대응계획<br>• 수단안전계획 | • 위기대응계획<br>• 수단안전계획<br>• 치료계획 | • 서술적 평가<br>• 위기대응계획<br>• 치료계획 |
| 2 | • 치료계획<br>• 치료관여<br>• 이완기술 | • 치료관여<br>• 명상기술 | • 치료관여<br>• 명상기술 |
| 3 | • 수단안전계획<br>• 위기지원계획<br>• 삶의 이유목록 | • 수면자극통제 | • 생존키트 |
| 4 | • 수면자극통제 | • 삶의 이유목록 | • 서술적 평가<br>• 위기대응계획 |
| 5 | • 명상기술 | • 명상기술 | • 이완기술 |
| 6 | • ABC 워크시트 | • ABC 워크시트 | • ABC 워크시트 |
| 7 | • 도전질문 워크시트 | • ABC 워크시트 | • 도전질문 워크시트 |
| 8 | • 활동계획 | • 도전질문 워크시트 | • 활동계획 |
| 9 | • 대처카드 | • 활동계획 | • 문제사고패턴 워크시트 |
| 10 | • 문제사고패턴 워크시트 | • 대처카드 | • 대처카드 |
| 11 | • 재발예방과제 | • 재발예방과제 | • 재발예방과제 |
| 12 | • 재발예방과제 | | • 재발예방과제 |

# 1 회기

BCBT의 첫 번째 회기는 위험성평가, 사례개념화, 위기대응계획을 포함한 몇 가지 주요 목적을 수행한다. 비극적이게도, 많은 자살 환자들이 과거에 받았던 정신건강 돌봄에 대한 부정적인 경험과 불만을 보고한다. 가장 자주 보고되는 경험 중 하나는 의료인과 전문가가 진정으로 도움을 주기 위해 자신들의 말을 듣거나 자신들과 충분한 시간을 보내지 않았다는 인식이다. 자살하려는 사람들

은 종종 의료서비스 제공자들이 급하게 서두른다고 느끼는데, 한 BCBT 환자의 말에 의하면, '그들은 단지 자신들의 서류양식을 작성하는 데만 관심이 있다.'고 했다. 의료서비스 종사자들은 자살하려는 환자들이 불편을 겪었던 것처럼 무례하고 무뚝뚝한 행동을 하는 경우가 많다. 여러 번 자살시도를 한 환자에게는 특히 부정적인 건강돌봄경험이 흔하다. 이러한 보고와 일관되게, 그러한 환자들은 종종 의료서비스 제공자들로부터 '관심 끌기', '조종' 또는 다른 유사한 비하하는 용어로 묘사된다. 이러한 부정적인 경험은 BCBT를 포함한 앞으로 있을 치료 제공자와 치료 과정에 대한 환자의 기대를 형성한다. 다른 환자들은 치료과정에 대해 상당한 정도의 불안과 두려움을 느끼고 있으며, 특히 이것이 처음으로 정신건강돌봄시스템에 참여하는 것이라면 더욱 그렇다. 처음으로 참여하는 환자들은 치료에서 무엇을 기대해야 할지 모르기 때문에, 그들의 인상은 대중문화(예 영화, 텔레비전 쇼)와 다른 사람들의 보고에 의해 자주 형성된다.

이러한 부정적인 경험은 자살하려는 환자들 사이에서 매우 흔하기 때문에, BCBT의 '시작점(opening move)'은 환자가 자살위기를 둘러싼 상황을 설명하고 그것에 대한 자신의 주관적인 경험을 설명할 수 있는 충분한 기회를 제공하기 위해 고안되었다. 따라서, BCBT의 첫 번째 회기의 처음 몇 분 이내에 전문가는 서술적 평가를 수행하는데, 이 평가는 8장에 자세히 설명되어 있다. 서술적 평가에서 전문가는 환자가 자신의 자살위기에 대해 환자 자신의 말로 '이야기를 들려주도록' 환자에게 요청한다. 주로 전문가가 주도하고 정보 수집을 목적으로 하는 일반적인 위험평가 인터뷰 형식과는 대조적으로 서술적 평가는 환자가 자살위기에 대한 주관적 경험에 대해 설명하게 한다. 많은 환자들에게 있어, 자신들이 의료서비스 제공자에 의해 서두르거나 무시되었다고 느끼지 않고 자신들의 경험을 공유할 수 있도록 허락된 것은 이번이 처음이다. 따라서 특히 서술적 평가와 BCBT의 첫 번째 회기는 환자와의 관계를 형성하는 데 중요하다. 또한 서술적 평가는 환자의 독특한 욕구를 이해하는 데 필요한 정보, 즉 사례개념화 및 후속 치료계획을 위한 필수적인 단계를 제공한다. 첫 번째 회기는 환자에게 임박한 위기를 식별하는 방법을 가르치고, 임박한 위기가 발생할 때 '무엇을 해야 하는가'에 대한 단계별 체크리스트를 제공하는 BCBT의 핵심적인 개입인 위기대응계획으로 마무리된다. 첫 번째 회기가 끝날 때까지 환자들은 (1) BCBT의 구조와 과정에 대해 논의하고 동의하며, (2) 자살위기에 기여하고 지속하는 요인에 대한 이해를 하게 되며, (3) 환자들의 정서적 고통과 자살위기를 보다 효과적으로 관리하기 위한 첫 번째 계획을 개발해야 한다. 첫 BCBT 회기 후 한 환자가 '누군가 실제로 내 말을 들은 것은 이번이 처음이며, 실제로 나는 나에게 무슨 일이 일어나고 있는지 이해한 것은 이번이 처음이다. 드디어 전구가 켜지는 것 같다.'라고 이야기하였다

### 사례를 통한 예시

<표 6.2>에서 볼 수 있듯이, 세 가지 사례 모두 첫 번째 만남은 서술적 평가와 위기대응계획을 포함했다. 비록 이것은 존과 제니스의 BCBT의 첫 번째 회기 동안 이루어졌지만, 마이크의 경우 이러한 절차는 치료 전 접수회기에서 완료되었다. 마이크의 초기설명 때 나타난 많은 위험요인과 심한 동요로 인해 서술적 평가와 위기대응계획으로 빠르게 전환하기 위해 본격적인 치료를 시작하기 전에 실시하였다. 물론, 마이크는 취침시간 동안 자살충동을 부인했다. 그럼에도 불구하고 전문가는 마이크의 자살에 대한 위험성이 높다고 평가하고 마이크와 함께 더 이상 서술적 평가를 진행하지 않고 위기대응계획을 수립하기로 결정했다.

매뉴얼의 뒷부분에서 자세히 설명하겠지만, 서술적 평가와 위기대응계획은 BCBT에서 중추적인 역할을 하며 시간제한과 신속한 의사결정이 특징인 장면(예 응급 부서, 1차 진료)을 포함한 대부분의 의료장면에서 효과적으로 활용될 수 있다.

## 2~5 회기: 기저의 행동적인 위험요인을 목표로 하기

전형적으로 두 번째 회기에서 다섯 번째 회기로 이어지는 BCBT의 1단계는 자살모드의 비활성화에 초점을 맞춘다. 치료를 시작할 때, 대부분의 환자들은 최근 급성 자살위기를 겪거나 자살을 시도했으며, 비록 그들이 더 이상 급성위기의 정점에 있지 않을 수도 있지만 여전히 높은 수준의 고통을 겪고 있다. 따라서 치료의 1단계는 환자가 가장 취약하고 자살시도를 했을 가능성이 높은 때이다. 그러므로 BCBT의 가장 초기 회기는 증상안정화와 급성위험감소를 목표로

하며, 이러한 두 가지 목표는 모두 자살과 관련된 기저의 행동적인 위험요인을 수정함으로써 이루어진다. 1단계에서 전문가의 주요역할은 치료계획을 개발하고 치료에 대한 적극적인 참여를 이끌어내고 정서조절기술을 가르치며 위기대응계획을 다듬는 것이다.

이와 일관되게, 치료의 초기 단계에서 개입은 주로 안전증진조치와 행동 지향적 기술훈련 활동으로 구성되는데 이는 고통에 대한 내성, 정서조절 및 자기관리라는 몇 가지 핵심 분야에서 역량을 구축하기 위한 것이다. 환자의 자살에 있어 잠재적으로 치명적인 수단 특히, 총기에 대한 접근에 대한 분명한 논의는 수단안전상담 및 위기지원계획(12장에서 설명)의 맥락 안에서 BCBT의 첫 번째 단계에서 매우 초기에 이루어진다. 이러한 과정은 가족, 친구 및 기타 지지적인 개인들을 치료에 참여시키는 데 사용될 수 있다. 1단계 치료는 자살충동 위험 증가와 관련된 증상을 직접 치료목표로 삼아 자살충동을 경험하고 자살을 시도하는 환자의 행동도 대상으로 한다. 이를 위한 접근으로, 수면위생 개념과 자극통제 개념이 도입되었다. 수면장애를 해소하기 위해(13장에서 설명), 스트레스 반응과 관련된 생리적 흥분을 관리하기 위해 이완 기술을 연습하고, 반추·걱정·인지 반응성을 관리하기 위해 명상기술을 연습한다(14장에서 설명). 또한 긍정적인 감정 상태를 이끌어내는 방법과 환자의 가장 긍정적인 인생경험을 요약한 목록이 포함된 삶의 이유 목록을 사용하여 계속 살기를 원하는 이유를 기억하는 방법 등과 함께 환자의 삶에서 긍정적인 경험을 상기시켜 주는 생존키트(15장에서 설명)를 가르친다.

BCBT 1단계가 끝날 때까지 환자는 (1) 정서적 고통 관리를 위한 새로운 행동 기술을 배우고 (2) 증상완화를 경험하기 시작한다. 한 환자의 말처럼 BCBT의 첫 단계는 '자살하고 싶을 때 자살하지 않는 방법을 배우는 것'에 초점이 맞춰져 있다.

## 사례를 통한 예시

세 가지 사례연구 <표 6.1>로 돌아가면 2~5 회기는 모든 환자에게 행동기술 훈련을 강조한다는 것을 알 수 있다. 그러나 사용된 특정 절차가 반드시 모든 경우에 규정된 순서를 따르는 것은 아니다. 구체적으로 세 환자 모두 공통의 개입과 절차를 적용했음에도 불구하고(예 세 환자 모두 명상기술훈련을 받았고, 삶의 이유 목록이나 생존키트의 이유를 완료했으며, 수면자극통제 훈련을 받았다) 전문가가 이러한 BCBT 개입이 도입되는 특정 순서를 결정할 때 어느 정도 융통성이 허용된다. 마지막으로, 일부 절차는 여러 회기에 걸쳐 반복되어 환자가 단일 회기에서 달성할 수 있는 것보다 더 많은 연습이나 정교함이 필요할 수 있는 기술을 강화하도록 한다는 것을 유의해야 한다. 따라서 BCBT는 환자의 특정 요구에 의해 상당 부분 주도되는 특정 순서와 함께 전문가가 선택할 수 있는 핵심 절차에 대한 '메뉴'를 제공한다. 제니스의 경우 네 번째 회기에서 서술적 평가와 위기대응계획이 반복된다. 이렇게 한 이유는 제니스가 세 번째와 네 번째 회기 사이에 자살시도를 했기 때문이다. 본 매뉴얼의 뒷부분에서 논의될 것과 같이, 환자가 BCBT(또는 자살위기가 심하거나 정신과 입원치료를 위해 입원한 경우)를 받는 동안 자살을 시도할 경우, 전문가는 다음 회기에서 새로운 서술적 평가를 수행하고 위기대응계획을 검토하여 변경하거나 개선한다. 그런 다음 전문가는 처음부터 다시 시작하는 것이 아니라 이어서 BCBT를 계속한다.

## 6~10 회기: 기저의 인지적인 위험요인을 목표로 하기

환자가 감정조절기술을 효과적으로 사용할 수 있는 능력을 입증하기 시작하면 증상은 일반적으로 감소되거나 안정된다. 이러한 초기기술이 숙달됨에 따라, BCBT는 자살신념체계를 약화시키는 데 초점을 맞춘 치료의 2단계로 전환되어 자살모드 활성화에 대한 장기적 취약성을 감소시킨다. 효과적인 자기관리와 자기조절의 이와 같은 이득은 환자의 능력과 자기효능감에 긍정적인 영향을 미친다. 대부분의 환자들은 이 시점에서 자신들의 정신적 고통과 자아정체성의 모든 측면에서 더 나아지고 있기 때문에, 많은 환자들이 치료를 중단하거나 치료를 중단할 것을 제안할 것이다. 그러나 이 단계에서 BCBT를 중단하는 것은 권장되지 않는다. 환자의 인지적 성향은 아직 적절하게 다루어지지 않았기 때문이다. 이러한 상황이 발생하면 전문가는 BCBT의 구조와 자살모드에 의해 개념화된 위험과 관련된 인지적 성향에 대한 생각을 검토해야 한다. 따라서 비록 BCBT의 1

단계 동안 분명히 진전이 있었지만, 2단계 동안 개입의 1차적인 초점은 환자의 인지적 자살소인 또는 자살신념체계이다. 따라서 2단계에서 전문가의 주요역할은 정서조절전략의 사용을 강화하고 인지 재평가 기술을 평가하고 의미 있고 즐거운 활동에 대한 참여를 다시 강화하는 것이다.

비록 BCBT의 2단계는 주로 인지적 재평가에 초점을 맞추고 있지만, 환자들은 계속 1단계에서 배운 기술을 연습해야 한다. 따라서 각 회기가 시작될 때 전문가는 이전 회기 이후 위기대응계획을 사용했는지 여부를 환자에게 계속 질문한다. 위기관리계획을 사용했다고 하면 전문가는 위기관리계획을 사용하게 된 상황과 환경, 사용된 구체적인 전략을 설명해달라고 요청한다. 환자가 위기대응계획을 사용하지 않았다고 하면 전문가는 위기대응계획을 사용하지 않고 스트레스를 받는 상황을 어떻게 효과적으로 관리했는지를 묻는다. 이렇게 하는 것은 정서조절, 문제해결, 위기관리기술의 효과적인 사용을 강화하고 환자의 자기 효능감을 강화시킨다.

2단계에서의 개입은 환자의 인지 재평가 능력을 발전시키기 위해 특별히 고안되었다. 첫째, 환자는 ABC 워크시트를 사용하여 자신의 생각과 신념이 상황을 촉발시키는 것에 반응하여 경험하는 감정에 어떻게 영향을 주는지 알게 된다(16장에서 설명). 일단 이 기본적인 기술을 습득하면, 환자는 도전질문 워크시트(17장에서 설명)를 통해 자신의 신념의 유용성과 유용성을 비판적으로 평가하는 방법과 도움이 되지 않는 다양한 유형의 신념을 인식하여 문제적 사고패턴 워크시트(제18장에서 설명)로 명명하는 방법을 배우게 된다. 또한 환자의 삶의 개인적 의미, 타인과의 연계성, 긍정적인 감정상태의 경험 등은 활동계획과 대처카드를 사용하여 개발되는데, 이는 즐거운 활동을 계획하는 것을 수반한다(19장에서 설명). BCBT 2단계가 끝날 때 환자는 (1) 자신, 세계, 다른 사람들에 대해 생각하는 새로운 방법을 배우고, (2) 삶의 스트레스에 반응하여 미래의 자살모드가 활성화될 가능성을 줄이는 새로운 자아 이미지와 일반적인 인지 양식을 습득하기 시작한다. 비록 환자가 삶에서 스트레스를 계속 경험하겠지만, 그들은 이 스트레스에 더 적응적이고 기능적인 방법으로 반응할 수 있는 더 좋은 위치에 있다. 예를 들어, BCBT를 마치고 몇 달 후 성폭행을 당한 한 환자는 그녀의 전문가에게 "거짓말을 하지 않겠어요. 이런 일이 있고 나서 자살할까 생각했지만, 그때 우리가 했던 얘기가 생각났고, 이게 내 잘못이 아니라는 걸 깨달았어요. 힘들겠지만 그래도 잘 헤쳐 나갈 거예요. 전 괜찮을 거예요."라고 말했다.

### 사례를 통한 예시

우리의 세 가지 예시는 모두 ABC 워크시트로 2단계 치료를 시작한다. 다음 장에서 논의하겠지만, 우리는 특히 ABC 워크시트가 BCBT의 2단계 시작에 적합하다는 것을 알았다. BCBT의 첫 번째 단계와 유사하게 비록 특정한 순서는 환자들의 고유한 욕구에 따라 다르지만, 세 사례는 모두 동일한 개입과 절차를 밟는다.

## 11 및 12 회기: 재발방지

BCBT의 3단계에서는 재발방지가 초점이 된다. BCBT의 마지막 단계에서 주요 목표는 환자가 자살시도를 하지 않고 또는 자살모드와 관련된 다른 부적응적 행동(예 약물 사용, 비의도적인 자해)을 하지 않고 정서적 위기를 효과적으로 관리하기 위해 학습된 기술을 충분히 사용할 수 있도록 하는 것이다. 이 과정은 환자가 자살위기를 경험하고 이를 효과적으로 해결하는 이미지 작업인 재발방지 작업을 통해 이루어진다(20장에서 설명). 이 마지막 절차동안, 환자는 두 가지 다른 유형의 자살위기(BCBT가 시작되기 바로 전의 자살 위기와 가상의 미래의 위기라는 두 가지 종류의 자살 위기)를 상상하도록 요청 받는다. 그런 다음 환자는 BCBT에서 배운 하나 이상의 기술을 사용하여 위기를 성공적으로 해결할 수 있다고 상상한다. 이 이미지 작업은 여러 번 반복되며, 각 반복은 점진적으로 더 어려워지고, 따라서 효과적인 문제해결과 충분한 인지적인 유연성을 보여주는 것이 필요하다. 일반적으로 3단계 BCBT는 2회기만 진행되지만 환자가 충분한 역량을 가지고 재발방지 과제를 완수할 수 없을 경우 추가적인 회기를 실시할 수 있다. 이러한 추가 회기 동안 전문가와 환자는 재발방지 과제를 통해 숙련된 기술훈련 및 점검 기술을 계속한다. 따라서 3단계 치료는 합격적인 수준을 얻을 때까지 치르는 '최종시험'과 비슷하다. BCBT의 종결과 일치하는 3단계가 끝날 때쯤, 환자는 자살시도 예방에 대한 특정한 기술을 숙달하고 있음을 보여주었다. 따라서 BCBT는 치료진행과 치료완료에 대한 역량기반 접근법으로 개발되었다.

### 사례를 통한 예시

BCBT의 마지막 단계에서, 우리가 사례로 제시한 환자 3명 모두 재발방지 과제에 참여하였다.

존과 제니스는 전체 두 회기의 재발방지 과제를 끝냈지만 마이크는 단 한 번의 회기에만 참여하였다. 열한 번째 회기 동안 마이크는 적절한 기술로 재발방지 작업을 여러 번 반복했다. 그런 다음 마이크는 열두 번째 회기에서 여러 번 재발방지 과제를 상당히 능숙하게 반복하였다. 마침내 전문가가 전화로 연락했을 때, 마이크는 새로운 직업을 찾았고 추가적인 회기에 참석하기 위해 휴가를 요청하고 싶지 않다고 설명했다. 마이크는 이전 회기에서 재발방지 과제를 성공적으로 완수했고, 충분한 기술 숙달과 능력을 보여줌으로써 치료종결을 위한 BCBT기준을 충족시켰다. 이러한 기준은 다음 절에서 논의된다.

## 단기인지행동치료 회기의 일반적 구조

BCBT는 회기가 구조화되며, 이 구조가 지원되고 전문가가 이를 따를 때 가장 효과적이다. BCBT의 첫 번째 회기는 완료해야 하는 절차가 많기 때문에 치료에서 가장 구조화되고 대본화된 회기이다. 후속 BCBT회기의 내용은 전문가가 환자 고유의 욕구에 따라 조정하는 것은 물론 절차의 구체적인 순서를 조정할 수 있기 때문에 매우 다양하지만, 각 회기의 흐름은 일반적으로 다음과 같은 순서를 따른다.

- **환자의 위기대응계획 사용 평가하기:** 전문가는 환자가 마지막 회기 이후 위기대응계획을 사용했는지 물어보는 것으로 각 회기를 시작한다. 만약 사용했다면, 전문가는 환자에게 그 상황을 설명하고 위기대응계획 단계의 사용을 살펴보자고 요청한다. 그렇지 않다면, 전문가는 환자에게 위기대

응계획의 항목을 검토하도록 요청한다. 이러한 검토를 하면서 전문가는 효과적인 기술사용을 강화하고 효과적인 기술사용과 관련된 모든 문제 또는 어려움을 해결하도록 돕는다.

- **새로운 기술 또는 개입 소개하기**: 전문가는 새로운 기술을 소개할 때마다 각각의 개입이 각 환자의 고유한 사례에 어떻게 부합하는지를 명확하게 설명한다. 이렇게 하는 것이 개입을 개별화하고 환자들이 그 기술을 자신의 삶에 사용하려는 의지를 증가시킨다.
- **기술을 말로 설명하기**: 전문가는 기술을 설명한 다음 환자에게 설명과 관련하여 궁금한 점이 있으면 질문하게 한다. 이것은 환자들에게 사전에 동의한 원칙에 따라서 기술을 연습할 때 무엇을 기대해야 하는지에 대한 아이디어를 제공한다.
- **기술을 시연하고 환자가 회기에서 기술을 연습하게 하기**: 전문가는 환자가 회기에서 기술을 사용하도록 안내한다. 이것은 환자가 직접 기술을 경험할 수 있고 질문에 즉시 답변할 수 있으므로 회기과 회기 사이에 효과적으로 활용할 가능성을 높아지게 한다.
- **기술을 연습한 환자의 경험 검토하기**: 전문가는 환자와 기술을 연습하는 동안 무엇을 알아차렸는지, 기술의 결과로 무엇이 달라졌는지, 기술에 대한 인상이나 의견이 무엇인지에 대해 논의한다. 이것은 환자의 기술 활용에 대한 인지도를 높이고 전문가가 기술사용과 관련된 문제를 확인하고 해결할 수 있게 한다.
- **일상생활에서 기술사용에 대한 잠재적 장애물을 확인하고 문제해결하기**: 전문가와 환자는 기술 활용에서의 어려움을 고려하고 이러한 어려움을 극복하기 위한 전략을 개발한다. 이것은 회기 간에 효과적인 기술사용 가능성을 높이고 기본적인 문제해결능력을 가르친다.
- **환자의 기술사용 동기 평가하기**: 전문가는 환자에게 0(사용할 전혀 가능성이 없음)부터 10(확실히 사용할 것임)까지의 척도로 회기 간에 기술을 사용할 가능성을 평가하도록 요청한다. 환자가 사용할 가능성을 7보다 낮은 등급으로 평정했을 경우 전문가와 환자는 어려움에 대해 논의하고 더 높은 등급을 획득하는 방식으로 개입을 수정한다. 이는 회기 간에 효과적인 기술사용

가능성을 높이고 기본적인 문제해결 기술을 가르친다.

- **회기 간 기술연습 계획 마무리하기**: 전문가와 환자는 환자가 새로운 기술을 연습할 일정을 함께 계획한다. 연습계획은 환자의 사용 가능성을 최대화하기 위해 가능한 구체화 되어야 한다. 이것은 기술을 습득하고 숙달하는 것을 용이하게 한다.
- **학습한 교훈을 치료일지에 기록하기**: 모든 회기가 끝날 때마다 전문가는 환자에게 회기에서 '배운' 교훈을 분명하게 하도록 요청한다. '학습한 교훈'은 환자가 회기 중에 획득한 주요 주제 또는 주요 정보를 포함한다. 환자들은 각 회기에서 배운 교훈을 치료일지에 자신이 쓰고 싶은 대로 기록한다. 예시로 (1) '위기 계획은 내가 속상할 때 무엇을 해야 할지 알아차리는 데 도움이 된다.' (2) '호흡 운동은 나를 진정시키는 데 도움이 된다.' (3) '나 자신에게 너무 심하게 대하고 있다.' (4) '결국 모든 것이 괜찮아질지도 모른다.'는 것을 포함한다.

## 단기인지행동치료의 치료종결 정의

종종 심리치료 분야에서 종결이라고 하는 치료의 완료가 정신건강관리의 필수적인 요소로 간주되지만, 환자가 치료를 '완료'해야 하는 시기를 정의하는 데는 놀랍게도 거의 관심이 없다. 일부 치료전통에서 치료완료는 미래의 어느 시점에서든 전문가와 환자 사이에 전혀 접촉이 없을 것으로 가정한다(Budman & Gurman, 2002). 그러나 인지행동모델과 같은 다른 치료전통에서는 완료를 정의하는데 덜 절대적인 경향이 있으며, 필요할 경우 환자가 나중에 추가치료를 위해 돌아올 수 있다고 가정하는 경우가 많다. 종결방법에 대해 전문가에게 많은 지침을 제공할 수 있지만, 치료완료 시점에 대한 지침은 거의 없다(Bryan, Gartner, et al., 2012). 이것은 자살할 수 있는 환자들을 돌보는 데 중대한 도전을 제기하여 조기에 치료를 완료하면 환자들을 특히 불리하고 잠재적으로 생명을 위협할 수 있는 결과 즉, 자살시도에 취약하게 할 수 있다.

치료종결을 정의하기 위한 단일 접근법이나 방법은 없지만, 치료종결은 상호

배타적이지 않은 세 가지 일반적인 접근법(전문가 판단, 환자의 치료결과, 참여 회기 수) 중 하나 이상을 사용하여 결정한다(Bryan, Gartner, et al., 2012). 전문가 판단의 접근방식은 치료의 진전정도에 대한 전문가의 평가에 주로 기초하며, 전문가가 이 사례를 판단하기 전까지는 종결한 것으로 간주되지 않는다. 전문가가 이 결정을 내리는 기준은 각 환자마다 다른데, 이는 각 환자의 개념화 및 고유한 욕구를 기초로 하기 때문이다. 대조적으로, 환자 치료결과 접근방식은 일반적으로 치료의 시작 시점에 (이상적으로) 선택된 객관적 측정의 형태로 나타나는 치료 전반에 걸친 환자의 변화 정도를 기초로 한다. 예를 들어, 환자 증상의 심각성은 점수가 정해진 임계치 아래로 낮아질 때까지 자기보고 체크리스트를 사용하여 치료를 통해 추적할 수 있으며, 이때 환자는 회복된 것으로 간주된다. 세 번째 접근법인 회기 수는 대개 경험적 소견(예 무작위 임상 실험의 결과)에 근거하며, 환자에게 일정 비율의 특정 '용량'의 치료가 회복에 충분하다는 것을 암시한다. 이 접근방식을 사용하여 치료의 종결은 전체적인 회기에 참석한 횟수에 의해 정의된다. 예를 들어, 계획된 회기의 75% 이상 참석한 횟수이다. 어떤 경우에는 경제적 요인(예 환자의 제한된 재정능력, 제3자 지급 제한)도 전문가와 환자가 치료종결의 결정에 있어 주요 결정요인으로 회기 수를 사용하도록 한다.

각 접근방식은 자살하려는 환자의 치료와 관련된 나름대로의 장단점을 가지고 있다. 예를 들어, 어떤 환자들은 선천적으로 다른 환자들보다 더 복잡하고 도전적이며, 어떤 환자들은 다른 환자들처럼 빠르게 치료에 반응하지 않는다. 따라서 참여 회기 수에만 기초하여 치료완료를 규정하는 것은 사전에 정해진 총 회기 수에 도달할 때까지 증상정도가 매우 심하거나 개선되지 않은 환자에게 문제가 될 수 있다. 이와 같은 경우에는 전문가의 판단과 환자의 치료결과 접근방식이 분명한 이점을 갖는다. 그러나 전문가 판단 접근방식은 자살시도 예측을 주관적 또는 '임상적' 경험(Dawes, Faust, & Mehl, 1989; Grove, 2005)에 기초하기 때문에 악명이 높다(Cha, Najmi, Park, Pinn, Nock, 2010; Nock et al., 2010). 또한 환자의 치료결과 접근방식은 현재 임상결과를 평가하기 위해 사용되는 방법으로서 중요한 한계가 있기는 하지만, 그 중에서 가장 일반적으로 사용하는 것은 환자의 자기보고 증상척도이다. 앞에서 논의했듯이 정신질환의 심각성과 심지어 자살생각은 자살환자의 임상적인 치료결과에서 대한 매우 나쁜 지표이기 쉽다. 그러므로 특정 환자의 결과에 기초하여 치료종결을 정의하는 것은 자살시도를 할 위험에 처한 환자에게 이상적이지 않을 수 있다.

BCBT에서 재발방지과제를 통해 평가되는 기준인 특정의 정서적, 자살적 위기 상황에서 환자가 정서조절, 문제해결, 인지적 재평가 능력을 효과적으로 사용할 수 있는 능력을 나타낼 때 치료는 완료된 것으로 간주된다. 치료완료를 결정하기 위한 역량기반 접근방식1)은 치료 전반에 걸친 환자의 변화정도에 따라 개선정도가 결정된다는 점에서 환자의 치료결과 접근방식과 일치한다. 그러나 환자가 관심을 갖는 결과는 유동적 취약성 이론에 의해 자살시도의 위험을 뒷받침하는 메커니즘과 직접적이고 근접하게 관련되어 있다고 가정한다. 따라서 BCBT는 환자가 위기관리 및 자살시도를 예방하기 위해 효과적으로 기술을 사용할 수 있다는 것을 명확히 보여줄 수 있는 경우에만 완결된 것으로 간주한다. 이를 위해 치료종결은 전문가의 판단에 의해 부분적으로 이루어지는데, 전문가는 환자가 자기관리 기술을 사용하는 것에서 '유능감'을 갖는지 여부를 판단하는데 중요한 역할을 하기 때문이다. 환자가 아직 충분한 역량을 획득하지 못했다고 전문가가 판단하는 경우, 이 기준을 달성할 때까지 회기가 추가된다.

언뜻 보기에 이것은 BCBT에서의 치료종결이 회기 수 접근방식의 영향을 받지 않는다는 것을 암시하는 것처럼 보일 수 있지만, 전적으로 그렇지는 않다. 치료에서 공통적인 '전환점'은 BCBT의 1단계에서 2단계로 이행하는 동안 발생하며, 일반적으로 다섯 번째 회기를 전후로 발생한다. 이 전환점에서 많은 환자들은 치료를 받는 것을 중단하거나 일반적으로 환자 자신들이 기저 위험수준으로 돌아왔고 더 이상 위기에 처해 있지 않기 때문에 치료를 종결하는 것을 제안할 것이다. 그러나 이 시점에서 BCBT를 종결하는 것은 전부는 아니지만 대부분의 경우 시기상조이다. 자살하려는 환자들이 인지적 소인을 다룰 시간이 아직은 충분하지 않기 때문이다. BCBT의 종결은 참석한 최소 회기 수로 정의되지 않지만, 일반적으로 BCBT는 2단계가 끝나기 전에 완료되었다고 간주되어서는 안 된다. 따라서 이러한 고려사항은 치료종결을 정의하는 회기의 수 접근 방식과 유사하다.

---

1) 인간개발을 한 사람이 활동하기 위한 기능과 능력, 즉 한 사람이 할 수 있고 될 수 있는 것들을 확대하는 절차로 정의한다.

BCBT는 주관적인 의사결정에 수반되는 오류의 가능성을 최소화하기 위해 신뢰성 있는 검사를 사용하여 프로토콜에 대한 충실도를 명확하게 한다. 앞에서 언급한 바와 같이 충실도 모니터링 체크리스트는 본 치료 매뉴얼의 부록 B.1에 포함되어 있으며, 의료전문가가 환자를 지속적으로 신뢰할 수 있고 일관된 방식으로 BCBT를 관리하고 있음을 확인하는 데 사용된다. 전문가가 치료매뉴얼대로 충실하게 따라서 하는 치료가 더 나은 결과를 얻는다(Bond, Becker, & Drake, 2011). 이렇게 하는 것이 치료 진행(또는 그 결여)을 결정하는 것과 관련된 전문가의 편견이나 주관성을 감소시키기 때문일 수 있다. 전문가는 환자에 대한 개인적인 정서적 반응을 바탕으로 치료종결을 결정하는 데 취약할 수 있기 때문에 자살하는 환자들과 같이 도전적이거나 어려운 사례들을 치료할 때 충실도가 특히 중요하다. BCBT에서 환자 역량은 최종 단계뿐만 아니라 치료과정 전반에 걸쳐 평가된다. 실제적인 관점에서 보자면, 이는 환자의 행동적 자살소인이 아직 충분히 감소되지 않았음을 보여주는 것이기 때문에 전문가가 위기대응계획 또는 자기관리 능력을 효과적으로 사용할 수 없는 환자의 경우에는 BCBT의 1단계에서 2단계로 전환해서는 안 된다는 것을 의미한다. 특정 자살신념의 회상은 매우 강하고 부정적인 감정과 부적응적인 행동반응을 이끌어낼 수 있기 때문에 자기관리는 자살신념체계에 초점을 맞춘 인지적 작업에 앞서 환자가 가져야 할 중요한 능력이다. 요약하면 환자가 감정을 효과적으로 조절하고 문제를 해결하며 부적응적 사고와 신념을 재평가하는 능력을 아직 입증하지 못했다면 재발방지 과제를 성공적으로 완수할 준비가 되어 있지 않기 쉽다. BCBT 전 과정에 걸쳐 환자의 개선된 정도를 평가하는 역량기반 접근방식을 유지하면 환자가 치료에서 꾸준한 진전을 이루도록 보장하고 치료 후 삶은 물론 최종 회기에 대한 준비를 잘 할 수 있을 것이다.

## 단기인지행동치료를 위한 금기

BCBT는 연속적인 위험을 나타내고 다양한 임상적 상태를 나타내는 넓은 범위의 환자들에게 적용하는 데 적합하다. 자살위험 수준과 관련하여, 우리는 최근 자살시도를 했거나 최근에 정신병원에 입원했다 퇴원한 환자들뿐만 아니라 자살충동을 경험했지만 아직 자살행동을 하지 않은 환자들에게도 BCBT를 효과적으로 사용해 왔다. 우리는 심지어 예방적 개입으로 자살의도 없이 병적인 생각을 보고하는 환자들에게 BCBT를 사용하기도 했다. 제1장에서 지적한 바와 같이, BCBT는 다양한 진단을 받은 환자들, 심지어 종종 장기적으로 복합적인 치료가 필요하다고 가정되는 질환인 경계선 성격장애 진단을 받은 환자들의 경우에도 자살시도율을 감소시킨다.

BCBT가 광범위한 환자에게 사용하기에 효과적이고 적절하지만, 몇 가지 조건의 외래환자에게는 BCBT의 적용을 금지한다. 급성 조증, 급성 정신질환, 그리고 의학적인 해독이 필요한 경우이다. 환자가 자신의 정신 상태와 안전을 심각하게 손상시키는 급성 정신질환 또는 조증 에피소드를 경험하고 있는 경우, 전문가는 BCBT를 시작하기 전에 이러한 정신상태의 안정화를 우선적으로 고려해야 한다. 이러한 안정화를 위해서는 일반적으로 정신약물학적 개입이 필요하다. 약물사용 장애에 이어 심각한 금단증상을 보이는 환자의 경우 전문가는 의학적인 해독을 우선시해야 한다. 일단 환자의 정신이상 증상, 조증 에피소드, 생리적 금단증상이 안정화되면 BCBT를 안전하게 시작할 수 있다. 이러한 조건은 자살모드로 통합되어야 하며 그에 따라 BCBT에서 치료목표가 되어야 한다. 예를 들어 명령환청을 경험하는 환자는 신체적 영역 내에서 이 증상을 개념화할 수 있다(목소리가 감각적 경험으로 경험되기 때문이다). 전문가는 환자에게 다른 방식으로 목소리에 반응하는 방법을 가르치는 데 도움이 되도록 ABC 워크시트를 선택할 수 있다.

## 물질사용 다루기

약물사용 장애는 자살하는 환자들 사이에서 흔하며 자살에 의한 사망의 가장 강력한 위험요인 중 하나이다(Inskip, Harris, & Baraclelough, 1998; Price, Risk, Haden, Lewis, 2004; Wilcox, Conner, & Caine, 2004). 심각한 수준의 약물사용은 다른 정신질환의 영향보다 심각한 자살시도에 대한 위험성 증가와 관련이 있다(Borges, Walters, & Kessler, 2000). 이는 자살생각에서 행동으로의 전환을 용이하게 한다는 것을 시사한다. 이와 같이 물질사용은 자살하려는 환자를 위한 치료의 일부로서 직접 치료목표가 되어야 하는 경우가 많다. 자살시도 위험은 약물사용과 기분장애가 동반된 환자들 사이에서 특히 증가하는데, 그 중 특히 기분장애는 자살하려는 사람들에게 흔하다. 약물사용 장애가 발생하기 전에 우울장애가 발병한 환자는 더 높은 수준의 자살의도를 보고하는 경향이 있는데(Aharonovich, Liu, Nunes, & Hasin, 2002), 이는 약물사용이 자살생각과 자살시도에 내재되어 있는 동기와 유사하게 정서적 고통을 감소시키거나 마비시키기 위한 회피기반 대처전략으로 기능하고 있기 때문일 수 있다.

종종 물질사용은 자살환자의 대처전략 역할을 하기 때문에, 물질사용은 BCBT에서 자살모드 행동영역의 일부로 개념화된다. 만성 약물사용 문제가 있는 사람의 경우에는 기저 행동적인 위험요인으로도 개념화한다. 부정적 대처전략으로 물질사용은 일반적으로 BCBT의 절차와 개입을 적절히 채택함으로써 BCBT를 진행하는 동안 치료대상이 된다. 예를 들어, 위기대응계획에는 '술에 대한 갈망'이 경고신호로 포함될 수 있는 반면, 이완 기술은 환자의 갈망을 지속시키는 정서적 고통을 관리하도록 가르치고 사용하게 할 수 있다. 특히 명상훈련은 이러한 개입이 물질의존에 기여하는 인지적, 감정적, 생리학적 메커니즘을 효과적으로 수정한다는 것을 기반으로 하면 도움이 된다고 볼 수 있다(Garland, Boettiger, & Howard, 2010). 나아가 약물과 관련된 생각의 인지적 재평가(예 "지금 한 잔 해야 한다.")에 초점을 맞춘 대처카드는 환자가 자살위기를 촉발하는 갈망을 더 잘 관리하는데 도움을 줄 수 있다. 따라서 BCBT는 약물사용을 자살위험의 행동적 구성요소로 보고 직접적으로 치료의 목표로 삼는다.

전문가는 절제기간 동안 급성 우울증을 겪는 환자를 특히 유의해야 한다. 왜냐하면 전문가는 그러한 환자가 상대적으로 자살위험이 낮다고 잘못 추정할 수 있기 때문이다. 반대로 절제기의 우울증은 실제로 여러 번의 자살시도와 연관되어 있어서(Aharonovich et al., 2002) 자살행동의 향후 재발의 지표가 될 수 있음을 시사한다. 또한 약물사용은 시간이 지남에 따라 자살위기의 궤도에 영향을 미치는 것으로 보인다. 예를 들어, PTSD와 물질의존 공병 환자는 시간이 지남에 따라 자살위기 해결이 더 느려지는 것을 경험하는데(Price et al., 2004), 이것은 더 많은 수의 BCBT 회기가 필요하거나 더 자주 방문해야 할 필요가 있음을 나타낸다. 또한 물질사용은 '계획되지 않은' 자살시도 위험 증가와도 관련이 있다(Borges et al., 2000). 이러한 사실은 많은 환자들이 표현한 자살시도를 할 수 있는 능력을 촉진하거나 이 행동의 장벽을 줄이기 위해 물질을 사용하는 동기와도 일치한다(예를 들어, '내가 술에 취하지 않았더라면 결코 할 수 없었을 것이다.'). 다른 연구에서는 알코올이 자살충동에서 행동으로의 전환(transition)을 촉진하거나 '속도를 빠르게 한다.'고 제안한다(Bryan, Garland, et al., 2016).

약물사용 장애를 가진 자살환자의 치료결과와 관련하여, 최근 약물사용 장애로 진단된 자살 청소년들을 위한 12개월의 인지행동치료의 효과를 검증한 연구에서, 이 치료를 받은 환자들이 일반적인 관리를 받은 환자보다 18개월의 사후 치료 기간 동안 자살을 시도할 가능성이 더 낮다는 것을 발견했다(Esposito-Smythers, Spirito, Kahler, Hunt, & Monti, 2011). 약물사용 장애로 진단된 자살환자를 별도로 조사한 결과, 약물사용 장애 치료에 더 많은 참여가 다음 해 자살시도의 약 50% 감소와 관련이 있는 것으로 나타났다(Ilgen, Harris, Moos, & Tiet, 2007). 우리가 실시한 임상시험의 2차 분석결과는 BCBT를 받은 약물사용 장애 진단 환자들 사이에서 자살시도 위험이 감소할 수 있음을 시사한다. 구체적으로 시작할 때 물질사용 장애 기준을 충족한 21명의 참가자 중 일반적인 치료를 받은 참가자의 47%가 자살을 시도한 것에 비해 BCBT를 받은 참가자의 21%가 2년 동안의 추적 과정에서 자살을 시도했다. 이것은 BCBT가 약물사용 장애를 가진 자살환자의 자살시도를 예방하는 데 효과적일 수 있다는 생각을 어느 정도 지지하는 것이다. 전반적으로 약물사용 장애를 가진 자살환자의 치료 효과성을 조사하는 연구는 드물지만, 최근 나타나고 있는 증거는 약물사용과 자살위험을 한 번에 한 가지만 다루는 것이 아닌 동시에 치료해야 함을 시사한다.

### 사례를 통한 예시

정기적인 알코올 과다섭취를 보고한 마이크에게 약물남용은 특히 우려되는 문제였다. 마이크는 '나는 화가 나면 신경을 끄고 잠들기 위해 술을 마신다. 문제는 내가 퇴근하자마자 술을 마시기로 결심하기 때문에, 한 번에 몇 시간씩 술을 마시게 되고 필요한 것보다 훨씬 더 많이 취하게 되는데, 그 때 나는 완전히 얼간이가 되어 나 자신을 더 힘들게 한다.'라고 했다. 마이크의 알코올 섭취는 그의 자살모드의 행동적 특징으로 포함되었고, 그의 치료계획에 치료대상으로 포함되었다. 그의 알코올 섭취가 스트레스 관리기법으로 기능했기 때문에, 마이크는 BCBT과정 초기에 정서적 고통을 관리하기 위한 대안 전략으로 명상 기술을 배웠다.

## 향정신성 약물

자살위험으로 인해 심리치료를 시작하는 자살환자 대다수는 향정신성 약물을 복용하게 될 것이며, 그 중 가장 흔한 것은 항우울제이다(Brown, Ten Have, et al., 2005; Linehan, Comtois, Murray, et al., 2006; Rudd et al., 2015). 자살하려는 환자 대다수가 치료를 시작할 때 향정신성 약물을 복용하고 있지만, 자살위험에 대한 단독 치료 양식으로 향정신성 약물을 사용하는 것을 지지하는 과학적인 증거는 거의 남아 있지 않다. 영국 국립보건의료원(2012)과 미국 국립자살예방행동연합(2012)이 실시한 엄격한 과학적 검토 결과, 향정신성 약물은 자살위험 관리에 직접적인 역할을 하지 않는다고 결론 내렸으나, 우울증이나 불안과 같은 자살위험과 관련된 정신질환의 증상들을 관리하는 데 있어서 중요한 역할을 하는 것으로 확인되었다. 이러한 발견에서 주목할 만한 하나의 예외는 항정신병 약물인 클로자핀으로, 다른 종류의 항정신병 약물인 올란자핀을 투약한 환자에 비해 정신질환을 가진 사람들 사이에서 자살시도를 50%나 줄인 것으로 밝혀졌다(클로자핀 7.7% 대 올란자핀 13.8%; Meltzer, et al., 2003). 리튬 또한 조울증 진단을 받은 환자들 사이에서 '자살방지' 효과가 있을 수 있는 약물로서 상당한 주목을 받았다(Cipriani, Pretty, Hawton, & Geddes, 2005). 그러나 다른 연구자들은 리튬의 자살방지 효과를 뒷받침하는 연구가 대부분 무작위통제시험, 자연관찰 연구, 메타 분석, 공개라벨 약물 시험의 2차 분석으로 구성되어 있다는 사실을 근거로 하여 이러한 결론의 신뢰성과 타당성에 의문을 제기하였는데, 이는 임상연구들은 모두 의사처방의 처방 관행을 편향시킬 수 있는 설계를 수반하기 때문이다(Oquendo et al., 2011). 예를 들어, 전문가는 리튬의 과다 복용시 높은 치사율로 인해 자살위험이 높다고 판단되는 환자에게 리튬을 처방하지 않을 수 있다. 오켄도와 동료들(2011)이 논의한 바와 같이 리튬으로 인한 명백한 '자살방지 효과'는 실제로 자살시도 가능성이 가장 높은 환자에게 리튬을 처방할 가능성이 낮은 의사들이 사용하는 의사결정 과정의 유물일 수 있다. 실제, 최근 연구는 양극성 장애 치료에 널리 사용되었음에도 불구하고 자살방지 효과가 없다고 여겨지는 신세대 기분안정제인 발프로이트에 비해 자살시도를 예방하는 리튬의 효과를 뒷받침하는 데 실패했다(Oquendo et al., 2011). 이러한 결과는 양극성 장애에 흔히 사용되는 다른 조울증 치료제에 비해 자살시도 예방을 위한 독립적 치료제로서 리튬의 상대적 효능에 의문을 제기한다.

불행히도, 결합치료는 의심할 여지없이 자살환자들이 받는 가장 일반적인 치료 패키지임에도 불구하고, 특정약물 조합과 인지행동치료가 인지행동치료 단독보다 더 나은 결과를 산출하는지 여부를 결정하기 위한 연구는 아직 수행되지 않았다. 향정신성 약물 사용은 일반적으로 인지행동치료의 임상시험에서 상당히 상세하게 설명되지 않았기 때문에, 인지행동치료와 연계하여 어떤 조건에서 어떻게 효과적으로 사용되는지에 대한 세부사항은 비교적 알려지지 않고 있다. 약물치료가 자살시도의 위험에 기여하는 급성 정신질환의 단기적인 안정화에 중요한 역할을 한다는 것에 대해서는 일반적인 공감대가 존재한다. 그러나 전문가는 약물 과다복용의 가능성을 염두에 두고 처방전문가와 긴밀히 협력하여 환자가 잠재적으로 치명적인 양의 약물, 특히 복합효과가 알려진 약물 또는 좁은 적정 약물농도를 가진 약물들에 접근할 수 없도록 제한해야 한다.

## 항우울제 및 기분안정제 블랙박스 경고라벨에 대한 이해

미국 식품의약국(FDA)은 2004년 미국에서 가장 널리 처방되는 향정신성 약물인 선택적 세로토닌재흡수억제제(SSRIs)를 포함한 항우울제 약물이 이 약물을 처방받은 18세까지의 아동과 청소년의 자살생각 및 자살시도의 위험성을 증가시킬 수 있다는 우려 때문에 블랙-박스 라벨을 부착했다. 경고라벨은 이후 2007년에 갱신되어 24세까지의 모든 환자에게 경고를 확장했으며, 2009년에는 경고라벨을 다시 일반적으로 '기분안정제'라고 부르는 항뇌전증 계열의 의약품으로 확대했다. 지난 10년 동안 블랙-박스 경고라벨이 정신건강치료에 특히 자살위험이 상승되어 있는 환자들에게 미치는 영향에 대해 과학계와 일반 대중의 상당한 토론과 논쟁이 있었다(Rudd, Cordero, & Bryan, 2009).

경고라벨의 원래 목적은 환자와 전문가에게 이러한 약물의 있을 수 있는 의원성 효과[2) 즉, 자살생각과 자살시도의 증가의 가능성을 경고하기 위한 것이었지만, 그 결과는 이 약물과 관련된 유익성과 위해성에 대한 상당한 혼란과 오해를 만들어 냈다. 예를 들어 블랙-박스 경고라벨에는 65세 이상 노인들 사이에서 항우울제의 효능(즉, 자살률 감소)에 대한 정보가 포함되었지만, 극소수의 의료제공자나 환자만이 이러한 도움을 알고 있다. 마찬가지로 극소수의 환자와 의료제공자만이 항우울제에 대한 원래 블랙-박스 경고 라벨을 붙이게 한 FDA의 임상실험에서 사망자가 발생하지 않았다는 사실을 알고 있었다. 1차 진료 제공자를 대상으로 한 조사에서 90%이상이 집계된 FDA 소아 임상시험에서 자살사망자가 있다고 잘못 믿고 있었다(Cordero, Rudd, Bryan, & Corso, 2008). 이러한 동일한 처방자의 90%가 FDA 블랙-박스 경고라벨 때문에 항우울제와 관련된 위험에 대한 보충 정보를 정기적으로 제공하고 있으며, 미국에서 사용되는 항우울제의 4분의 3 이상이 주치의에 의해 처방된다는 사실에 비추어 볼 때 이 발견은 특히 문제가 된다. 종합하면, 이러한 자료는 제공자와 향정신성 약물을 논의하는 환자의 대다수가 부정확한 정보를 제공받고 있을 가능성이 있음을 시사한다. 정신건강전문가들이 이 문제에 대해 일차적인 치료 제공자들보다 더 많은 지식을 가지고 있다고 생각할 이유가 거의 없기 때문에, 미국의 정신건강치료의 대부분의 소비자들이 치료 옵션으로 향정신성 약물에 대한 잘못된 정보를 받고 있다고 보는 것이 타당해 보인다.

자살시도와 약물관련 위험에 대한 잘못된 인식은 위험의 급성 차원을 강조하

2) 의사의 의료과오나 병을 치료하기 위한 사용한 약 등이 원인이 되어 생기는 질환

고 시간이 지남에 따라 자살위험을 개념화하고 이해하는 데 있어 기저 위험의 중요한 역할을 간과하는 일반적인 경향 때문일 가능성이 높다. 두 가지 연구는 이러한 한계를 매우 잘 보여준다. 첫 번째 연구에서는 세 가지 외래진료장면(즉, 1차 진료, 외래 심리치료, 외래 정신과)에 걸쳐 항우울제를 처방받은 12만 명의 환자의 자살시도 위험을 약물처방 전년도와 1년 후에 분석하였다(Simon & Savarino, 2007). 항우울제가 자살위험을 증가시킨다는 일반적인 우려와 일치하게, 항우울제 처방을 받은 후 첫 번째 달은 상대적으로 가장 위험이 높은 달이었다. 그러나 항우울제 처방을 받기 전을 고려했을 때 가장 위험성이 높은 때는 항우울제 처방 바로 전 달이었다. 따라서 항우울제 처방은 환자들이 가장 높은 위험 기간 후에 가장 많이 시작되었는데, 이는 환자들이 항우울제의 결과로 자살하는 것이 아니라 그들의 자살위험에 대한 치료법으로 항우울제를 처방받았다는 것을 암시한다. 뇌전증 약물치료 환자들 사이에서도 유사한 패턴이 보고되었다(Pugh et al., 2013). 퓨와 동료들은 9만 명 이상의 환자를 대상으로 한 연구에서 뇌전증 약물을 투여한 환자 중 자살생각 및 자살시도의 위험성이 가장 높은 기간은 처방전을 받기 직전 한 달이라는 것을 보여주었다. 또한 퓨와 동료들은 뇌전증 약물을 복용한 환자들이 이러한 약물을 복용하기 전과 후에 모두 자살을 시도할 가능성이 더 높다는 것을 보여주었고, 뇌전증 약물을 처방받은 환자들은 그들이 복용하는 약물과 상관없이 자살시도에 대한 위험성이 높아졌음을 시사했다. 유동적 취약성 이론의 관점에서 보면, 향정신성 약물을 처방받은 환자들은 기저 위험이 더 높다. 높은 기저 위험의 만성적이고 지속적인 특성 때문에, 이러한 환자들은 일반적으로 향정신성 약물을 처방받을 가능성이 더 높다. 이러한 연구결과를 종합하면 항우울제와 뇌전증약물은 자살시도의 원인이 아니라는 것을 제시한다. 오히려 자살시도를 할 가능성이 가장 높은 환자들은 정신과적 고통을 유발하는 기술결함이 있기 때문에 향정신성약물로 치료될 가능성이 더 높다.

비록 과학적 증거가 향정신성약물이 자살의 원인이 되지 않을 가능성이 있다고 제시하지만, 그럼에도 불구하고 전문가는 환자들의 정신운동 동요, 생리적인 불안감, 그리고 급속사고(racing thoughts)[3]와 같은 위험 증가를 나타낼 수 있는 잠

3) 급속사고는 빠르게 움직이고 종종 압도적일 수 있는 반복적인 사고 패턴이다. 이러한 사고는 하

재적인 부작용에 대해 환자를 모니터링 해야 한다. 이러한 각각의 증상은 특히 우울증 증상의 맥락 안에서 발생하는 자살위험의 단기적 증가와 관련이 있다(Akiskal & Benazi, 2005; Benazi, 2005; Judd et al., 2012; Rihmer & Pastality, 1999). 특히 과민성과 정신운동의 동요는 혼합 우울증을 단극성 우울증 에피소드와 신뢰성 있게 구별하며, 이 두 가지 증상은 전문가들에게 유용한 '적신호'로 작용할 수 있음을 시사한다(Benazi & Akiskal, 2006). 따라서 이러한 증상을 보고하거나 나타내는 우울증 환자의 경우는 인식되지 않는 혼합 또는 경조성 증상의 가능성에 대해 평가해야 하며, 이를 위해서는 벤조디아제핀, 기분안정제 또는 항정신병 약물을 사용한 약물치료를 증가시키는 것이 필요할 수 있다(Rihmer & Akiskal, 2006). 최종 정신과 진단과 상관없이, 전문가는 BCBT 과정 동안 환자의 자살위험과 임상상태를 지속적으로 모니터링하고 환자가 처방받은 대로 약을 복용하도록 권장해야 한다.

## 단기인지행동치료를 위한 기초지식

BCBT를 학습하기 위한 '전제 조건'은 없지만, 특정 기술세트와 역량을 보유한 전문가는 치료를 훨씬 더 빨리 습득하고 더 높은 충실도로 프로토콜을 구현한다는 것을 알게 되었다. 이러한 기본원칙을 논의하는 것은 본 치료 매뉴얼의 범위를 벗어나지만 전문가가 자신의 지식과 역량에 대해 자기 스스로 평가하는 데 도움이 되도록 여기에 요약되어 있다. 다음과 같은 임상실무 영역에 대한 경험이 부족한 전문가는 환자와 함께 BCBT를 시행하기 전에 추가교육을 받아야 한다.

1. **인지행동 사례개념화 교육과 감독**. 인지행동치료는 단순한 절차와 개입의 집합이 아니라 전문가가 환자를 이해하고 치료 과정에 접근하는 개

---

나의 주제에 초점을 맞출 수도 있고, 여러 가지 다른 생각의 흐름을 나타낼 수도 있다. 재정적인 문제나 난처한 순간이나 공포증에 대해 경합하는 생각을 할 수도 있다. 이런 생각들은 단계적으로 점증될 수 있다.

념적 틀이다. 인지행동 관점에서 개념화 할 때 훈련과 감독을 받은 전문가는 BCBT 프로토콜을 충실하게 고수하고 입증하는 경향이 있으며 보다 정밀하고 효과적인 치료를 시행한다. 특히, 훈련을 통해 특정 절차와 개입이 자살하는 환자에게 도움이 되는 이유와 방법을 명확히 설명할 수 있는 전문가가 가장 효과적인 경향이 있다.

2. **기초학습 이론 훈련**. 자살 행동들은 주로 정서적 고통을 줄이거나 벗어나기 위한 대처전략으로서 기능하지만 다른 환경적 유관성에도 반응한다. 기초적인 학습 이론에 대한 지식과 임상실무를 알려주기 위해 이 모델을 사용한 경험은 전문가들이 자살행동과 이를 유지하는 변수를 더 정확하게 목표로 하는 데 도움을 줄 수 있다.
3. **동기강화면접 교육 및 감독**. BCBT의 중요한 부분은 환자들이 변화과정에 대해 머뭇거리거나 불확실해할 때 변화하도록 동기를 부여하는 것이다. 동기강화면접 교육을 받은 경험이 있고 환자와 이러한 원리를 이용한 경험이 있는 전문가는 환자와 보다 효과적인 대인관계를 형성하고 환자의 양면성을 너 쉽세 다룬다.

### 요약

BCBT는 전문가에게 각 개별 환자가 나타내는 특정 결함에 적합한 것을 선택할 수 있는 절차와 개입에 대한 개요를 상세히 설명한다. 이를 통해 매뉴얼로 된 치료의 구조를 유연성 있게 균형을 맞출 수 있도록 한다. 특히 주변의 정서조절 장애와 인지 장애를 둘러싼 환자의 욕구와 가장 잘 맞는 기술을 선택함으로써 내재되어 있는 치료모델을 충실히 따르면서 전문가는 치료순서를 최적화할 수 있고 치료에 대한 충실성도 높게 유지할 수 있다. 전문가의 충실성은 고위험 환자에 대한 결과의 일관성을 향상시킨다. 따라서 BCBT는 신뢰할 수 있는 치료제공을 보장하면서 각각의 환자 고유의 요구에 따라 치료할 수 있는 실용적인 모델을 제공한다.

# 첫 회기

PART 02

CHAPTER

# 07

# 단기인지행동치료의 구조 설명

BCBT는 전문가가 치료의 구조와 흐름에 대한 간략한 개요를 제공하는 것으로 시작한다. 여기에서는 초기 사전 동의 논의에서 이미 다룬 몇 가지 문제를 검토한다(참조: Rudd, Joiner, et al., 2009).

1. 치료명(예 단기인지행동치료 또는 BCBT)
2. 치료가 작동하는 방식(즉, 회기 구조, 치료 단계)
3. 치료와 관련된 가능한 위험(즉, 비밀 유지 제한)
4. 치료의 소요시간(예 약 12 회기)

전문가는 간단하고 이해하기 쉬운 언어를 사용하여 치료를 설명해야 하며, 환자에게 피드백을 하고 명확하게 설명을 하도록 그리고 치료과정 내내 궁금한 것을 질문하도록 요청한다.

## 이론적 근거

인지행동치료 회기의 구조를 설명하는 것은 환자들이 치료과정에 친숙해지도록 할 뿐만 아니라, 심리적 혼란을 정리하기 위한 틀을 제공한다. 각 회기의 예측가능성은 현저하게 혼란스러운 삶을 사는 자살하려는 사람들이 특히 감정적 흥분이나 어려운 주제를 이야기하거나 직면할 때, 그들 자신의 삶에 대한 지배력과 통제력을 얻을 수 있도록 돕는다. 회기의 구조는 환자에게 문제와 문제의 우선순위를 정하고, 효과적인 문제해결 및 위기관리를 위한 필수기술 제공에 대한 템플릿(template)을 제공한다. 마지막으로, BCBT의 시간 제한적이고 기술 지향적인 특성에 대한 초기의 강조는 회복에 대한 희망을 키워준다. 자살하려는 많은 사람들이 다양한 상담과 치료에 참여하는데, 그중에 BCBT만큼 집중적이고 활동적인 것은 드물다. 치료에 대한 절망감과 회의적인 태도는 흔하다. BCBT에 대해 교육은 이러한 절망감을 직접적인 목표로 하며, 환자가 치료에 대해 전념하도록 동기를 부여한다.

## 방 법

### 1단계: 인지행동회기의 구조 설명

전문가는 각 인지행동회기 구조의 주요 구성요소인 (1) 기분 점검, (2) 회기의 주제 설정, (3) 위기대응계획의 사용 검토, (4) 이전 회기 이후의 기술연습 검토, (5) 새로운 기술 소개 및 회기 내 연습, (6) 회기와 회기사이에 기술 연습 할당을 설명한다.

**치료자용 스크립트 예시**

시작하기 전에 잠시 시간을 내어 이 치료가 어떻게 구성되어 있는지 설명하고, 향후 몇 개월 동안 함께 작업하는 동안 기대할 수 있는 사항에 대해 더 잘 알 수 있도록 안내하고자 합니다.

먼저 각 회기를 어떻게 구성할지에 대해 이야기하겠습니다. 우리가 만날 때마다 기분을 체크한 다음 오늘처럼 일정을 정합니다. 우리는 매번 주제를 설정하고 가장 중요한 주제의 우선순위를 정한 다음, 주제에서 너무 벗어나지 않도록 기록합니다. 이 치료의 큰 부분은 회기과 회기 사이에 당신의 일상생활에서 새로운 기술을 연습하는 것이므로 각 회기가 시작될 때 당신의 연습이 어떻게 진행되었는지에 대해 이야기할 것입니다. 이렇게 하는 것은 무엇이 적합한지 무엇이 적합하지 않은지 알려줄 수 있고, 회기를 진행하면서 조정할 수 있습니다. 이미 배우고 연습한 내용을 검토한 후 각 회기에서 새로운 기술이나 아이디어에 대해 이야기하고, 함께 연습하여 수행방법을 배울 수 있습니다. 일단 새로운 기술에 대해 잘 이해했다면, 각 회기 사이에 기술을 연습할 수 있도록 계획을 세웁니다. 그런 다음 회기를 마치고 '학습한 교훈'이라고 부르는 내용을 제시합니다. 각 회기에서 배운 교훈은 중요한 개념과 회기의 주요 아이디어가 가장 많을 것입니다. 우리는 이러한 교훈을 추적하고 '치료 일지'라고 하는 작은 노트에 기록할 것입니다. 이 내용은 오늘 나중에 조금 더 자세히 설명하겠습니다.

요약하면, 우리가 만날 때마다 기분에 대해 묻고 주제를 정한 다음 지난 회기에서 연습했던 기술들에 대해 얘기해 보고, 그런 다음 새로운 기술에 대해 이야기하고 함께 연습한 다음, 당신이 연습할 수 있는 계획을 세우고 회기 중에 가장 도움이 되었거나 중요한 부분을 파악하며 마무리합니다. 이해가 되었나요? 각 회기의 구성과 관련하여 질문이 있습니까?

## 2단계: 치료의 단계적 구조 설명

다음에 전문가는 12 회기의 BCBT 구조에 대한 개요를 제공하고 치료의 세 단계를 각각 설명한다.

### 치료자용 스크립트 예시

각 회기가 어떻게 구성되는지에 대해 이야기했고 이제 치료의 더 큰 그림에 대해 조금 더 이야기하겠습니다. 이 특별한 치료법은 일반적으로 12회의 회기만 지속되기 때문에 단기인지행동치료라고 합니다. 일주일에 한 번 만나면 약 3개월 안에 이 치료가 끝날 것으로 예상할 수 있습니다. 어떤 사람들은 12회 미만으로 치료를 마치기도 하고, 어떤 사람들은 12회 이상으로 치료를 끝내기도 하지만, 12회가 평균이므로 우리는 그렇게 할 것입니다.

이 치료는 세 단계로 나뉩니다. 첫 번째 단계는 5회의 회기 동안 진행되며 긴급 상황과 위기를 더 잘 관리 할 수 있는 새로운 기술을 가르치는 데 중점을 둡니다. 두 번째 단계도 5회의 회기이지만, 다음 치료 부분에서는 자신과 세상에 대한 가정(assumptions)과 신념이 인생에서 어떻게 문제를 일으키고 유지하는지에 초점을 맞출 것입니다. 또한 스트레스를 주는 사건을 새롭고 유용한 방법으로 생각하는 것을 배우는 데 초점을 두어 인생에서 더 성공할 수 있도록 할 것입니다. 두 회기 동안 지속되는 마지막 세 번째 단계에서는 재발방지 작업을 수행합니다. 재발방지 작업은 마치 기말고사처럼 모든 것을 하나로 모으도록 고안된 활동입니다.

처음부터 끝까지 치료의 전반적인 흐름과 구성에 대한 질문이 있습니까? 이 치료법이 어떻게 구성되어 있는지 내가 명확하게 설명했다고 확신할 수 있도록 나에게 요약해 줄 수 있습니까?

### 3단계: 비밀유지 및 비밀유지 제한에 대한 논의

전문가는 개인정보 보호 및 비밀유지 정책을 검토하고 비밀유지가 침해될 수 있는 상황을 명확하게 한다.

#### 치료자용 스크립트 예시

다음으로 얘기하고 싶은 것은 비밀유지입니다. 다른 사람과 치료에 대한 정보를 공유할 수 있도록 허락하지 않는 한, 당신과 내가 이야기한 내용은 비밀로 유지된다는 점을 아시기 바랍니다. 만약 그런 상황이 발생하면, 우선 내가 다른 사람에게 할 수 있는 말과 할 수 없는 말을 분명하게 하기 위해 당신과 함께 논의하여 내가 할 수 있는 권한과 제한이 있는 것에 대해 합의하도록 하겠습니다. 왜냐하면 당신이 최근에 자살시도를 했기 때문에 [혹은 심각한 자살위기를 경험했기 때문에] 언젠가 직면할 수 있는 비밀유지에 대한 중요한 한계에 대해 이야기해야 되기 때문입니다. 만약 내가 당신이 자살의 위험이 심각하거나 임박한 상태라고 평가하고, 외래환자 기준으로 당신의 안전이 적절하게 유지될 수 없다고 느낀다면, 당신의 안전을 위해 도움을 줄 수 있는 사람에게 연락해야 할지도 모릅니다. 가능하면, 내가 누군가와 연락하기 전에 이 선택에 대해 당신과 의논하여, 당신이 무슨 일이 일어나고 있는지 충분히 알도록 하고, 당신의 안전을 보장하기 위한 논의에 참여할 수 있도록 하겠습니다. 당신이 약속 장소에 나타나지 않는 경우처럼, 내가 미리 이 선택에 대해 의논할 수 없는 상황도 있을 수 있습니다. 이런 상황에서, 나는 당신이 어디에 있는지 그리고 당신이 잘 하고 있는지 알기 위해 나에게 연락할 수 있도록 허락한 사람들에게 연락할 것입니다. 이와 같은 상황에서는 내가 다른 사람에게 말하는 내용은 당신의 안전을 보장하는 데 필수적인 정보로만 제한하겠습니다. 만일 [그렇게 해야 한다면, 나는 또한] 즉시 당신에게 알리고, 당신과 내가 가능한 한 빨리 그것에 대해 이야기하도록 할 것입니다.

나는 이것이 이해해야 할 중요한 문제라고 생각합니다. 그래서 나는 여기서 잠시 멈추고 비밀유지와 비밀유지 제한에 대해 궁금한 점이 있는지 확인하고 싶습니다.

### 4단계: 가족 구성원의 잠재적인 역할에 대해 알리기

전문가는 환자에게 치료 과정을 지원하기 위해 한두 번의 치료 회기에 참석할 가족 구성원이나 지원하는 다른 사람을 데려올 수 있음을 알린다.

### 치료자용 스크립트 예시

이야기를 시작하기 전에 제가 마지막으로 이야기하고 싶은 것은 치료과정을 돕기 위해 가족 구성원이나 다른 지지자가 치료 초기에, 한두 번의 회기에 참석하도록 할 수 있는 가능성입니다. 원하면 세 번째 또는 네 번째 회기에 가족과 함께 약속을 잡을 수 있습니다. 이것은 필수적인 사항은 아니지만 일부 환자에게 도움이 되는 선택사항입니다. 이 옵션에 대해서는 몇 주 후에 자세히 설명할 것이지만 처음부터 미리 알려 드립니다.

## 5단계: 이해정도 평가 및 질문 요청하기

전문가는 환자가 BCBT에 대한 정보를 이해했는지 물어본 다음 환자에게 자신의 BCBT에 대한 생각이나 반응을 공유하도록 요청한다.

### 치료자용 스크립트 예시

이것이 제가 치료초기에 다루고 싶었던 모든 것입니다. 이것은 많은 정보와 관련된 것인데, 우리가 이야기 한 것에 대해 질문이 있으십니까? 치료구조, 비밀 유지 또는 가족구성원의 참여에 대해 어떤 생각이나 질문이 있습니까?

### 단기인지행동치료를 설명하기 위한 팁과 조언

1. **인지행동치료 회기 구조 만들기**. 일반적인 인지행동치료 모델과 마찬가지로 전문가는 BCBT 초기부터 회기 구조의 중요성을 강조해야 한다. 첫 번째 회기임에도 불구하고 전문가는 BCBT를 설명하기 전에 확인하고 주제를 설정해야 한다. 이것은 처음부터 환자를 교육하는데 도움이 되며, 전문가에게는 모델에 대한 충실도를 높인다.
2. **BCBT는 개인적인 치료라는 것 기억하기**. 가족 구성원이 일부 BCBT회기에 참석하도록 초대되지만 전문가는 BCBT가 가족(또는 부부) 치료로 설계되거나 검증되지 않았음을 기억해야 한다. 강력한 개인상담 요소를 포함하는 치료의 효과를 뒷받침하는 상당한 증거가 있지만, 가족 또는 부부 중심의 요소를 뒷받침하는 증거는 거의 없다(아직). 따라서 전문가에게는 가족구성원이 BCBT회기에 참석하더라도 개인상담의 관점을 유지하는 것이 권장된다.

CHAPTER

# 08

# 서술적 평가

BCBT에 대한 개요를 제공하고 치료의 구조를 설명한 후, 전문가는 지표자살위기(the index suicidal crisis)에 대한 서술적 평가(the narrative assessment)를 수행한다. 지표자살위기는 현재 치료를 찾거나 시작하는 환자와 가장 직접적인 관련이 있는 최근 자살사건(자살시도를 포함하거나 포함하지 않을 수 있음)을 나타낸다. 예를 들어, 환자가 자살시도 후 입원한 정신과에서 퇴원한 다음 외래치료를 시작하는 경우, 전문가는 입원을 촉발한 자살시도에 대한 서술적 평가에 초점을 맞출 것이다. 또는 환자가 심각한 자살생각과 계획으로 표시되는 주요우울증 에피소드의 재발로 인해 외래치료를 재개하는 경우, 일반적으로 전문가는 환자가 '최악'의 위기라고(즉, 자살로 죽기를 가장 강하게 원했던 시간) 확인한 최근 자살위기에 대한 서술적 평가에 초점을 맞출 것이다. 서술적 평가에서 전문가는 지표자살위기와 관련된 맥락적 상황, 생각, 행동, 감정 및 신체 감각에 대해 자세하게 이해하려고 한다. 따라서 전문가는 자살위기로 이어지는 사건의 순서를 자세히 파악하려고 한다. 이 서술적 평가에서 얻은 정보는 자살위험평가, 사례개념화 및 종합적인 치료계획의 기초가 된다.

## 이론적 근거

BCBT의 첫 번째 주요 활동으로서 서술적 평가는 몇 가지 목적을 수행한다. 첫째, 동맹구축 전략이다. 자살하려는 사람들은 심지어 의료인과 정신건강전문가들에 의해서도 실제로 자신들의 이야기가 잘 경청되고 있다고 느낀 적이 없다고 종종 느낀다. 많은 환자들에게 있어 서술적 평가는 고통에 대해 그들 스스로의 언어로 자신의 방식대로 이야기를 들려달라는 첫 번째 요청이다. 전문가는 환자에게 자살사건으로 이어지고 영향을 준 사건의 순서에 대해 적극적으로 경청하고 명확하게 하기 위한 질문을 함으로써, 환자에게 관심과 돕고자 하는 욕구를 전달한다. 서술적 평가의 두 번째 목적은 정확한 사례개념화를 구성하는 데 필요한 정보, 즉 자살사건을 둘러싼 맥락과 상황, 관련된 '주요 인물들', 환자가 선호하는 대처전략과 행동반응, 그리고 적극적인 자살모드에 연관된 생각, 감정, 신체적 경험들을 얻는 것이다. 서술적 평가의 세 번째이자 마지막 목적은 환자의 자살위험을 평가하고 그에 따른 이 위험평가를 문서화하는 데 필요한 정보를 얻는 것이다.

서술적 평가 접근방식은 기존의 많은 전문가가 사용하는 전통적인 자살위험평가 면접방식과는 현저하게 다르다. 전통적인 자살위험평가 면접에서 전문가는 일반적으로 환자의 자살 위험요인과 보호요인의 존재(또는 부재)와 특성에 관한 일련의 질문을 한다. 이 접근방식의 기초는 환자가 요청된 정보를 기꺼이 공개하고 높은 정확도를 가지고 그렇게 하고 있다는 가정이다. 이 과정은 전적으로는 아니더라도 대부분 전문가가 주도하고, 환자는 비교적 수동적인 역할을 한다. 상담환경에 따라 자살위험평가 면접의 구조와 흐름은 이후 전문가가 작성해야 하는 공식적인 검사목록 또는 양식에 의해 완성된다. 이러한 양식과 체크리스트는 공식적인 절차적 요건을 충족시키기 위해 작성되기 때문에 전문가는 종종 면접 중에 양식을 작성한다. 이러한 경우 전문가는 서식의 맨 위에서 시작하여 아래로 작업하기 때문에 공식적인 양식이 인터뷰 질문의 특정 순서를 결정하는 경우가 많다.

자살위험평가를 위한 면접기반 접근방식과 달리, 서술적 평가방식은 자살하려는 환자가 자살시도나 자살위기에 대해 '이야기'를 하도록 유도한다. 서술적 평가를 수행하기 위해 전문가는 환자에게 자살시도를 포함하여 자살위기지표로 이어지는 일련의 사건을 재검토하도록 요청한다. 전문가는 환자에게 '어디에서 이야기가 시작되는지'라고 자살위기의 이야기를 들려달라고 부탁함으로써 이 과정을 시작한다. 그런 다음 전문가는 환자가 위기와 관련된 내적 경험(예 생각, 감정, 신체적 감각)과 외적 단서(예 시각, 소리, 맥락적인 상황)에 대한 세부사항을 도출하는 데 도움을 주고 환자의 경험을 검증함으로써 결론을 내린다.

전통적인 면접방식과 비교하여 서술적 평가는 치료에 도움이 되는 독특한 대인관계 과정을 나타나게 한다. 첫째, 서술적 평가는 전통적인 면접과 비교하여 전문가와 환자의 감정상태가 크게 일치하는 것과 관련이 있다. 정서적 동기화(affective synchrony)는 다양한 방법을 통해 자살환자와 전문가가 알 수 있는 정서적 각성과 표현의 수준에서 서로 일치하는 정도를 말한다. 음성피치(voice pitch)는 특히, 실용적이고 비침습적이다. 최근 연구에 따르면 급성 자살환자와 전문가 사이의 음성피치 동기화는 환자가 평가한 공감과 정서적 유대감을 객관적으로 표시하는 역할을 한다고 한다(Bryan et al., 2017). 정서적 동기의 개념은 <그림 8.1>에 묘사되어 있다.

이 그림에서 급성의 자살환자(실선으로 표시)와 전문가(점선으로 표시)의 기저의 빈도는 초기 임상적 만남 동안 순간적으로 표시된다. 왼쪽에는 환자와 전문가는 비슷한 수준의 정서적 각성을 보이며 회기 과정에서 서로를 추적하는 경향이 있으며 이는 정서적 동기화를 나타낸다. 오른쪽에는 환자와 전문가는 초기에 동기화의 징후를 보여 주지만 이는 오래 지속되지 않는다. 이것은 동기화 부족을 나타낸다. 서술적 평가는 왼쪽 그림과 유사한 정서적 동기를 특징으로 하는 반면

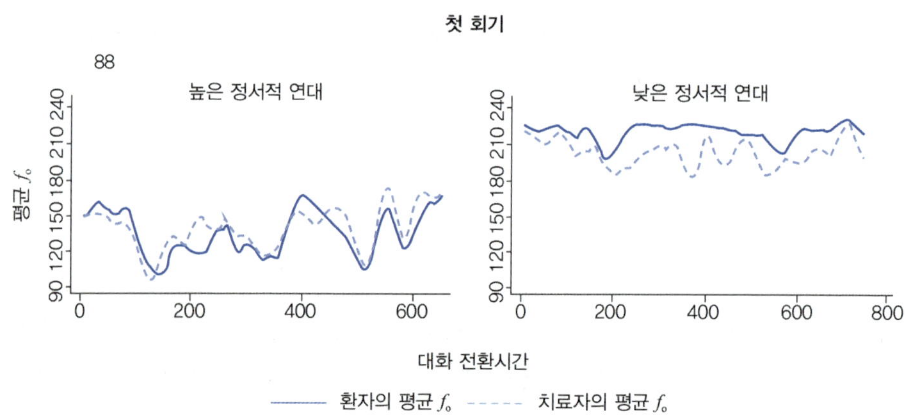


그림 8.1 급성 자살 환자와 전문가 사이의 정서 상태 동기화를 보여주는 두 가지 예시 사례. 왼쪽 그림은 높은 동기화를 나타내는 서술적 평가과정의 특징이며, 오른쪽 그림은 낮은 동기화를 나타내며 전통적인 자살위험 인터뷰의 특징이다. 실선은 환자의 평균 $f_o$, 점선은 치료자의 평균 $f_o$

면접 평가는 오른쪽 그림과 같이 동기화가 부족한 특징이 있을 가능성이 높다(Bryan et al., 2017).

서술적 평가가 치료 과정에 긍정적인 영향을 미치는 두 번째 방법은 정서적 공동조절이다. 정서적 공동조절은 비슷하지만 개인이 시간의 흐름에 따라 특히 다른 사람을 진정시킴으로써 다른 사람의 감정 상태에 영향을 미치는 대인관계 과정을 수반한다. 서술적 평가는 자살하려는 환자의 감정 상태에 영향을 미치는 전문가와 환자의 두 가지 상호의존적인 정서적 공동조절 과정으로 특징된다(Bryan et al., 2017). 따라서 서술적 평가는 환자와 전문가가 만나는 동안 서로를 효과적으로 진정시키는 대인관계 과정을 수반한다. 이와는 대조적으로 전통적인 면접방식은 이러한 과정이 동일한 정도로 두드러지지 않는다.

마지막으로, 서술적 평가는 전통적인 자살위험평가를 위한 면접(Nasir, Baucom, Bryan, Narayanan, & Georgiou, 2017)보다 서술적 평가 중에 덜 복잡한 말을 특징으로 하며, 이는 환자와 전문가가 더 간단하고 접근하기 쉬운 언어를 사용하는 것을 나타낸다. 말의 복잡성은 공감과 상관관계가 있기 때문에 이 패턴은 정서적 동기화(affective synchrony)에 대해 이전에 언급한 결과와 일치한다.

환자가 자신의 자살위기에 대해 이야기 할 때, 전문가는 보고된 위험요인 및 보호요인을 자살모드 개념틀로 구성한다. 이렇게 하는 것은 사례개념화 과정을 용이하게 하고 전문가가 환자와 사례개념화를 논의할 수 있도록 준비하게 한다. 이는 서술적 평가가 완료된 직후에 수행하는 활동이다. <표 8.1>은 주요 위험요인 및 보호요인을 나열하고 자살모드 내에서 구성할 수 있는 방법을 보여준다.

**표 8.1** 자살모드 범주에 따른 자살의 위험요인과 보호요인

| 범주 | 변인 |
|---|---|
| 활성화사건 | -관계문제<br>-경제문제<br>-법적 혹은 훈육문제<br>-급성건강상태 혹은 악화 |
| 정서적 | -우울<br>-죄책감<br>-분노<br>-불안<br>-무감각<br>-수치심 |
| 신체적 | -신체적인 동요<br>-불면증<br>-환각<br>-고통 |
| 인지적 | -무망감<br>-지각된 짐스러움<br>-자기비하<br>-위축된 소속감<br>-덫에 걸린 느낌<br>-삶의 의미<br>-낙관주의<br>-희망 |
| 행동적 | -과거 자살시도<br>-비자살적 자해<br>-약물남용<br>-공격성<br>-사회적인 철수<br>-타인 회피 |

# 방법

## 1단계: 환자에게 지표자살사건에 대한 이야기를 들려달라고 요청하기

전문가는 환자에게 가장 최근의 자살위기에 대해 이야기하도록 요청하여 서술적 평가를 시작한다.

**치료자용 스크립트 예시**

마지막으로 자살(또는 자살시도)에 대한 강렬한 욕망을 경험했을 때 있었던 일에 대해 자세히 알고 싶습니다. 당신의 자살위기 (또는 자살시도)와 관련된 이야기를 해 주시겠습니까? (환자가 어디서부터 시작해야 하는지 질문하는 경우) 어디에서 시작해도 좋습니다.

## 2단계: 환자가 사건의 순서를 확인하고 설명하도록 지원하기

전문가는 환자가 자살사건 목록과 관련된 생각, 감정, 신체적 경험 및 행동을 확인하고, 환자가 더 자세히 설명하거나 더 자세한 정보를 제공하게 하여 환자가 서술적 설명을 계속 진행하도록 촉진한다. 환자가 이러한 정보를 스스로 보고하지 않으면 전문가는 환자에게 자살사건으로 이어진 단계에 대해 명확한 설명을 할 수 있도록 안내한다.

**치료자용 스크립트 예시**

[자살위기에 대한 환자의 서술적 설명을 이끌어내는 질문 예시]

그 다음 무슨 일이 일어났습니까?
그 직전에 무슨 일이 있었습니까?
어떻게 그 곳에 있게 되었습니까?
구체적으로 그 순간 무슨 생각을 하고 있었습니까?
그 순간 느꼈던 감정은 무엇입니까?
몸의 어느 부분에서 그 감각을 느꼈나요?
당신이 있었던 방의 모습을 묘사해 보세요.
당신은 무엇을 보았습니까?
그 사람이 당신에게 구체적으로 뭐라고 말했습니까? 정확하게 뭐라고 말했나요?
어떤 시점에서 자살시도를 결정했습니까?

### 3단계: 정서적 타당화 제공

서술적 평가를 마친 후 전문가는 환자가 이야기를 하는 것이 감정적으로 어려웠을 수 있음을 인정하고 이야기를 공유한 환자에게 감사함을 표현한다. 전문가는 환자가 자신의 이야기에 대한 추가적인 정보나 세부 정보를 공유할 수 있는 기회를 한 번 더 허용한 후 결론을 내린다.

**치료자용 스크립트 예시**

당신의 이야기를 저와 공유해주셔서 감사합니다. 쉽지 않았을 것입니다. 이야기와 관련하여 말해야 할 다른 부분이나 내가 알아야 할 다른 정보가 있습니까?

## 사례를 통한 예시

서술적 평가는 평가에 대한 전통적인 면접기반 접근방식과 상당히 다르다. 결과적으로, 환자들은 처음에는 지표자살위기와 관련된 많은 세부사항을 제공하지 않을 수 있다. 우리의 경험상 이러한 일은 이전에 치료를 받았거나 여러 번의 자살생각과 행동을 경험한 환자에게서 가장 자주 발생한다. 이러한 유형의 환자들은 상대적으로 폐쇄형 질문에 대해 간단한 답변을 제공하도록 사회화되었기 때문에 전문가는 환자가 자신의 이야기를 확장하거나 더 명확한 질문을 할 수 있도록 격려할 필요가 있다. 서술적 평가과정을 설명하기 위해 세 가지 사례와 관련된 부분적인 기록을 제공한다.

### 존의 사례

존의 사례는 서술적 평가 중 발생할 수 있는 일반적인 문제를 보여 준다. 전문가가 무엇을 요구하는지에 대해 환자가 혼란스러워하는 것이다. 위에서 언급했듯이 환자에게 자살위기를 '이야기'로 설명하라고 한 경우가 이전에는 거의 없었기 때문에 전문가의 설명이 필요할 수 있다. 존을 치료하는 전문가가 일반적인 이야기에 대한 설명을 제공하면서 해야 할 일을 명확하게 한 스토리텔링 개념을 존의 자살위기와 연결하는 방법에 주목해야 한다. 존이 자신의 이야기를 시작하면 전문가는 존의 생각과 감정에 대한 세부 정보를 도출하기 위해, 중요한 순간을 명확하게 하기 위한 질문을 한 다음 존에게 이야기를 계속하도록 격려한다.

전문가: 존, 지난 주 당신이 거의 자살할 뻔 했다가 마지막 순간에 그만 뒀을 때 무슨 일이 있었는지 얘기를 했어요. 그날 있었던 일에 대해 좀 더 자세히 알고 싶은데, 당신이 어떻게 그렇게 됐는지 더 잘 이해할 수 있도록 말이에요. 자살할 뻔했던 그날의 이야기를 들려주실 수 있나요?

존: 네. 제 말은, 그렇게 생각했어요. 실은 당신이 무슨말을 하는지 잘 모르겠어요.

전문가: 음, 이야기가 무엇인지 생각해 보면, 일반적으로 이야기에는 일련의 사건의 처음부터 끝까지와 관련된 설명이 포함됩니다. 이야기에는 시작, 중간, 끝이 있다는 말이죠. 이야기의 시작은 보통 앞으로 일어날 일에 대한 발판을 마련하여 누가 관여하고 무슨 일이 일어나고 있는지에 대해 알게 합니다. 이야기의 중간은 보통 시간이 흐르면서 사건이 어떻게 전개되는지 알게 되고, 이야기의 끝은 상황이 어떻게 해결되고 마무리되는지를 알게 될 때입니다. 내 생각엔 거의 자살할 뻔했던 당신의 이야기에 시작, 중간, 끝이 있는 거 같습니다. 이런 관점에서 그날을 생각한다면 어떻게 이야기를 하시겠습니까?

존: 네, 알겠습니다. 이야기의 시작을 이해하려면 내 아내의 가족에 대한 배경을 알아야 할 거 같은데요. 아내의 가족들은 아내에게 항상 잘못했다고 말하고 그녀를 비판해요. 아내가 그들에게 말할 때마다, 특히 그녀의 아버지와 이야기 할 때마다 아내는 결국 우울함을 느꼈어요. 나는 아내가 그들과 자주 얘기하는 것을 그만 둬야 한다고 말했어요. 음…. 아내가 가족을 방문하기 위해 여행을 계획하고 있을 때, 나는 아내에게 가족들이 그녀를 나쁘게 대할 것을 알았고 그러면 그녀가 화를 낼 것이기 때문에 가면 안 된다고 말했어요. 아내는 내내 나의 말을 들으려 하지도 않고 계속 그런 일은 없을 거라고 말했어요. 음, 아내는 지난주 가족을 만나러 갔고, 예상대로 아내의 아버지는 아내에게 정말로 나쁘게 대하며 깔아뭉갰고, 아내가 엉망이라고 말했어요. 그래서 아내가 나에게 전화했을 때 눈물을 흘렸고 내가 예상했던 것처럼 모두 화가 났어요. 나는 아내와 이야기를 하면서, 아버지가 항상 부정적인 말을 하고, 그녀를 깔아뭉개기 때문에 듣지 말라고 했고, 그녀의 아버지는 그저 바보일 뿐이라고 말했어요. 그때 아내는 내가 자신의 말을 듣지 않는다고 말했습니다.

전문가: 그녀가 그렇게 말했을 때 자신에게 뭐라고 말했습니까? 무슨 생각을 하셨나요?

존: 글쎄요. 나는 스스로에게 '그건 사실이 아니야.'라고 말했어요. 내가 아내에게 이

런 일이 일어날 것이라고 말했고 바로 이런 상황을 피하려고 노력했지만 아내는 다시는 내 말을 듣지 않았기 때문에, 또한 나는 아내가 그렇게 말하는 것이 불공정하다고 생각했어요.

전문가: 그래서 좌절한 것처럼 들리네요? 짜증났나요? 화가 났어요?

존: 화가 났는지는 잘 모르겠지만 확실히 좌절감을 느꼈어요.

전문가: 좋아요, 당신은 그런 것들이 공정하지 않다고 생각하고 그녀가 당신의 조언을 듣지 않았다고 생각하고 있는데, 지금 당신은 좌절감을 느끼나요?

존: 네.

전문가: 좋아요, 그 다음엔 무슨 일이 있었나요?

존은 시간의 흐름에 따라 아내와 나눈 대화와 그의 자살시도 중단으로 이어진 일련의 사건들을 계속 설명했다. 그가 이야기를 전달하면서 존을 치료하는 전문가는 주기적으로 위에 부분적으로 제시된 대본에 적용한 것과 유사한 접근법을 사용하여 존의 생각, 감정 및 기타 내적 경험(예 신체적 감각)을 확인하기 위한 질문을 했다.

## 마이크의 사례

마이크는 자살생각과 행동의 이력을 부인했지만 그를 치료하는 전문가는 자살위험이 높은 것으로 평가했다. 이러한 평가를 기반으로 하여 BCBT가 시작되었다. 그가 자살생각과 행동을 부인했기 때문에 설명할만한 자살사건의 지표는 없었다. 따라서 전문가는 급성의 극심한 정서적 고통을 특징으로 하는 최근 사건에 대한 서술적 평가를 수행했다.

전문가: 당신은 당신의 감정이 '통제 불능'이라고 묘사했습니다.

마이크: 예, 가끔은 그것들이 나를 압도하는 것처럼 느껴집니다.
마치 내가 그것을 잃어버리는 것처럼 말이죠, 이해했나요?

전문가: 네, 알겠습니다. 얼마나 자주 그런 일이 발생하나요?

마이크: 이젠 항상 그런 거 같아요.

전문가: 매일요?

마이크: 아뇨, 그렇게 자주는 아닙니다. 나는 일주일에 한 번, 아마도 일주일에 두 번 정도라고 생각합니다. 예전에는 기껏해야 몇 달에 한 번 있었지만 지금은 최소한 매주입니다.

전문가: '통제 불능'에 대해 조금 더 알고 싶습니다. 지난 한 달 동안 남들보다 통제가 안 된다고 느낀 적이 있었나요?

마이크: 네, 아마 2주 전에요. 아내와 나는 정말 통제 불능상태가 되어서 술을 많이 마시기 시작했습니다. 나는 그날 밤 있었던 일에 대해 기억조차 못하지만 아내의 말로는 내가 진짜 바보같이 행동했고 맥주병과 물건을 깨버렸다고 했어요. 아마 최악이었을 거예요.

전문가: 좋습니다. 그날 밤에 대해 이야기합시다. 어떻게 그 지경에 이르게 되었는지, 무엇이 그렇게 되게 했는지 등을 알고 싶어요. 그 이야기를 들려주시겠습니까?

마이크: 네, 물론입니다. 정말 그날 밤 일은 내가 깨어났을 때 시작된 것 같아요. 그리고 하루 종일 상황이 좀 더 악화됐어요.

마이크는 과거의 자살생각과 행동을 부인했지만 그럼에도 불구하고 전문가는 그가 강렬한 정서적 흥분을 경험하고 '통제 불능'을 느꼈던 최근 사건에 초점을 맞춘 서술적 평가를 수행했다. 이러한 상황에서 서술적 평가를 수행하는 이유는 정서적 고통이 절정에 달하는 동안 자살생각과 행동이 앞으로 나타날 가능성이 매우 높기 때문이다. 이러한 정서적 위기로 이어지는 일련의 사건을 확인함으로 전문가와 환자는 잠재적으로 앞으로의 자살생각과 행동의 출현을 예방할 수 있다. 또 다른 가능성은 마이크가 자살생각을 경험했지만 이러한 생각을 전문가에게 공개하는 것이 불편하다는 것이다. 이러한 상황에서 서술적 평가는 궁극적으로는 공개를 촉진하는 도구 역할을 한다. 자살생각과 자살시도에 대해 공개하지 않더라도 서술적 평가는 자살위기를 초래하고 이를 둘러싸고 있는 요인을 파악하는 데 도움이 될 수 있다. 이러한 평가를 통해 미래에 보다 효과적으로 자기조절 전략을 사용하는 것이 가능하게 한다.

### 제니스의 사례

제니스의 가장 최근 자살시도는 2년 이상 되었다. 그 이후로, 그녀는 약물과다 복용과 관련된 이전 두 번의 자살시도를 반영하는 '지속적인' 자살생각을 경험했다. 여러 번의 자살시도와 반복적인 자살생각과 계획이 특징인 경우, 전문가는 과거의 자살시도에 대한 서술적 평가나 고조된 자살의도와 정서적인 고통이 특징인 최근의 자살에피소드에 초점을 둘 수 있다. 제니스는 최근의 '위기' 경험을 부인하고 자신의 자살생각의 내용이 이전의 자살시도(약물 과다복용)와 유사하다고 설명했기 때문에, 전문가는 가장 최근의 자살시도에 대한 서술적 평가에 초점을 맞추기로 결정했다. 아래에는 전문가가 환자의 자살경험에 대한 세부 정보를 도출하는 동시에 자살사건과 관련된 일련의 사건에 대한 환자의 설명을 용이하게 하는 방법을 보여준다.

전문가: 몇 년 전에 있었던 두 번째 자살시도에 대한 이야기를 해주시겠습니까?

제니스: 네. 그것은 내가 실제로 시도하기 일주일 전에 시작되었습니다. 나의 상사는 정말 바보같이 굴었어요. 사소한 일 하나도 내가 제대로 할 수 없는 것처럼 말이에요. 그건 180도 틀린 말이었어요. 일주일 전에는 내가 말하자면, 그의 슈퍼스타였고 그는 저를 상과 표창 등에 추천했었어요. 그러다가 갑자기 모든 것이 달라져서 나는 아무것도 할 수 없었습니다. 그 주에 출근하는 것은 정말 비참했어요. 매일 아침 나는 깨어나서 점점 더 두려움을 느끼곤 했습니다. 내 뱃속은 비어있었지만 전혀 먹고 싶지 않았어요. 나는 그를 만나거나 그 곳에 있는 것이 싫었지만 매일 아침 억지로 들어가야 했어요.

전문가: 자살시도하기 전 당신은 약 일주일 동안 직장에서 스트레스를 받고 있었고, 음식을 먹지 않았고, 배가 허전함을 느꼈고, 일하러 가고 싶지 않았다는 거지요.

제니스: 네.

전문가: 그러는 동안 당신에게 무슨 말을 하고 있었나요? 무슨 생각을 하고 있었나요?

제니스: 내가 실패자고 바보라구요. 어떤 것도 제대로 할 수 있는 것이 없다는 것, 더 이상 이 일을 감당하고 싶지 않다는 것이요. 내가 잘못한 게 없다는 걸 알았지만 그냥 그가 너무 바보처럼 굴어서 어쩔 수 없는 것 같았어요.

전문가: 좋아요, 그래서 또한 당신은 실패자, 바보라고 생각하기 시작했고, 더 이상 모든 것을 상대하고 싶지 않다고 생각했습니다. 이해가 되네요.

제니스: 네.

전문가: 좋아요, 그 다음에 무슨 일이 있었나요?

제니스: 음, 내 상사가 하루 종일 날 감시했어요. 나는 그에게서 벗어날 수 없어서 마침내 나 자신에게 말했어요. 그만하자. 끝났어. 그리고 그냥 집에 갔어요. 일찍 퇴근하고 집에 가서 저는 혼자 집에 있었고, 거실에 있으면서 그냥 모든 것을 둘러보며 내가 어떻게 더 이상 이 일을 처리하고 싶지 않았는지, 어떻게 내가 피곤해서 더 이상 할 수 없었는지에 대해 생각해 보았습니다.

전문가: 음-흠. 그 순간 어떤 감정을 느꼈나요?

제니스: 멍했어요. 나는 단지 멍했어요(나는 단지 무감각했어요). 나는 화가 나거나 슬프거나 그런 것이 아니었기 때문에 그 시점에서 일종의 죽은 상태였던 것 같았어요.

공허함을 느끼며 서 있었어요.

전문가: 좋습니다. 그런 다음에 무슨 일이 있었나요?

제니스: 글쎄요, 그때 그냥 자살하기로 결심했고 그래서 내가 가지고 있는 약을 보기 위해 화장실에 갔어요. 당장 그렇게 할 생각은 없었지만 약을 세고 준비하러 갔습니다. 마치 심적으로는 결심을 한 것 같았지만 그때는 그렇게 하려고 하지 않았어요. 딸이 그날 저녁에 들르는 것을 알았기 때문에 밤에 하고 싶었고 딸이 떠날 때까지 기다리고 싶었습니다. 딸이 들어와서 나를 보거나 하는 것을 원하지 않았어요.

전문가: 그래서 결정을 내렸지만 딸이 방문하러 오는 것을 알고 기다렸다는 건가요?

제니스: 예, 저는 딸이 죽어있거나 죽어가는 나를 발견하면 앰뷸런스를 불러서 방해할 수도 있을 거란 생각을 했어요.

전문가: 알겠습니다. 그래서 당신의 딸이 당신의 계획을 잠재적으로 방해할까봐 걱정했나요?

제니스: 네.

전문가: 그래서 그런 다음 무슨 일이 있었나요?

제니스는 계속해서 두 번째 자살시도 이야기를 했고, 전문가는 제니스의 자살위기를 둘러싼 맥락적 요인, 생각, 감정, 그리고 기타 내적 경험들에 대해 더 많은 정보를 얻기 위해 고안된 후속 질문을 하기 위해 또는 요점을 분명하게 하기 위해 주기적으로 대화에 참여했다.

### 서술적 평가를 위한 팁과 조언

1. **그대로 둘 것은 그대로 두기**. 일반적으로 서술적 평가는 BCBT가 시작되기 전에 초기접수 약속 중에 완료되는 일반적인 생물심리사회적 인터뷰가 아니다. 따라서 전문가는 자살사건 맥락과 직접적으로 또는 근접하게 관련되지 않은 삶의 사건이나 경험에 대해 조사하거나 질문하지 않아야 한다. 예를 들어 환자가 아동학대나 기타 충격적인 경험을 언급하는 경우 이를 기록하되 이러한 경험에 대한 자세한 내용을 얻기 위해 환자의 이야기 흐름을 방해하지 않아야 한다. 서술적 평가의 주요 목표는 환자의 삶에 대한 자세한 역사를 얻기 위한 것이 아니라, 환자의 자살생각과 행동을 둘러싼 맥락적 요인을 이해하기 위한 것이다.
2. **환자가 궤도에 머무르도록 돕기**. 환자가 다른 삶의 사건, 문제 또는 지표자살사건과 밀접하게 관련이 없는 것으로 보이는 상황에 대해 이야기하면서 '궤도에서 벗어나는' 경우, 전문가는 환자에게 현재 주제가 지표자살사건과 어떻게 관련되어 있는지 설명하도록 요청하여 환자 이야기의 방향을 되돌릴 수 있다. 예를 들어, 서술적 평가 중에 환자는 지표자살사건과 관련이 있을 수 있는 아동학대의 기억(예 환자의 기억 또는

학대에 대한 회상이 자살 생각을 유발함)에 대한 이야기를 시작할 수 있지만 그렇지 않을 수도 있다(예 아동학대에 대한 환자의 이야기와는 별로 관계가 없는 활동이다.). 이런 상황에서 전문가는 "정리해서 얘기한다면". 지난주에 자살시도를 했을 때 어렸을 적 학대당한 생각을 하셨나요? 아니면 이러한 아동학대의 기억이 자살시도에 영향을 주었나요?"라고 물어볼 수 있다. 환자가 아동학대가 직접적으로 영향이 없다고 표시하는 경우 지표자살사건과 관련하여 전문가는 환자에게 중단한 지점부터 이야기를 재개하도록 다음과 같이 요청할 수 있다. "이해가 되네요. 그래서 당신은 자살시도 당일에 그렇게 말한 것 이었어요…." 이 전략은 환자가 방해를 받거나 불필요한 이야기를 했다고 느낄 가능성을 최소화하는 부드럽고 정중한 방식으로 환자를 되돌리는 데 도움이 될 수 있다.

3. **근거리 및 원거리 변인을 구별하기**. 이전 요점과 관련하여, 서술적 평가를 수행 할 때 전문가는 특정 사건이나 주제가 지표자살위기와 직접 또는 근접하게 관련되어 있다고 가정하는 것을 주의해야 한다. 예를 들어 외상노출은 자살의 중요한 위험요인이지만 환자의 최근 자살시도가 특정 외상과 직접적인 관련이 있다는 의미는 아니다. 예를 들어, 전쟁노출(특히 살인에 대한 노출)이 군인과 참전용사 사이에서 자살생각, 자살시도 및 자살로 인한 사망의 위험 증가와 관련이 있지만(Bryan, Griffith, et al., 2015) 자살시도 당일 전쟁관련 기억에 대해 생각하는 군인은 거의 없다(Bryan & Rudd, 2012). 따라서 전쟁노출은 자살을 유발하는 취약성으로 작용할 수 있지만 촉발자(방아쇠)는 아닐 수 있다.
4. **진행하면서 개념화하기**. 라포형성 전략 및 자살위험평가 과정으로서의 유용성 외에도, 서술적 평가는 전문가가 자살모드의 다양한 영역을 '채우기' 위해 필요한 정보를 수집하여 정확한 사례개념화를 공식화 할 수 있도록 한다. 환자가 자신의 이야기를 전달할 때 전문가는 환자의 위험요인 및 보호요인을 자살모드의 다양한 영역으로 구성할 수 있다. 이것은 전문가가 첫 번째 회기의 다음 단계인 사례개념화를 설정하는 것과 위기대응계획을 위한 잠재적 전략에 대해 생각하는 데 도움이 될 것이다.
5. **천천히 하기**. 상승된 불안 또는 상황적 압박 때문에 전문가는 초기의 이상적인 속도보다 빠른 속도로 서술적 평가과정을 진행한다. 빠른 분류 및 의사 결정을 특징으로 빠르게 진행되는 환경에서 일하는 전문가(예 응급실, 1차 진료 클리닉, 이동식 위기대응팀)는 특히 이러한 상황에 취약하다. 대부분의 전문가는 평균 10~15분 내에 서술적 평가를 완료할 수 있다. 이것은 전통적인 자살위험평가 면접접근 방식보다 길어질 수 있지만 느긋하게 천천히 진행하는 전문가는 환자로부터 더 좋고 미묘한 정보를 얻는다고 보고하는 경우가 많다. 몇 분 더 추가하면 큰 배당금을 지급받을 수 있다.

CHAPTER

# 09

# 치료기록 및 사례개념화

치료기록은 약 3×4인치 크기(색인카드보다 약간 작음)의 작은 휴대용노트로, 각 회기가 끝날 때마다 메모를 하고 '학습한 교훈'을 기록할 수 있다. 예를 들어, 환자들은 개입효과에 대해 뭔가를 쓸 수도 있고(예 "호흡 운동은 나를 진정시키는 데 도움이 된다."), 긍정적인 재평가를 쓰거나 자기 자신에 대해 생각을 적을 수도 있다(예 "결국 나는 그렇게 나쁜 사람은 아니다."). 치료기록노트는 전문가가 환자에게 제공한다. 환자에게 노트를 주는 것이 치료일지의 정서적 만족도와 의미를 증가시키는 것처럼 보이기 때문에 환자에게 노트를 사라고 요구하지 않는다. 이렇게 하면 치료기록의 전반적인 효과성이 증가하고 손실되거나 잘못될 가능성이 감소한다. 환자가 쉽게 접근하고 참조할 수 있고 쉽게 가지고 다닐 수 있도록 하기 위해 치료기록은 주머니, 지갑 또는 배낭에 들어갈 수 있을 만큼 작아야 한다(<그림 9.1> 참조). 작은 크기의 치료일지는 환자가 더 많은 재량권과 비밀을 유지하면서 그 노트를 사용할 수 있게 해준다.

치료기록은 각 환자의 경우를 이해하기 위한 작업에 대한 모델 역할을 하는 사례개념화의 일부로 BCBT의 첫 번째 회기 동안 환자에게 소개된다. 자살모드 개념을 기반으로 하는 사례개념화는 환자가 자살을 생각하거나 시도하는 지점에 도달한 이유를 이해하는 데 도움이 되며 전문가가 목표로 하는 치료계획을 개발하는 데 도움이 된다. 사례개념화는 서술적 평가에서 직접 시행하며 환자의 자살위기의 여러 기능을 간단하고 이해하기 쉬운 개념틀로 구성하는 데 사용된다. 환자에게 치료기록일지를 제공함으로서, 전문가는 환자에게 자신의 개인적인 자살모드의 그림을 그리도록 초청한다. 작성한 그림은 새로운 절차와 개입이 도입되는 나머지 BCBT과정에서 참조할 수 있다.

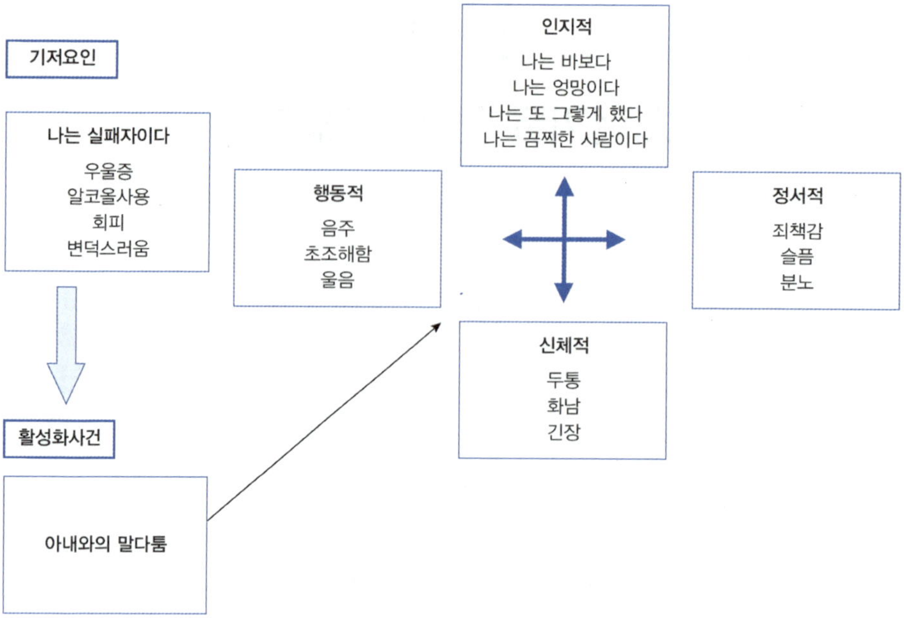


그림 9.1 마이크의 치료기록의 예

# 이론적 근거

치료기록의 주요 목적은 환자에게 '효과가 있는 것'에 대한 기록을 작성하는 것이다. 치료기록은 환자가 건강에 대한 관점을 얻고, 행동과 처한 상황의 패턴을 분명하게 하고, 효과적인 감정조절 및 문제해결 전략을 추적하고, 치료전반에 걸친 성공을 추적하는 데 도움이 된다. 환자가 BCBT과정에서 배운 새로운 교훈을 알게됨에 따라 치료기록은 진전, 성장 및 희망과 관련하여 발전하는 것에 대한 기록이 된다. BCBT가 끝난 후 환자는 문제해결을 돕기 위해 필요할 때마다 치료기록을 참조하고 치료 중에 상황이나 문제가 어떻게 성공적으로 해결되었거나 대처되었는지 떠올릴 수 있다. 따라서 치료종결 시 치료기록은 맞춤형 재발방지계획이 된다. 그러나 치료기록은 환자가 모든 생각, 감정 및 매일의 상황을 기록하는 일지나 일기로 개념화하거나 이해해서는 안 된다. 일지나 일기는 종종 부정적인 삶의 경험, 문제 및 감정을 매일 추적하여 치료회기에서 내용을 제공하는 데 사용된다. 부정적인 삶의 경험을 추적하면 실제로는 역경, 실패 및 절망에 대한 기록으로 작용하기 때문에 자살하려는 환자의 절망을 촉진할 수 있다. 일지나 일기와 대조적으로 치료기록은 성장, 개발, 성공 및 권한부여를 기록하는 항목만 포함한다. 따라서 회복과정을 촉진한다.

1장에서 논의한 바와 같이, 자살시도를 예방하기 위한 효과적인 치료법은 상황적 스트레스 요인, 생각, 감정 및 행동을 통합하는 간단하고 이해하기 쉬운 자살모델을 기반으로 한다. BCBT에서 자살모드는 환자가 자살사건을 경험하거나 자살시도를 한 이유와 전문가가 특정 순서에 따라 특정개입을 선택한 이유를 설명하는 개념적 모델 역할을 한다. 따라서 사례개념화는 치료계획의 기초역할을 하며, 이후의 모든 개입은 '무엇이 잘못되었는지'와 '그것에 대해 무엇을 해야 하는지'와 관련하여 상호 합의된 모델을 기반으로 하여 논리적으로 선택된다.

## 방 법

치료기록은 서술적 평가가 완료된 후 환자에게 처음 제시된다. 치료기록을 소개할 때 전문가는 그 목적을 간략하게 설명한 다음, 환자에게 매 회기마다 기록을 가져 오도록 요청한다. 각 회기가 끝날 때마다 전문가는 환자에게 현재 회기에서 '학습한 교훈'을 확인하도록 요청한 다음, 환자에게 이 교훈을 자신의 치료기록에 쓰도록 지시한다. 치료기록은 BCBT를 진행하는 과정 전체에서 참조되며 치료의 마지막 단계인 재발방지작업에서 중요한 역할을 한다. BCBT에서 치료기록의 첫 번째 사용은 사례개념화를 목적으로 하며, 치료기록은 전문가와 환자가 공동으로 작성한다.

이러한 과정을 촉진하기 위해 전문가는 환자가 구두로 설명한 것을 시각적으로 사례개념화한 것을 볼 수 있도록 자살모드의 다양한 영역을 화이트보드(또는 종이)에 그린다. 전문가는 자살모드의 개념을 설명하면서 사례개념화를 시작한다. 그런 다음 전문가는 환자에게 환자의 독특한 자살모드에 있는 빈 네모상자를 채우게 하여 사건을 개념화하도록 요청한다. 전문가와 환자가 자살모드의 각 영역을 함께 검토할 때, 전문가는 화이트보드의 자살모드에 관련된 환자의 특정 정보를 추가함으로써 환자의 자살위기에 대한 개인화된 잘 정리된 지침을 제공한다. 이 과정에서 전문가는 환자에게 자살모드의 추가 또는 변경을 권고함으로써 환자의 참여를 촉진한다. 사례개념화가 완료되면 전문가는 환자가 치료기록에 맞춤형 자살모드의 그림을 그리게 하여 나중에 다시 참조할 수 있게 한다.

## 1단계: 치료기록 소개

전문가는 환자에게 치료일지를 제공하고 그 목적을 설명한다.

### 치료자용 스크립트 예시

이 치료법을 다른 치료법과 비교할 때 약간 다를 수 있는 한 가지는 치료기록을 사용하는 것입니다. 하나를 드리고 그것이 무엇인지 설명하겠습니다.

이 치료를 함께 진행하면서 기억해야 할 중요한 정보나 개념이 있을 것입니다. 교사가 제시하는 중요한 정보를 기억하기 위해 수업시간에 메모를 작성하는 것과 같이 이 치료기록에 기록함으로써 치료에서 배운 가장 중요한 교훈을 기억할 것입니다. 각 회기가 끝날 때 당신과 나는 그날 배운 주요한 교훈을 확인한 다음, 치료기록에 기록할 것입니다. 일부 회기에서 배운 교훈은 우리가 연습하는 새로운 기술이나 전략을 수행하는 방법에 관한 것일 수 있습니다. 예를 들어 호흡운동을 함께 연습할 때 해당 회기에서 배운 교훈은 호흡운동이 진정에 도움이 된다는 것입니다. 다른 회기에서 배운 교훈은 자신을 위한 긍정적인 생각이나 '격려의 말' 같은 것일 수도 있습니다. 예를 들어, 자기 자신을 객관적으로 보는 방식에 대해 이야기하기 시작할 때 특정 회기에서 배운 교훈은 자신에게 너무 심하게 대하거나 자신에게 너무 불공평하다는 것입니다.

치료과정에서 배운 많은 교훈을 축적하기 시작하면 치료기록이 문제해결과 삶의 고통관리에 도움이 되는 것을 기억하는 방법이 될 것입니다. 또한 그것은 당신의 성장과 치료의 진전을 추적하는 방법이 될 것입니다. 치료가 끝나면 이 치료기록을 가지고 특정 상황을 처리하거나 특정 기술을 사용하는 방법에 대한 재교육이 필요할 때마다 참조할 수 있습니다. 따라서 미래의 성공을 위한 장기적인 계획이 될 수 있습니다. 이 모든 것이 이해되나요?

## 2단계: 치료기록을 유지하기 위한 동기 강화

전문가는 환자가 치료기록을 사용하고 이를 지속할 가능성을 높이기 위해 동기강화 전략을 사용한다. 이를 달성하기 위해 전문가와 환자는 회기 사이에도 치료기록을 유지할 수 있도록 치료기록을 어디에 둘 것인지에 대한 계획을 공동으로 세운다.

**치료자용 스크립트 예시**

우리가 만날 때마다 이 치료기록을 추가할 것이기 때문에 매 회기마다 치료기록을 가져오는 것이 중요합니다. 우리가 만날 때마다 치료기록을 가지고 와서 검토하고 추가해주겠습니까?

필요할 때 사용할 수 있도록 이 치료기록을 어디에 보관할 수 있는지에 대해 이야기하고 나와 약속한 날 가져오는 것을 잊지 않아야 합니다. 많은 환자들은 낮 동안 비교적 쉽게 접근할 수 있는 장소에 치료기록을 보관하는 것이 도움이 된다고 생각합니다. 예를 들어, 어떤 사람들은 뒷주머니나 지갑에 보관하고 다른 사람들은 자동차의 글러브 박스[1]나 배낭에 보관합니다.

치료기록을 어디에 보관해서 사용할 수 있는지, 그리고 그것을 치료에 가지고 오는 것을 기억할 수 있을지에 대한 당신의 생각은 어떻습니까?

## 3단계: 각 회기가 끝날 때 배운 교훈 확인(모든 회기에서)

모든 BCBT회기가 끝날 때 전문가는 환자에게 현재 회기의 내용을 요약하고 '학습한 교훈'을 분명하게 하도록 요청한다. 전문가는 환자에게 이 교훈을 치료기록에 기록하도록 요청한다.

**치료자용 스크립트 예시**

오늘 우리는 많은 이야기를 했습니다. 우리가 논의하고 연습한 모든 것 중에서 가장 의미 있게 '배운 교훈'은 무엇입니까? 가장 도움이 되거나 유용한 점은 무엇입니까? 오늘 얻은 가장 중요한 정보나 지식은 무엇입니까?

1) 조수석 앞의 수납공간

### 4단계: 각 후속 회기 시작 시 학습한 교훈 검토(모든 회기에서)

모든 후속 회기마다 전문가는 환자에게 치료기록을 회기에 가져 왔는지 묻고 환자에게 이전 회기에서 학습한 교훈을 검토하도록 요청한다. 이것은 이전 회기에서 현재 회기로의 연결을 제공한다.

**치료자용 스크립트 예시**

우리가 마지막으로 만났을 때 어디서 끝났는지 잠시 검토해봅시다. 치료기록을 가지고 왔습니까? 지난 회기에서 무엇을 배웠습니까?

### 5단계: 자살모드의 개념 소개

전문가는 자살모드의 개념을 소개하고 간단한 설명을 제공한다. 그런 다음 전문가는 나중에 참조할 수 있도록 환자에게 개별화된 자살모드를 치료기록에 그려달라고 요청한다.

**치료자용 스크립트 예시**

자살위기가 있던 날 있었던 일에 대해 이야기를 해주셔서, 자살시도를 하는 것이 당신에게 합리적인 선택처럼 보였던 상태에 어떻게 도달했는지에 대해 훨씬 더 잘 이해할 수 있을 것 같습니다. 치료하면서 우리가 함께 하는 일을 안내할 수 있는 방법으로 그러한 이야기들을 조직하는 것이 유용하다는 것을 발견하였습니다. 이렇게 하는 것이 치료를 우리가 이해할 수 있게 해주고, 우리가 적절하게 주요문제의 우선순위를 정하도록 하는 방법입니다. 이를 위해 우리는 자살모드라고 불리는, 자살위험을 이해하기 위한 매우 간단한 모델을 사용합니다.

자살모드는 자살위기를 초래하고 심지어 그 위기 동안 상황을 악화시킨 모든 정보와 이슈를 종합하기 위한 일종의 체계입니다. 자살모드는 당신에게 적용할 수 있는 몇 가지 부분으로 구성되어 있습니다. 각각의 부분에 대해 한 번에 하나씩 이야기해 봅시다. 각 부분에 대해 이야기하면서, 나는 이 칠판에 그것을 그려서 우리가 어떻게 진행되고 있는지 더 쉽게 볼 수 있도록 할 것입니다. 조금 전에 드린 치료기록에 이 모델을 하나 그려서 보관하고 치료 중 필요할 때 언제든지 볼 수 있게 해주면 좋겠습니다.

## 6단계: 기저 위험요인 검토

전문가는 특정의 유전적, 생물학적, 역사적 요인(예 가족력, 성별, 인종, 외상 노출, 과거 자살시도, 이전 정신과 이력)이 앞으로 자살사건을 경험하거나 자살시도를 할 수 있는 환자의 기저의 가능성을 어떻게 증가하게 하는지 설명한다. 그런 다음 전문가와 환자는 공동으로 환자의 기저 위험요인을 확인한다.

### 치료자용 스크립트 예시

자살모드의 첫 번째 부분은 우리가 기저 위험요인이라고 부르는 것입니다. 기저 위험요인은 자살가능성을 높이는 당신과 관련된 일 또는 당신에게 일어난 일입니다. 몇 가지 예로는 자살로 사망한 다른 가족 구성원이 있거나, 정신질환 병력이 있거나, 외상이나 학대경험이 있거나, 이전에 자살시도를 한 적이 있는 경우입니다. 기저 위험요인이 반드시 자살에 대해 생각하거나 자살시도를 하게 만드는 것은 아니지만 자살생각을 가지고 있을 가능성을 더 높게 합니다. 당신이 당신 자신에 대해 말해준 것을 보면 자살시도를 할 때 다음과 같은 기저의 위험요인을 가지고 있는 것처럼 들리는데…. [전문가는 화이트보드에 환자의 성향을 나열합니다.]

### 문제해결 팁

**환자가 동의하지 않으면 어떻게 할 것인가?** 환자가 제안된 위험요인에 대해 전문가와 의견이 일치하지 않는 경우 전문가는 환자에게 자신의 관점에 대해 자세히 설명하도록 요청해야 한다.

예를 들면, 우리가 상황을 다르게 보는 것 같습니다. 어떻게 설명해 주시겠습니까?

다시 말하지만, 기저 위험요인은 자살위기를 경험하거나 일생동안 자살시도를 할 가능성을 높이지만 반드시 자살에 대해 생각하거나 자살시도를 저절로 하게 만드는 것은 아닙니다. 자살 가능성을 증가시킬 수 있는 아직 나열하지 않은 다른 기저 위험요인을 생각할 수 있습니까?

## 7단계: 활성화사건 검토

전문가는 스트레스가 많은 상황이나 삶의 문제가 어떻게 정서적 고통을 유발하고 자살 에피소드를 유발할 수 있는지 설명한다. 전문가는 외적 활성화사건(예 관계 문제, 재정적 부담, 법적 또는 징계 문제)과 내적 활성화사건(외상성 기억, 부정적인 기분 상태, 자멸적 진술)을 구분하고 활성화사건이 자살위기를 활성화할 수 있다는 것을 지적한다. 그런 다음 전문가와 환자는 공동으로 환자의 활성화사건을 분명하게 한다.

### 치료자용 스크립트 예시

자살모드의 다음 부분은 활성화사건이라고 부릅니다. 활성화사건은 자살위기를 활성화시키는 스트레스가 많은 상황 또는 삶에서 경험하는 문제입니다. 활성화사건은 일반적으로 외적 사건과 내적 사건으로 분류할 수 있습니다.

외적 촉발사건은 관계 문제, 재정적 어려움, 법적 문제나 징계 문제와 같이 인생에서 발생하는 스트레스가 많은 상황입니다. 대조적으로 내적 촉발사건은 우울증, 삶의 문제에 대한 걱정, 자신에게 일어날 수 있는 나쁜 일에 대해 생각하는 것과 같이 내면에서 발생하는 정신적 또는 신체적 경험입니다.

대부분의 경우 자살위기는 삶의 사건에 의해 촉발되지만, 어떤 경우에는 삶의 사건과 특별히 관련이 없는 내면의 특정 종류의 느낌이나 경험에 의해 촉발되기도 합니다. 조금 전에 한 이야기를 토대로 하면 활성화사건이 포함된 것 같습니다.…
[전문가는 환자의 촉발사건을 화이트보드에 나열한다.]

가장 최근의 자살위기가 있었던 날에 생긴일이 아니더라도 위기에 대한 다른 외적 또는 내적 활성화사건이 있습니까?

그 날 자살위기를 경험한 이유를 이해하기 위해 기저 위험요인과 활성화사건을 함께 고려해야 합니다. 사람은 충분히 스트레스를 받는 활성화사건이 있는 상태에서 충분한 수의 기저 위험요인을 가지고 있을 때에만 적극적으로 자살할 수 있습니다. 즉, 활성화사건은 취약한 경우에만 자살위기를 활성화시킵니다. 어떤 사람은 특정한 스트레스 사건을 겪고 나면 자살할 수 있지만, 다른 사람은 똑같은 일을 경험했을 때 자살하지 않는 이유는 스트레스 요인이 무엇이고 그러한 스트레스 요인에 어떻게 반응하는지를 배우느냐에 따라 달라집니다.

당신이 자살에 취약한 상태에서 중대한 활성화를 경험할 때 격렬한 자살위기가 발생합니다. 이 위기를 자살모드라고 합니다. 자살 모드는 행동, 신체, 정서 및 인지의 네 가지 영역으로 구성됩니다.

## 8단계: 행동 영역 검토

전문가는 환자들이 스트레스를 받는 사건에 대해 또는 이에 반응하여 취하는 행동이 어떻게 그들이 느끼는 감정과 의사결정에 영향을 미칠 수 있는지 설명한다. 전문가는 자살충동을 촉진하는 행동(예 사회적 고립, 물질 사용, 비자살적 자해, 준비 행동)과 자살충동을 예방하거나 해결하는 행동(예 의미 있는 활동에 참여, 운동, 친구나 가족과 함께 보내는 시간)을 구분한다. 그런 다음 전문가와 환자는 환자의 자살과 관련된 행동을 함께 확인한다.

**치료자용 스크립트 예시**

행동 영역부터 시작해봅시다. 이것은 감정적으로 화를 내고 자살을 생각할 때 당신이 하는 일들과 내리는 결정입니다. 자살위기에 대해 이야기를 하고 있을 때, 당신은 당신이 위기에 이르는 동안 다음과 같은 일을 했다고 나에게 말했습니다.… [전문가는 화이트보드에 환자의 행동을 나열한다.]

이러한 행동으로 인해 감정적 고통이 지속되었고, 자살을 시도할 가능성을 더 높아졌습니다. 자신에게 역효과를 일으키거나 화를 냈을 때 상황을 악화시키는 것처럼 보이는 다른 행동이 있습니까?

## 9단계: 신체 영역 검토

전문가는 생리적 자극과 정서적 자극이 어떻게 상호 연관되어 있는지, 정서적 고통이 어떻게 신체적 문제(예 근육 긴장, 두통, 수면 문제)를 유발할 수 있는지, 그리고 신체적 문제가 어떻게 정서적 고통을 증가시킬 수 있는지 설명한다. 그런 다음 전문가와 환자에게 환자의 정서적 자극 및 정서적 고통을 유발하거나 유지하는 신체적 문제에 대한 생리적 지표를 공동으로 확인한다.

**치료자용 스크립트 예시**

다음은 신체적인 영역입니다. 감정적으로 화를 낼 때 종종 신체적 문제나 불면증, 두통, 근육 긴장, 통증, 집중의 어려움과 같은 문제를 경험합니다. 이러한 신체적 증상은 이전보다 더 나쁜 기분을 느끼게 할 수 있습니다. 자살위기를 겪었을 때 다음과 같은 신체적 감각과 문제를 경험했다고 언급했습니다.
[전문가는 환자의 신체 증상을 화이트보드에 나열한다.]
화가 났을 때 다른 신체적 증상을 경험했거나 알아차린 적이 있습니까?

## 10단계: 감정 영역 검토

전문가는 환자에게 감정 경험이 어떻게 자기와 자신의 상황에 대한 인식을 편향시킬 수 있는지, 그리고 감정이 어떻게 환자가 감정적인 고통을 피하거나 줄이기 위해 특정한 결정을 내리거나 특정한 행동(예 물질 사용, 비자살적 자해, 사회적 철수, 자살시도)에 참여하도록 동기를 부여할 수 있는지 설명한다. 그런 다음 전문가와 환자는 환자의 자살위기 동안 가장 흔하게 경험되는 감정상태(예 우울, 죄책감, 불안, 분노)를 공동으로 확인한다.

### 치료자용 스크립트 예시

다음은 일반적으로 우울, 슬픔, 두려움 또는 죄책감과 같은 자신이나 삶에 대한 부정적인 감정을 포함하는 감정 영역입니다. 이러한 감정들은 종종 경험하는 것이 매우 고통스러워서 그것을 피하거나 없애려는 동기가 생기게 되는데, 이것은 우리에게 최선의 이득이 되지 않을 수도 있고 실제로 우리의 고통을 증가시킬 수도 있는 특정한 행동이나 결정을 하게 할 수도 있습니다. 자살위기 때 다음과 같은 감정을 느낀다고 했는데.… [전문가는 환자의 감정을 화이트보드에 나열한다.]

이런 감정들은 우리가 자살에 대해 생각하게 할 뿐만 아니라, 시간이 지남에 따라 우리의 자살위기를 지속시킬 수도 있습니다. 자살충동을 느낄 때 다른 감정을 경험해 본 적이 있습니까?

## 11단계: 인지 영역 검토

전문가는 환자에게 자신, 타인, 세상에 대한 자신의 신념과 가정들이 자신이 느끼는 감정과 삶의 상황이나 스트레스가 많은 사건에 대한 반응으로 취하는 행동에 어떻게 영향을 미칠 수 있는지 설명한다. 전문가는 시간이 지남에 따라 지속되고 인지적 소인으로 작용하는 내면화된 신념 또는 도식(예 '나는 뭔가 잘못되었다.', '나는 실패했다.')과 삶의 스트레스 요인에 대한 반응으로 발생하는 자동적인 생각(예 '이건 불공평하다', '또 시작이다.')을 구분한다. 그런 다음 전문가와 환자는 자살위기를 경험하는 환자의 취약성을 뒷받침하는 핵심 자살신념을 공동으로 확인한다.

### 치료자용 스크립트 예시

자살모드의 마지막 영역은 인지 영역입니다. 인지 영역에는 우리 자신에 대한 인식뿐만 아니라 세상과 다른 사람들에 대한 우리의 신념과 가정이 포함됩니다. 우리 자신에 대해 매우 부정적이거나 비판적인 인식을 가지고 있다면 자살에 대해 생각할 가능성이 훨씬 더 높습니다. 마찬가지로 상황이 절망적이거나 문제를 해결할 수 없다고 가정하면 훨씬 더 오랜 시간 동안 감정적으로 화를 내는 경향이 있습니다. 우리는 그러므로 핵심 신념과 자동적 사고를 구별할 수 있습니다.

핵심신념에는 시간이 지남에 따라 지속되는 자기 인식과 가정이 포함됩니다. 우리의 핵심신념은 일반적으로 '나는….'이라는 진술의 형태를 취하고 어떤 종류의 판단을 수반합니다. 이러한 인식은 우리에게 일어나는 일을 이해하는 방법에 영향을 미칩니다. 예를 들어 내가 실패자라고 믿는다면 불운은 나의 무능력 때문이라고 생각할 것입니다. 반대로 내가 유능하고 지적인 사람이라고 믿는다면 불운을 불운으로 볼 가능성이 큽니다. 그러므로 우리가 우리 자신을 어떻게 보는가는 자살충동을 일으키는 성향으로 작용합니다.

자동적인 생각은 약간 다릅니다. 자동적 생각은 우리가 삶의 사건에 대한 반응으로 우리 자신에게 말하는 것입니다. 따라서 상황에 따라 다릅니다. 예를 들어 '이건 불공평해.' 또는 '또 시작이군.'과 같은 말을 할 수 있습니다. 이러한 생각은 그 순간에 우리에게 무슨 일이 일어나고 있는지에 대한 우리의 이해를 반영하고 우리가 어떻게 느끼고 상황에 대응할 것인지에 영향을 미칩니다. 그러므로 우리의 생각은 우리의 행동과 감정을 형성합니다.

당신은 자신을 특히 부정적인 시각으로 보는 것을 암시하는 많은 진술을 했습니다. 게다가, 자살위기 동안 당신은 아마도 당신의 감정에 기여했을 많은 생각들을 가지고 있었습니다. 예를 들어, 다음과 같은 말을 하셨는데.… [전문가는 환자의 자살신념을 화이트보드에 나열한다.]

이러한 신념과 인식은 문제를 효과적으로 해결하는 것을 더 어렵게 만들고 자살을 더 쉽게 만듭니다. 또한 이러한 믿음은 당신이 자살위기에 처했을 때, 당신이 빨리 회복하거나 기분이 나아지는 것을 더 어렵게 만듭니다. 우리가 여기서 논의하지 않은 다른 부정적이거나 비판적인 말이 있습니까?

## 12단계: 환자의 이해도 평가

자살모드의 각 구성요소를 설명하고 환자의 사례별 정보로 전문가는 환자에게 자살모드에 포함된 정보를 요약하도록 요청한 다음, 환자에게 이 모델이 자신의 자살 에피소드를 정확하게 반영한다고 느끼는지 물어본다. 그렇지 않은 경우, 전문가는 환자의 취약성, 스트레스 요인 및 개인적인 반응을 보다 정확하게 파악하기 위해 개념화를 수정하거나 조정하도록 환자에게 요청한다.

**치료자용 스크립트 예시**

이것이 당신이 어떻게 자살하게 되는지, 그리고 마지막 자살위기 동안 당신에게 일어난 일을 이해하는 합리적인 정확한 방법이라고 말할 수 있나요? 이것이 당신의 자살경험을 요약한다고 말할 수 있습니까? 변경하거나 조정해야 한다고 생각하는 부분이 있습니까?

방금 논의한 내용을 요약해 줬으면 합니다. 자신의 말을 사용하여 자살모드를 설명하고 자살모드의 다양한 구성 요소가 당신의 삶에 적용되는 방식을 설명해주십시오.

## 13단계: 치료기록 사용 강화

전문가는 나중에 참조할 수 있도록 환자개인의 특성이 반영된 자살모드 사본을 자신의 치료 기록에 보관하는 것의 가치를 강조하고, 전문가와 환자가 치료과정 내내 이 모델을 여러 번 참조하여 선택된 개입과 전략이 환자의 고유한 욕구 및 목표와 관련이 있는지 확인한다.

**치료자용 스크립트 예시**

이제 치료기록에 이런 기록이 있으니 만날 때마다 이 모델을 다시 참고할 수 있을 것입니다. 이를 통해 당신의 삶에서 일어나고 있는 일들은 이해하기 위한 새로운 전략에 대해 확신을 가질 수 있습니다. 이 자살모드의 상황에 쉽게 접근하면 치료진행 상황을 추적하는 데 도움이 됩니다. 마찬가지로, 우리가 치료를 마친 후에는 삶에서 어떤 것이 문제를 해결하는 데 도움이 되는지, 삶의 어떤 것들이 문제를 유지하거나 악화시키는지 파악하는 데 도움이 필요할 때마다 이 치료기록을 꺼내 볼 수 있습니다.

## 사례를 통한 예시

마이크의 사례는 서술적 평가지표를 맞춤형 사례개념화로 변환할 수 있는

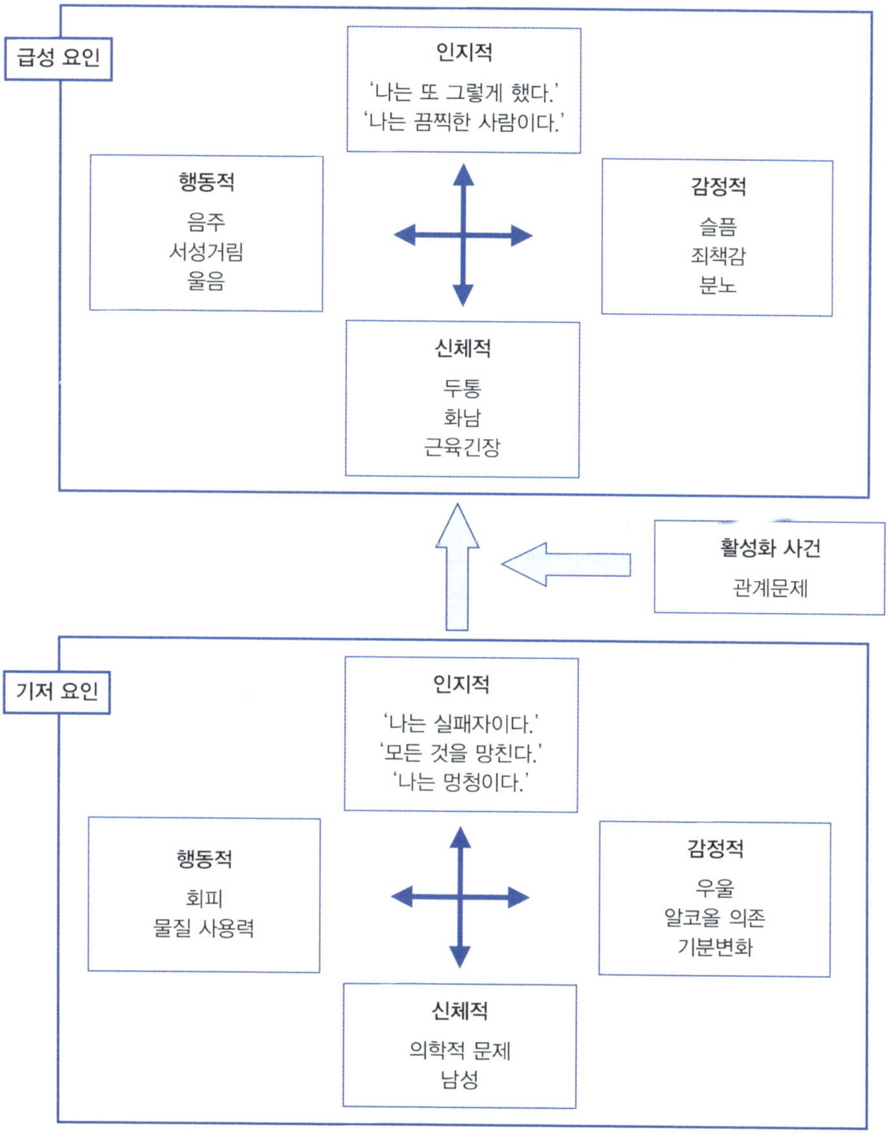


그림 9.2 마이크의 사례개념화

방법의 예를 제공한다. 마이크의 사례개념화는 <그림 9.2>에 요약되어 있다. 그림에서 보듯이, 마이크의 개념화에는 관련된 기저 위험요인과 가장 최근의 정서적 위기의 급성 징후가 포함된다. 이 개념화는 후속개입의 기초 역할을 한다. 그의 서술적 평가에서 발췌한 부분은 해당 절차에서 얻은 정보가 사례개념화를 안내하는 데 어떻게 사용될 수 있는지 보여주기 위해 발췌되었다

2주 전에 마이크와 그의 아내는 음주로 인해 또 다른 말다툼을 했고, 아내는 갑자기 그에게 아파트를 떠나라고 했다. 마이크는 이러한 말이 '과거의 결혼을 끝낸 다른 싸움과 같다.'고 언급했다. 그의 서술적 평가에서, 마이크는 자신의 '통제 불능'에 대해 알게 된 것은 부분적으로 그의 아내에 의해 영향을 받았다고 보고했다. 그의 아내는 그들이 싸우는 중에 '통제 불능'과 '감정 불능'이라는 문구를 자주 사용한다. 그녀는 또한 그의 과음 행위에 대해 불평했다.

전문가: 좋아요. 그날 밤에 대해 이야기해 봅시다. 그날 밤 있었던 이야기를 해주실 수 있나요? 당신이 어떻게 그렇게 됐는지, 그런 상태에 이르게 한 것들 말이에요.

마이크: 네, 물론이죠. 그날 밤은 내가 일어났을 때 시작된 것 같아요. 그리고 하루 종일 일이 좀 커졌어요. 전날 밤 술을 마셨는데 잠에서 깨어 보니 기분이 좋지 않았어요. 정말 머리가 아팠기 때문이에요. 그날 아침에도 아내는 내가 술을 마셨기 때문에 기분이 좋지 않았어요. 그녀는 내게 묵비권을 행사하고 있었고, 내게 가장 자비로운 사람이 아니었어요.

전문가: 무슨 뜻이죠?

마이크: 글쎄요, 그녀는 조용히 있으려고 하는 게 아니었어요. 그녀는 캐비닛 문, 냄비, 팬, 그런 것들을 쾅쾅 두드리고 있었어요. 왜냐하면 그녀는 내가 두통을 앓고 있다는 것을 알고 있었고, 그녀는 그것을 더 악화시키려고 애쓰고 있었기 때문이에요. 나는 이미 기분이 끔찍했기 때문에, 그녀가 일부러 나에게 끔찍하게 대하는 것은 나를 점점 더 화나게 했어요. 그래서 마침내 나는 그냥 폭발해서 그녀에게 내가 다시는 술을 마시지 말았어야 한다는 것을 깨달았고 그녀가 그렇게 행동하지 않아도 화가 났다는 것을 알았기 때문에 그녀가 아침에 시끄럽게 하지 않아도 된다고 말했어요. 그녀는 내가 항상 술을 마시고 자제력을 잃는 것에 싫증이 났다고 말했어요. 나는 그녀에게 내가 술을 마시는 것을 원하지 않는다는 것을 알고 있고, 내가 자주 술을 마시지 않는다고 말했어요. 그녀는 내가 자주 술을 마시는 것이 문제가 아니라 술을 마시면 통제 불능이 되고 오로지 내 자신의 문제에 직면하고 싶어 하지 않는다고 말했어요. 그녀는 내가 통제할 수 없고 문제

를 다루지 않는다고 나에게 항상 말해요. 마치 그녀는 저를 꾸짖는 엄마 같아요.

전문가: 그렇군요. 그러니까 당신 말은 마치 당신이 통제 불능이고 당신의 문제에 직면하고 싶어 하지 않는다고 그녀가 말할 때, 죄책감이나 수치심을 느낀다는 것처럼 들리는군요.

마이크: 저도 모르겠어요.

전문가: 다른 감정을 느끼시나요?

마이크: 수치심이 맞는 것 같아요. 내가 어른이 아닌 어린 아이 같은 기분이 들어요.

전문가: 좋아요, 그럼 지금 이 시점에 분노와 수치심을 느끼고 있나요?

마이크: 네.

전문가: 좋아요, 그 다음엔 무슨 일이 일어났나요?

마이크: 나는 방어적인 태도를 취했고 그녀와 말다툼을 했어요. 제 말은, 어떤 면에서는 그녀가 옳다는 것을 알지만, 그건 나를 더 화나게 할 뿐이에요.

전문가: 그녀가 옳은 것은 무엇인가요?

마이크: 내가 문제를 직면하지 않고 화가 나면 술을 마신다는 거예요.

전문가: 좋아요. 그래도 당신 자신에 대해 맞는 것이 있다고 생각하네요.

마이크: 네, 하지만 난 그녀가 그런 말을 할 때 너무 화가 나요. 그건 내가 이미 알고 있는 것 같아요. 나를 아이처럼 대하고 바보처럼 느끼게 할 필요는 없어요.

전문가: 네, 알겠어요. 그래서 그날 아침은 그 시점에서 무슨 생각을 했나요?

마이크: 네, 생각해봤는데, 큰 소리로 말하거나 하지는 않았어요. 내가 그런 마음가짐을 갖게 되면, 그녀에게 어떤 빌미도 주고 싶지 않아요. 아시죠?

전문가: 음. 그 다음엔 무슨 일이 있었나요?

마이크: 글쎄요, 상황이 점점 악화되고 있어요. 내가 그녀에게 내가 너무 큰 실수를 했기 때문에 그녀가 더 이상 나를 상대하지 않아도 되도록 떠나겠다고 말했어요. 그녀는 그렇게 하는 것이 자신에게 좋겠다고 말했고, 그래서 우리는 그 시점에서 이야기를 중단했어요. 그녀는 계속 출근 준비를 하고, 나도 출근 준비를 했고, 나는 엄마 집에서 밤을 보낼 수 있도록 옷가방을 준비했어요. 나는 예전에 엄마 집에 머물렀던 적이 있어서 그냥 다시 그렇게 할 거라고 생각했어요. 그래서 저는 일하러 갔어요. 하루 종일 화가 났고, 말다툼에 대해 계속 생각했고 내가 어떻게 다시 실수를 했는지, 그리고 내가 항상 어떻게 실수를 했는지 생각했어요. 갑자기 울기 시작했고 내가 그렇게 하는 것을 아무도 보지 않기를 바라기 때문에 직장에서 사람들로부터 멀리 떨어져 있었어요. 근무를 마치고 엄마 집에 가서 저녁을 먹었어요. 일찍 잠자리에 들려고 했지만, 마음을 놓을 수가 없었어요. 내 생각을 통제할 수 없는 것 같았어요.

전문가: 무슨 생각을 했나요?

마이크: 내가 얼마나 멍청한지, 또 망쳤어요. 나는 아내가 나를 떠나는 것에 대해 걱정하기 시작했어요. 왜냐하면 나는 너무 끔찍한 사람이기 때문이에요. 나는 그녀가 나를 떠나는 것을 생각했고 걱정을 했어요. 나는 걱정하는 것을 통제할 수 없었고 내가 한 일에 대해 기분이 나빠지기 시작했어요. 술을 조절하지 못하는 자신에게 화가 났고 혼자되는 것을 슬퍼하기 시작했어요.

전문가: 다음엔 무슨 일이 있었나요?

마이크: 나는 정말 심한 두통을 앓았어요. 숙취로 인한 두통은 아니지만, 그렇다고 분노로 인한 두통 같은 건 아니에요. 나는 정말 긴장해서 침실을 서성거리고 울기 시작했어요. 울지 않으려고 애썼지만, 어쩔 수 없었어요. 나는 너무 멍청해서 울음도 멈출 수가 없어요. 나는 어린 아기 같아요. 그렇게 화가 나기 시작하면서 엄마 냉장고에 가서 맥주를 한 잔 마셨어요. 술 마시는 것이 문제라서 술을 마시고 싶지 않았어요, 당신도 알죠? 하지만 그때는 무슨 소용이 있을까 하는 생각이 들었어요. 이미 모든 일을 너무 엉망으로 만들어 놓았기 때문에 더 이상 문제가 되지 않았죠.

전문가: 맥주를 몇 잔이나 마셨나요?

마이크: 그다지 많이 마시지는 않았어요. 글쎄요. 우리 엄마가 집에 맥주를 많이 두지 않아서 4~5잔 정도 마셨나 봐요. 나는 집 지하실을 초조하게 왔다 갔다 하고 있었어요. 나는 언쟁과 내가 어떻게 망쳤는지에 대해 생각하는 것을 멈출 수 없었어요. 나는 그 언쟁을 머릿속으로 반복하고 있었고 점점 더 화가 났어요. 마지막 맥주를 마시고 다른 맥주를 가지러 돌아왔을 때 냉장고가 비어 있어서, 나는 그냥 딱딱거렸어요. 그때 내가 엄마의 맥주를 30분 동안에 다 마셨다는 것을 깨달았기 때문에 기분이 끔찍했고 내가 그걸 해야만 한다는 생각을 하기 시작했어요.

전문가: 무엇을요?

마이크: (고개를 돌려 울기 시작함) 아무 것도 아니에요.

전문가: 당신이 그것을 해야 한다고 생각하기 시작했다고 말할 때, '그것'은 무엇을 말하나요?

마이크: 난 자살할 생각은 없었어요. 당신이 그렇게 말하고 있다는 거 알아요. 하지만 그건 그런 게 아니었어요.

전문가: 좋아요. 자살이 아니었다면, 무엇이었을까요?

마이크: 몰라요.

전문가: 좋아요, 충분해요. 그러니까 냉장고 안을 들여다보면서 그냥 해야 한다고 스스로에게 말하고 있는 거군요. 그 다음은 어떻게 했나요?

마이크: 나는 정말 심하게 울기 시작했고, 아내에게 문자를 보냈어요. 내가 왜 그랬는지 모르겠어요. 그 당시 나는 더 이상 신경 쓰지 않을 정도로 취한 것 같아서 그녀에게 문자를 보내고 사랑한다고 말했어요.

전문가: 그리고 무슨 일이 있었나요?

마이크: 그녀가 바로 답장을 하지 않아서 나를 울게 만들었지만, 10분 정도 지난 후에 그녀는 문자 메시지를 보냈어요. 그녀도 나를 사랑한다고, 그리고 잠자리에 들 거라고, 그리고 나도 곧 잘 수 있기를 바란다고.

전문가: 그리고 나서는?

마이크: 기분이 훨씬 나아졌어요. 정말 안심이 됐어요. 그녀는 여전히 나에게 화가 났지만 그녀가 나를 사랑한다고 문자를 보내며 내가 잠자리에 들기를 바란다는 것은 정말 많은 의미가 있었죠. 나는 그 후 진정되기 시작했어요.

마이크가 서술적 평가를 하는 과정에서 제공한 세부정보 중 얼마나 많은 정보가 <그림 9.2>의 사례개념화에 통합되었는지 주목해야 한다. 그의 접수서류 및 그의 접수평가의 다른 부분에서 얻은 추가 세부사항 및 정보도 이 모델에 통합되어 있다. 그러나 서술적 평가에서 마이크로부터 확인한 중요한 사실은 '단지 그것을 한다.'라고 생각하는 것이다. 마이크는 이 진술이 자살에 관한 것임을 재빨리 부인했지만, 이 사건을 둘러싼 맥락은 그가 어느 정도 자살을 고려하고 있을 가능성이 있음을 강력하게 암시한다. 그러나 마이크는 이러한 가능성을 인정하지 않는 것 같기 때문에 전문가는 서술적 평가를 계속하기로 선택하여 가능한 서로의 의견충돌을 피한다. 전문가는 서술적 평가에 집중함으로써 이 사건이 어떻게 해결되었는지를 파악하는 것이 가능하다.

### 치료기록 및 사례개념화에 대한 팁과 조언

1. **환자에게 치료일지 제공**. 환자가 직접 구매하라고 하는 대신 치료일지를 제공하는 것이 여러 가지 이유로 더 효과적이다. 첫째, 부족한 경제적 자원('나는 그것을 구할 수 없다'), 시간 제약('나는 그것을 구할 시간이 없다'), 동기 부여 문제('나는 그것을 구하는 것을 잊었다')를 포함하여 몇 가지 잠재적인 장벽을 제거한다. 둘째, 환자에게 치료일지를 제공하는 것은 스스로 구입하거나 획득한 치료기록에 비해 그 의미가 증가하는 것으로 보인다.

2. **대안 제공**. 비교적 사소한 문제이지만, 환자가 선택할 수 있는 여러 치료기록 옵션을 제공하면 인지된 의미와 유용성이 더욱 높아진다는 사실을 발견했다. 대안은 선택할 수 있는 다양한 색상 또는 표지 디자인을 제공하는 것만큼 간단할 수 있다. 선택할 수 있게 하는 것은 환자가 자신의 선택을 '맞춤화' 또는 '개인화' 할 수 있게 하는데, 이렇게 하는 것이 그 가치를 높여주는 것처럼 보인다. 사례개념화 과정에서 자살모드의 그림 그리기, 화이트보드 또는 기타 작업대에 자살모드 그림을 그리면, 환자(및 전문가)가 다양한 위험요인 및 보호요인이 서로에게 미치는 영향을 시각화하는 데 도움이 된다. 환자는 종종 이것이 자신의 상황을 이해하는 데 도움이 된다고 보고하고, 전문가는 종종 이것이 위험수준과 치료계획을 생각하는 데도 도움이 된다고 보고한다.
3. **자살모드를 작성하는 동안 환자에게 피드백 요청**. 자살모드에 대해 논의할 때 전문가는 환자와 정기적으로 확인하여 정확성과 동의하는 정도를 평가하는 과정에 참여해야 한다. 이렇게 하는 것이 나중에 치료과정을 지연시키거나 지연시킬 수 있는 오해의 가능성을 줄이고 협력적인 업무관계를 확립하는 데 도움이 된다.

CHAPTER

# 10

# 위기대응계획

위기대응계획은 BCBT의 첫 번째 회기에서 최종적으로 필요한 요소이다. 위기대응계획은 자살위기나 급성 자살위기가 발생하기 전에 정서적으로 고통스러울 때 환자가 따를 수 있는 공동으로 개발한 서면계획이다. 핵심적으로 위기대응계획은 위기상황에 처했을 때 '무엇을 해야 하는가'라는 서면 체크리스트가 들어있으며, 자살시도에 대한 행동적인 대안으로 구성되어 있다.

위기대응계획에는 다섯 가지 요소가 포함된다. (1) 자살위기의 발생 가능성을 나타내는 개인적 경고신호 확인 (2) 환자의 주의를 분산시키기나 효과적으로 대처하는 데 도움이 될 수 있는 자기관리기술 또는 전략 파악 (3) 삶의 이유 확인 (4) 사회적 지원 및 지원을 받기 위해 연락할 수 있는 지원이 가능한 친구 또는 가족 확인 (5) 정신건강서비스제공자, 위기핫라인 및 응급 서비스(즉, 119)와 같은 전문적인 지지 및 도움 받을 수 있는 곳 확인이다.

## 기본적 논리

위기대응계획의 1차적인 목적은 정서적 고통과 문제해결 능력이 저하되는 급성기에 환자의 의사결정 과정을 돕는 것이다. 자살충동을 느껴본 적이 없는 개인에 비해(심지어는 심각한 우울증을 겪는 사람에 비해서도), 자살을 생각하는 사람들은 문제에 대한 가능한 해결책을 만드는 데 상당한 어려움을 경험한다(Williams, Barnhofer, Crane, & Beck, 2005). 이러한 문제해결능력의 부족은 자살하려는 개인이 죽음과 자살과 관련된 정보에 대해 갖고 있는 편향적인 주의와 관련이 있는 것으로 보이며, 여기에는 부정적인 감정 상태와 미래에 대한 부정적인 기대가 포함된다.

위기 중에는 환자의 인지적 소인이 활성화되어 자살충동을 느끼는 사람들은 앞으로 자신들에게 부정적인 사건이 일어날 가능성을 과대평가하는 경향이 있다(MacLeod, Rose, & Williams, 1993). 위기대응계획은 위기상황일 때 취해야 할 일련의 조치들을 정리한 의사결정 보조수단으로서, 급박한 위기상황에서 발생하는 문제해결의 붕괴에 대처하는 역할을 한다. 가장 중요한 것은 본질적으로 위기대응계획은 환자가 가장 자살시도를 하고 싶을 때 자살을 시도하는 것에 대한 대안에 관한 개요이다. 자살예방 절차로서, 자살행동 감소에 대한 효과가 확인된 DBT, 자살예방을 위한 인지치료, 자살시도자를 위한 단기개입 프로그램, BCBT와 같은 다양한 치료법에서 위기대응계획이 반복적으로 사용되어 왔다. 위기대응계획의 간단함 때문에 응급실, 1차 진료기관, 정신병원 입원 및 외래 정신건강장면 등 다양한 장면에서 사용할 수 있도록 BCBT에서 위기대응계획을 활용했다.

최근 완료된 무작위 임상연구결과는 위기대응계획이 독립적인 위험관리 절차로 사용될 경우 자살시도 예방에 효과가 있다는 것을 지지한다(Bryan, et al., 2017). 본 연구에서는 위기대응계획의 두 가지 버전을 검토하여 기존의 치료와 비교하였는데, 여기에는 지지적인 경청, 전문적 위기자원 제공, 안전을 위한 구두계약이 포함된다. 두 버전의 위기대응계획에는 다음의 네 가지 요소가 포함된다. 1) 개인적 경고신호 확인, 2) 자기관리 전략 확인, 3) 지지하는 친구나 가족 구성원 확인, 4) 전문 위기서비스 확인이다. 위기대응 계획의 또 다른 버전에는 다섯 번째 요소로 개인의 삶의 이유 확인이 포함되어 있다. 사후관리 중 자살시도율이나 자살생각에 대해서는 두 가지 버전의 위기대응계획이 서로 다르지 않았지만, 두 가지 지표에서 모두 기존의 치료보다는 크게 우수하였다. 구체적으로 위기대응계획을 적용한 급성 자살 충동자는 향후 6개월 동안 자살시도 확률이 76% 감소했으며, 6개월간의 후속조치 기간 동안 자살생각이 더 빠르게 큰 감소를 보였다. 위기대응계획을 이용한 참가자들이 입원일수도 현저히 적었다.

우리의 후속 연구는 자살생각과 행동의 장기적 이익 외에도, 위기대응계획은 자살충동자의 감정 상태에 즉각적인 영향을 미친다는 것을 보여준다. 약 20~30분에 걸친 개입 전후에 평가했을 때, 두 가지 위기대응계획 중 하나를 활용한 참가자는 우울, 불안, 인식된 부담감, 자살 욕구 등 부정적인 정서 상태에서 큰 감소를 보였다. 반면 안전을 위한 계약을 한 참가자는 이후 감정 상태에서는 변화가 없었다. 나아가 추가요소가 포함된 위기대응계획 버전(삶의 이유에 대한 논의)을 적용한 참가자들도 이 추가요소가 없는 위기대응계획에 참여한 참여자보다 희망과 침착성이 크게 증가하고 인식된 부담도 현저히 감소하였다. 이러한 결과를 종합하면 위기관리계획이 (1) 자살시도를 감소시키고, (2) 자살위기를 신속하게 해결하고, (3) 당장의 부정적인 정서 상태를 감소시키고, (4) 환자가 자신의 삶의 이유에 대해 이야기하도록 요청받은 경우에만 즉시 긍정적인 감정 상태를 증가시킨다. 따라서 위기대응계획은 모든 후속 개입의 플랫폼 역할을 하는 BCBT에서 특히 강력한 요소이다.

응급부서에서 시행된 다른 연구에서 비록 효과의 규모(20% 감소)가 위기대응계획과 위기대응계획을 통합하는 다른 개입에서 나타난 것보다 훨씬 작기는 했지만 안전계획개입, 즉 위기대응계획과 유사한 절차, 후속 전화와 결합한 절차는 기존의 치료와 비교했을 때, 자살행동의 감소율은 유사했다. 본 연구에서는 안전계획개입이 건강관리제공자와 협력적으로 개발되기보다는 환자에 의해 자율적으로 관리되었고, 색인카드에 손으로 작성되기보다 미리 인쇄된 빈 양식을 사용하여 작성되었으며, 수단제한에 초점을 맞춘 섹션을 포함하였다. 이러한 차이는 내용과는 별개로 위기대응계획이 개발되는 과정이 효과성에 영향을 미칠 수 있음을 시사한다.

## 방법

환자와 함께 위기대응계획을 만들 때, 전문가는 환자가 자신의 해결책과 전략을 분명하게 할 수 있도록 도와주는 안내방식을 채택해야 한다. 이러한 접근방식을 취함으로써, 전문가는 환자가 극심한 정서적 고통의 기간 동안 위기대응계획을 사용할 가능성을 높게 할 수 있다. 위기대응계획은 BCBT의 모든 후속적 개입을 위한 플랫폼 역할을 하기 때문에 전문가와 환자는 위기대응계획을 치료 과정에서 수정·보완되는 '살아있는 문서'로 개념화해야 하며, 위기대응계획을 지속적으로 함께 개선해야 한다.

후속 회기가 시작될 때마다 전문가는 환자에게 이전 회기 이후 위기대응계획을 사용했는지 물어봐야 한다. 물어본 후, 전문가는 환자에게 위기관리계획을 사용하게 된 상황, 그리고 위기관리계획이 어떻게 사용되었는지를 설명해달라고 요청한다. 위기대응계획의 성공적인 활용은 전문가가 강화해야 하는 반면, 위기대응계획의 효과적인 활용에 대한 장벽이나 장애물(사용불능 포함)은 협력적으로 해결해야 한다. 따라서 전문가는 실용적이거나 도움이 되지 않는 자기관리기술과 단순히 정교함 또는 더 많은 연습을 필요로 하는 자기관리기술을 구별해야 한다. 예를 들어, 환자가 이완 기술의 사용이 '제대로 되지 않았다.'고 보고하는 경우, 전문가는 먼저 이완을 효과적으로 사용하는 방법을 환자가 완전히 이해하지 못했기 때문인지, 또는 그것이 유익할 정도로 충분히 기술을 연습하지 못했기 때문인지를 판단해야 한다. 실용적이지 않거나 도움이 되지 않는 기술은 위기대응계획에서 제거해야 한다. 그러나 어렵거나 복잡한 기술들은 위기대응계획에서 제거되기 전에 더 적용해봐야 한다.

위기대응계획의 일반적인 템플릿은 부록 B.3에 제공되어 있다. 전문가들은 이 템플릿의 복사본을 벽에 걸어놓거나 사본을 쉽게 접근할 수 있는 곳(예 책상 서랍)에 보관하는 것이 환자와 계획을 세울 때 충실성을 보장하는 데 도움이 된다는 것을 알았다. 물론, 템플릿은 전문가들이 구성요소를 잊어버리는 것에 대한 걱정을 줄여주기 때문에 불안감을 줄이는 데도 도움이 된다. 이렇게 하는 것이 다시 위기대응계획의 과정에 더 집중할 수 있도록 도와주고, 전형적으로 환자와의 만남에 도움이 된다.

## 1단계: 위기대응계획 소개

전문가는 먼저 위기대응계획과 그 사용 근거를 간략히 설명한다.

**치료자용 스크립트 예시**

조금 전 당신이 말한 것을 토대로 보면 자살하려고 할 때 당신이 경험하는 고통은 참을 수 없고 끝이 없을 것처럼 느껴집니다. 그러한 상황에서 많은 사람들은 집중을 하고 효과적으로 결정을 내리는 것을 어려워합니다. 그런 것 같습니까?

**문제해결 팁**

**환자가 동의하지 않으면?** 환자가 이러한 관점에 동의하지 않거나 환자에게 적용되지 않는 경우, 전문가는 환자에게 자신의 관점을 설명하도록 요청해야 한다. 예를 들면,

심한 스트레스가 당신의 의사결정 능력에 어떤 영향을 미칩니까?

이 질문에 대한 답을 바탕으로 환자의 표현을 사용하여 정서적 고통이 의사결정에 어떤 영향을 미칠 수 있는지 설명하라.

우리가 화가 났을 때 결정을 내리는 것은 매우 어렵기 때문에, 재난이나 다른 중대한, 예상치 못한 삶에 대비하는 비상사태 계획이나 긴급대응 계획과 같이, 우리가 위기를 헤쳐 나갈 수 있도록 미리 계획을 세워두는 것이 도움이 될 수 있습니다. 가족이나 일을 위해 비상계획이나 만일의 사태에 대비한 계획을 세운 적이 있습니까? 그 계획들이 어떤 것인지 설명할 수 있습니까?

당신이 지적했듯이, 대부분의 비상계획은 문제가 발생했을 때 무엇을 해야 하는지에 대해 매우 명확한 체크리스트를 가지고 있습니다. 기본적으로, 좋은 계획은 상황에 대응하여 무엇을 해야 하는지에 대해 매우 간단한 지침을 제시합니다. 우리는 우리 자신의 삶에서 생길 수 있는 개인적인 위기를 관리하기 위한 유사한 위기대응 계획을 만들려고 합니다. 오늘 마무리하기 전에 당신을 위한 위기대응계획을 만들었으면 합니다. 이 색인카드에 그 계획을 적어서 주머니나 지갑, 또는 접근하기 쉬운 다른 곳에 보관하십시오.

## 2단계: 개인적 경고신호 확인

전문가는 환자에게 정서적 고통과 위기에 대한 개인적인 지표를 생각해 보라고 요청한다. 대부분의 경우 이러한 개인적인 경고신호는 이미 자살위기 지표에 대한 서술적 평가에서 환자가 설명한 바 있다. 일반적인 경고신호는 부록 B.4에 기술되어 있다. 환자가 자신의 개인적인 경고신호를 확인하는 것을 어려워하는 경우, 전문가는 환자의 기억을 자극하거나 단서가 될 수 있는 경고신호의 목록을 환자에게 제공한다.

### 치료자용 스크립트 예시

좋은 위기대응계획을 만드는 첫 번째 단계는 우리가 언제 실제 계획의 사용이 필요한 때인지를 아는 것입니다. 언제 계획을 사용해야 할지 모르면 아마도 계획을 효과적으로 사용하지 못할 것입니다. 만약 우리가 삶에서 임박한 위기를 나타내는 경고신호나 빨간 깃발을 고른다면 그 경고신호들은 무엇입니까? 달리 말하면, 당신이 흥분하고 위기대응계획을 사용하는 것이 필요한 때를 어떻게 알게 될까요? 색인카드 윗 부분에 하나 혹은 두 개의 경고신호를 쓰세요.

## 3단계: 자기관리 전략 확인

전문가는 환자에게 자신의 주의를 분산시키거나 고통을 줄일 수 있는 활동이나 전략을 확인하도록 요청한다. 유용한 전략은 지금은 더 이상 사용하지 않더라도 과거에 환자에게 어떤 활동이 스트레스를 해소하는 데 도움이 되었는지 물어보는 것이다. 환자가 자기관리전략을 확인하기 위해 애쓰고 있는 경우, 전문가는 환자에게 환자의 기억력을 자극하거나 단서를 주기 위해 부록 B.5와 유사한 가능한 전략의 목록을 제공한다. 자기관리전략을 확인할 때, 전문가는 환자가 효과적으로 전략을 사용할 수 있는지, 그리고 환자가 얼마나 오랫동안 또는 어떤 상황에서 자기관리 전략을 사용할 것인지를 구체적으로 확인한다.

### 치료자용 스크립트 예시

이제 이 계획을 언제 사용해야 할지 알았으니, 여러분이 할 수 있는 몇 가지 전략을 적어 봅시다. 스트레스를 관리하거나 일시적으로 문제로부터 주의를 다른 것에 돌리기 위해 사용합니다. 여러분이 더 이상 그런 것들을 하지 않더라도 스트레스를 덜 받거나 더 느긋하게 느끼도록 도움을 주었기 때문에 주로 했던 일들은 무엇인가요?

그 전략들 중 한 두 가지를 당신의 경고신호 밑에 적으세요. 얼마나 오랫동안 이런 일들을 할 수 있을 것 같나요? 또한 그 전략들을 얼마나 오랫동안 할 것인지 적어보세요.

## 4단계: 지지하는 친구 또는 가족 구성원 확인

전문가는 환자에게 도움을 주거나 환자가 괴로울 때 기분이 나아지도록 도울 수 있는 사람의 이름과 전화번호를 확인하도록 요청한다. 전문가는 이 정보가 환자의 휴대폰(또는 다른 것)에 저장되어 있더라도 지지자의 이름과 전화번호를 모두 기록하도록 지시한다. 전문가는 환자가 자신이 위기에 처해 있다는 것을 다른 지원자에게 말할 필요가 없다고 강조한다. 오히려 환자는 단순히 다른 사람들에게는 주의분산을 위해 전화를 하거나, 자살생각을 밝히지 않고 다른 방법으로도 지지를 얻을 데 도움을 받을 수 있다.

**치료자용 스크립트 예시**

때때로 우리는 이런 전략들을 사용하는 것이 우리가 직장에 있을 때나 날씨가 안 좋을 때처럼 적용하는 것이 어려운 상황이 있을 수 있습니다. 다른 경우에 우리는 이러한 기술을 사용하지만 여전히 화가 나기도 합니다. 그러므로 친구나 가족 구성원, 또는 우리가 기분이 나아지도록 도와줄 수 있는 다른 지지자에게 도움을 청하는 것과 같은 대안이나 지원계획을 갖는 것은 좋습니다. 우리는 반드시 사람들에게 우리가 화가 났거나 위기에 처해 있거나 스스로 목숨을 끊을 생각을 하고 있다고 말할 필요는 없습니다. 때때로 그들과 대화하는 것만으로도 우리를 진정시키거나 기분이 좋아지기에 충분합니다. 당신의 삶에서 화가 났을 때 기분이 좋아지도록 도와주거나 사선에 대한 생각을 없애는 데 도움을 주는 사람은 누구입니까? 이 목록 옆에 이름과 전화번호를 적어서 필요할 때 쉽게 접근할 수 있는 곳에 두십시오.

## 5단계: 전문적인 도움을 받을 수 있는 곳 나열하기

전문가는 자신의 이름과 전화번호를 다른 정신건강 또는 의료 전문가의 연락처와 함께 작성해야 한다. 전문가는 전화를 받고 응답전화를 받는 것과 관련된 합리적인 기대에 대해 매우 구체적으로 설명해야 한다. 예를 들어 근무시간 중에 전화를 받을 가능성이 낮을 경우, 응답전화를 기다리는 예상시간(예 점심시간이나 영업일 종료)과 함께 음성메시지를 남기도록 환자에게 지시해야 한다. 또한 전문가는 국가자살예방전화(1577-0199, 1393)의 전화번호를 제공해야 한다. 마지막으로 환자는 응급실에 가고 119에 전화하는 것을 마지막 단계로 포함해야 한다.

**치료자용 스크립트 예시**

위기상황이 악화되거나 다른 전략이 제대로 작동하지 않는 경우, 전문적 도움을 받아야 할 때 쉽게 접근할 수 있도록 하는 것도 좋습니다. 그러므로 내 이름과 전화번호를 목록에 기록하십시오. 이제 한 가지 명심해야 할 것은 내가 다른 환자를 돕거나 다른 일을 하고 있기 때문에 매번 전화를 받지 못할 수도 있다는 것입니다. 당신이 전화할 때 바로 응답하지 않을 수도 있지만, 최대한 빨리 다시 전화할 테니 음성 메일을 남겨주십시오. 내 이름과 번호 뒤에 다음과 같이 적어봅시다. '이름, 전화번호, 시간을 넣고, 음성메시지를 남긴다."라고 말입니다.

나는 매일 마지막에서 음성메일을 확인하고 만약 당신이 전화를 하고 메모를 남겼으면 오후에 전화를 다시 할 것입니다. 종종 환자가 오지 않거나 공백이 있을 때 곧바로 응답전화를 할 것입니다. 이와 관련하여 다른 걱정되는 것이 있습니까?

당신이 전화할 때 내가 바로 전화를 받지 못할 수도 있으니, 나는 당신이 전화할 때 전화를 받는 누군가가 있었으면 합니다. 도움이 필요할 경우 즉시 대화할 수 있는 사람이 있는지 확인하십시오. 여기 국가자살예방전화번호가 있는데, 이 전화번호는 어떤 문제이든 바로 통화할 수 있는 무료 전화번호입니다. '1393'이며 당신은 1주일 내내 24시간 이용할 수 있으며 휴일에도 전화를 받습니다.

모든 연락에 실패했을 때, 응급으로 도움을 받기 위해 응급실이나 119에 전화해야 합니다. 비록 이 단계까지 가는 경우가 생기지 않더라도, 후회하는 것보다 안전한 것이 낫기 때문에 어딘가에 써 놓아야 합니다. 어떤 환자에게라도 도움이 되는 마지막 번호입니다. 응급실에 가거나 119에 전화하는 것을 적어 놓으세요.

## 6단계: 계획검토 및 환자의 활용 유도

위기대응계획을 완료한 후, 전문가는 환자에게 각 단계를 구두로 표현해 보도록 요청한다. 이렇게 하는 것이 위기대응계획의 리허설과 실천이 용이해지고, 환자가 위기대응계획의 사용법을 이해했는지를 판단할 수 있는 수단이 되기도 한다. 환자가 위기대응계획의 어떤 부분을 어떻게 사용할지 명확하지 않은 경우, 전문가는 이 정보를 다시 검토한다. 전문가는 환자에게 위기대응계획의 사용가능성을 0('가능성이 전혀 없음')부터 10('가능성이 매우 높음')까지의 척도로 평가하도록 요청한다.

### 치료자용 스크립트 예시

좋습니다, 그럼 이 단계들을 함께 검토해봅시다. 당신은 언제 이 계획을 사용할지 알 수 있습니까? 그리고 당신이 그 경고신호를 경험했을 때, 먼저 무엇을 할 것입니까? 그리고 만약 전략이 제대로 작동하지 않거나 사용할 수 없는 경우, 다른 방법이 있습니까? 만약 전문가와 얘기해야 한다면 어떻게 할 것입니까? 거기에는 어떤 대안이 있습니까? 이 계획이 이해가 되나요? 무엇을 어떻게 해야 하는지 궁금한 게 있습니까?

[계획서 작성 후] 0부터 10까지의 척도로 0은 '가능성이 전혀 없음'과 10은 '가능성이 매우 높음'을 나타냅니다. 당신이 화가 났을 때 이 위기대응계획을 이용할 가능성은 어느 정도라고 생각하십니까?
[10점에서 7점보다 낮게 평정했으면] 이 계획 중에서 당신이 이것을 사용할 가능성을 감소시키는 부분이 있습니까? 당신이 위기대응계획을 사용할 가능성을 높아지게 하기 위해 수정하고 싶은 것이 있습니까?

### 문제해결 팁

**환자가 계획을 더 유용하게 만들 수 있는 것이 없다고 말하면 어떻게 하나요?** 만약 전문가가 위기대응계획의 작성을 위해 협력적인 접근법을 채택한다면, 전문가가 이해와 활용을 보장하기 위해 각 단계에서 환자와 검토하기 때문에 이러한 상황은 발생할 가능성이 매우 낮다. 이 시점에서 위기대응계획의 실행가능성을 낮게 평가하고 '어떤 것도' 계획을 더 유용하게 만들 수 없다고 말하는 환자는 심각한 절망과 인지적인 경직성의 가능성을 나타낸다. 전문가는 제대로 되는 것이 아무 것도 없다고 하는 최근의 언급과 초기에 환자가 특정의 전략이 실질적이고 유용하다고 했던 것의 차이에 주의를 기울이게 하여 이 주제를 다룰 수 있다.

예를 들면 나는 당신이 지금 조금 혼란스럽다는 것을 인정합니다. 우리가 이 계획을 세우고 있을 때, 당신은 이러한 전략들 중 많은 것들이 이전에 당신에게 효과가 있었고, 다시 도움이 될 것이라고 했지만, 지금 당신은 이러한 동일한 전략이 효과가 없을 것이라고 말하고 있습니다. 내가 이해할 수 있도록 도와줄 수 있습니까?

심각한 절망감을 나타내는 환자(예 '아무 것도 도움이 안 될 것 같다')의 경우, 전문가는 환자에게 이러한 전략을 무기한이 아닌 단기간 동안만이라도 시도해 볼 의향이 있는지 물어봄으로써 동기 부여하는 것을 목표로 삼아야 한다.

예를 들면, 최근 생활이 어떻게 진행되고 있는지 볼 때, 나는 왜 당신이 이것에 대해 회의적인지 알 수 있습니다 일주일 동안 이것을 해 보고 나서 우리가 계속하고 싶은 건지 아니면 변화를 주고 싶은 것인지 결정할 수 있을지 이야기해봅시다. 일주일만이라도 이것을 시험해 보겠습니까?

### 7단계: 추수회기 동안 위기대응계획 검토 및 수정(모든 BCBT회기)

각 후속 회기 동안 새로운 자기관리 및 대처능력(다음 장에서 설명)이 계획에 추가된다. 환자가 위기대응계획을 잃어버리거나 잘못 두거나 버린 경우, 전문가는 환자가 회기에서 새로운 계획을 수립하도록 돕는다.

**치료자용 스크립트 예시**

우리가 마지막으로 만난 이후로 위기대응계획을 사용하셨나요?
(그렇다) 무슨 일이 일어났는지, 어떻게 사용했는지 말해 주십시오.
(아니요) 필요했다면 어떻게 했을지 말해주십시오.

## 사례를 통한 예시

효과적인 위기대응계획을 개발하기 위해서 중요한 것은 전문가가 자신의 현재 상태에서 환자를 만나려는 의지다. 이를 위해 전문가는 위기대응계획을 수립하도록 도울 때 환자의 언어를 반영하고, 개입을 치료의 개인적 동기와 목표에 연결하도록 권장한다. 세 개의 사례연구에서, 우리는 전문가가 각 환자가 필요로 하는 독특한 요구에 따라 위기대응계획을 구성하는 표준화된 절차의 세트를 어떻게 맞춤화했는지 보여주기 위해 치료회기의 부분적인 녹취록을 제공한다.

### 존의 사례

사례개념화를 완료하자마자 전문가는 존에게 치료에 대한 그의 목표가 무엇인지 물었다. 존의 즉각적인 반응은 자살행동예방과 직결되었다. '내가 다시는 이런 짓을 하지 않도록 확실히 하기 위해서 입니다. 다시는 그런 일을 아내나 가족에게 시키고 싶지 않습니다.' 따라서 전문가는 '그럼, 다시 자살에 가까워질

**표 10.1** 존의 초기 위기대응계획

| 경고신호: 왔다 갔다 함<br>초조함<br>'절대로 나아지지 않을 것'이라는 생각 |
|---|
| • 10분 동안 걷기<br>• 인기드라마 보기<br>• 개와 놀기<br>• 아이들에 대해 생각하기<br>- 해변으로 휴가가기<br>- 2012년 크리스마스<br>• 어머니나 친구에게 전화 걸거나 문자 보내기<br>• ○○○ 박사에게 전화하기: ○○○-○○○○-○○○○<br>- 이름, 시간, 전화번호와 함께 메시지 남기기<br>• 1393, 1577-0199<br>• 병원에 가기<br>• 119에 전화걸기 |

가능성을 줄이기 위한 계획을 세우는 것은 어떨까?'라는 이 목표와 함께 위기대응계획을 세우는 것으로 전환했다. 존은 이것이 도움이 될 것이라는 데 동의했다. 전문가는 존에게 색인카드를 제공했고 그들은 함께 위기대응계획을 개발하기 시작했다. 존의 위기대응계획은 <표 10.1>에 나와 있다.

## 마이크의 사례

2장에서 설명한 바와 같이, 마이크와 초기상담을 진행하는 동안 그는 우울증, 과음, 동요, 그리고 몇 가지 다른 위험요인의 수많은 증상들을 보고했다. 그러나 그는 자살생각이나 행동은 부인했다. 그럼에도 불구하고, 마이크의 이야기는 전문가가 자살에 대한 그의 위험을 높게 평가하도록 했고, 그것은 전문가가 서술적 평가와 위기대응계획을 완성하기 위해 일반적인 접수면접을 포기하게 하였다. 마이크는 자살생각을 부인하고 자살관련문제가 제기되자 화를 냈기 때문에 전문가는 자살예방 절차로 위기대응계획을 소개하기보다 '통제 불능'을 느낄 때 감정을 다스릴 수 있도록 돕는 전략으로 위기대응계획을 소개했다. '감정이 통제를 벗어났다고 느끼는 것을 보면, 조금 더 통제감을 느끼기 위해 당장 사용할 수 있는 전략에 대해 얘기해 볼 의향이 있는지 궁금합니다.' 이런 식으로 위기대응계획을 제시함으로써 전문가는 잠재적인 힘겨루기를 피하면서 개입을 할 수 있었다. 마이크는 위기대응계획을 세울 때 이 과정에 적극 참여했고 자기관리전략과 삶의 이유, 사회적 지지의 원천을 신속하게 파악했다. BCBT를 거치면서 이 계획은 초기 자문회기에서 개발된 위기대응계획을 여러 차례 갱신하고 수정하여 완성되었다.

마이크의 초기 위기대응계획에는 울기, 분노하기, 무엇인가를 때리고 싶음, 아내와의 말다툼 등 네 가지 경고 신호가 포함되어 있었다. 마이크는 어려운 시기에 스트레스를 관리하거나 산만해진 생활에 어떤 것이 도움이 되었느냐는 질문에 비디오 게임, 차고에서 목공하는 것, 산책하는 것, 수년 전 무술에서 배운 호흡운동 연습 등 네 가지 자기관리전략이 도움이 된다는 것을 재빨리 파악했다. 사회적 지지의 출처와 관련하여, 마이크는 자신의 친구 빌에게 전화할 수 있다고 말했다. 이어 전문가는 자신의 사무실 전화번호와 국가자살예방상담전화번호를 제공했고, 마이크에게 119에 전화하거나 병원에 갈 수 있음을 알려주었다. 다음 회기(BCBT의 두 번째 회기)에서 마이크는 아내와 또 다른 말다툼을 하고 비디오 게임을 하러 갔다고 보고했는데, 이것은 마이크가 논쟁에서 손을 떼고 있다고 느꼈기 때문에 아내를 더욱 화나게 했을 뿐이었다. 따라서 마이크와 전문가는 이 옵션이 목록에서 삭제되어야 한다는 것에 동의했고, 이것은 제외되었다. 이후 회기에서 마이크는 위기대응계획에 추가된 추가 자기관리전략, 즉 사진촬영, 글쓰기, 핸드폰 게임(아내가 받아들일 수 있는 옵션), 음악 감상 등을 확인했다. 음악 감상은 마이크가 회기에 와서 한 번은 음악을 들었지만 기분이 더 안 좋았다고 보고하여 이후에 수정하였다. 전문가는 마이크에게 무슨 일이 있었는지 설명해 달라고 부탁했다. 이 대화에서 마이크는 어떤 '죽음의 메탈'을 들었다고 설명했고, 이로 인해 분노가 더 커졌다. 따라서 전문가와 마이크는 위기대응계획에 대해 '기분을 좋게 하는' 음악을 듣겠다고 분명히 했다. 마이크의 모든 수정과 변경을 포함한 위기대응계획은 <표 10.2>에 제시된다.

표 10.2 마이크의 BCBT 마지막 회기의 위기대응계획

| | |
|---|---|
| 1 울기<br>2 화내기 | 3 무엇인가를 때리기<br>4 부인과 말다툼하기 |
| 1 ~~비디오게임~~ | 5 사진 찍기 |
| 2 차고에서 목공하기 | 6 글쓰기 |
| 3 산책하기 | 7 폰으로 게임하기 |
| 4 10분 호흡하기 | 8 음악듣기(기분이 좋아지는) |
| 5 빌과 대화하기 | |
| 6 ○○○ 박사와 통화하기: ○○○-○○○○-○○○○ | |
| 7 응급전화: 1577-0199, 1393 | |
| 8 병원이나 119 | |

## 제니스의 사례

전문가가 위기대응계획의 주제를 소개하자 제니스는 '이미 그 중 하나를 가지고 있는 것 같다. 이전의 치료사와 함께 그런 계획을 세웠었다.'고 하였다. 전문가는 이것이 가능하다는 것을 인정하고, 제니스에게 위기대응계획이 있는지 물었다. 제니스는 그렇지 않다고 말했지만, 그것이 집에 있다고 생각했다. 전문가는 제니스에게 그녀의 계획에 대해 설명해 달라고 요청했고, 제니스는 '내 개들과 놀고, 몇몇 친구들에게 전화하는 것과 같은 것들이 있었다고 생각하지만, 실제로는 기억나지 않는다.'고 대답했다. 그 계획이 도움이 되었느냐는 질문에 제니스는 '때로는 그럴 때도 있는 것 같다'고 답했다. 전문가는 제니스를 대화에 참여시켜 이전의 위기대응계획에 대한 그녀의 생각과 감정을 더욱 탐색하여, 그녀가 위기대응계획의 유용성과 잠재적인 효과성에 대해 어느 정도 양가적이라는 것을 발견했다. 따라서 전문가는 제니스에게 더 잘 작동할 수 있는 새로운 위기대응계획을 세울 수 있도록 도와주겠다고 제안했다. "다른 계획에도 당신이 원하는 만큼 잘 되지 않을 수도 있는 뭔가가 있는 것 같아요. 자신에게 더 잘 맞을지도 모르는 새로운 계획을 지금 만드는 것에 대해 어떻게 생각하나요?" 제니스는 이에 동의했고, 그녀와 그녀의 전문가가 함께 새로운 위기대응계획을 만들었다(표 10.3 참조).

**표 10.3** 제니스의 위기대응 계획

| |
|---|
| 다른 사람을 피한다.<br>"무슨 소용이 있을까?"<br>침대에서 일어나기 싫다. |
| 커피 마시기<br>재즈 음악 듣기<br>개와 시간보내기<br>미셸에게 문자하기<br>아이들 생각하기 |
| 치료자에게 전화하기: ○○○-○○○-○○○○<br>위기전화에 전화하기: 1577-0199, 1393<br>119에 전화<br>병원에 가기 |

위기대응계획의 마지막 단계에서 제니스는 119에 전화하거나 병원에 가는 것을 걱정하였다. '나는 전에 병원에 입원한 적이 있고 다시는 입원을 하고 싶지 않다.'고 그녀는 설명했다. "결국 그렇게 될 것이기 때문에 병원에 가거나 경찰을 부르지는 않을 겁니다." 따라서 전문가는 다음과 같이 말했다. "나는 그것을 충분히 이해할 수 있습니다. 그래서 나는 보통 이러한 옵션들을 첫 번째 단계나 두 번째 단계가 아닌 마지막 단계에 포함시킵니다. 내 경험상, 대부분의 사람들은 다른 모든 단계들이 너무 잘 작동하기 때문에 이러한 단계에 도달하지 않지만, 만약을 위해서 안전망을 갖는 것은 항상 좋습니다. 절대로 사용할 생각이 없더라도 이것을 마지막 단계로 추가할 생각이 있나요?" 제니스는 경찰에 신고하거나 병원에 갈 생각은 없다고 재차 강조했지만 위기대응계획의 마지막 단계에 포함시키기로 합의했다.

### 위기대응계획을 위한 팁과 조언

1. **위기대응계획을 직접 작성하기**. 환자 자신의 위기대응계획을 직접 작성하도록 요청하는 것은 개입을 개인의 상황에 맞도록 특화하고 계획에 대한 환자의 주인의식을 높힌다. 이와는 대조적으로, 미리 만들어 놓은 위기대응계획은 일반적으로 무관하거나 도움이 되지 않는 것으로 인식된다. 타이핑한 뒤 인쇄한 위기대응계획도 수기로 작성한 계획보다 덜 긍정적인 피드백을 받는 경향이 있고 실효성이 떨어질 수도 있다.

2. **큰 종이를 사용하지 말고 색인 카드를 사용하기**. 거의 모든 종류와 크기의 종이를 사용하여 위기대응계획을 만들 수 있지만, 소형의 색인카드가 편리하기 때문에 색인카드는 큰 크기의 종이보다 더 잘 사용되는 것 같다. 위기대응계획이 종이에 가득 적혀 있을 때 환자들은 보통 몇 번 접어서 편리한 곳에 두는 경우가 많은데, 이렇게 하는 것이 위기대응계획의 중요성을 덜 인식하게 만드는 것 같다.
3. **빈칸을 채우는 양식지 사용을 피하기**. 사전에 인쇄된, 빈 칸을 채우는 방식으로 작성된 위기대응계획은 일반적으로 여러 가지 이유로 인해 환자를 낙담하게 만든다. 첫째, 이러한 계획은 일반적으로 환자들에 의해 덜 개인적 혹은 덜 '맞춤화된'것으로 인식된다. 둘째, 각 섹션에 포함할 여러 항목(또는 어떤 항목)을 확인할 수 없는 환자들은 위기대응계획에 빈 칸이 남게 된다. 이러한 빈칸은 삶에 무엇이 부족하거나 없는가에 대한 인식을 강화하는 역할을 할 수 있어 역효과를 낳을 수 있다(예 '나는 전화를 할 사람이 세 명 있어야 하지만 한 명만 있다', '나는 정말 혼자다'). 셋째, 예비적인 자료는 이러한 접근법이 덜 효과적일 수 있음을 시사한다.
4. **환자가 경고신호나 자기관리전략을 확인할 수 없을 때는 시각적 신호와 메뉴를 사용하여 도움주기**. 일부 환자는 급성의 정서적 위기에 접근하고 있거나 이러한 위기를 어떻게 효과적으로 관리할 수 있는지 알지 못하기 때문에 위기대응계획을 수립하는 데 어려움을 겪을 것이다. 이전 상황에서의 환자가 자신의 경고신호를 확인하거나 나열하지 못하는 경우가 많다. 전문가는 환자가 자신에게 적용되는 항목을 선택하거나 선택할 수 있는 가능한 경고신호 목록을 제공함으로써 종종 이러한 어려움을 해결할 수 있다. 가능한 경고신호의 샘플목록은 부록 B.4에 제공되어 있다. 마찬가지로 환자가 정서적 위기에 대한 자기관리전략을 파악할 수 없을 때 전문가는 가능한 자기관리전략의 목록을 제공하고 환자에게 과거에 자신에게 효과가 있었던 한두 가지를 확인해 달라고 요청할 수 있다. 자기관리전략의 샘플목록은 부록 B.5에 수록되어 있다.
5. **환자의 능력수준에 맞는 기술만 포함시키기**. 자기관리전략을 확인할 때 전문가는 열거된 활동이 환자의 능력수준 내에 있는지 확인해야 한다. 예를 들어 환자가 이완 기술을 효과적으로 사용할 수 없으면 "이완"을 자기관리전략으로 나열해서는 안 된다. 전문가는 환자에게 스트레스를 관리하는 전략을 어떻게 사용하는지 설명(또는 시연)하도록 요청하여 환자의 기술수준을 측정할 수 있다. 전문가는 비교적 '단순한' 혹은 기본적인 자기관리 능력에 관해서도 환자의 능력을 과대평가하지 않도록 주의해야 한다.

# PART 03

# 정서조절과 위기관리

CHAPTER

# 11

# 치료계획 및 치료합의에 대한 약속

치료계획에는 치료의 대상으로 삼아야 할 문제, 치료의 목표와 목적, 행동지표나 개선된 정도의 측정방법, 이러한 목표를 달성하기 위해 사용할 개입방법과 예상 회기 수 등이 정리되어 있다. 치료계획은 전문가와 환자가 상호합의에 의해 개발되며 시간의 경과에 따른 치료과정을 안내하는 역할을 한다. 치료계획에는 일반적으로 문제 설명, 목표 및 목적, 개입, 예상 회기 수 및 결과 등 몇 가지 기본적인 섹션 또는 구성요소가 포함된다. 치료계획 템플릿의 예는 부록 A.3에 제시되어 있다.

일단 서면으로 치료계획이 공식화되면, 전문가는 치료합의에 대한 약속을 소개해야 한다(부록 A.4 참조). 치료합의에 대한 약속은 환자의 치료 참여의욕과 의지를 높이고, 치료과정에 대한 조건을 공동으로 정의하기 위해 고안된 간단한 개입이다. 개입의 주요 목적은 치료의 정의방법과 그 정의가 환자와 전문가 모두에게 무엇을 의미하는지에 대한 공개적인 논의를 촉진하는 것이다. 또한 치료합의에 대한 약속은 자살시도를 예방하기 위한 효과적인 치료의 필수적인 요소 중 하나인 환자가 나타내는 다양한 형태의 비협조 또는 참여 부족에 대해 전문가가 어떻게 반응할 것인지를 환자에게 설명할 수 있는 기초를 제공한다. 치료규정에 대한 약속은 치료에 협조할 수 있는(연장이나 비협조하는 것) 틀을 제공하며 처음부터 전문가와 환자가 협조하지 않는 경우 어떻게 반응할 것인지를 분명하게 한다.

## 이론적 근거

임상적 관점에서 치료계획은 치료과정에 필수적인 구조를 제공하는데, 이것은 종종 혼란스러운 삶을 살고 감정을 조절하기 위해 고군분투하는 고위험환자를 치료할 때 특히 중요하다. 여러 가지 방법으로 치료계획은 시작, 종결 및 치료의 경계를 기술하므로 환자와 전문가 모두 치료의 목표와 목적, 그리고 그러한 목표에 대한 진행정도(또는 그것에 대한 부족)를 평가하는 방법에 명확한 초점을 유지하게 한다. 또한 치료계획은 법적 관점에서 임상적인 의사결정과 관련된 전문가의 특별한 사고과정과 선택된 개입의 기초가 되는 논리와 그것들이 소개된 순서를 문서화하는 역할을 한다. 따라서 치료계획은 치료기준의 법적 개념과 관련된 합리적인 치료의 개념을 나타낸다. 앞서 논의한 바와 같이 본 매뉴얼에서, 합리적인 관리는 전문가가 유사한 훈련과 경험을 가진 다른 정신건강관리전문가의 의사결정과 일치하는 치료결정을 내린다는 것을 의미한다(Berman, 2006). 문서화된 치료계획이 없다면, 일반적으로는 어떤 계획도 존재하지 않는다고 가정한다. 다시 말해 '문서화되지 않으면, 그것은 일어나지 않았다'는 가정아래, 전문가가 일반적으로 수용되는 실천기준을 충족하지 못했음을 시사한다.

완료되었을 때, 치료계획은 치료과정의 개요를 제공하고 선택된 개입에 대한 논리를 세워야 한다. 문제의 확인과 우선순위는 치료의 의도된 목표와 목적에 직접적으로 연관되어 있어야 한다. 다음으로, 개입은 제한된 시간 내에 이러한 목표를 달성할 수 있는 능력을 기초로 하여 선택되어야 한다. 마지막으로, 이러한 개입의 효과성은 치료가 적절하게 진전되고 있는지와 계획에 변경이 있어야 하는지를 명확하게 하기 위해 사전에 결정된 계획에 따라 평가되어야 한다.

치료합의에 대한 약속은 환자에게 자살로 인한 사망과 관련된 권리를 포기하라고 요구하는 것이 아니라 치료과정에 대한 환자의 약속과 삶에 대한 약속을 강화하려는 것이 목적이다. 앞에서 논의한 바와 같이, 환자들은 종종 자신의 개인적 자율성과 삶에 대한 통제감이 전문가에 의해 제한되거나 침해된다고 느끼는데, 이것은 자살생각과 행동을 완전히 공개적으로 나타내려는 그들의 동기를 감소시킬 수 있다. 사실 환자는 자신을 죽일 수도 있고, 반대로 자신을 죽이지 않을 수도 있다. 치료에 대한 약속은 암묵적으로 이 (가혹한) 현실을 인정하고,

BCBT를 살아갈만한 가치가 있는 삶을 사는 법을 배우는 과정으로 구성하여 환자의 자율성을 포용하며, 사는 것을 약속하는 것은 환자에게 통제와 개인의 책임에 대해 명시적으로나 암묵적으로 매우 다른 메시지를 전달한다. BCBT의 초점은 환자의 선택권을 제한하거나 저지하는 것이 아니라 회복하는 것에 있다. 또한 환자에게 치료에 대한 기대의 목소리를 내도록 요청하는 것은 환자가 가지고 있을 수 있는 비현실적인 기대에 대해 협력적인 대화를 할 수 있는 기회를 제공한다. 예를 들어, 만약 환자가 결코 입원해서는 안 된다는 기대를 언급하면 이것은 치료에 대한 비현실적인 기대를 반영한다. 이러한 상황에서 전문가는 환자가 이 기대를 수정하여 환자가 수용할 수 있는 상태를 유지하면서 보다 현실적일 수 있도록 도울 수 있다. 예를 들어, 전문가는 이러한 요청을 환자에게 입원결정을 내리는 과정에 대해 교육하는 기회로 사용할 수 있다.

### 치료자용 스크립트 예시

나는 당신을 입원시키지 않겠다고 약속할 수는 없지만, 항상 외래 환자의 안전을 극대화하기 위해 함께 일할 것이며, 이렇게 하는 것이 입원을 해야 할 가능성을 줄여 줄 것입니다. 입원에 대한 결정을 내리는 방법에 대해 조금 이야기해 봅시다. 나에게 있어 입원은 첫 번째가 아니라 '마지막 단계'입니다. BCBT는 외래 치료이며 저는 이 접근법에 전념하고 있습니다. BCBT에서 우리는 환자를 자주 입원시킬 필요는 없지만 때때로 특히 고위험 기간 동안 환자를 안전하게 유지하는 데 도움이 필요합니다. 당신이 고위험상황을 경험한다면 당신과 나는 당신이 입원결정의 과정의 일부가 될 수 있도록 당신의 안전에 대해 함께 대화를 나눌 것입니다. 함께 작업하면서 이러한 의사결정과정을 통하여 입원에 대한 결정을 내릴 것입니다. 당신과 내가 함께 일할 수 있는 한 우리는 병원에 입원하는 것이 필요하지 않게 할 수 있습니다. 아마도 입원할 필요는 없을 것입니다. 하지만 목록에서 완전히 제거할 수는 없습니다. 이러한 의사결정 과정에 대해 어떻게 생각하십니까? 이전 치료에서 경험한 것과 비슷한가요 아니면 다른가요?

치료에 대한 합의가 효과적으로 완성되면, 치료합의에 대한 약속은 환자가 조기에 치료를 중단하거나 일관성이 없는 상태가 될 경우, 나중에 치료 과정에서 전문가에게 유용한 도구가 될 수 있다. 조기 중단은 첫 번째 치료 단계가 끝날 때 발생하는 경향이 있다(즉, 회기 5 또는 6). 이 시점에서 환자는 종종 증상 완화를 경험하고 호소했던 문제는 지속적인 치료가 불필요하다고 인식될 정도로 충분히 해결된다. 치료합의에 대한 약속을 검토하는 것은 환자가 치료에 완전히 다시 참여하도록 동기를 부여하는 데 유용한 전략이 될 수 있다. 환자가 조기에 치료를 중단하는 경향이 있기 때문에 전문가는 치료합의에 대한 초기의 검토과정에서 조기종료 문제를 논의할 문제로 제기할 수도 있다.

### 문제해결 팁

**만약 환자가 BCBT 동안 협조적이지 않다면?** 비협조는 여러 가지 방식으로 BCBT에서 나타날 수 있으며, 그 중 가장 일반적인 것은 약속에 대한 무시, 숙제를 완료하지 못하거나 권장되는 기술을 연습하지 않는 것, 약물복용 중단을 포함한다. BCBT가 진행되는 동안 이러한 행동이 나타날 경우, 전문가는 이러한 행동에 대해 직접 물어보고 환자가 완전한 협조를 방해하는 장애물을 제거하도록 도와야 한다. 예를 들면

이번 주에 연습 과제를 완료하는 데 방해가 있었나요?
계획을 좀 더 실천할 수 있도록 변경하면 도움이 될까요?
예를 들어 몇 번을 할 지, 몇 시에 할 지, 어디에서 할 지를 변경할까요?

**환자가 계속 비협조적이라면?** 환자가 계속해서 협조하지 않는 경우(예 지속적으로 연습 과제를 완료하지 못함), 전문가는 환자에게 이와 같은 행동, 치료 계획 및 치료에 대한 약속 간의 불일치를 조정하도록 요청해야 한다. 예를 들면,

우리는 당신이 연습과제를 완료하는 어려움에 대해 여러 번 이야기했지만, 같은 문제가 계속되고 있는 것 같습니다. 치료 초기에 세운 목표와 치료에 대한 약속을 재검토하는 것이 도움이 될 수 있습니다. 만약 우리가 우리의 치료계획과 치료에 대한 약속을 재검토한다면, 당신에게 부과된 연습과제가 치료계획에 어떻게 부합된다고 말할 것입니까? 우리가 이 계획 및 약속과 관련하여 어떻게 하고 있다고 생각하십니까?

**만약 환자가 BCBT를 일찍 중단한다면?** 환자가 계획되었거나 예상한 것보다 일찍 BCBT를 중단하는 경우, 전문가는 환자에게 연락하여 지속적인 치료 참여에 대한 생각을 공유하도록 환자에게 요청해야 한다. 또한 전문가는 치료계획과 치료합의에 대한 약속을 검토하고 환자에게 조기중단이 각 항목과 어느 정도 일치하는지 설명하도록 요청할 수 있다. 예를 들면,

우리가 처음 함께 작업을 시작했을 때, 우리는 당신의 자살위험, 우울증, 수면 문제, 그리고 당신의 자기가치관을 우선시하기로 합의했습니다. 우리가 이 목표들을 어떻게 하고 있다고 생각하십니까? 우리가 이러한 목표를 달성했다고 생각하십니까? 또한 우리는 우리가 어떻게 협력할 것인지에 대한 개요를 담은 합의문을 만들었습니다. 우리가 어떻게 하고 있는지 함께 살펴봅시다. 우리가 가장 먼저 동의한 항목은 약속한 회기에 참석하는 것이었습니다. 그것은 어떻게 진행되고 있다고 생각하십니까? 우리가 동의한 두 번째 항목은 목표를 정하는 것이었습니다. 그것은 어떻게 진행되고 있다고 생각하십니까?

전문가는 치료진행에 대한 환자의 생각을 평가하기 위해 치료합의에 대한 약속을 계속 진행할 수 있다. 많은 경우, 치료 계획에 대한 이러한 검토와 치료합의에 대한 약속은 환자가 치료에 다시 참여하도록 격려할 것이다. 다른 경우에 환자들은 동기강화기법의 사용에도 불구하고 BCBT를 조기에 중단하고자 하는 욕구를 나타낼 수 있다. 이러한 재참여 시도에도 불구하고 환자가 BCBT를 지속하는 데 관심이 없거나 싫어하는 경우, 전문가는 환자에게 향후 치료를 다시 시작할 수 있음을 알리고 환자를 다시 참여시키기 위해 전문가가 사용한 특정 절차 및 전략에 대한 설명을 포함하여 이러한 내용의 대화를 기록해야 한다.

## 방법

치료계획의 문제설명 섹션에는 치료에서 관심을 가져야 하는 주요 문제에 대한 간략한 설명이 기술되어 있다. BCBT에서 주요문제는 항상 '자살위험성'이다. 왜냐하면 주요결과로서 자살위험에 분명하게 초점을 두지 않는 치료는 자살시도 예방에 덜 효과적이기 때문이다. 추가적인 문제들(예 불면증, 우울증, 약물 사용, 관계 문제)은 환자와 협력하여 확인하고 우선순위를 정해야 한다.

목적 및 목표 섹션에는 각 문제와 관련된 의도된 결과가 요약되어 있다. 자살위험과 관련된, BCBT의 1차 목표는 '자살시도의 위험을 줄이는 것'이다. 특히 만성적인 자살충동을 가지고 있으며 빈도가 높고 강도가 낮은 자살충동을 경험하는 환자들에게는 이것이 현실적인 결과가 아닐 수 있기 때문에 전문가는 치료목표로 '자살충동 제로'나 '자살생각 없음'을 설정하지 않도록 주의해야 한다. 만성적으로 자살충동을 느끼는 사람들의 경우, 자살에 대해 생각하는 것이 내적, 외적 자극에 대해 지나치게 학습된 인지적 반응이 되어 완전하게 제거하는 것은 비실용적이거나 실현 불가능한 것이 되었다. 따라서 이것을 목표로 삼으면 무력감과 절망감을 촉진할 수 있고, 그로 인해 위험과 부정적인 결과의 가능성이 증가할 수 있다. 치료의 2차적 문제(예 우울증, 불면증)의 경우 치료목표에는 '우울증 감소' 또는 '밤에 수면시간을 늘림'이 포함될 수 있다. 치료목표를 설정할 때 전문가는 목표가 구체적이고 측정가능한지 확인해야 하므로 시간이 지남에 따라 객관적으로 평가할 수 있어야 한다. 예를 들어 '느낌이 더 좋다.'는 것은 충분히 구체적이지 않고 정확하게 측정하기 어려울 수 있는 반면, '우울증 증상 체크리스트에서 점수의 감소로 표시된 것처럼, 덜 우울한 느낌'은 구체적이고 측정할 수 있다.

개입섹션에서, 치료계획은 각각의 확인된 문제를 직접적으로 다루도록 고안된 구체적인 개입과 전략을 기입해야 한다. 이 섹션에서 전문가는 확인된 각각의 문제를 적절히 다루는 BCBT 프로토콜에서 필요한 개입들을 선택한다. 전문가는 자살위험의 주요 문제에 대해서는 위기대응계획을 열거하고, 수면 장애를 보고하는 환자에 대해서는 수면위생과 자극통제를 열거하며, 우울증을 보고하는 환자에 대해서는 활동계획 및 인지구조 조정 등을 열거할 수 있다. BCBT는 다른 특정 형태의 치료를 받는 것을 배제하지 않기 때문에 전문가는 정신과 약물, 약물남용 치료 및 집단치료와 같은 BCBT 외의 치료 및 개입 옵션을 추가하는 것도 고려해야 한다.

다음으로 전문가는 각각의 목표를 달성하기 위한 예상 시간프레임을 제공한다. 자살위험의 경우, 전문가는 BCBT 프로토콜의 평균 회기 수인 12번의 회기를 나열해야 한다. 2차적 문제의 경우, 전문가는 각 문제에 대한 예상 회기 수를 열거할 수 있다. 예를 들어 불면증의 경우 전문가는 수면위생 및 자극통제에 대한 초기 도입 및 교육을 위한 회기와 이러한 문제에 대한 후속 검토를 위한 회기를 지정할 수 있다.

치료계획의 최종 섹션은 명시된 목표가 완전히 달성되었는지, 부분적으로 달성되었는지, 달성되지 않았는지 등 진행 상황을 평가하기 위해 설계된다. 결과에 대한 평가는 일반적으로 12번의 BCBT회기 또는 그 전후에 수행되는 치료 진행에 대해서도 합의하여 계획한 검토시간에 수행되어야 한다.

그런 다음 전문가는 환자에게 치료에 대한 약속을 기록한 것을 주고 환자에게 내용 하나하나를 소리 내어 읽어보라고 요청한다. 치료약속에 대한 합의는 정기적인 참석, 목표 설정, 생각과 감정의 솔직한 공개, 과제 완료, 처방약물 복용 등을 포함한 환자의 행동지표를 개략적으로 보여준다. 이 과정은 종종 정신건강 치료에서 환자의 인식이나 신념, 그리고 과거의 경험(좋은 것과 나쁜 것 모두)에 관한 정보를 이끌어낼 수 있기 때문에 전문가는 이러한 점들을 각각 개별적으로 토론하고 환자가 각각의 주제에 대한 자신의 생각을 공유하도록 요청한다. 전문가는 환자에 대한 기대치를 요약하는 것 외에도, 환자에게 치료과정 전체와 특히 전문가에게 환자 자신이 가질 수 있는 기대치를 분명하게 하도록 요청해야 한다.

### 1단계: 치료계획의 논리 설명

전문가는 치료계획의 개념을 소개하고 전문가와 환자 모두가 치료에서 초점을 유지하는 것의 유용성을 간략히 설명한다.

**치료자용 스크립트 예시**

치료의 중요한 부분은 환자와 전문가인 나, 우리가 성취하고자 하는 것과 거기에 어떻게 도달할 것인지 그리고 우리가 적절한 진전을 이루고 있는지 아닌지에 대해 동의하도록 하는 것입니다. 그러므로 나는 우리가 함께 치료계획을 만들었으면 합니다. 치료계획의 목적은 우리의 행동계획을 적는 것입니다. 이 계획은 우리가 초점을 맞추고 싶은 가장 중요한 문제들, 그 문제들에 대해 무엇을 바꾸고 싶은지, 그리고 그 문제들을 해결하기 위해 우리가 사용할 구체적인 전략을 나열할 것입니다. 또한 우리는 당신이 목표에 도달했는지를 어떻게 알 수 있는지에 대해서도 이야기할 것입니다. 나중에 다시 참조할 수 있도록 이 계획을 기록할 것입니다. 괜찮은가요?

## 2단계: 자살위험 우선순위 지정

전문가는 1차 치료목표는 환자의 자살위험을 줄이고 외래환자 안전의 우선순위 결정과 관련해 환자의 승인을 이끌어내는 것이라고 설명한다.

### 치료자용 스크립트 예시

우리가 함께 다루어야 하는 첫 번째 문제는 자살위험입니다. 이것은 당신에게 별로 놀랄 일이 아닐지도 모릅니다. 우리는 당신의 안전을 보장해야 하기 때문에 이 문제에 우선순위를 두어야 합니다. 만약 당신이 자살로 사망한다면 다른 문제들에서 큰 진전이 없을 것이기 때문입니다. 안전의 우선순위를 정하는 것에 대해 어떻게 생각하십니까?

이것이 가장 큰 문제인 만큼, 나는 우리의 목표가 당신의 자살시도 위험을 줄이는 것이어야 한다고 제안합니다. 어떻게 생각하십니까? 이 목표를 달성하기 위해, 우리는 주로 당신의 위기대응계획을 이용할 것입니다. 우리는 전체 치료과정에서 위기대응계획을 개선하고 다듬기 위해 노력할 것이므로 이 목표를 달성하는 데 약 12회기가 걸릴 것으로 예상합니다. 당신은 이것을 하실 수 있겠습니까?

### 문제해결 팁

**환자가 안전보다 다른 문제를 우선시하고 싶다고 말한다면?** 환자가 자살위험이나 안전 이외의 문제를 주된 치료목표로 나열하고 싶은 강한 욕구를 표현한다면, 전문가는 안전을 포함한 모든 치료목표의 순위를 어떻게 정할지 물어본 후 이 순서에 대한 근거를 설명해야 한다. 또한 전문가는 환자에게 안전이 자신의 다른 목표와 어떻게 관련되는지 설명하도록 요청할 수 있다. 예를 들면,

나는 이와 같은 다른 목표가 당신에게 어떻게 그리고 왜 그렇게 중요한지 알 수 있습니다. 이러한 목표와 안전성의 순위를 중요도 순으로 정한다면 어떻게 순위를 매길까요? 이 순서대로 순위를 매기는 이유는 무엇입니까? 목표를 달성하는 데 안전이 어떤 역할을 한다고 생각하십니까?

많은 경우, 이러한 질문이 환자들에게 안전이 그들의 다른 목표의 전제조건이 될 수 있다는 것을 알게 하는데 도움을 줄 것이고, 따라서 안전의 상대적인 순위를 증가시킬 것이다. 환자가 안전이 중요한 치료목표라는 것을 인정하면서도 안전보다 다른 목표를 우선순위로 계속 유지한다면 전문가는 환자의 선호를 받아들이고, 다른 목표 다음으로

안전을 나열해야 한다. 이렇게 하는 것이 치료동맹에 해를 끼칠 가능성을 피하게 한다.

**환자가 아예 안전을 우선순위로 정하고 싶지 않다고 하면 어떻게 할까?** 환자가 치료목표나 전제조건으로 안전을 포함하는 것을 꺼리는 경우, 전문가는 외래 치료의 적절성에 대한 논의에 환자를 참여시켜야 한다. 외래 치료는 환자에게 합리적인 수준의 안전이 요구되기 때문에 안전문제를 무시할 수 없다. 환자가 안전과 관련된 문제를 다루거나 해결하기를 원하지 않는 경우, 더 높은 수준의 돌봄(예 부분 입원, 입원)이 더 적절할 수 있다.

## 3단계: 추가 치료목표 확인 및 협력적인 수립

전문가는 환자에게 자신의 개인치료 목표를 확인하도록 요청한다. 이러한 목표는 협력적으로 우선순위를 정하며 전문가는 각 목표를 직접 다루는 BCBT 개입에 맞추어야 한다. 예를 들어 환자가 우울증을 줄이고자 하는 욕구를 표현한다면 전문가는 우울증 관련 증상을 해결하기 위해 활동계획, ABC 워크시트, 도전질문 워크시트를 선택할 수 있다. BCBT개입을 일반적인 환자의 치료목표에 연결하는 방법의 예는 <표 11.1>에 제시되어 있다.

### 치료자용 스크립트 예시

이제 몇 가지 다른 문제들에 대해 이야기하고 우선순위를 정하도록 합시다. 우리는 당신 삶의 많은 문제들에 대해 이야기 했습니다. 당신은 이 문제들 중 어떤 것이 당신에게 가장 중요하다고 생각합니까? 이 문제에 있어서 무엇이 달라지고 싶습니까? 만일 일상생활에서 당신을 만난다면, 길을 가다가 당신을 지나쳐 간다면 이 문제가 해결되었는지 내가 어떻게 알 수 있을까요? 지금 하고 있지 않은 것과 달리 무엇을 하고 있을까요? 그것은 우리가 확실히 함께 노력할 수 있는 목표입니다. 그 문제를 해결하기 위해 당신과 내가 함께 할 수 있는 구체적인 전략이 있습니다. 그것을 [개입 이름]이라고 부릅니다. 치료계획의 일부로 그것을 나열해 봅시다.

**표 11.1** 환자의 확인된 목표에 적합한 BCBT 과정

| | BCBT 과정 | | | | | | | | | |
|---|---|---|---|---|---|---|---|---|---|---|
| 환자의 목표 | 위기 대응 계획 | 수면 자극 통제 | 이완 기술 훈련 | 명상 기술 훈련 | 삶의 이유/ 생존 키트 | ABC 워크 시트 | 도전 질문 워크 시트 | 문제 사고 패턴 시트 | 활동 계획 | 대처 카드 |
| 우울감소 | ○ | | ○ | ○ | | ○ | ○ | ○ | ○ | ○ |
| 불안/초조감소 | ○ | | ○ | ○ | | ○ | ○ | ○ | ○ | ○ |
| 분노감소 | ○ | | | ○ | | ○ | ○ | ○ | ○ | ○ |
| 긍정적인 기분증가 | ○ | | | ○ | ○ | ○ | ○ | ○ | ○ | ○ |
| 수면개선 | | ○ | ○ | ○ | | | | | | |
| 대인관계개선 | | | | | ○ | ○ | ○ | ○ | ○ | |
| 활력수준증가 | | ○ | | | | | | | ○ | |
| 알코올섭취감소 | ○ | | | ○ | | ○ | ○ | ○ | ○ | ○ |
| 자기 가치감 증가 | | | | | | ○ | ○ | ○ | ○ | ○ |
| 스트레스관리개선 | ○ | | ○ | ○ | | ○ | ○ | ○ | ○ | ○ |

전문가는 확인된 각 문제에 대해 이 과정을 반복한다.

## 4단계: 치료합의에 대한 약속 검토

전문가는 환자에게 치료합의서를 제공하고 환자에게 한 번에 한 섹션씩 큰 소리로 읽어보도록 요청하여 협력적으로 이야기해볼 수 있다. 각 내용을 읽은 후, 전문가는 환자에게 특정 내용에 대한 환자 자신의 반응을 설명하고 환자에게 있을 수 있는 모든 걱정을 설명하도록 요청한다.

### 치료자용 스크립트 예시

이제 우리가 함께 일하기 위한 공식적인 행동계획을 수립했으므로, 치료과정에 대한 우리의 기대와 이러한 목표를 달성하는 것에 대해 조금이나마 이야기를 나누고자 합니다. 이 문서는 치료합의에 대한 약속이라고 불리며, 치료에서 더 빠르고

더 나은 결과에 기여하는 여러 가지 사항을 간략하게 설명합니다. 나는 이 내용들을 하나하나 다 같이 읽고 나서 하나씩 얘기하면서 우리가 같은 입장인지 확인하고 싶습니다. 계속해서 거기에 있는 첫 번째 문장과 그 아래에 있는 첫 번째 진술을 읽어 주세요.

[토론을 촉진하기 위해 가능한 개방형 질문]

그것에 대한 당신의 생각은 무엇입니까?

그것이 합리적이라고 생각하십니까?

그것은 당신이 할 수 있다고 생각하는 것인가요?

그 항목에 전념하기 어렵게 만드는 것은 무엇입니까?

이 문제와 관련하여 과거에 받은 치료에서 무엇을 경험했습니까?

[환자가 항목 #9에 도달했을 때]

이 섹션에서는 치료 또는 당신의 전문가로서 나에 대한 기대를 추가하고자 합니다. 우리가 함께 일하면서 당신은 나에게 무엇을 기대합니까?

## 사례를 통한 예시

존, 마이크와 제니스에 대한 치료계획 예시는 <표 11.2>에 제시되어 있다(전문가가 환자와 함께 복사하여 사용할 수 있는 이 치료 계획 템플릿의 빈 버전은 부록 A.3을 참조하시오). 제시되어 있는 것과 같이 자살위험이 세 가지 사례 모두에서 우선시되며, 위기대응계획이 주요한 개입으로 되어 있다. 12장에서 자세히 논의될 수단제한은 총기 소유권 때문에 존과 마이크 경우는 개입으로 추가된다. 2차적인 치료목표는 각 환자의 자살위험에 직접 원인이 되는 위험요인을 대상으로 한다. 이러한 치료목표의 구체적인 순서는 각 환자가 선호하는 우선순위 결정방식에 따라 선택된다. 모든 경우에, BCBT 프로토콜의 구체적인 개입은 이러한 목표 각각에 맞도록 선택되며, 각 문제에 필요할 것으로 예상되는 회기 수가 기록된다. 존의 경우, BCBT 외에 약물남용 치료 프로그램에 대해서도 소개한다.

| 치료계획: 존 | | | | | |
|---|---|---|---|---|---|
| 문제번호 | 문제 | 목표/목적 | 개입 | 예상 회기 수 | 결과 |
| 1. | 자살 위험 | 자살시도 위험 감소 | 위기대응계획, 수단제한 | 12 | |
| 2. | 낮은 자존감 | 자실인지척도 감소로 나타난 자기비판 감소 | ABC 워크시트, 도전질문 워크시트 | 5 | |
| 3. | 불면증 | 불면증 심각도 점수 감소에 따라 수면 상태 개선 | 수면자극통제, 이완 | 2 | |

결과: 0 - 성공하지 못함, 1 - 부분성공, 2 - 성공

| 치료계획: 마이크 | | | | | |
|---|---|---|---|---|---|
| 문제번호 | 문제 | 목표/목적 | 개입 | 예상 회기 수 | 결과 |
| 1. | 자살 위험 | 자살시도 위험 감소 | 위기대응계획, 수단제한 | 12 | |
| 2. | 알코올 사용 | 알코올 소비를 주 5회 미만으로 줄임 | 약물 남용치료에 대한 의뢰, 이완, 인지 재평가 | 12 | |
| 3. | 대인관계문제 | 관계만족도 설문지 10점 향상으로 나타나는 결혼생활의 질 향상 | 위기지원 계획, 활동계획, 인지 재평가 | 5 | |

결과: 0 - 성공하지 못함, 1 - 부분성공, 2 - 성공

| 치료계획: 제니스 | | | | | |
|---|---|---|---|---|---|
| 문제번호 | 문제 | 목표/목적 | 개입 | 예상 회기 수 | 결과 |
| 1. | 자살 위험 | 자살시도 위험 감소 | 위기대응계획, 수단제한 | 12 | |
| 2. | 스트레스 관리 | 스트레스 관리 능력 향상 | 휴식, ABC 워크시트, 도전적 질문 워크시트 | 7 | |
| 3. | 자기가치 향상 | 자기비판 감소 | ABC 워크시트, 도전적 질문 워크시트 | 4 | |

결과: 0 - 성공하지 못함, 1 - 부분성공, 2 - 성공

**표 11.2** 존, 마이크, 제니스의 치료계획 예시 템플릿

## 마이크의 사례

앞 장에서 지적한 바와 같이, 마이크는 자신이 정말로 그러한 생각을 경험하고 있다는 것을 강하게 암시하는 진술(즉, '그냥 해야 한다')을 했음에도 불구하고 자살생각과 의도를 보고하는 것을 꺼렸다. 전문가는 이 진술에 대해 몇 가지 후속 질문을 했지만, 마이크는 계속해서 자살의도를 부인했다. 마이크가 부인함에도 불구하고 전문가는 마이크의 위험이 높아졌다고 평가하고 치료 우선순위로 자살위험을 포함시켰다. 아래는 그들의 치료계획 논의에 대한 부분적인 기록이다. 치료의 우선순위로 자살위험을 확인해야 하는 미묘한 문제를 해결하면서 전문가가 마이크의 자율성을 존중하는 방법에 주목해야 한다.

전문가: 내가 다음으로 하고 싶은 것은 치료계획을 세우는 것입니다. 치료계획은 기본적으로 우리가 함께 무엇을 성취하기 위해 노력할 것인지, 그리고 우리가 거기에 도달하기 위해 어떻게 계획할 것인지에 대한 서면 합의서입니다. 또한 치료계획은 우리가 진전을 보이고 있는지 혹은 우리가 정상 궤도에 올랐는지를 판단할 수 있는 방법을 우리에게 제공할 수 있습니다. 이해가 되시나요?

마이크: 네, 이해가 됩니다.

전문가: 좋습니다. 여기서 우리가 하고 싶은 것은 가장 중요한 문제나 이슈를 나열하는 것입니다. 일단 그 리스트가 완성되면, 나는 그 이슈들을 공략하기 위해 우리가 해야 할 구체적인 일들을 제안할 수 있습니다. 함께 작업하기 위한 당신의 주요 목표는 무엇입니까? 무엇을 다루거나 변경하고 싶습니까?

마이크: 저는 술을 확실하게 끊고 싶습니다. 만약 내가 술을 끊을 수만 있다면, 그것은 나의 많은 문제를 해결할 것입니다.

전문가: 좋습니다, 우리가 이미 이야기 한 것을 감안할 때 그것은 많은 의미가 있습니다. 여기에서 당신의 목표를 완전히 이해하기 위해 질문을 하겠습니다. 술을 완전히 끊고 싶습니까, 아니면 술을 줄이는 것을 더 생각하고 있습니까?

마이크: 완전히 끊어야 합니다. 전 술을 끊어야 합니다, 그렇지 않으면 아내와 계속 문제가 생길 겁니다.

전문가: 좋습니다. 그래서 술을 전혀 마시지 않겠다는 거죠. 주말에 친구들과 바비큐를 하거나 TV로 축구경기를 보는 건 어떻습니까? 당신은 그때 술을 피하고 싶습니까, 아니면 그런 상황에서 맥주를 두어 잔 마셔도 괜찮겠습니까?

마이크: 글쎄요, 친구들과 맥주를 몇 잔 마시거나 저녁 식사로 와인 한 잔도 괜찮을 것 같아요. 그렇게 할 때 아무 문제가 없습니다. 혼자서 술을 많이 마시면 문제가 됩니다.

전문가: 좋습니다. 어떤 사람들은 완전히 술을 끊고 싶어 하지만 또 어떤 사람들은 다른 목표를 가지고 있기 때문에 나는 우리가 같은 입장에 있는지 확인하고 싶었습니다.

마이크: 네, 알겠습니다. 고맙습니다. 만약 아내와 내가 저녁을 먹거나 친구들과 어울리고 마실 일이 있다면, 그게 정말 문제가 아닐 때도 전 아마 나 스스로에게 화를 낼 것이기 때문에 분명하게 하는 것은 좋은 일입니다.

전문가: 맞습니다, 나도 그렇게 생각하고 있습니다. 그렇다면 우리의 목표는 무엇으로 정해야 할까요?

마이크: 음, 주말에 술을 몇 잔만 마시거나 저녁에 술을 마신다면 일주일 동안 총 5잔을 넘지 않아야 합니다.

전문가: 좋습니다, 그럼 일주일에 5잔 이하로 술을 마시는 것을 목표로 정하시겠습니까?

마이크: 네.

전문가: 5잔이 현실적인 숫자라고 생각하십니까?

마이크: 그렇습니다, 우리는 아마 일주일에 한 번 정도 저녁과 함께 와인을 마시기 때문에, 만약 우리가 밖에 나가거나 친구들을 방문한다면, 서너 잔만 마시는 것이 좋습니다. 저는 통제를 벗어나지 않고 그것은 일종의 사교적인 일입니다.

전문가: 좋습니다. 다섯 잔입니다. 당신이 이루고자 하는 다른 목표는 무엇입니까?

마이크: 저는 아내와의 관계를 개선하고 싶습니다.

전문가: 좋습니다. 우리는 확실히 그렇게 할 수 있습니다. 아내와의 관계가 개선된다면 무엇이 달라질까요?

마이크: 글쎄요, 우리가 덜 싸우게 되고 저는 아내와의 관계에서 기분이 좋아지고 행복할 것 같습니다.

전문가: 음…. 좋습니다. 우리가 진행 상황을 추적하기 위해 할 수 있는 한 가지는 결혼의 질에 대해 묻는 간단한 설문지를 작성하는 것입니다. 일부 항목은 의견 불일치 및 논쟁에 대해 묻기 때문에 대화 내용과 관련이 있으며 다른 항목은 만족도와 파트너와의 친밀감에 대해 묻습니다. 설문지가 다양한 연구에서 사용되었기 때문에 전체점수를 개선의 기준으로 사용할 수 있습니다. 예를 들어, 10점의 증가는 일반적으로 관계의 질에서 중요하고 의미 있는 개선의 지표로 사용됩니다. 아내와의 관계개선 목표에 대한 진행 상황을 추적하기 위해 이와 같은 설문지를 사용하는 것에 대해 어떻게 생각하십니까?

마이크: 알겠습니다. 전 할 수 있습니다.

전문가: 좋아요, 그럼 치료목표로 포함시키도록 합시다. 다른 목표는?

마이크: 글쎄요, 저는 다른 목표가 있다고 생각하지만 이러한 문제를 해결하면 다른 문제가 더 좋아질 것이라고 생각합니다. 분노가 또 다른 문제인 것처럼 아내와 논쟁

할 때 주로 화가 난다는 것을 압니다. 우리가 결혼 생활을 개선할 수 있다면 항상 그렇게 화를 내지 않을 것입니다. 이해가 되나요?

전문가: 알겠습니다. 우리는 분노를 염두에 둘 것이지만 말씀하신 것처럼 먼저 이러한 목표에 집중하는 것이 더 합리적일 수 있습니다.

마이크: 네.

전문가: 좋습니다. 당신이 다른 가능성을 기꺼이 받아들이고 싶다면, 우리가 다루었으면 하는 또 다른 목표가 있습니다.

마이크: 좋아요.

전문가: 나는 또한 우리가 자살위험을 해결하고, 당신의 자살위험을 낮추기 위해 노력하기를 바랍니다.

마이크: 글쎄요, 전에 말했듯이 그건 저에게 문제가 되지 않습니다.

전문가: 맞아요. 자살생각도 해본 적도 없고, 자살을 시도한 적도 없다고 말씀하셨던 게 기억납니다. 그래서 제가 이 문제를 제기하는 것이 당황스러우실 수 있습니다.

마이크: 네.

전문가: 글쎄요, 내가 이유를 설명하겠습니다. 최근 당신은 분노, 수면문제, 걱정, 자기비판, 슬픔, 관계 문제 및 재정적 부담과 같은 삶의 많은 스트레스를 이야기 했습니다. 특히 술을 많이 마실 때 감정을 통제할 수 없는 느낌에 대해서도 이야기했습니다. 이러한 모든 문제는 자살에 대해 생각하지 않은 사람들 사이에서도 자살 가능성을 높입니다. 이런 종류의 문제를 가지고 자살로 죽는 사람들에 대해 들어보셨나요?

마이크: 네, 들었어요, 하지만 전 그렇게 하지는 않을 거예요.

전문가: 그 말을 들으니 다행입니다. 문제는 자살에 대해 생각하거나 자살을 시도하는 많은 사람이 결코 그렇게 하지 않을 것 같은 느낌을 받는다는 것입니다. 하지만 일이 통제 불능 상태가 되고 이런 종류의 문제가 발생하면 그 사실을 잊어버립니다. 그래서 지금 당장 큰 문제가 아니더라도 이 문제를 기억하고 앞으로 문제가 되지 않도록 하고 싶습니다. 지금은 나쁜 상황이 아니더라도 나쁜 결과를 예방하기 위해 우리가 미리 계획하는 것과 같습니다.

마이크: 어떻게요?

전문가: 술을 예로 들어 봅시다. 대부분의 사람들은 술을 마셨을 때 교통사고를 당할 계획이 없습니다. '술을 마시고 운전하다가 사고를 당할 거야.'라고 스스로에게 말하는 사람이 전 생각나지 않습니다. 우리 대부분은 이런 일이 일어나기를 원하지 않기 때문에 그 순간 술을 마시지 않더라도 미리 계획을 세우고 이를 피할 수 있는 조치를 취합니다. 예를 들어 술집에 가기 전에 지정된 운전자를 확인하거나

택시를 타고 집으로 돌아갈 계획을 세웁니다. 나중에 음주 관련 문제를 피하기 위해 음주를 시작하기 전에 그런 계획을 세우죠?

마이크: 네, 그런 것 같습니다.

전문가: 자살도 마찬가지입니다. 지금 당장 자살충동에 시달리고 있지 않을 수도 있지만, 말했듯이, 당신이 겪고 있는 문제는 이러한 생각으로 어려움을 겪는 사람들 사이에서 흔히 발생합니다. 그래서 제가 제안하는 것은 우리가 이것을 모니터링하고 우리가 친구들과 술을 마실 때 미리 계획하는 것처럼 안전예방책으로 적절한 계획을 세우는 것입니다. 일리가 있다고 생각하십니까?

마이크: 네, 그것은…. 그냥 잘 모르겠어요….

전문가: 당신은 이 주제가 불편하신 것 같습니다.

마이크: 전 그 주제가 불편하지 않고, 그저 이것을 내 서류에 기록해야 하는지 잘 모르겠습니다.

전문가: 아, 알겠습니다. 자, 이렇게 물어보죠. 자살 위험을 치료목표로 포함한다면 어떻게 될까요?

마이크: 글쎄요, 그 말은 나한테 뭔가 문제가 생겼다는 뜻이고 사람들이 저를 가두고 싶어 한다는 뜻입니다. 병원에 갇힐 여유가 없습니다. 그것은 내 직업을 망치고 빚을 지게 하고 온갖 종류의 문제를 야기할 것입니다.

전문가: 그래서 우리가 치료목표로 자살위험을 포함한다면, 당신은 당신이 입원하게 되고, 이것이 부정적인 결과를 가져올까봐 걱정하는군요?

마이크: 네, 맞아요.

전문가: 좋아요, 이해가 됩니다. 그렇다면 내가 자살위험을 이유로 환자를 입원시키는 것에 대해 어떻게 결정하는지에 대해 말하는 것이 도움이 될까요?

마이크: 네, 그게 정말 좋겠습니다. 그게 궁금했습니다.

전문가: 네, 좋습니다. 글쎄요, 간단하게 말하면 모든 것이 안전에 달려 있다는 것입니다. 이미 논의했듯이, 우리는 만날 때마다 진행상황을 추적할 것입니다. 일반적으로 증상척도 및 기타 설문지를 통해 당신이 얼마나 잘하고 있는지 확인합니다. 또한 우리가 배우고 실행하는 전략이 도움이 되는지 등 상황이 어떻게 진행되고 있는지 만날 때마다 이야기할 것입니다. 이러한 정보의 조합을 바탕으로 치료의 안전성을 결정합니다. 우리의 노력이 충분한 안전을 제공하는 것처럼 보인다면, 우리는 계속해서 외래로 환자를 만날 것입니다. 위험이 너무 높아져 더 이상 안전하지 않을 것 같으면 그 때 입원을 권합니다. 자, 먼저 일주일에 한 번 만나는 것과 입원 사이에 많은 공간이 있다는 것을 명심하는 것이 중요합니다. 예를 들어, 당신과 나는 나쁜 상황을 극복하기 위해 일주일에 두 번 또는 일주일에 세 번 만

나기로 결정하거나 아니면 중간에 전화를 걸어 확인하고 지원을 제공할 수 있습니다. 나는 일반적으로 입원하기 전에 이것을 선호합니다. 무슨 일이 있어도 우리는 항상 이러한 결정에 대해 함께 이야기할 것입니다. 나는 당신의 의견과 생각 없이는 결정을 내리지 않을 것입니다. 내가 이렇게 하는 이유는 치료에 전적으로 참여하고 우리가 팀으로 함께 일하면 더 빨리 나아질 수 있다는 것을 알고 있기 때문입니다. 이해가 되시나요?

마이크: 그래서 당신은 그들의 의지에 반하여 사람들을 입원시키기로 결정하지는 않습니까?

전문가: 난 사실 그렇게 할 필요가 없었습니다. 전에도 입원을 권해 본 적이 있지만, 그럴 때는 환자와 의논한 후에 입원을 권했고 입원에 대해 이야기를 나눈 후 동의하였습니다. 그 당시 최선의 행동 방침이었습니다. 누군가의 의사에 반해서 입원을 권해 본 적이 없고, 앞으로도 그렇게 계속했으면 하는 바람입니다. 이것이 내가 문제를 제기한 이유입니다. 나는 내 환자와 내가 함께 자살위험을 추적하고 모니터링 하는 일을 할 때, 비록 그들이 치료를 시작할 때 자살충동을 느끼지 않더라도, 우리는 같은 입장에 있고 치료 결정에 동의하지 않는 일은 거의 없다는 것을 알고 있습니다.

마이크: 그것은 흥미롭네요.

전문가: 네 그것은 꽤 좋은 작업이었습니다. 추가하면 당신에게 나쁘게 할 이유가 없다는 것입니다.

마이크: 정말입니까?

전문가: 네, 정말입니다. 입원 결정을 내리는 방법을 설명하는 것이 도움이 되었나요?

마이크: 네, 정말 도움이 되었습니다.

전문가: 좋습니다. 나는 우리가 그 부분을 해결해서 기쁩니다.

마이크: 저도 그렇습니다.

전문가: 그래서 우리가 그 부분에 대해서 자세히 얘기를 해 봤으니까 자살위험을 치료목표 중 하나로 포함하는 것에 대한 당신의 생각은 어떤지 궁금합니다.

마이크: 이해가 되네요. 지금은 문제가 안 되더라도 앞으로 문제가 될 수도 있기 때문에 계획을 세우는 것이 가장 좋을 것 같습니다.

전문가: 나도 동의합니다. 우리는 이미 이 문제를 해결하기 위해 몇 가지 조치를 취했지만, 우리가 할 수 있는 다른 것들에 대해서도 이야기해 봅시다.

이 변화에서 전문가는 치료목표로 자살위험을 즉각적으로 밀어붙이기보다는 개인 치료목표를 명확히 하도록 마이크에게 요청함으로써 치료계획의 주제를 다루었다. 일단 마이크의 우선순위가 파악되자 전문가는 새로운 목표를 도입할 수 있도록 마이크의 동의를 구함으로써 자살위험 문제를 제기했다. 마이크가 이 문제에 대해 걱정하자 전문가는 방어적인 태도를 보이는 대신 오히려 개방성과 투명성으로 대응했다. 이로 인해 마이크의 입원관련 걱정이 분명해졌다. 이것이 확인된 후 전문가는 마이크에게 입원과 관련하여 구체적으로 걱정하는 것을 설명하도록 요청한 다음 전문가의 결정에 대한 솔직한 토론에 참여시켜 다시 높은 수준의 투명성을 보여주었다. 이 같은 투명성은 환자에게 존중하는 마음을 전달하는 것으로 환자가 정당한 걱정을 하는 자율적인 개인으로 비쳐지고 있음을 보여준다. 전문가는 마이크가 전문가의 의사결정을 수동적으로 따르기보다 치료결정에 관여할 것이라는 점을 명확히 설명함으로써 마이크의 자율성에 대한 존중을 더 많이 전달하였다. 이로 인해 마이크의 불안감이 줄어들었고, 마이크와 전문가는 자살충동이나 행동에 대한 동의가 없음에도 불구하고 자살위험을 치료목표로 포함시킬 수 있었다. 마이크의 입장과 그의 경험을 존중함으로써 전문가는 마이크를 강제성 없이 자살예방이라는 공동의 목표에 협력자로 참여하게 하였다.

### 치료계획과 치료합의 약속에 대한 팁과 조언

1. **자살위험을 우선시하되 환자의 자율성을 훼손하지 않기.** BCBT는 자살위험을 주요 치료목표로 우선시하며, 전문가는 치료계획에 명시적으로 이를 기록할 것을 권장한다. 그러나 BCBT는 모든 경우에 자살위험을 치료계획의 맨 위에 열거할 것을 요구하지는 않는다. 환자가 자살위험보다 다른 목표를 우선시해야 한다고 고집한다면 전문가는 환자의 뜻을 따라야 한다. 양식의 맨 위에 '자살 위험'이라는 단어를 쓰는 것보다 치료적 동맹을 유지하고 환자를 계속 관여시키는 것이 더 중요하다.
2. **환자의 자율성을 보존하고 존중해야 한다는 것을 기억하기.** 치료합의에 대한 약속은 환자의 의욕과 치료 참여도를 높이기 위해 고안되었지만, 전문가는 이를 환자에게 강요하는 도구로 사용해서는 안 된다. 치료에 대한 약속은 치료를 죽음을 피하는 과정이 아니라 의미 있는 삶을 발전시키는 과정으로 틀을 잡는 데 도움이 되기 때문에 변화에 대한 이야기를 자극하고 환자가 성장하도록 하는 것이 유용할 수 있다. 그러나 자율성을 제한하는 도구로 사용되면 사실상 동기부여와 참여를 저해할 수 있다.

CHAPTER

# 12

# 수단안전상담 및 위기지원계획

수단안전상담(means safety counseling)은 수단제한상담을 의미하며, 두 가지의 구별되지만 서로 밀접한 관계가 있는 행동을 포함한다(참조: Harvard University School of Public Health). (1) 자살위험에 처한 개인이 총기 또는 기타 자살 수단에 접근할 수 있는지에 대한 평가, (2) 개인이 더 이상 자살충동을 느끼지 않을 때까지 이러한 수단에 대한 접근을 제한하기 위한 개인 및 지원체계와 협력이다. 자살을 예방하기 위한 개발된 많은 개입 및 전략 중에서, 치명적인 수단에 대한 접근제한은 가장 경험적 지지를 얻었으며, 틀림없이 다양한 표본과 일반인 대상으로 일관적으로 자살을 감소시키는 유일한 개입일 것이다(Bryan, Stone, & Rudd, 2011; Mann et al., 2005). 집단수준에서, 우리가 접근을 제한하려고 하는 수단이 일반적이고 매우 치명적일 때 수단안전이 가장 효과적이다(Mann et al., 2005). 수단안전은 오랫동안 자살환자를 대상으로 한 임상작업에서 중요한 요소로 간주되어 왔지만, 환자의 수단안전과 관련된 논의에 대한 명확한 지침과 권고사항은 최근에 제시되었다(Britton et al., 2016; Bryan et al., 2011).

수단안전상담은 자살하려는 환자의 삶에 중요한 사람의 참여와 지지를 명시적으로 포함하는 개입인 위기지원계획으로 보완될 수 있다. 수단안전상담을 보완하기 위해 위기지원계획은 환자가 위험관리전략 및 치료 권장사항을 준수할 가능성을 높이고 자살하려는 환자와 중요한 타인 사이의 사회적 연결성을 높이기 위해 고안되었다. 위기지원계획을 완료하기 위해 전문가는 환자에게 중요한 사람과 함께 회기에 참석하도록 초대한다. 이상적으로는 중요한 사람은 수단안전상담을 돕기 위해 환자가 확인해 준 사람이다.

치명적인 수단에 대한 접근을 완전히 제거하는 것이 종종 바람직하지만, 이것이 항상 실용적이거나 실행 가능한 것은 아니다. 따라서 수단안전에는 자살하려는 사람과 그들이 선호하거나 선택한 방법 사이에 장벽을 설치하는 것이 포함된다. 예를 들어, 총기를 소유하고 있지만 집에서 꺼낼 의사가 없는 자살하려는 사람들에게는 방아쇠 잠금장치, 케이블 잠금장치 또는 총을 보관하기 위한 금고 사용이 제안된다(Bryan et al., 2011). 때로는, 이러한 장애물은 개인이 자신의 위기에서 진정할 수 있는 충분한 시간을 효과적으로 사용할 수 있게 만들 수 있다(방아쇠 잠금장치 또는 케이블 잠금장치로 총이 발사되는 것을 방지한다).

## 이론적 근거

수단안전상담은 다음과 같은 세 가지 기본 가정을 기반으로 한다. (1) 급성적인 자살하려는 상태의 괴로움의 기간은 짧고, (2) 누군가가 자살위기에서 살아남을 경우 추가 자살시도 가능성은 낮으며, (3) 치명적 수단에 쉽게 접근하는 것은 자살시도 결과(즉, 치명적인 것과 치명적이지 않은 것)의 가장 강력한 결정 요인이다. 첫 번째 가정은 자살위험이 본질적으로 시간이 지남에 따라 변화가능하며 급성위험 기간이 비교적 짧고, 시간이 제한되어 있다는 유동적 취약성이론과 일치하며, 자살시도를 하는 대부분의 사람들이 1시간 이내에 자살행동을 하기로 최종 결정을 내린다는 연구결과의 지지를 받는다(Simon, et al., 2001). 보다 최근의 자료는 훨씬 더 미묘한 정보를 제공한다. 자살시도 방법에 대한 최종 결정은 일반적으로 시도 약 2시간 전에 이루어지며, 자살시도 장소에 대한 최종 결정은 일반적으로 시도 약 30분 전에 이루어지며, 일반적으로 최종 결정은 행동 약 5분 전에 한다(Millner, Lee, & Nock, 2016). 이 짧은 시간으로 인해 전문가와 지원하는 다른 사람들이 개입하는 것이 현실적이지 않기 때문에, 수단안전절차가 심한 정서적 고통 기간 동안 치명적인 결과를 예방할 수 있음을 의미한다. 두 번째 가정은 의학적으로 심각한 자살시도에서 살아남은 개인의 10%만이 나중에 자살로 사망한다는 결과에 의해 지지된다(Owens, Horrocks, & House, 2002). 이것은 자살시도를 수반하는 위기조차도 자살위기에서 살아남은 개인이 치명적인 시도는 말할 것도 없고 다른 자살시도를 할 것 같지 않다는 것을 나타낸다. 세 번째 가정은 전문가에게는 종종 놀라운 것이다. 전문가들 사이에서 자살시도의 의학적 심각성은 종종 자살에 대한 매우 강한 욕구를 가진 개인이 더 치명적인 방법을 선택할 것이라는 가정에 기초하여 개인의 자살의도의 심각성의 함수로 간주된다. 하지만 연구는 이러한 가정을 지지하지 않는다. 그러나 자살의도는 실제로 시도의 치사율과는 상대적으로 약한 상관관계를 보인다(Brown, Henriques, Sosdjan, & Beck, 2004; Pirkola, Isometsa, & Ldnnqvist, 2003; Swahn & Potter, 2001). 훨씬 더 강력한 상관관계는 방법에 대한 접근의 용이성 또는 편의성이다(Eddleston, Buckley, Gunnell, Dawson, & Konradsen, 2006; Peterson, Peterson, O'Shanick, & Swann, 1985). 이러한 발견은 자살하려는 사람들이 급성 고통의 순간에 쉽게 사용할 수 있는 방법을 선택하는 경향이 있음을 나타낸다. 실제로 이러한 사실은 상대적으로 가벼운 자살의도를 가진 사람이라도 매우 치명적인 방법(예 총기)에 접근 할 수 있다면 매우 치명적인 시도를 할 수 있다는 것을 의미한다. 반대로, 상대적으로 심각한 자살의도를 가진 사람은 치사율이 낮은 방법(예 절단)에만 접근할 수 있는 경우 치사율이 낮은 시도를 할 수 있다. 요컨대, 자살하려는 환자는 죽음에 대한 강한 욕망이나 의도가 있음에도 불구하고 그렇게 할 수단이 없다면 자살로 죽을 수 없다는 것이다.

이 세 가지 가정은 특히 치사율이 높은 총기를 고려할 때 매우 중요하다. 미국에서 총기는 자살에 가장 일반적으로 사용되는 방법으로 모든 자살 사망의 절반 이상을 차지한다. 총기와 같은 매우 치명적인 방법에 쉽게 접근하는 것은 자살하려는 사람들에게 매우 위험할 수 있기 때문에, 전문가는 환자가 자살에 사용할 대체 방법을 고려하고 있다고 말하더라도 모든 환자에게 집에 총기가 있는지를 조사하거나 물어봐야 한다. 이것은 접수서류 또는 평가척도에 있는 선별문항으로 탐색할 수도 있고 전문가가 직접 질문하여 수행할 수 있다. 자살하려는 환자는 서술적 평가과정에서 총기에 대한 접근을 보고 할 수도 있다.

위기지원계획은 사회적 지지를 구축하고 위기대응계획 및 수단안전을 포함한 다른 개입의 성공 가능성을 높이기 위해 고안되었다. 관계문제는 자살시도와 관련된 가장 일반적인 활성화사건 중 하나이며(Bryan & Rudd, 2012; Frey & Cerel, 2015; Smith, Mercy, & Conn, 1988), 사회적 지원은 자살시도의 위험을 줄이는 가장 강력한 요인 중 하나이다(Bryan & Hernandez, 2013; Joiner, 2005). 특히 만성적인 관계 문제는 더 심각한 자살위기와 더 많은 자살시도 빈도와 관련이 있다(Bryan, Clemans, Leeson, & Rudd, 2015). 특히, 위기지원계획은 환자와 중요한 사람들을 자살문제에 대비하도록 하기 때문에 긴장된 관계를 경험하고 있는 환자들에게 도움이 될 수 있다. 어떤 경우에는 환자의 감정 상태에 대한 관계문제의 부정적인 영향을 줄이는 방법으로 기능할 수도 있다.

## 방법: 수단안전상담

수단안전상담에 대한 일반적인 접근방식은 혼합된, 심지어 모순적인 감정을 특징으로 하는 심리적 상태인 양가성의 강한 가능성을 고려해야 한다. 특히, 환자는 잠재적으로 치명적인 자살방법에 쉽게 접근할 수 있는 위험증가를 인식할 수 있지만, 치명적 방법에 접근할 수 있는 능력을 유지하거나 보존하려는 강한 욕구를 느낄 수도 있다. 이러한 욕망은 사회 정치적 관점(예 무기 소지권에 대한 믿음), 안전 관련 전제와 세계관(예 자신과 가족을 보호하려는 욕구), 자율성(예 자살할 수 있는 선택권 유지)에 의해 영향을 받는다. 전문가가 수단안전에 대해 너무 강력하게 주장하는 경우 환자는 안전절차에 반대하는 태도를  취할 가능성이 훨씬 더 높다. 이러한 경향은 '유도저항'으로 알려져 있으며 양가성과 행동변화를 잘 이해한 원리이다(Britton et al., 2016). 따라서 전문가는 환자가 안전절차를 찬성하는 쪽으로 논쟁하도록 안내해서 수단안전상담에 접근해야 한다. 이것은 동기면담의 네 가지 핵심 과정(Miller & Rollnick, 2012)인 참여시키기, 초점 맞추기, 이끌어내기, 계획하기에 따라 상대적으로 간단하고 직접적인 여러 전략을 통해 달성할 수 있다.

### 참여시키기(Engaging)

대화를 시작할 때 전문가는 수단안전이라는 개념을 소개하고 환자가 이 주제에 대한 초기생각을 공개적으로 표현하게 한다. 전문가는 환자의 생각과 인식을 주의 깊게 경청하여 토론을 가장 효과적으로 진행하는 방법과 자살문제 및 치명적인 수단에 대한 접근에 있어 환자와 가장 잘 일치하는 방법에 대한 중요한 정보를 얻어야 한다. 예를 들어, 전문가는 일반적으로 총기류에 대해 질문하여 환자를 참여시킬 수 있다. “당신이 총기 소유자라는 것을 이해합니다. 어떤 종류의 총을 소유하고 있습니까?” 환자가 총에 대한 생각과 인식을 공유하도록 하는 위협적이지 않은 질문으로 시작함으로써 전문가는 대화에 접근하는 방법에 대한 유용한 단서를 얻을 수 있다. 예를 들어 사냥과 스포츠를 목적으로 장총(예 소총, 산탄총)을 소유하고 있다고 설명하는 환자는 자신을 방어하고 보호하기 위해 소형 무기(예 권총, 샷건)를 가지고 있다고 설명하는 환자와는 다른 접근 방식을 사용하는 것이 좋다. 전자의 경우가 후자의 경우보다 금고에 넣어 보관하는 것에 대해 더 수용가능 할 수 있다.

## 초점 맞추기(Focusing)

전문가는 수단안전이라는 주제를 직접 다루어야 하지만 환자가 자율성을 유지하면서 대화에 계속 참여할 수 있도록 안내하는 방식으로 접근해야 한다. 안내하는 접근방식은 대화에 참여하려는 환자의 의지를 줄어들게 할 수 있는 직접적인 접근방식(대화에 대한 책임을 가짐)과 대화가 수단안전이라는 주제에서 완전히 벗어날 수 있는 따라가는 접근방식(환자가 대화를 주도하도록 허용) 사이에 있다. 예를 들어, 특히 전문가는 안전문제를 제기한 다음 환자에게 주제에 대해 토론할 의향이 있는지 물어봄으로써 수단안전이라는 주제에 대한 대화에 집중할 수 있다. “안전에 대해 말하고 싶었던 것이 생각납니다. 총기 소유자로서 따라야 하는 안전절차에 대해 기꺼이 이야기 해주시겠습니까?” 이런 식으로 문제를 제기함으로써 전문가는 통제를 완전히 포기하지 않으면서 대화에 대한 책임을 지는 균형을 맞춘다. 부가적으로 전문가는 환자가 안전을 중요하게 생각하지 않는다고 생각하고 어떠한 안전절차도 취하지 않았다고 가정하기보다는 이미 취한 안전절차에 대해서 논의하도록 환자에게 요청한다.

## 이끌어내기(Evoking)

환자가 수단안전에 대해 논의하는 것에 동의하면 전문가는 환자에게 접근제한에 대한 개인적인 이유를 이야기하도록 요청한다. 본질적으로 전문가는 환자가 잠재적인 자살수단을 제한하는 것을 스스로 이야기 할 수 있는 상황을 설정한다. 예를 들어, 전문가는 환자에게 안전한 보관 절차에 대한 자신의 의견이나 생각에 대해 논의하도록 요청할 수 있다. "집에서 총기를 고정하거나 잠그는 것에 대해 어떻게 생각하십니까?" 이 과정의 일환으로 환자가 수단안전에 대한 논쟁에 대해 이야기하고 싶어 하는 것이 일반적이다. 전문가는 환자가 이러한 주장을 말할 수 있도록 허용하고 이를 존중하고 비판단적인 방식으로 반영해야 한다. 때때로 환자는 가능한 자살방법에 대한 접근을 제한할 준비가 되어 있지 않다. 이러한 경우 전문가는 일부 환자의 경우 변경과정이 다른 환자보다 더 오래 걸릴 수 있으며 회기 사이에도 변경이 발생할 수 있음을 염두에 두어야 한다. 단순히 문제를 제기하는 것이 궁극적인 변화를 위한 중요한 첫 번째 단계일 수 있다. 향후 회기에서 주제를 다시 다루면 주제에 대해 논의할 수 있으며 시간이 지남에 따라 안전을 위한 점진적인 변화를 지지할 수 있다.

### 계획하기(Planning)

환자가 변화에 대해 이야기하기 시작하면 전문가는 수단에 대한 접근을 제한하는 서면계획을 세우는 것을 소개해야 한다. "많은 사람들이 자신의 안전계획을 작성하는 것이 도움이 된다고 생각합니다. 당신과 당신의 가정을 위한 계획을 작성하도록 도와드릴까요?" 전문가는 서면계획을 세우고 문서화하기 위한 메커니즘으로 수단안전 계획(<글상자 12.1> 참조)을 소개할 수 있다. 치료에서 개발된 다른 행동계획과 마찬가지로 전문가는 환자가 특정목표를 설정하도록 돕고 계획을 실행하는 데 도움이 되는 특정의 사람을 찾아야 한다. 수단안전계획에서 전문가와 환자는 환자의 삶에서 안전계획을 세우는 데 도움을 줄 사람을 확인한 다음, 계획이 제대로 세워졌는지 확인해야 한다. 전문가와 환자는 상호 합의된 계획(예 '내 친구에게 총기 맡기기.', '총에 방아쇠 잠금.', '여분의 약을 안전하게 보관하고 아내에게 열쇠 주기.')및 조건을 기록한다. 안전계획이 더 이상 필요하지 않거나 환자가 방법에 다시 접근할 수도 있다. 안전계획이 세워지면 환자는 지지해주는 다른 사람이 계획에 서명하게 하여 이를 확실하게 할 수 있다.

수단안전상담이 실시되면, 전문가는 환자가 선택할 수 있는 옵션에 대한 메뉴를 제공하는 것을 목표로 해야 한다. 이렇게 하는 것이 환자의 자율성을 존중하고 결정에 대한 통제감을 유지하며 환자 자신의 안전에 대한 책임을 유지하게 한다. 또한 전문가는 자살예방이 아닌 안전증진의 관점에서 이 주제에 접근해야 한다. 후자는 때때로 환자가 자율성에 대한 제약으로 경험할 수 있기 때문이다. 예를 들어 전문가는 '총에 대한 접근제한'이 아니라 '총의 안전'에 대해 이야기할 수 있다. 마지막으로, 전문가는 환자에게 가족, 친구 또는 다른 중요한 사람들을 참여시켜 치명적인 수단에 대한 접근을 확보하거나 안전을 강화하도록 요청하는 것을 고려해야 한다. 수단안전계획이 합의되면 전문가와 환자는 계획을 서면으로 공식화한다. 안전계획은 잠재적으로 치명적인 수단에 대한 접근을 쉽게 줄이기 위해 취할 수 있는 구체적인 조치, 계획을 지원할 사람, 그리고 잠재적인 방법에 대한 접근으로 돌아갈 수 있는 경우에 대해 상세히 설명하는 것이다. 수단안전계획에 대한 양식샘플은 부록 A.5에 제시되어 있다.

1. 자살욕구는 매우 빠르게 증가할 수 있다.
2. 치명적인 자살방법에 쉽게 접근하는 것은 위기상황에서 위험할 수 있다.
3. 치명적인 방법에 대한 접근을 일시적으로 줄임으로써 안전성을 높이면 나쁜 결과의 가능성을 줄일 수 있다.
4. 방법을 완전히 제거할 수 없는 경우에도 다른 옵션을 통해 안전성을 높일 수 있다.
   a. 믿을 수 있는 친구나 가족에게 방법(도구)을 준다.
   b. 접근하기 어려운 방식으로 방법을 제한한다.
   c. 총기관련:
      - 총기를 분해하고 중요한 부품을 다른 사람에게 준다.
      - 다른 사람이 안전하게 보호하는 위조방지금고에 총기를 보관한다.
      - 총기를 장전하지 않은 상태로 보관하고 탄약을 별도의 위치에 보관한다.
      - 방아쇠 잠금장치 또는 케이블 잠금 장치를 사용한다.
5. 잠금 해제된 수단(특히 화기)을 숨기는 것은 숨겨진 물건을 별다른 어려움 없이 찾을 수 있기 때문에 충분하지 않다.
6. 자살하려는 아동이나 청소년을 위한 공동양육권을 적용하는 상황의 경우, 환자가 정기적으로 방문하는 모든 가정에서 치명적 수단은 안전해야 한다.
7. 가족이나 친구를 참여시켜 안전계획을 수립하면 성공 가능성을 높일 수 있다.

**글상자 12.1** 수단안전상담에서 권장되는 대화의 요점

전문가가 수단안전상담을 할 때 참고할 수 있는 요점 목록은 <글상자 12.1>에 제시되어 있으며, 전문가가 환자와의 토론을 안내하는 데 도움이 되는 자료로 제공된다. 위에서 언급했듯이, 전문가가 소개하는 것보다 환자가 직접 이러한 점을 확인하고 도출하도록 장려하는 연상전략을 사용하는 접근이 효과가 클 것이다.

### 1단계: 외래환자의 안전문제 제기와 총기접근에 대한 탐색하기

전문가는 외래환자의 안전을 최우선으로 하기 위한 관점에서 수단안전상담을 시작한다.

**치료자용 스크립트 예시**

우리는 최근 당신의 삶에 무슨 일이 일어나고 있는 지와 당신이 직면한 문제에 대해 꽤 많이 이야기했습니다. 쉽지 않았을 텐데 모든 것을 나와 기꺼이 공유해주셔서 감사합니다. 최근에 진행되고 있는 모든 일을 감안할 때 이 치료를 받는 동안 우리가 어떻게 당신의 안전을 극대화 할 수 있는지에 대해 조금 더 이야기했으면 합니다.

**문제해결 팁**

**환자가 안전에 대해 이야기하고 싶지 않다고 하면 어떻게 합니까?** 환자가 이 초점화된 질문에 부정적으로 응답하면 전문가는 환자에게 이 관점에 대한 자신의 이유를 공유하도록 요청할 수 있다. 예를 들면,

우리가 치료의 안전문제에 대해 이야기한다면 어떻게 될 것이라고 생각하십니까? 또는 무슨 일이 일어날 것이라고 생각하십니까?

많은 경우 환자가 안전문제에 대해 이야기하는 것을 꺼리는 것은 자율성 제한(예 총기제거, 입원)에 대한 걱정과 관련이 있다. 환자가 이러한 문제를 해결하면 환자는 안전관련 문제를 논의할 가능성이 더 높다.

## 2단계: 환자에게 총기 안전에 대해 교육하기

전문가는 총기안전에 초점을 맞춘 간단한 설명을 제공하고 환자가 <글상자 12.1>에 요약된 요점을 논의하도록 안내한다. 전문가는 환자에게 접근할 수 있는 총기류를 일시적으로 안전하게 보관해야 하는 이유를 확인하고 논의하도록 요청한다.

### 치료자용 스크립트 예시

안전에 관한 한 가지 큰 문제는 총기안전과 관련이 있습니다. 내가 총기안전에 대해 이야기하고 싶은 이유는 화가 났을 때 총기에 쉽게 접근할 수 있는 것이 나쁜 결과로 이어질 수 있기 때문입니다. 예를 들어, 연구에 따르면 잠그는 등의 총기보관과 같은 안전한 보관절차를 따르지 않는 가정은 총기관련 사망자가 발생할 가능성이 훨씬 더 높습니다. 집에서 총기를 보관하거나 잠그는 것에 대해 어떻게 생각하십니까?

[토론을 용이하게 하기 위한 개방형 질문]

누군가가 정말 화를 내고 자살하려고 할 때 총에 접근하는 것에 대해 어떻게 생각하십니까?

총기에 대한 접근을 일시적으로 제한하면 어떤 이점이 있습니까?

총을 안전히 제거할 수 없는 경우 이 치료를 받는 동안 좋은 총기안전을 실천하기 위한 다른 옵션은 무엇입니까?

이것에 대한 계획을 세우는 것에 대해 어떻게 생각하십니까?

## 3단계: 수단안전을 위한 서면계획 세우기

전문가와 환자는 공동으로 수단안전을 위한 서면계획을 세우고 환자가 생활 속에서 계획의 실행을 도울 수 있는 사람을 확인한다.

### 치료자용 스크립트 예시

지금까지 당신의 안전을 증대하기 위해 취할 수 있는 몇 가지 구체적인 조치를 확인했는데, 당신은 이제 어떻게 하고 싶습니까? 많은 사람들이 안전계획을 작성하는 것이 도움이 된다고 생각합니다. 당신과 당신의 집을 위해 안전계획을 세울 수 있도록 도와 드릴까요? 가족이나 친구가 우리의 계획을 실행하도록 도와주면 성공가능성을 높일 수 있습니다. 이 계획을 실행하는 데 도움을 줄 수 있는 사람이 당신

인생에 있습니까? 다음 회기에 이 계획과 총기 안전에 대해 좀 더 이야기하기 위해 그 사람이 당신과 함께 오는 것이 도움이 될 것이라고 생각하십니까?

### 문제해결 팁

**환자가 계획을 작성하고 싶지 않다고 하면 어떻게 합니까?** 환자가 서면계획을 작성하고 싶지 않다고 말하는 경우 전문가는 자신의 이익을 위해 계획을 작성하도록 제안해야 한다. 예를 들면,

좋아요, 괜찮습니다. 계획을 제가 잊어버리지 않도록 여기에 적어 두겠습니다. 나중에 참조할 수 있도록 노트에 사본을 보관하겠습니다. 내가 제대로 이해했는지 확인하기 위해 함께 계획을 다시 살펴봅시다.

그런 다음 전문가와 환자는 수단안전계획의 각 구성 요소를 검토할 수 있다. 나중에 전문가는 계획의 사본을 환자에게 제공하여 미묘하고 간접적인 방법으로 작업을 수행할 수 있다.

좋습니다, 나는 수단안전계획을 세웠다고 생각합니다. 이것이 당신에게 맞는 것 같습니까? 내가 먼저 당신을 위해 정말 빨리 사본을 만들 것입니다. 그러면 당신은 당신의 치료기록이나 다른 곳에 보관할 수 있습니다. 나중에 필요할 수 있으니까요.

**환자가 안전 계획을 논의하기 위해 중요한 다른 사람을 데려 오는 것이 도움이 되지 않는다고 말하면 어떻게 합니까?** 환자가 중요한 사람을 데려오고 싶지 않다면 전문가는 이 결정을 존중해야 하지만 그럼에도 불구하고 그들을 포함시키는 것의 중요성을 강조해야 한다. 예를 들면,

괜찮습니다. 그들이 당신과 함께 만날 수 없더라도 우리는 그들에게 도움을 요청할 수 있습니다. 이 계획에 대해 그들과 기꺼이 이야기하고 우리 계획에 서명하여 계획이 시행되었는지 확인하도록 요청하시겠습니까? 그렇게 하면 그들이 기꺼이 도움을 줄 것인지 확실히 알 수 있습니다.

[계획 완료 후] 0('전혀 아님')에서 10('확실히 그러함')까지의 척도에서 치료 중 안전을 높이기 위해 이 계획을 실행할 가능성이 얼마나 됩니까?

[평점이 10점 만점에 7점 미만인 경우] 이 계획에서 실행할 가능성을 줄이는 부분이 있습니까? 이 계획을 사용할 가능성을 높이기 위해 무엇을 변경할 수 있습니까?

## 방법: 위기지원계획

환자의 확인된 지원제공자(일반적으로 배우자, 친구 또는 가족)와 함께 참여한 공동 회기에서, 전문가는 환자에게 자신의 자살방식을 중요한 사람에게 설명하도록 요청하는 것으로 시작한다. 환자에게 환자 자신의 말로 상대방을 교육하도록 요청하는 것은 환자가 사례개념화를 이해하고 있는지의 여부를 측정하는 메커니즘을 제공하고 자살위험과 관련된 자신의 고유한 요인 및 상황을 명확하게 설명할 수 있게 한다. 또한 환자에게 '교사'의 역할을 하게 하는 것은 환자가 자신의 문제에 대해 잘 알고 있다는 생각을 암시적으로 뒷받침한다. 다음으로 전문가는 환자에게 위기대응계획을 설명하고 계획에 수반되는 특정 단계를 공유하도록 요청한다. 여기에서도 환자에게 교사가 되라고 요청하는 것은 전문가가 환자에게 환자 자신의 말로 '자신의' 맞춤형 계획이 자신의 위기를 관리하기 위한 것인지 분명하게 말하라고 하는 것이기 때문에 자기관리의 중요성에 대한 철학을 강화한다.

그런 다음, 전문가는 위기지원계획의 사본을 환자와 중요한 지지자에게 주고, 위기지원계획을 함께 검토한다. 위기지원계획의 첫 번째 섹션에서 환자와 중요한 사람은 중요한 사람이 환자를 지원할 수 있는 방법들을 명확하게 한다. 예를 들어, 환자와 배우자가 함께 산책하거나, 호흡 운동을 함께 연습하거나, 서로 포옹하거나, 함께 영화를 보거나, 함께 비디오 게임을 할 수 있다. 자살하려는 많은 환자가 자신의 필요를 다른 사람에게 효과적으로 전달하기 위해 고군분투하기 때문에 이 단계는 기본적인 대인관계 의사소통 기술훈련의 역할을 할 수 있으며 환자의 정서적 고통에 기여하는 부정적인 관계패턴에서 벗어나게 하거나 약화시킬 수도 있다. 다음으로 전문가는 수단안전상담의 기본원칙을 검토하고 중요한 사람에게 안전예방 조치를 지원하도록 요청한다. 마지막으로 전문가는 중요한 사람과 위기관리절차를 검토한다. 이 마지막 단계는 지원하는 상대방이 자신이 위기관리에 전적으로 책임이 있다고 착각하지 않고, 긴급 상황에서 도움을 요청하는 것이 수용되는 것은 물론 권장된다는 사실을 깨닫는 것이 중요하다.

마지막 단계로, 전문가는 환자와 중요한 사람에게 계획에 대한 질문이나 걱정되는 사항이 있는지 물어보고 해당 계획을 실현할 수 있을 가능성을 0(전혀 가능성이 없음)에서 10(매우 가능성이 높음)점의 척도에 평정하도록 하여 결론을 내린다. 중요한 사람이 낮은 가능성을 나타내는 경우 전문가는 활용가능성을 높이기 위해 계획을 변경하거나 수정해야 하는 사항이 무엇인지 질문해야 한다. 위기지원계획 양식은 부록 A.6에 있다.

### 1단계: 자살모드 검토

전문가는 환자에게 자살모드가 자신에게 어떻게 적용되는지 중요한 사람에게 설명하도록 요청한다.

**치료자용 스크립트 예시**

[환자에게] 자살모드를 [중요한 사람]과 공유해달라고 요청하는 것으로 시작하겠습니다. 자살모드가 무엇인지 설명하고 지금까지 치료에서 작업해 온 자신의 자살모드를 보여줄 수 있습니까?

[중요한 사람에게] 궁금한 점이 있거나 명확한 설명이 필요한 경우 언제든지 알려주십시오.

[환자가 끝났을 때] [중요한 사람에게] 자살모드에 대해 질문이 있습니까? [환자]에게 무슨 일이 일어나고 있는지 이해하기 위해 우리가 이것을 어떻게 사용했습니까?

### 2단계: 위기대응계획 검토

전문가는 환자에게 위기대응계획의 목적과 근거를 설명하고 위기대응계획과 관련된 단계를 검토하도록 요청합니다.

**치료자용 스크립트 예시**

우리는 특히, 위기 상황에서 어떤 변화를 만들고 어떤 조치를 취해야 하는지 안내하기 위해 이러한 자살모드 개념을 사용했습니다. 우리가 취한 첫 번째 단계는 위기대응계획을 개발하는 것이었습니다. [환자], 위기대응 계획이 무엇인지 설명하고 [중요한 사람]과 계획을 공유해 주시겠습니까?

[환자가 끝났을 때] [환자],이 계획이 지금까지 어떻게 도움이 되었습니까?

### 3단계: 위기지원계획 소개

다음으로 전문가는 위기지원계획을 소개하고 개입의 근거를 설명한다. 전문가는 위기지원계획이 환자의 안전을 개선하고 치료결과를 향상시키기 위해 고안되었다고 강조한다.

**치료자용 스크립트 예시**

다음에는 우리가 위기지원계획이라고 부르는 것을 살펴보려고 합니다. 위기지원계획은 방금 설명한 위기대응계획과 여러 면에서 유사하지만 이 위기지원계획은 지원하는 다른 사람을 포함하는 데 훨씬 더 명확한 역할을 합니다. 위기지원계획의 목적은 [환자]를 지원하고 전반적인 안전성을 높이기 위한 구체적인 전략을 확인하는 것입니다. 이 두 가지 모두 더 나은 치료 결과로 이어질 것입니다. 여기에 위기지원계획의 사본이 있습니다. 함께 살펴보겠습니다.

### 4단계: 도움이 되는 지원조치 확인

전문가는 중요한 사람이 위기 동안 환자를 지원하기 위해 할 수 있는 간난한 행동전략을 확인하기 위해 환자와 중요한 사람과의 토론을 촉진한다.

**치료자용 스크립트 예시**

이 첫 번째 섹션은 일상적으로 [환자]를 지원하기 위해 취할 수 있는 몇 가지 간단한 전략을 나열할 수 있는 영역입니다.

[환자], [중요한 사람]이 당신을 격려하고 지원하기 위해 할 수 있는 말은 무엇입니까? [중요한 사람]이 전략들을 얼마나 자주, 언제 수행하시겠습니까?

전략이 제안된 경우: [중요한 사람], 그렇게 하는 것이 합리적입니까? 할 수 있다고 생각하십니까?

### 5단계: 수단안전상담 제공

전문가와 환자가 협력하여 수행하는 것은 상대방을 위한 안전상담을 의미하고 수단안전계획을 검토하는 것을 의미한다. 중요한 사람이 수단안전을 지원하도록 초대된다. 수단안전계획은 중요한 사람의 의견을 바탕으로 하여 필요에 따라 수정 또는 편집된다.

### 치료자용 스크립트 예시

다음으로 하고 싶은 것은 특히, 총기 [또는 기타 자살 방법]와 관련하여 [환자]에게 집을 가능한 한 안전하게 만드는 것입니다. [환자]와 저는 총기안전에 대해 이야기하고 초기 안전계획을 개발했습니다. 여러분과 공유하고 이에 대한 여러분의 생각을 듣고 실행에 도움이 될 수 있는지도 확인하려고 합니다. 몇 가지 주요 사항을 함께 살펴보겠습니다.

[전문가는 부록 A.6에 표시된 위기지원계획 항목 3에 있는 표시된 문항을 읽는다. 각 항목은 다음과 같다.]

그것에 대한 당신의 생각은 무엇입니까?

이 단계가 가능하다고 생각하십니까?

이것을 수행하는 데 어려움이 있습니까?

## 6단계: 비상절차 검토 및 승인 획득

전문가는 환자를 병원으로 이송하거나 119에 전화하는 것을 포함하여 위기 또는 자살위험이 임박한 경우 취해야 할 응급절차를 검토한다. 위기지원계획이 완료되면 전문가는 환자와 지지자가 0('전혀 가능성이 없음')에서 10('매우 가능성이 높음')까지의 척도로 계획을 시행할 가능성을 평정한다.

### 치료자용 스크립트 예시

이제 제가 분명히 하고 싶은 것은 비상상황의 경우를 스스로 관리해야 한다고 느끼면 안 된다는 것입니다. 만약 [환자]가 심각한 위기에 처한 경우에는 전문적인 도움을 요청해야 합니다. 여기에 제 전화번호가 있습니다. 궁금한 것이 있거나 도움이 필요하면 저에게 전화할 수 있습니다. 내가 항상 즉시 연락할 수 있는 것은 아니기 때문에, 즉시 누군가와 대화해야 하는데 부재중일 경우를 대비하여 자살예방상담전화(1393)도 알려 드리겠습니다. 1393은 연중무휴 24시간 전화로 응답하는 자살위기 상담원 네트워크입니다. 수신자 부담 전화번호는 이미 이 계획에 적혀 있습니다.

응급상황에 처한 경우 [환자]를 가장 가까운 병원으로 데려가거나 119에 전화하여 지원을 요청하십시오.

이러한 비상조치에 대해 질문이 있습니까? 전체 계획에 대한 질문이 있습니까?

**[계획 완료 후]** 0('전혀 아님')에서 10('확실히 그러함')까지의 척도에서 이 계획을 실행하게 될 가능성은 어느 정도입니까?

**[평점이 10점 만점에 7점 미만인 경우]** 이 계획에서 실행가능성을 줄이는 부분이 있습니까? 이 계획을 사용할 가능성을 높이기 위해 변경해야 하는 것은 무엇입니까?

# 사례를 통한 예시

## 마이크의 사례

클리닉의 접수서류에 총기 소유권에 대한 선별 항목이 포함되어 있었지만 마이크는 이러한 항목을 건너뛰었다. 위기대응계획을 완료한 후 마이크의 전문가는 총기소유에 대해 물었다. 전문가가 안내하는 것을 잘 살펴봐야 안다.

전문가: 오늘 만나기 전에 서류를 검토하던 중 총기소유권을 묻는 항목에 응답 하지 않은 것을 발견했습니다. 당신이 하시 않은 유일한 사람이었습니다.

마이크: 네, 정말 그 질문에 대답하고 싶지 않습니다. 내가 질문해도 되나요?

전문가: 네, 물어볼 수 있습니다. 사실 정신건강전문가는 일부 의사가 안전벨트 착용이나 안전한 성관계에 대해 묻는 것과 같은 방식으로 환자에게 총기에 대해 물어 보는 것이 좋습니다. 이것은 안전과 부상 또는 기타 건강 문제 예방에 관한 것입니다.

마이크: 오, 좋아요. 나는 어느 누구도 내가 미쳤다고 생각하고 내가 잘못한 일이 없을 때 내 총을 빼앗으려고 하는 것을 원하지 않습니다.

전문가: 네, 이해합니다. 그게 일반적인 걱정거리일 수 있다는 것을 알고 있지만, 심리치료자와 이야기 한 후 실제로 총을 빼앗긴 사람에 대해 들어 본 적이 없습니다. 글쎄요, 저는 제 환자들에게 그런 일이 없었다고 말할 수 있습니다. 그런 일이 있었다면 그들이 제게 말했을 것 같아요. 전에 그런 일을 경험했던 사람이 있습니까?

마이크: 아니요, 개인적으로는 없습니다.

전문가: 사적으로 아는 사람이나 외부의 누군가에게 그런 일이 있었다는 것을 들어 보셨습니까?

마이크: 아니요. 내 말은, 그런 이야기를 듣기는 했지만 나는 당신에게 이름을 댈 수는 없습니다.

전문가: 예, 저도 마찬가지입니다. 나는 많은 이야기를 들었지만 이름은 전혀 들어 본 적이 없습니다. 하지만 흥미로운 질문이 있습니다. 나 같은 사람이 왜 이 질문을 하는 것이라고 생각합니까?

마이크: 글쎄요, 아마도 사람들이 스스로를 쏘기 때문이겠지요. 하지만 저는 그렇게 하지 않을 것입니다.

전문가: 맞습니다. 자살 때문입니다.

마이크: 그래도 그럴 생각은 없습니다.

전문가: 네, 여기 서류에서 당신이 아니라고 한 것을 보았고, 당신은 전에 그런 생각을 하지 않았다고 말했습니다. 그렇지만 정말 기분이 안 좋아서 잘 자지 못하고 평소보다 술을 많이 마시고 있다고 하셨죠?

마이크: 네.

전문가: 그리고 우리는 당신의 삶에 있는 모든 스트레스에 대해 이야기 했습니다.

마이크: 네, 하지만 그게 내 머리를 날려 버릴 거라는 뜻은 아닙니다.

전문가: 네, 맞습니다. 문제가 있고 기분이 좋지 않다고 해서 항상 자살하는 것은 아닙니다. 그러나 그런 것들은 집중하고 결정을 내리는 것을 어렵게 만들 수 있습니다.

마이크: 네.

전문가: 그것은 오늘도 우리가 이야기했던 것입니다. 당신이 더 이상 좋은 결정을 내릴 수 없다고 느끼고 그것을 받아들일 수 없다고 느끼는 것입니다. 그것 때문에 술을 더 많이 마시고 화를 냈습니다.

마이크: 네.

전문가: 자살하지 않더라도 삶에는 많은 문제가 있고, 우울하고 압도적되며, 평소보다 술을 많이 마시고, 결정을 내리는 데 어려움을 겪고 있을 때 총기에 쉽게 접근할 수 있는 사람에 대한 당신의 생각을 말해주세요.

마이크: 음, 술과 총은 좋은 생각이 아니죠.

전문가: 왜 그렇죠?

마이크: 글쎄, 어려움이 있고 똑바로 생각할 수 없어서 멍청한 일을 할 수 있습니다. 음주 운전과 같습니다. 어리석은 짓을 하려는 것은 아니지만 운전을 한다면 어차피 나쁜 곳에서 끝날 수 있습니다.

전문가: 그 결과는 상당히 극단적이기도 합니다.

마이크: 네, 물론입니다.

전문가: 과음과 총은 위험한 조합이 될 수 있습니까?

마이크: 그렇죠.

전문가: 우리가 이야기한 다른 문제는 어떻습니까? 쉽게 화를 내고 많이 자지 않는 것과

같은 것은 어떻습니까? 여기에 총기에 쉽게 접근할 수 있다면 어떨까요?
마이크: 음, 그것도 좋은 조합이 아닙니다. 총을 가진 화난 사람은 무섭고, 만약 잠을 자지 않으면 안전하지 않을 것입니다.
전문가: 이것도 안전 문제입니까?
마이크: 네.
전문가: 그래서 제가 당신을 정확하게 이해하고 있다면, 당신이 현재 다루고 있는 문제들은 총기와 결합될 때 나쁜 결과를 가져올 위험을 증가시킵니다.
마이크: 네, 그런 것 같습니다.
전문가: 이것이 당신에게 어떻게 적용될 수 있을지에 대한 당신의 생각은 무엇입니까?
마이크: 글쎄요, 침대 밑에 총을 둔 채 잠을 자는데 그렇게 안전하지 않은 것 같습니다.
전문가: 네, 아마 당신이 맞을 것 같아요. 이 안전문제를 해결하기 위한 몇 가지 다른 선택지에 대해 이야기하는 것은 어떻습니까?
마이크 : 좋습니다.

이 대화에서 전문가는 동기면담의 네 가지 절차(참여시키기, 초점맞추기, 이끌어내기, 계획하기)를 모두 사용한다. 먼저, 전문가는 마이크에게 총기안전점검에 대한 생각을 공유하도록 요청하여 마이크와 소통한다. 다음으로, 전문가는 마이크가 대화를 주도하지 않도록 하는 것과 같은 방식으로 선눈가도 대화를 주도하지 않는 방식으로 수단안전에 대한 초점을 유지하였다. 또한 전문가는 마이크에게 총기접근과 그가 보고한 다양한 문제를 결합하는 것에 대한 생각을 공유하도록 요청하는 유발전략을 사용한다. 이런 식으로 전문가는 마이크에게 수단안전에 찬성하여 이야기하도록 안내했다. 마지막으로 전문가는 수단안전에 대한 다양한 선택지와 관련된 대화를 제안하여 적극적인 계획단계로 전환하였다.

## 존의 사례

존이 정신과에서 퇴원하고 BCBT예약을 알아보기 위해 초기방문을 한 후, 전문가는 존과 그의 친구와 함께 수단안전상담을 실시하였다. 존과 그의 친구는 치료가 끝날 때까지 존의 소총을 친구의 집에 임시로 보관하는 데 동의했다. 수단안전 문제는 BCBT의 세 번째 회기에서 존이 아내 엘리스와 동행했을 때 다시 제기되었다. 전문가는 존과 엘리스와 함께 위기지원계획을 완료했으며 그동안 수단안전이 다시 이야기되었다. 이 논의과정에서 존과 엘리스는 특히 총기금고 구매와 관련하여 진행 중인 수단안전 절차에 대해 서로 다른 의견과 생각을 나타냈다. 존은 이 옵션을 선호했지만 엘리스는 비용에 대해 걱정을 했다. 이와 관련된 이야기의 기록에서 보듯이, 동기면담의 네 가지 원칙을 모두 사용하는 전문가의 신중한 질문으로 존과 엘리스는 이 문제를 해결하고 총기안전에 대한 상호 합의에 도달했다.

전문가: 제가 정확하게 이해했다면, 두 분은 일반적으로 안전을 높이기 위해 이전에 총을 안전하게 보관하는 것에 대해 이야기 한 적이 있습니다. 비록 총기의 안전에 대한 찬성과 반대에 대한 입장이 바뀐 것 같지만, 실제로는 비용 때문에 실행하지는 않았습니다.

존: 네, 항상 우리의 돈을 쓰는 데 더 중요한 것들이 있는 것 같았지만, 지금은 이것이 우선순위가 되어야 한다고 생각합니다. 엘리스는 이전에는 일관적으로 하나를 사고 싶었던 사람이었지만, 지금은 우리가 그것을 감당할 수 없다고 말합니다.

전문가: 음, 흥미롭군요. 엘리스, 어떻게 생각하세요?

엘리스: 그가 총 금고를 사기 위해 약 1년 동안 내가 그를 따돌렸던 것이 맞습니다. 난 그냥 가지고 있고 총을 거기에 두는 것이 더 안전하다고 생각해요. 그리고 지금은 아기를 갖는 것에 대해 이야기하고 있었기 때문에 총을 가지고 노는 것을 원하지 않습니다.

전문가: 안전이 당신에게 매우 중요한 것 같습니다.

엘리스: 아, 네. 집에 총이 없는 것을 원하지만, 존에게는 총을 가지고 있는 것이 중요합니다.

존: 누군가가 침입하려고 하면 가족을 보호할 수 있도록 총을 가지고 있는 것이 더 안전하다고 느낍니다. 예전에는 크게 우선순위를 두어야 하는 것으로 생각하지 않았지만 이제는 안전이 가장 중요하다는 것을 알게 되었습니다.

전문가: 안전이 중요하다는 데 모두 동의했나요?

존과 엘리스: 네.

전문가: 좋습니다. 그래서 그것은 논쟁의 주제가 아닌 것 같습니다. 두 사람이 서로 의견이 일치하지 않는 곳이 어디인가요?

존: 글쎄요, 저는 지금 총을 안전하게 가지고 있어야 한다고 생각합니다. 하지만 그녀는 우리가 그것을 감당할 수 없기 때문에 기다려야 한다고 생각합니다. 이 모든 일이 일어나기 전에 그녀는 총을 너무나도 안전하게 가지고 있고 싶어 했기 때문에 매우 혼란스럽습니다.

전문가: 엘리스, 맞습니까?

엘리스: 네. 내가 총을 안전하게 가지고 있고 싶지 않다는 것은 아닙니다. 그게 중요하다는 것을 알고 있고 존이 자해하는 것을 원하지 않습니다.

전문가: 그래서 당신은 총기안전을 원하고 존도 안전하기를 원합니다. 하지만 지금 당장 당신이 총기 안전구매를 지원하는 것을 어렵게 하는 것이 있군요.

엘리스: 그런 것 같아요.

전문가: 총을 안전하게 보관한다면 어떻게 될지 궁금합니다.

엘리스: 그럼 그는 친구에게서 총을 돌려받기를 원할 거예요. 지금 당장은 그게 좋은 생각인지 모르겠어요.

전문가: 그것에 대해 더 말해주세요.

엘리스: 글쎄요, 불과 몇 주 전에 존은 나와 전화통화를 하는 동안 자살하기 위해 자신에게 쏘기 위해 총을 꺼냈습니다. 내 인생에서 가장 무서운 순간이었고 그는 내 말을 듣거나 대답하지 않았어요. 전화로 남편이 그 총으로 자살하는 소리를 듣게 될 줄 알았어요. 그것은 끔찍했어요. 적어도 아직은 그 총을 돌려놓고 싶지 않습니다. 그가 그 총을 되찾을 준비가 되었는지 모르겠어요.

존: 자기야, 총을 안전하게 가지고 있으면 괜찮을 거야.

엘리스: 하지만 총은 여전히 우리 집에 있을 거예요. 너무 일러요.

전문가: 내가 당신을 올바르게 이해하고 있다면, 당신이 말하는 것은 엘리스는 당신에게 있었던 일을 여전히 두려워하고 총이 금고에 있더라도 총을 집에 다시 가져가는 것이 안전하지 않을 수 있다고 걱정한다는 것입니다. 맞습니까?

엘리스: 네, 꽤 많이요.

전문가: 그래서 당신이 총기 금고에 반대하는 것은 아닙니다. 당신은 남편의 안전에 대해 걱정하고 있습니다.

엘리스: 네, 나는 우리의 경계심이 내려간 동안 그가 총을 다시 가져와서 자살하려고 할까봐 걱정돼요.

전문가: 알겠습니다. 이런 걱정은 흔히 할 수 있는 걱정거리입니다. 어떻게 생각하세요, 존?

존: 그것은 내가 하려는 것이 아닙니다. 나는 누구를 속이려는 것이 아닙니다.

전문가: 당신도 우리를 속이려는 것 같지 않습니다. 동시에, 엘리스는 당신의 안전에 대해 걱정하고 있습니다. 내가 틀렸다면 내 말을 고쳐주세요. 그리고 엘리스는 아직 총을 집으로 다시 가져올 준비가 되어있지 않다고 생각합니다.

엘리스: 맞아요.

전문가: 존, 엘리스가 아직 집으로 총을 가져올 준비가 되어 않다고 말하는 것에 대해 어떻게 생각하십니까?

존: 이해할 수 있습니다.

전문가: 좋습니다. 이것은 여기에서 주된 관심사는 총기안전 여부보다 총을 언제 집으로 가져오느냐라는 것을 의미합니까?

존: 무슨 말씀이세요?

전문가: 글쎄요, 모두 안전에 대해 동의한 것 같고, 총기 금고가 좋은 생각이라는데 모두 동의했습니다. 맞습니까?

존과 엘리스: 네.

전문가: 아직 합의되지 않은 부분은 언제 총을 집에 가지고 와서 금고에 넣느냐 입니다.

엘리스: 네, 맞아요.

전문가: 당신은 어떻습니까, 존?

존: 이해가 됩니다. 지금 당장 총기 금고를 사서 최소한 가지고만 있어도 나중에 시간이 더 지나서 총을 가져와 금고에 보관할 수 있습니다. 하지만 지금 당장은 필요하지 않습니다.

전문가: 오, 그거 흥미로운 생각입니다. 이것에 대해 어떻게 생각하세요, 엘리스?

엘리스: 좋습니다. 금고를 사는 것은 괜찮지만 지금 당장 총을 돌려받고 싶지는 않습니다.

존: 좋습니다. 지금 당장 돌려받을 필요는 없어요. 잠시 기다릴 수 있습니다.

전문가: 그러면 우리는 방금 합의에 도달 했습니까?

엘리스: 네, 그렇게 생각해요.

존: 네.

전문가: 네, 금고를 사기 위해 쇼핑을 좀 하고 나중에 소총을 가져오는 문제에 대해 다시 살펴보겠습니다. 보통 나는 마지막 치료 회기 동안 이것과 관련된 대화를 하는 것을 추천합니다. 그것은 지금부터 약 2~3개월 후가 될 것입니다. 이렇게 하는 것이 어떻습니까?

존: 괜찮습니다.

엘리스: 네, 좋아요.

전문가: 좋습니다. 그러면 금고를 찾아 볼 수 있는 시간을 가질 수 있고 그것을 살 돈이 있는지 확인할 수 있습니다.

### 수단안전상담 및 위기지원계획에 대한 팁과 조언

1. **언어에 유의하기**. 우리는 '수단제한'(특히 '총기 제한')이라는 말을 사용하면 종종 환자의 방어적인 태도가 심화된다는 것을 발견했다. '수단안전'이라는 말을 사용하는 것은 덜 강렬한 부정적인 반응이 나타나게 한다.
2. **환자가 수단안전에 찬성하여 논쟁하게 하기**. 전문가는 환자가 수단안전에 대한 근거를 제공하도록 격려해야 한다. 이것은 자살하려는 사람들에게 종종 총기류에 접근할 수 있는 것에 대한 그들의 생각을 질문함으로써 달성할 수 있다(예 "안전에 관해, 총기에 쉽게 접근할 수 있는 자살하려는 사람들에 대한 당신의 생각이 궁금합니다. 당신이 어떻게 생각할지 궁금합니다. 가족이나 친구가 자살하려고 할 때 총기를 사용하는 것에 대해 어떻게 생각하십니까?"). 환자가 수단안전을 지지하는 이유를 제공하는 경우 전문가는 나중에 환자 자신의 말과 주장을 다시 참조할 수 있다(예 "자살할 때 총기의 위험성에 대해 이전에 말한 내용과 어떻게 부합합니까?").
3. **환자가 사용할 수 있는 방아쇠 잠금장치와 케이블 잠금장치를 보관하기**. 전문가는 사무실에 방아쇠 잠금장치 또는 케이블 잠금장치를 갖추어서 총기안전을 촉진할 수 있다. 저렴한 비용으로 혹은 무료로 현지 경찰서에서 구할 수 있다.
4. **총기소지 및 보관을 규정하는 법률 숙지하기**. 총기관련법은 관할권에 따라 상당히 다를 수 있다. 관련 법률을 알면 전문가와 환자가 총기안전계획을 만들기 위한 선택지를 만드는 데 도움이 될 수 있다. 예를 들어 일부 주에서는 법집행 기관이 시민의 총기 안전을 위해 임시로 보관하도록 허용한다.

CHAPTER

# 13

# 수면장애 개입

자극통제와 수면위생은 수면장애와 불면증을 줄이기 위한 두 가지 인지행동적 접근법이다. 자극통제는 학습이론과 고전적 조건형성 원칙에 기초하며, 주요 목표는 침대와 수면관련행동(예 긴장을 풀고 눕고 잠드는 것) 사이의 수반성을 강화하는 동시에 수면과 무관한 행동(예 독서, 텔레비전 시청) 사이의 수반성을 약화시키는 것이다. 자극통제는 불면증에 가장 효과가 있는 독립적인 인지행동 개입이며, 일반적으로 불면증의 50~60% 개선에 기여한다(Taylor, McCrae, Gehrman, Dautovich, & Lichstein, 2007). 수면위생을 위해서는 수면을 방해할 수 있는 행동(예 과도한 카페인 섭취, 밤에 니코틴 사용, 취침 전의 지나치게 격렬한 운동)을 줄이고 수면문제에 기여할 수 있는 환경조건(예 온도 또는 냉난방 조절, 과도한 빛 또는 소음)을 조정하는 데 초점을 맞춘 심리교육이 필요하다. 자극통제는 종종 다른 의료 및 인지행동치료와 함께 사용되기 때문에 독립적 개입으로서 수면위생의 효과는 알려져 있지 않다. 그럼에도 불구하고, 수면위생은 자극통제와 함께 자주 사용된다.

자극통제는 다음과 같은 몇 가지 주요하고 상호 관련된 원칙을 필요로 한다.

- **침대는 잠과 성관계만을 위한 것이다.** 환자가 침대에서 잠과 성관계를 제외한 다른 활동을 할 때(예 텔레비전 시청, 식사, 독서, 공부) 침대는 비수면 활동과 연관된다. 그러나 침대를 수면과 성관계로만 제한하면 수면과 연관돼 침대에 들어가면 금방 잠들 가능성이 높아진다.
- **잠자리에 든 후 15분 이내에 잠들지 않았다면 침대에서 일어난다.** 이 지침은 이전 지침의 연장선상에서 기능한다. 즉, 일정시간 이상 침대에 누워있는 것은 불면증과 함께 침대의 수반성을 발전시키는 데 기여한다. 침대에

서 일어나면 학습된 과정을 방해한다. 침대에서 일어날 때, 환자는 휴식을 취하거나 자극을 주지 않는 활동을 해야 한다. 청소, 텔레비전 시청, 비디오 게임, 인터넷 서핑과 같은 활동은 정신적으로 활동적일 수 있기 때문에 이상적이지 않을 수 있다. 후자의 세 가지 선택사항은 밝은 광원을 보는 것을 수반하기 때문에 도움이 되지 않을 수 있는데, 이것은 또한 뇌가 낮 시간이라고 생각하도록 속일 수도 있다.

- **졸릴 때만 침대로 돌아간다.** 환자는 '피곤함(tired)'과 '졸림(sleepy)'의 차이에 대해 교육을 받아야 한다. 피곤하다는 것은 육체적으로나 정신적으로 지치는 것을 수반하지만 반드시 잠이 오는 것을 포함하지는 않는다. 따라서 환자에게 잠이 올 때만(예 꾸벅꾸벅 졸음) 잠자리에 들도록 지시해야 한다.

## 이론적 근거

비록 몇 가지 일반적인 모델이 제안되었지만, 수면장애가 자살생각과 행동의 위험 증가와 관련되는 정확한 메커니즘은 완전히 이해되지 않았다. 그 모델들 중 첫 번째는 감정적 과민성과 관련이 있다. 자살예방 문헌에서 가장 우세한 모델로, 불면증은 생리적 과민성 또는 동요의 지표라고 믿을 수 있는 강력한 이유가 있다(Bryan, Hitschfeld, et al., 2014). 특히 남성에게 있어 불면증은 자살에 대한 독립적인 위험요인이다(Busch et al., 2003; Hall et al., 1999). 이 모델에 따르면 수면장애는 자율계의 각성을 증가시켜 부정적인 감정 상태를 경험하게 한다. 두 번째 가능한 모델은 수면장애로 인한 신경인지장애와 관련이 있다. 이러한 관점에 따르면, 수면장애는 문제해결(Harrison & Horne, 2000)과 정서적 반응성의 감소에 기여한다(Gujar, Yoo, Hu, & Walker, 2011). 자살생각과 행동과 가장 관련이 있는 수면장애의 특정한 차원은 분명하지 않다. 홀(2010)은 수면장애의 수면 시간, 수면 연속성, 수면 구조 및 수면의 질 네 가지 개별적이지만 상호 관련된 차원에 대해 설명하였다. 수면 시간은 수면 총량을 나타내는데, 사람이 일반적으로 침대에서 잠드는 데 필요한 시간과 밤 동안 깨어 있는 시간을 뺀 총 시간으로 정의된다. 수면일지나 수면지속 시간의 객관적인 측정(예 동작기록 장치, 뇌전도[EEG])을 사용하여 더 높은 정확도를 달성할 수 있는데, 이는 환자에게 밤에 일반적으로 몇 시간 동안 잠을 자는지 보고하도록 요청함으로써 가장 흔하게 평가된다. 수면 연속성은 수면을 시작하고 유지하는 개인의 능력에 초점을 맞춘다. 수면 지속성과 마찬가지로, 수면 연속성은 종종 자기 보고나 동작기록 장치(액티그래피(actigraphy)는 휴대용 장치를 이용해서 신체의 움직임을 수 일 혹은 수 주 동안 측정하여 기록하는 것을 의미한다.)와 같은 객관적인 측정법을 통해 평가된다. 수면구조는 다양한 수면 단계, 특히 램수면과 비램수면과 일치하는 뇌의 전기적 활동 패턴을 말한다. 이러한 수면장애의 차원은 수면기간 동안 뇌의 전기적 활동을 측정하는 객관적인 측정 체계를 필요로 한다. 마지막으로, 수면의 질은 개인의 수면에 대한 주관적인 평가를 의미하며, 대개 다양한 규모와 전략이 존재하는 자기보고 방법을 통해 평가된다. 이 네 가지 차원 중 수면의 질은 자살연구에서 가장 많은 관심을 받았으며, 사회 인구통계학 및 우울증과 같은 다른 위험요인의 영향을 넘어서는 자살생각 및 행동과 지속적으로 상관관계가 있는 것으로 나타났다(Woznica, Carney, Kuo, & Moss, 2015). 점점 더 많은 증거들이 수면장애는 자살의 중요한 위험요인이고 많은 경우에 우울증과 같은 다른 위험요인을 통제해도 자살생각, 시도, 죽음을 점증적으로 예측한다는 것을 보여준다(Barraclough & Pallis, 1975; Bernert, Joiner, Cukrowicz, Schmidt, & Krakow, 2005). 추가적인 연구에 따르면 수면장애를 보고한 환자는 불면증을 보고하지 않는 환자와 비교했을 때 마지막 의료서비스를 받은 후 자살로 더 빨리 사망한다(Pigeon, Britton, Ilgen, Chapman, 2012). 흥미롭게도, 군인과 참전용사들에게서는 다른 패턴들이 관찰되었다. 이 연구대상에서는 수면장애와 자살생각과 행동의 연관성은 공병하는 우울증에 의해 매개되는 것으로서, 기분장애가 군인과 퇴역 군인의 수면장애보다 자살위험과 더 밀접한 관련이 있음을 시사한다(Bryan, Gonzalez, et al., 2015). 차이가 있기는 하지만, 수면에 불만이 있거나 수면이 좋지 않다고 인식하는 개인이 자살생각과 행동을 경험할 가능성이 더 높다는 것을 나타내는 증거들이 축적되고 있다. 하지만 이러한 평가의 차이가 수면관련 매개변수에 대한 과장되거나 왜곡된 인식과 비교하여 실제 수면 부족을 반영하는 것인지는 분명하지 않다. 주관적인 수면의 질과 자살위험 사이에 잘 확립된 연관성을 고려할 때, 주관적인 수면의 질을 목표로 하는 절차와 개입은 자살생각과 행동을 감소시킬 수 있다. 새로운 증거가 이러한 관점을 뒷받침한다. 최근 불면증에 대한 인지행동치료(CBT-I)로 치료받은 환자를 대상으로 한 관찰 코호트연구에서 자살생각은 치료 과정에서 현저하게 감소하는 것으로 나타났다(Trockel, Karlin, Taylor, Brown, & Manber, 2015). 이 연구에서 자살생각의 심각성 변화는 자기보고한 수면의 질의 변화에 의해 유의하게 예측되었으며, 수면의 질 향상은 자살생각의 감소와 관련이 있다. 따라서 수면장애를 치료의 목표로 삼는 것은 자살위험 감소에 긍정적인 영향을 미치는 것으로 보인다.

## 방법

자극통제 및 수면위생을 수행하기 위한 간단하고 직접적인 전략은 주요지침과 환자를 위한 유인물(부록 A.7, 수면개선)의 권장사항을 나열한 다음 환자와 함께 유인물을 검토하는 것이다. 각 항목을 검토할 때 전문가는 지침이 환자 자신에게 적용되는지 환자에게 질문하고, 해당하는 경우 환자에게 각 전략을 구현하는 타당성에 대해 논의하도록 요청한다. 유인물 전체를 검토한 후 전문가와 환자는 변경이 필요한 영역을 확인하고 검토한다. 그런 다음 전문가는 환자가 즉시 수행할 수 있는 변경사항을 묻는다. 특히 전문가는 자극통제 절차를 위해 환자의 수면행동을 변경하려는 환자 자신의 의지를 높이기 위해 동기부여강화 전략을 사용할 수 있다. 이 절차 중 일부(예 환자가 15분 이내에 잠들지 않는 경우 침대에서 일어나기)는 실행하기 어렵거나 불쾌할 수 있다. 자극통제 및 수면위생을 시작한 후 불면증이 눈에 띄게 개선되려면 몇 주가 소요될 수 있기 때문에 이러한 개입은 BCBT 초기에 시행하는 것이 가장 좋다. 자극통제와 수면위생을 완성하기 위해, 전문가는 환자에게 불면증 유인물을 제공하고 각 회기를 검토할 수 있도록 요청한다. 전문가는 환자에게 수면을 개선하기 위해 변경할 수 있는 영역을 확인하도록 요청한 다음 환자가 이러한 변경을 위한 계획을 수립하도록 도와준다.

## 1단계: 자극통제 및 수면위생 소개

전문가는 자극통제와 수면위생을 소개하고, 개입의 이유를 설명하며, 토론이 가능하도록 환자에게 유인물을 제공한다.

### 치료자용 스크립트 예시

수면이 당신에게 얼마나 문제가 되는지와 그것을 어떻게 다루고 싶은지에 대해 이야기했습니다. 불면증은 자살모드의 신체적인 영역에 속하므로 이 부분을 개선할 수 있다면 현재 진행되고 있는 것의 신체적 측면을 다루는 것입니다. 불면증이 오늘 당신이 기꺼이 이야기하고 싶은 문제입니까? 제가 하고 싶은 것은 '자극통제'와 '수면위생'이라는 수면지침을 살펴보는 것입니다. 이 지침은 수면을 개선하는 가장 효과적인 방법인 것으로 나타났습니다. 여기에 모든 지침이 나와 있는 유인물이 있습니다.

## 2단계: 자극통제 및 수면위생원칙 검토

전문가는 환자에게 불면증에 관한 유인물(부록 A.7 참조)을 제공하고 환자가 각 지침을 한 번에 하나씩 읽도록 한다. 그런 다음, 전문가는 환자에게 이 지침이 환자의 생명과 관련이 있는지, 그리고 있다면 어떻게 관련이 있는지 묻는다. 지침이 적절한 경우 전문가는 환자에게 나중에 참고하기 위해 표시하도록 요청한다.

### 치료자용 스크립트 예시

우리가 해야 할 것은 이것들을 함께 읽어보고, 각각의 항목이 당신에게 어떻게 적용될 수 있는지에 대해 이야기하는 것입니다. 첫 번째 항목부터 시작하겠습니다. 큰소리로 읽어 주시겠어요? 그 항목에 대해 어떻게 생각하세요? 그 항목이 당신 자신의 수면습관에 적용되는 건가요?

**[그렇다면]** 그것이 당신과 어떤 관련이 있는지 좀 더 말씀해 주세요. 그것이 당신에게 해당되면, 체크표시만 하고 계속 진행해서 나중에 다시 시작하면 됩니다. 다음으로 넘어가시지요. 다음 항목을 큰 소리로 읽어 주시겠어요?

**[아니면]** 좋아요, 그럼 다음 걸로 넘어가죠. 다음 항목을 큰 소리로 읽어 주시겠어요?

### 3단계: 계획의 공식화와 환자의 동의 유도

자극통제 및 수면위생의 마지막 단계에서 전문가는 환자에게 관련되는 모든 항목을 고려하고 즉시 변경시킬 수 있는 행동을 선택하도록 요청한다. 합의된 변경사항은 변경계획으로 공식화되고 전문가가 지정해야 한다. 환자가 자신의 수면행동을 바꾸는 것에 대해 꺼리거나 걱정하는 말을 하는 경우 전문가는 동기부여강화 전략을 적절하게 사용해야 한다. 변경계획이 수립되면 전문가는 환자에게 0('전혀 가능성이 없음')에서 10('매우 가능성이 높음')까지의 척도에 계획을 시행할 가능성을 평가하도록 요청하여 동의하는 정도를 측정해야 한다.

**치료자용 스크립트 예시**

자, 이제 이 모든 것을 다 했으니, 당신은 수면을 개선하기 위해 할 수 있는 많은 변화들을 확인했을 것 같습니다. 당신이 말한 모든 변경사항들을 살펴보면서, 나는 당신이 오늘 어떤 것을 바꿀 수 있는지 궁금합니다. 그 변화를 만들기 위해 무엇을 해야 할까요? 그것을 기록해 봅시다.

**[계획이 끝난 후]** 0('전혀 가능성이 없음')에서 10('매우 가능성이 높음')까지의 척도에서 평가할 때 당신은 수면습관에 이러한 변화를 줄 가능성이 얼마나 된다고 생각하십니까?

**[평점이 10점 만점에 7점 미만인 경우]** 이 계획에서 사용가능성을 줄이는 부분이 있습니까? 당신이 이 계획을 사용할 가능성이 더 높아지도록 우리가 무엇을 바꿀 수 있을까요?

## 사례를 통한 예시

마이크는 잠 들거나 잠을 자는 데 심각한 문제가 있다고 보고했다. 이러한 문제는 몇 년 동안 계속되어 왔지만 BCBT에 오기 직전 몇 달 동안 악화되었다. 개선된 수면은 마이크의 주요 치료목표 중 하나였고 그의 동요 및 정서적 고통과 밀접한 관련이 있는 것처럼 보였기 때문에 전문가는 세 번째 회기에서 자극통제 및 수면위생을 도입하기로 결정했다. 수면개선 유인물을 검토하면서 마이크는 다음과 같은 변화 가능한 영역을 확인했다. 15분 이내에 잠들 수 없을 때 침대에서 일어나기, 수면 및 성관계에만 침대사용, 음주 피하기, 규칙적인 운동 참여, 잠자리에 들기 전에 긴장을 풀고 규칙적인 수면계획을 세우는 것이다. 마이크는 이 모든 행동을 즉시 변경할 수 있다고 말했다. 그러나 후속 조치에서 그는 아무 것도 하지 않았다. 마이크와 전문가는 이후 다음과 같은 대화를 나눴다.

전문가: 무엇이 이러한 변화를 만드는 데 방해가 되었습니까?
마이크: 난 정말 잘 모르겠어요. 그것들은 충분히 쉬운 것이었어요. 제 말은, 저는 술을 전혀 마시지 않았는데 이미 그렇게 하고 있었어요.
전문가: 그래서 당신은 변화할 준비가 되어 있었습니까?
마이크: 네, 하지만 그건 제가 이미 하고 있었기 때문에 가장 쉬운 방법이었어요.
전문가: 아, 그렇군요. 그래서 이것들 중 어떤 것들은 다른 것들보다 더 어려운가요?
마이크: 네, 그런 것 같아요.
전문가: 어떤 변화가 가장 어렵다고 생각하십니까?
마이크: 아마도 15분 후에 침대에서 일어나는 거요. 저는 여러 가지 면에서 그것이 꽤 간단한 일이라는 것을 알아요. 하지만 제가 침대에 누워 잠들고 싶을 때 그 일은 정말 어려워 보여요.
전문가: 네, 대부분의 사람들이 가장 힘들어하는 것이 바로 그것입니다. 하지만 당신 말이 맞아요. 아주 간단한 일인데 실제로는 정말 힘들어요. 그렇다면 이것들 중 어떤 것을 가장 쉽게 바꿀 수 있을까요?
마이크: 아마도 잠자는 습관을 정하고 긴장을 풀어야 하는 거요.
전문가: 가장 쉬운 것은요?
마이크: 글쎄요. 저는 이미 일상적인 습관이 있지만, 반드시 일정한 시간에 잠을 자는 것은 아닙니다. 그래서 만약 제가 잠자리에 들 시간을 정한다면, 저는 긴장을 풀 시간을 정할 수 있을 것입니다.
전문가: 잠자리에 드는 시간을 일정하게 정한다면, 몇 시 일까요?
마이크: 아마 오후 11시일 거예요. 저는 보통 그 때까지는 침대에 가서 누워요.
전문가: 잠자리에 든 후 보통 얼마나 오랫동안 깨어있습니까?
마이크: 한 시간 정도요.
전문가: 그래서 보통 자정에 잠을 자나요?
마이크: 네, 거의 매일 밤이요.
전문가: 음, 우리는 당신이 침대에서 자는 시간을 극대화하고 침대에 누워 있는 시간을

최소화하기를 원하기 때문에, 만약 우리가 당신의 취침시간을 자정으로 설정하면 어떨까요? 그렇게 하면 잠자리에 든 직후 잠이 들 것입니다.

마이크: 말이 되네요.

전문가: 그럼 몇 시에 긴장을 풀어야 하죠?

마이크: 그건 오후 11시일 거예요. 그렇게 하면 한 시간 동안 자리를 잡고 잠 잘 준비를 할 수 있어요.

전문가: 좋은 계획처럼 들리네요. 언제부터 그렇게 할 수 있을 것 같으세요?

마이크: 아마 오늘 밤일 거예요.

전문가: 오늘 밤 그 일을 시작해서 잘 되면 다시 이 목록으로 돌아와서 목록에서 다음으로 쉬운 일을 고를 수 있다면 어떨까요? 어떠세요?

마이크: 마음에 들어요.

전문가: 좋아요, 그럼 11시에 긴장을 풀고 자정에 잠자리에 드는 것부터 시작해 봅시다. 그런 다음 우리는 다른 변화들을 시도해볼 것입니다. 이런 방법으로 우리는 쉬운 것부터 시작해서 노력해 나갈 것입니다.

다음 약속에서 마이크는 이 계획을 따랐고 몇 가지 다른 조치를 취했다고 보고했다. 즉, 침대에 눕지 않고 TV를 보고 책을 읽을 수 있도록 의자를 자기 침실로 가져다 둔 것이다. 이 추가적인 변화에 대해 묻었을 때, 마이크는 대답했다. "음, 일단 마음을 풀기 시작하면, 저는 독서가 그것을 하는데 도움이 된다는 것을 깨달았습니다. 그래서 지침을 따라 의자를 내 방으로 옮겼습니다." 다음 회기에서 마이크는 계속해서 그의 수면행동에 추가적인 변화를 주었다. 전문가는 마이크의 어려움을 해결하고 이러한 어려움을 피하는 간단한 방법으로 제안된 모든 변화의 순위를 정하고 가장 하기 쉬운 변화부터 시작하여 이러한 변화를 하도록 동기를 부여할 수 있었다. 일단 마이크가 초기의 모멘텀을 경험하게 되자, 추가적인 변화를 계속하는 것이 더 쉬워졌다.

### 수면장애 개선을 위한 팁과 조언

1. **CBT-I에 익숙해지기**. BCBT에서 사용되는 자극통제 원칙은 CBT-I의 원칙에 기초한다. CBT-I는 수면장애의 행동적 측면을 다루는 것 외에도 수면에 대한 왜곡된 생각과 신념(예 '매일 밤 8시간 잠을 자야 한다. 그렇지 않으면 기능을 할 수 없다.', '[수면을 취하지 않으면] 내일이 끔찍할 것이다.')을 다룬다. CBT-I 원칙에 익숙한 전문가는 BCBT 동안 보다 효과적으로 수면장애를 목표로 삼을 수 있을 것이다.
2. **호흡과 관련된 수면장애에 주의하기**. 수면 무호흡과 같은 것은 자극통제에 반응하지 않을 것이다. 호흡과 관련된 수면장애의 가능한 징후로는 수면 중 코골이와 자는 동안 숨을 헐떡거림(일반적으로 수면 파트너에 의해 보고됨)과 충분한 수면 시간에도 불구하고 낮에 경험하는 피로가 있다. 호흡관련 수면장애가 있는 환자는 가능한 수면검사를 포함하여 추가평가를 위해 담당의사에게 문의해야 한다.

CHAPTER

# 14

# 이완 및 마음챙김 기술훈련

이완훈련은 환자에게 생리적 각성을 관리하는 방법을 가르치는 데 사용되는 매우 일반적인 인지행동 개입이다. 마음챙김 훈련은 표면적으로는 이완훈련과 비슷하게 보일 수 있는 점점 인기를 끄는 인지행동 개입이다. 마음챙김 기술과 이완훈련은 여러 면에서 유사하지만 두 가지 개입은 대상이 되는 특정 영역이 서로 다르다. 이완 기술은 생리학적 영역을 대상으로 하는 반면 마음챙김 기술은 인지영역을 대상으로 한다. 부교감 신경계를 활성화함으로써 이완훈련은 불안, 공포, 일반화된 고통 및 분노와 같은 생리적 각성과 관련된 부정적인 감정 상태를 감소시키는 효과가 있다. 여러 가지 방식의 이완훈련이 있는데, 그중 가장 일반적인 두 가지 방법은 횡격막 호흡과 점진적 근육 이완이다.

- **횡격막 호흡**. 횡격막 호흡은 매우 느리게 깊은 숨을 들이 마시고 폐를 완전히 공기로 채운 다음 매우 느리게 숨을 내쉬는 것으로 구성된다. 횡격막 호흡은 흡입 중 횡경막이 아래로 확장되어 발생하는 복부팽창 때문에 때때로 '복식 호흡'이라고도 한다. 처음에 횡격막 호흡을 가르치고 시연할 때 전문가는 종종 이완 효과를 높이기 위해 언어적으로 제안을 한다(예 "숨을 내쉴 때, 어깨가 내려가게 하십시오.").
- **점진적 근육 이완**. 점진적 근육 이완은 근육군을 교대로 긴장시킨 다음 긴장을 풀어 근육을 이완시키는 것으로 구성된다. 점진적 근육 이완에서 환자는 특정 근육군(예 발)을 긴장시키거나 조이고 몇 초 동안 긴장을 유지한 다음 긴장을 푼다. 환자는 다음 근육군(예 종아리)으로 이동하여 그 근육을

몇 초 동안 긴장 상태로 유지한 다음 긴장을 풀어준다. 환자는 몸 전체를 대상으로 근육을 긴장시키고 긴장을 유지한 다음 긴장을 풀어주는 과정을 반복한다. 지속적인 긴장의 유지와 해제를 나란히 하면서 긴장이 풀리면 이완에 대한 자각이 높아져서 지각된 효과가 증가한다.

여기에서 설명을 하지 않지만, 다른 이완 전략(예 상상 그리고 자율)도 존재하는데 횡격막 호흡과 점진적인 근육 이완에 대한 실행 가능한 대안이다.

자율적 각성에 초점을 맞춘 이완과는 달리, 마음챙김은 환자에게 자신의 생각, 내부 심리적 경험과 행동을 더 잘 알아차리고 이러한 다양한 내부 경험에 대한 주의를 더 잘 조절하는 법을 가르치는 방법이다. 자살하려는 환자가 경험하는 많은 부적응 사고와 행동은 강화되고 결과적으로 과도하게 학습되었기 때문에 자동적으로 발생한다. 또한 자살하려는 사람들은 인지 반응성이 상승되어 있는 경향이 있는데, 이것은 그렇지 않으면 휴면상태일 수 있는 인지상태의 변화를 유발하는 과정이다(Ingram, Miranda, & Segal, 2006). 따라서 핵심 자살신념을 가진 개인은 기분이 부정적인 변화(예 우울, 분노, 불안)를 경험할 때 급성 고통과 부적응 행동의 빈번한 에피소드를 경험할 가능성이 더 높다. 이러한 개인은 종종 자신의 행동을 통제하거나 관리할 수 없다고 느끼며, 다른 사람들이 보기에 촉발 사건에 대해서 '과잉 반응'하는 것으로 인식될 수 있다. 요컨대, 자살하려는 환자는 의도적인 의사결정보다는 습관적인 패턴에 기초하여 삶의 상황에 대응한다.

마음챙김 훈련은 환자의 내부 상태와 이러한 상태가 경험되는 맥락에 대한 환자의 자각을 강화하여 취약성을 상쇄하기 위한 것이다. 이를 통해 보다 의도적인 방식으로 일상의 상황에 대응할 수 있다. 예를 들어, '나는 실패자다'라는 핵심신념을 가진 자살하려는 환자는 비록 바람직하지 않거나 불행한 삶의 사건을 그의 행동이나 결정이 실제 결과와 거의 관련이 없더라도 실패의 증거로 해석할 수 있다. 이 자동적인 가정은 죄책감이나 수치심에 기여할 수 있다. 자살하려는 환자는 문제를 '실행 취소' 하거나 '수정'하려는 시도로 자신이 감지한 실패에 대해 생각할 수 있으며, 이는 궁극적으로 훨씬 더 큰 정서적 고통으로 이어진다. 이런 종류의 반추는 환자의 주의력과 인지적 자원을 많이 소모하게 하여 환자가 현재 순간을 인식하지 못하게 할 수 있다. 따라서 자살하려는 환자는 고통의 '덫'에 빠져, 자신들이 고통을 상쇄하거나 약화시킬 수 있는 더 즐겁고 강화를 주는 삶의 경험으로 주의를 돌릴 수 없게 한다. 대부분의 경우 이 자동적인 반응은 자살하려는 환자가 인식하지 못하거나 알지 못하는 상태에서 발생한다. 따라서 자살하는 사람들은 이러한 패턴에서 벗어나게 할 수 있는 경험으로 주의를 돌릴 수 없기 때문에 부적응적인 인지 및 행동을 하게 된다.

마음챙김은 불편한 내부 경험으로부터 산만해지거나 분리되지 않는다. 실제로 마음챙김의 목적은 산만함의 반대이다. 개인이 판단하지 않고 내부 상태를 경험할 수 있도록 하여 신중하고 적응적인 반응을 가능하게 한다. 마음챙김은 부정적인 내부 상태(예 우울증)를 줄이는 것이 아니라, 부정적인 내부 상태가 더 이상 관심의 전부 또는 대부분을 소비하지 않도록 개인이 충분히 자각하게 하여 이를 달성한다. 따라서 마음챙김은 문제를 제거하는 것이 아니라 환자가 더 큰 맥락에서 문제를 볼 수 있게 하여 주관적으로 (그리고 아마도 객관적으로 좀더) 관리할 만하게 만들어 준다. 여러 가지 마음챙김 연습이 개발되고 설명되었다. 현재까지 어떤 한 연습이 다른 것보다 더 효과적이라는 자료는 없다.

## 이론적 근거

이완훈련은 정서적 고통, 우울증, 동요 및 불안을 줄이기 위한 개입으로서 잘 확립된 실험적 지지를 받고 있다(Jain et al., 2007; Luebbert, Dahme, & Hasenbring, 2001; Stetter & Kupper, 2002). 따라서 심리 및 행동 장애의 전반에 대한 핵심감정 조절기술이다.

불면증 치료를 위해 존재하는 다양한 이완 전략 중 점진적 근육이완이 효과가 있음이 추가로 입증되었다(Taylor et al., 2007). 이완훈련은 감정조절 기술로서의 유용성 외에도 수면장애를 보고하는 자살하려는 환자를 위한 유용한 개입이 될 수 있다.

마음챙김 연습은 자살생각과 자살시도를 효과적으로 줄이는 치료의 일반적인 요소이며(Katz, Cox, Gunasekara, & Miller, 2004; Linehan, 1993: Miklowitz et al., 2009; Rudd et al., 2015) 인지반응을 감소시키는 능력 때문에 자살하려는 환자에게 유용하다(Lynch, et al., 2006). 마음챙김 연습이 이완 운동과 매우 유사한 것처럼 보이고 마음챙김과 이완은 모두 일반적인 고통을 효과적으로 줄여준다(Jain, et al., 2007; Kabat-Zinn et al., 1992; Speca, Carlson, Goodey, & Angen, 2000; Stetter & Kupper, 2002). 연구에 따르면 이완과 마음챙김은 서로 다른 메커니즘을 통해 작동한다. 특히, 이완연습은 생리적 영역에 작용하는 반면, 마음챙김 연습은 인지적 영역에 작용한다. 이것은 마음챙김이 인지적 반추를 감소시키는 반면, 이완은 그렇지 않다는 연구 결과에 의해 뒷받침 된다(Jain et al., 2007). 또한 마음챙김은 이완보다 훨씬 더 긍정적인 감정을 불러일으키는 것으로 보인다(Jain et al., 2007). 이완과 마음챙김 기술은 자살모드의 개별 영역을 대상으로 하고 구별되는 결과와 관련되기 때문에 둘 다 BCBT에 포함된다.

## 방법

이완훈련은 자율적 각성과 스트레스 반응에 초점을 맞춘 심리교육으로 시작된다. 대부분의 환자는 일반적으로 '투쟁 또는 도피' 반응의 개념과 관련하여 자율신경계 기능에 대한 기본지식을 가지고 있다. 이완이 생리적 각성과 정서적 각성을 감소시키는 데 어떻게 도움이 될 수 있는지 설명한 후 전문가는 환자가 회기에서 함께 이완을 연습하도록 요청한다. 그런 다음 전문가는 환자에게 이완 연습을 언어적으로 계속한다. 이완을 위한 예시 스크립트는 부록 B.6에서 제공된다. 연습이 끝나면 전문가는 환자에게 소크라테스식 질문을 사용하여 개입의 효과를 더 잘 인식하도록 돕는다.

마음챙김 연습은 주의 편향이 스트레스의 주관적 경험에 어떻게 영향을 미칠 수 있는지에 초점을 맞춘 심리교육으로 시작된다. 많은 환자들에게, 정서적 고통은 고통을 억누르거나 피하는 것이 아니라 정서적 고통을 스스로 경험할 수 있게 함으로써 완화될 수 있다는 개념은 새로운 것일 것이다. 마음챙김이 반추를 줄이는 데 얼마나 도움이 되는지, 사물을 바라보는 데 어떻게 도움이 될 수 있는지 설명한 후 전문가는 환자가 회기에서 함께 마음챙김을 연습하도록 초대해야 한다. 전문가는 그런 다음 마음챙김 연습을 하도록 말로 환자를 안내한다.

마음챙김의 예시문은 부록 B.7에 제공된다. 연습을 하면서 전문가는 소크라테스식 질문을 통해 환자가 개입의 효과를 더 잘 인식할 수 있게 돕는다.

## 1a단계(이완): 이완훈련과 자율신경계 소개

전문가는 환자에게 이완개념을 소개하고 자율신경계 활성화 및 비활성화에 대해 교육하는 것으로 시작한다.

**치료자용 스크립트 예시**

감정적으로 화를 내는 것에 대해 신체적 측면에서 잠시 이야기 해 봅시다. 당신이 감정적으로 화가 났을 때 자신이 화가 났다는 것을 어떻게 알 수 있습니까? 예를 들어, 행복하지 않고 화가 났다고 말할 때 신체적으로 어떤 변화가 있습니까? 스트레스를 받거나 화가 났을 때 어떤 신체적 변화를 알아차린 적이 있나요?

이러한 변화는 스트레스 반응의 결과입니다. 우리 모두는 위험하거나 위협적인 상황에 처했을 때 우리를 안전하게 지킬 수 있도록 설계된 스트레스 반응을 가지고 있습니다. '투쟁 또는 도피' 반응에 대해 들어 보셨나요? 투쟁 또는 도피 반응이 무엇인지 설명하겠습니다.

스트레스를 받으면 우리 몸은 우리의 생명을 위해 싸우거나 가능한 한 빨리 달아날 준비를 합니다. 이를 위해 심장이 더 빨리 뛰기 시작하고 땀을 흘리기 시작하면서 입이 마르고 호흡이 빠르고 얕아지며 근육이 긴장되고 다른 여러 변화가 발생합니다. 스트레스를 받거나 화를 내면 몸이 이런 식으로 반응합니다. 하지만 지속적인 스트레스 상태에 있으면 지칠 수 있습니다. 그것은 몸과 마음을 닳게 합니다. 지금까지 이야기한 내용이 당신에게 적용될 수 있다고 생각합니다. 당신은 모든 스트레스로 인해 지치고 있습니다. 지금의 설명이 당신에게 맞나요? 아니면 동의하지 않으시나요?

좋은 소식은 우리가 호흡을 늦추고 근육의 긴장에 집중하는 것과 같은 매우 간단한 전략을 수행함으로써 실제로 스트레스 반응을 관리할 수 있다는 것입니다. 이전에 어떤 종류의 이완이나 호흡 기술을 배운 적이 있습니까?

[예] 배운 내용을 설명하고 방법을 알려주시겠습니까?
[아니요] 정말 간단한 기술을 보여 드리고 싶습니다. 배우고 싶습니까?

### 1b(마음챙김)단계: 마음챙김 명상과 주의편향 소개

전문가는 마음챙김의 개념을 소개하고 환자에게 주의편향에 대해 교육한다.

#### 치료자용 스크립트 예시

스트레스를 받아서 감정적으로 화가 날 때 어떻게 주의를 기울이는지 이야기해 보겠습니다. 당신은 화가 났을 때 종종 완전히 압도됨을 경험하고, 당신이 직면하고 있는 어떤 문제와 당신이 느끼는 스트레스 외에는 아무 것도 생각할 수 없다고 말했습니다. 어떤 사람들은 '터널 비전'을 갖는 것과 같다고 말합니다. 그러한 것이 당신에게는 어떤가요?

나는 그러한 느낌이 당신이 결정을 내리고 더 큰 그림을 염두에 두는 것을 어떻게 어렵게 만드는지 확실히 알 수 있었습니다. 스트레스를 받으면 더 큰 그림을 보고 사물을 체계적으로 보는 것을 유지하는 것이 확실히 더 어려워집니다. 우리의 관심은 문제자체로 좁혀지고 다른 것을 보기가 어려워집니다. 그 문제에 대한 우리의 인식은 우리 자신, 타인 및 세계에 대한 가정과 신념에 의해 착색될 수 있습니다. 따라서 우리가 일반적으로 우리를 나쁜 사람이라고 생각한다면, 스트레스를 받을 때 우리는 나쁜 사람이라는 개념에 집중하고 이 가정과 모순되는 상황의 측면을 무시할 것입니다. 마찬가지로, 우리가 스트레스를 관리할 수 없다고 믿는다면 우리는 그 가정과 일치하는 상황의 측면에 집중하는 경향이 있습니다.

당신이 화가 났을 때 문제에 대해 생각하지 않거나 화가 난 것에 대해 생각합니까? 그것을 생각하지 않으려고 하는 것이 효과가 있습니까? 그것은 상황을 더 악화시킵니까? 흥미로운 것은 우리가 무언가를 생각하지 않으려고 할수록 그것이 더 큰 문제가 되는 것 같다는 것입니다. 그것은 일종의 역설입니다. 무엇인가를 생각하지 않으려고 하면 그것에 대해 더 많이 생각하게 됩니다. 스트레스에 대처할 수 있는 한 가지 가능한 방법은 그것에 대해 생각하지 않는 것입니다. 스트레스에 대처할 수 있는 또 다른 방법은 그것에 대해 생각하되, 문제를 방해하거나 판단하지 않고 문제에서 한 발짝 물러나 더 객관적으로 바라보는 것입니다. 문제와 생각과 감정을 바꾸려고 시도하지 않고 그저 바라보려고 시도해 본 적이 있습니까?

당신이 기꺼이 시도하고자 한다면, 방법을 가르쳐 드리고 싶습니다. 생각과 감정을 피하거나 없애려고 하는 것과는 대조적으로 생각과 감정을 알아차리는 방법을 배우면 한 걸음 물러서서 더 큰 그림을 볼 수 있습니다. 반드시 문제가 해결되지는 않지만 문제가 덜 부담스러워 보일 수 있습니다. 이 기술을 배우고 싶습니까?

## 2단계: 환자가 연습하도록 요청하기

전문가는 환자가 회기 중에 함께 간단한 이완 또는 마음챙김을 연습하도록 요청하고 절차에 따라 환자를 안내합니다.

### 치료자용 스크립트 예시

내가 당신께 부탁하고 싶은 것은 편안히 자리에 똑바로 앉도록 하는 것입니다. 즉, 몸을 구부리지 말고 똑바로 앉으라는 뜻입니다. 하지만 너무 바르게 앉아 경직될 필요는 없습니다. 우리가 연습하는 동안 눈을 감아도 좋겠지만 그럴 필요는 없습니다. 어떤 사람들은 처음에는 눈을 감고 하는 것이 더 쉽다고 생각하지만, 원하지 않으면 시선이 주위를 방황하지 않도록 벽이나 바닥에서 한 지점을 찾아 그 지점에 시선을 고정 할 수 있습니다.

전문가는 부록 B.6에 자세히 설명되어 있는 이완 스크립트 또는 부록 B.7에 자세히 설명되어 있는 마음챙김 스크립트를 읽으면 됩니다.

## 3단계: 경험처리

연습을 마친 후 전문가는 안내 질문을 사용하여 환자가 그 효과와 가치를 알도록 돕는다. 개방형 질문이 이상적이지만 경우에 따라 환자는 이완이 자신에게 미치는 영향을 완전히 인식할 수 있는 통찰력과 능력이 제한적일 수 있다.

### 치료자용 스크립트 예시 (이완)

[처리 및 통합을 촉진할 수 있는 가능한 개방형 질문들]

어떤 느낌이었습니까?

당신이 그것을 할 때 당신의 내면이 변하는 것을 알아차렸나요?

근육의 긴장감, 심박 수, 호흡에 어떤 변화가 있었습니까?

당신이 알아차린 것을 설명하십시오.

당신은 어떻게 당신이 더 편안해지는 것을 알았나요?

몸의 어느 부분에서 더 편안하게 느꼈습니까?

어렵거나 하기 어려운 부분이 있었나요?

가장 쉬운 부분은 무엇입니까?

그 활동에서 가장 좋았던 점은 무엇입니까?

**치료자용 스크립트 예시 (마음챙김)**

**[처리 및 통합을 촉진하기 위한 가능한 개방형 질문들]**

어떤 느낌이었습니까?

당신이 발견한 것을 설명하십시오.

당신의 초점과 주의를 바꿀 수 있었습니까?

주의를 돌리는 것이 어려웠나요?

주의를 돌리는 것이 쉬웠습니까?

다른 때와 비교했을 때, 이번에 당신의 스트레스 받는 생각에서 다른 것은 무엇이었나요?

스트레스 되는 일들에 대해 생각하면서 침착함을 유지하는 것은 어땠나요?

## 4단계: 계획의 공식화와 환자의 동의유도

기술 훈련의 마지막 단계에서 전문가는 환자에게 이완 또는 마음챙김 기술을 정기적으로 연습할 의향이 있는지 물어 본 다음 연습 빈도, 시간 및 기간을 구체화하는 계획을 세운다. 일단 계획이 수립되면, 전문가는 환자에게 0('전혀 가능성이 없음')부터 10('매우 가능성이 높음')까지의 척도에 이완을 연습할 가능성을 평가하도록 요청한다.

**치료자용 스크립트 예시**

보시다시피 이 연습은 매우 쉽고 시간이 많이 걸리지 않습니다. 대부분의 사람들은 이것을 매일 또는 하루에 몇 번 연습하면 스트레스 관리 수준이 향상되는 것을 볼 수 있습니다. 이 기술을 합리적으로 연습할 수 있을 것이라고 생각하십니까? 매번 이것을 합리적으로 연습할 수 있다고 생각하십니까? 특히 연습할 가능성이 있는 특정 장소나 상황이 있습니까? 당신을 도울 수 있기 때문에 연습하는 것이 좋을 때가 있습니까?

**[계획을 세운 후]** 0('전혀 가능성이 없음')에서 10('매우 가능성이 높음')까지의 척도에서 매일 이완을 연습할 가능성을 평가해주십시오.

**[평점이 10점 만점에 7점 미만인 경우]** 이 계획에서 연습할 가능성을 줄이는 부분이 있습니까? 이 계획을 사용할 가능성을 높이기 위해 무엇을 변경할 수 있습니까?

## 사례를 통한 예시

제니스를 치료하는 전문가는 스트레스 관리의 결함을 직접 목표로 하는 기술로 다섯 번째 회기에서 이완훈련을 도입했다. 이러한 결정은 제니스가 이전 회기에서 또 다른 자살시도를 한 것에 대한 대책으로 내려졌다. 제니스는 위기대응계획과 여러 가지 대처기술을 사용했지만, 그녀는 '날 진정시키는 데 도움이 될 뭔가가 필요하다고 느꼈다.'고 덧붙였다. 다음과 같은 변화가 발생했다.

전문가: 막다른 상황에 처해 있다는 느낌이 어떤 것인지 더 자세히 설명해 주시겠습니까?

제니스: 글쎄요, 안절부절 못하고, 가만히 앉아있을 수 없고, 근육이 다 긴장된 것처럼 느껴졌어요.

전문가: 그래서 당신이 진정시킬 무언가가 필요하다고 말할 때….

제니스: 제 말은, 낮잠을 자거나 뭐 그런 것들을 하기 위해 누울 수 있도록 제가 긴장을 풀 수 있도록 도와줄 무언가를 의미하는 거예요.

전문가: 좋아요. 알겠습니다. 당신은 이전에 긴장을 푸는 것을 배운 적이 있습니까?

제니스: 그냥 선생님이 가르쳐준 호흡법이요.

전문가: 좋습니다. 그러면 도움이 될 또 다른 호흡 방법을 알려 드리겠습니다. 당신이 사용하고 있는 것보다 근육이 덜 긴장되고 진정됩니다.

이완 연습을 마친 후 제니스와 전문가는 함께 연습에 대해 논의했다.

전문가: 어땠나요?

제니스: 좋았어요.

전문가: 좋습니다! 특히 무엇이 좋았나요?

제니스: 글쎄요, 몸이 더 이상 그렇게 팽팽하게 느껴지지 않고, 심장이 느려지는 게 좋았어요. 그렇게 세게 뛰지 않았어요.

전문가: 예, 그건 사람들이 알아차리는 꽤 흔한 일이에요. 당신 안에서 또 무엇이 변했나요? 이것을 하고 있는 동안에요.

제니스: 글쎄요, 잠깐 잠이 드는 것 같았어요.

전문가: 네, 당신의 머리가 가슴 쪽으로 앞으로 기울어지기 시작하는 것을 보았습니다.

제니스: 네. 내가 진정할 수 있는 것처럼 그것은 일종의 평화로운 것이었어요.

전문가: 그래서 차분함을 느꼈나요?

제니스: 네, 물론입니다.

전문가: 그럼 이것을 정기적으로 할 수 있다고 생각하나요?

제니스: 네, 매일 밤 잠자리에 들 때 이것을 할 거예요. 나는 또한 이것을 아침에도 할 수 있어요. 아침에 출근하면 보통 긴장하기 시작하니까요.

전문가: 훌륭한 계획 같네요. 이에 대해 적어 봅시다.

### 이완과 마음챙김 기술 훈련을 위한 팁과 조언

1. **목소리 조절을 연습하기**. 환자와 함께 이완이나 마음챙김 연습을 사용하지 않은 전문가는 대본을 통해 환자를 효과적으로 안내하는 방법을 연습해야 한다. 특히 연습의 효과를 극대화하기 위한 핵심은 목소리를 부드럽게 하고 리드미컬한 패턴으로 말하는 것을 포함하는 음성 조절이다.
2. **마음챙김은 회피나 억압을 수반하지 않는다**. 마음챙김에 대한 일반적인 오해는 생각을 멈추거나 다른 방법으로 '비워 두거나' 생각을 지우도록 고안되었다는 것이다. 그러나 마음챙김의 목적은 생각을 멈추는 것이 아니다. 오히려 마음챙김의 목적은 판단이나 간섭 없이 자신의 생각을 관찰하는 것이다. 환자가 마음챙김이 도움이 되지 않는다(또는 '제대로 되지 않는다.')고 보고하면 전문가는 환자가 이러한 오해를 하고 있는지 확인해야 한다. 그렇다면 전문가는 환자를 다시 교육하고 환자와 함께 다시 연습해야 한다.

CHAPTER

# 15

# 삶의 이유목록과 생존키트

치료를 받으려고 하는 자살하려는 환자들은 종종 자살에 대해 양가적이다. 그들은 죽기를 원하고 동시에 살기를 원한다. 그러나 정서적 위기 동안 자살하려는 사람들은 종종 자신들의 삶의 이유보다 죽음의 이유에 더 많이 초점을 맞춘다. 위기 동안 자살하려는 환자들에게 그들의 삶의 이유를 상기시키는 것은 이러한 효과를 상쇄할 수 있다. 삶의 이유목록과 생존키트는 환자가 죽기를 원하지 않는 이유를 명확히 밝혀내 이 목적을 달성하려는 두 가지 개입이며, 이러한 개입은 환자의 살고 싶은 욕구를 강화시킨다. 생존키트는 자살예방을 위한 인지치료에서 '희망상자'로 불린다(Wenzel et al., 2009). 이 두 개입은 동일한 개입을 나타내지만 서로 다른 하위 그룹의 환자에게 서로 다른 수준의 매력 및 수용 가능성을 가질 수 있다. 예를 들어, '생존키트'라는 용어는 남성 환자들에게 더 수용될 수 있는 반면, '희망상자'라는 용어는 여성 환자들(특히 청소년)에게 좀 더 수용될 수 있다. 이 두 가지 개입은 목적과 구성 면에서 매우 유사하지만, 생존키트는 환자의 긍정적인 삶의 경험을 물리적으로 상기시키는 역할을 할 수 있는 유형의 물건을 사용하는 것으로, 삶의 이유와 다르다. 이러한 개입이 직접적으로 환자의 죽고 싶은 욕구를 감소시키는 것이 아니라, 자살하려는 사람들의 삶에 대한 욕구를 강화시킴으로써 짧은 시간동안 자살충동에 따라 행동하려는 환자의 결정을 지연시킬 수 있도록 자살에 대한 충분한 양가성을 만들어 낼 수 있다. 급성 위기의 경계를 벗어나면 환자가 자신의 삶의 이유를 회상하고 숙고함에 따라 삶에 대한 지향이 강화되고 죽음에 대한 지향이 약해진다.

## 이론적 근거

삶의 이유목록의 주된 목적은 죽음과 자살관련 정보에 초점을 맞추는 환자의 경향을 약화시킴으로써 인지적 유연성을 증가시키는 것이다. 자살에 대한 인지적 편향은 앞으로의 자살시도 위험성과 관련이 있으며(Cha, et al., 2010; Nock, et al., 2010) 자살하려는 환자가 자살위기를 촉발하거나 지속시키는 신념과 기억에 주의를 집중하게 한다. 이러한 편향 때문에 자살하려는 사람들은 그렇지 않은 사람보다 더 적은 삶의 이유를 보고한다(Strosahl, Chiles, & Linehan, 1992). 또한 미래에 자신들에게 긍정적인 사건이 일어날 가능성을 과소평가한다(MacLeod et al., 1993). 자살하려는 사람은 자살하지 않는 사람과 마찬가지로 잠재적으로 부정적인 많은 미래의 사건들에 대해 생각할 수 있지만, 자살하려는 사람들의 미래지향에서의 손상은 더 일반적이거나 전반적인 손상이기 보다는 바람직한 결과를 고려하는 능력에만 국한되어 나타난다. 따라서 삶의 이유목록은 환자들이 단기적으로 절망감을 감소시키는 가능한 부정적인 결과와 더불어 삶의 잠재적으로 긍정적인 결과를 고려하는 데 도움이 된다(MacLeod & Tarbuck, 1994). 삶의 이유목록에 대한 이유와 비슷하게, 생존키트의 주된 목적은 인지적 경직성을 줄이고, 인지적 유연성을 향상시키며, 긍정적인 정서 상태를 유도하는 것인데, 각각은 삶에 대한 욕구에 기여한다. 긍정적인 정서경험을 유지하고 증가시키는 능력을 향유(savoring)라고 부른다. 생존키트는 두 가지 특정 전략을 통해 향유 기술을 용이하게 한다. 즉, 환자가 긍정적인 감정 상태에 집중할 수 있도록 하는데 이를 현존기술(being present skills)이라고 하고, 환자가 이 경험을 공유할 수 있도록 하는 것을 심리적 자본화(capitalizing)라고 한다(Quoidbach, Berry, Hansenne, & Mikolajak, 2010). 현존기술은 긍정적인 감정을 경험하는 빈도와 강도의 증가와 관련이 있는 반면(Bryant, 2003, Erisman & Roemer, 2010; Quoidbach 등, 2010) 심리적 자본화기술은 감정상태 자체의 경험을 넘어 긍정적인 감정경험의 효과를 높인다(Gable, Reis, Impett, & Asher, 2004). 다른 사람들(예 전문가)과 긍정적 사건을 공유하는 것은 삶의 만족도를 높이는 것과도 관련이 있다(Quoidbach, et al., 2010). 또한 삶의 이유는 죽고 싶은 강한 욕망을 가진 환자들에게 양가감정을 일으켜 자살위험을 감소시키게 한다. 연구에 따르면 매우 강한 죽음의 욕구는 살고 싶은 욕구가 없다고 보고한 환자들의 경우에만 자살로 인한 사망 위험증가와 관련이 있다(Brown, Steer, Henriques, 2005). 주목할 것은 중간 정도의 삶의 욕망조차도 강한 죽음 욕구와 관련된 위험을 상쇄하기에 충분하다. 따라서 이러한 삶의 이유들이 상대적으로 덜 발달되어 있더라도, 환자가 무엇을 위해 살 가치가 있는지를 기억할 수 있도록 돕는 것은 죽고 싶은 욕망에 대한 강력한 균형이 될 수 있다.

10장에서 논의된 바와 같이 위기대응계획에는 환자의 삶의 이유에 대한 분명한 논의가 포함된다. 위기대응계획의 이 구성요소는 삶의 이유 개입과 겹친다. 원래의 BCBT 프로토콜에서는, 삶의 이유가 위기대응계획의 일부로 포함되지 않았다. 삶의 이유는 여기에서 설명하는 두 개의 별도의 절차로서 치료에 통합되었다. 그러나 삶의 이유목록과 생존키트 개입이 BCBT 환자들 사이에서 특히 인기 있는 구성 요소이고 치료에서 가장 자주 기억되는 개입이라는 것이 증명되었다. 우리의 후속 연구는 살려는 욕망이 BCBT를 받은 사람들의 자살시도를 감소시키는 데 특히 강력한 역할을 했고 변화의 주요 기제처럼 보인다는 것을 나타낸다(Bryan, Rudd, et al., 2016). 따라서 우리는 삶의 이유 과제의 효용성을 높이기 위해 위기대응계획에 삶의 이유를 통합하였다. 비록 삶의 이유에 대한 논의를 추가하는 것이 자살생각과 행동에 대한 위기대응계획의 효과를 증가시키지는 않았지만, 희망과 평온 같은 긍정적인 기분 상태를 크게 증가시켰으며, 인식된 부담감의 현저한 감소로 이어졌다. 그러므로 환자의 삶의 이유를 목표로 하는 것은 자살위험에 특히 강력한 영향을 미치는 것처럼 보인다.

## 방법: 삶의 이유목록

삶의 이유목록을 만들기 위해, 전문가는 단순히 환자에게 자신을 죽이지 않는 이유가 무엇인지 물어보기만 한다. 환자들이 살 이유가 없다고 말하는 것은 흔히 있을 수 있는 일이다. 이 경우 전문가는 환자에게 무엇이 자살시도를 방해하는지 물어볼 수 있다. 이러한 개입의 정서적 중요도를 높이기 위해 전문가는 환자에게 가능한 한 상세하게 삶의 이유를 설명하도록 요청해야 한다. 그런 다음 위기대응계획의 뒷면이나 색인카드에 환자의 삶의 이유를 환자가 직접 손으로 작성하도록 한다. 색인카드의 삶의 이유 검토는 위기대응계획에 자기관리 전략으로 추가되어야 한다(예 위기대응계획의 두 번째 섹션에 '삶의 이유 검토'를 추가한다.). 위기대응계획의 뒷면에 환자의 삶의 이유를 추가하는 것은 이러한 개입을 다른 기본적인 위기관리 및 감정조절 전략과 연결하는 것을 돕는다.

### 1단계: 삶의 이유 개념소개

전문가는 삶의 이유의 개념을 소개하고 개입의 이론적 근거를 설명한다.

#### 치료자용 스크립트 예시

오늘 저는 당신이 경험했던 스트레스와 직면했던 문제들에도 불구하고 당신을 살아 있게 하는 것에 대해 이야기하고 싶습니다. 당신이 몹시 화가 나거나 위기에 처했을 때, 삶에서의 좋은 추억을 기억하고 긍정적인 것을 생각하는 것이 어렵다는 것을 알고 있었나요? 그것은 우리가 지금 느끼는 것과 일치하는 것들에 집중하게 하는 정신적인 필터가 있기 때문입니다. 그래서 만약 우리가 우울하다고 느낀다면, 우울한 것들을 기억하기가 더 쉽습니다. 만약 우리가 두려움을 느낀다면, 다른 불안감을 유발하거나 두려운 것들을 기억하기가 더 쉽습니다. 만약 우리가 자살하려고 한다면, 왜 우리가 죽고 싶은지 이유를 기억하는 것은 더 쉬울 것입니다. 하지만 삶의 이유는 기억하기 어렵습니다. 이것은 우리가 자살할 때 우리에게 삶의 이유가 없다는 것을 의미하는 것이 아니라 단지 그것을 기억하는 것이 어렵다는 것을 의미합니다. 하지만 우리가 삶의 이유를 기억하는 시간을 가질 수 있다면, 이렇게 하는 것이 우리에게 무슨 일이 일어나고 있는지에 대한 더 큰 조망을 유지하는 데 도움이 될 수 있습니다.

### 2단계: 환자의 삶의 이유 확인

전문가는 환자에게 살아야 할 이유를 나열하도록 요청한다. 환자가 질문을 이해하지 못하는 경우, 전문가는 환자에게 자살시도를 하지 않는 이유를 확인하도록 요청함으로써 질문에 답할 수 있다.

**치료자용 스크립트 예시**

당신의 삶의 이유나 자살하지 않는 이유는 무엇입니까? 당신의 삶에서 일어나는 모든 일들과 함께, 당신이 하루하루를 살아가게 하고 생활하도록 돕는 것은 무엇인가요?

## 3단계: 환자의 삶의 이유의 정서적 중요성 증진

전문가는 환자의 삶의 이유에 대한 토론에 환자를 참여시키고 환자의 기억의 선명도를 높이기 위해 확인된 삶의 이유에 대한 구체적인 세부사항을 환자에게 설명하도록 요청한다. 그런 다음 전문가는 환자에게 회기에서 연습으로 하나 이상의 삶의 이유를 생생하게 떠올리도록 요청해야 한다.

**치료자용 스크립트 예시**

[토론을 용이하게 하는 가능한 개방형 질문들]

그것에 대해 자세히 말해 주세요.
무슨 일이 있었는지 설명해 주세요.
그래서 당신이 살기를 원하게 만드는 이유는 무엇입니까?
왜 당신은 그것이 삶의 이유라고 생각합니까?
그것이 그렇게 즐거운 점은 무엇입니까?
그 사람이 왜 그렇게 당신에게 중요한가요?
이러한 삶의 이유에 대해 생각하면, 당신의 기분은 어떻게 변하나요?

[삶의 이유가 충분히 확인된 후]

이러한 여러 가지 삶의 이유 중에서 당신에게 가장 강하거나 가장 중요한 이유는 무엇입니까? 그 이유가 다른 삶의 이유보다 훨씬 더 중요한 이유는 무엇입니까?

지금 당신이 해야 하는 것은 눈을 감고 삶의 이유를 아주 자세하게 생각하는 것입니다. [삶의 이유]에 대해 생각할 때 그것이 어떻게 들리고 어떻게 보이는지, 어떤 느낌인지 떠올려 보십시오. 그 삶의 이유에 대한 긍정적인 이야기를 기억하고, 당신이 생각하는 것을 정확하게 이해할 수 있도록 최대한 자세히 설명해주세요. [삶의 이유]에 대해 생각할 때, 그것이 당신의 기분과 생각을 어떻게 바꾸는지 잠깐 살펴보십시오. [삶의 이유]에 대해 생각할 때 자신의 생각과 감정에 어떤 특별한 변화가 있습니까?

## 4단계: 삶의 이유 기록

전문가는 환자가 위기대응계획 카드의 뒷면이나 색인카드에 삶의 이유를 직접 쓰도록 요청한다.

**치료자용 스크립트 예시**

쉽게 기억할 수 있는 곳에 삶의 이유를 적어 주세요. 위기에 처했을 때 삶의 이유에 대해 생각하는 것이 매우 도움이 되기 때문에, 많은 사람들이 위기대응계획에 따라 삶의 이유를 적는 것이 도움이 된다고 생각합니다. 이렇게 하면 문제를 해결하려고 할 때 쉽게 접근할 수 있습니다. 카드 뒷면에 삶의 이유를 적어 위기대응계획을 업데이트하는 것에 대해 어떻게 생각하십니까?

## 5단계: 삶의 이유 검토계획수립 및 환자의 동의 유도

삶의 이유목록의 마지막 단계에서 전문가는 환자에게 목록을 정기적으로 읽고 연습의 빈도, 시기 및 기간을 지정하는 계획을 세울 의향이 있는지 묻는다. 특히, 이 반복 연습은 학습과 인지 유연성을 용이하게 하기 때문에, 전문가는 환자가 정상이라고 느끼거나 위기에 처해 있지 않을 때에도 연습계획에 목록을 검토하는 것이 포함되도록 해야 한다. 일단 계획이 수립되면, 전문가는 환자에게 0('전혀 가능성이 없음')부터 10('매우 가능성이 높음')까지의 척도에서 계획한 대로 삶의 이유를 검토할 가능성을 평가하도록 요청해야 한다.

**치료자용 스크립트 예시**

당신이 삶의 이유들을 기억하는 연습을 할 수 있도록 하루에 여러 번 삶의 이유를 검토해 보았으면 합니다. 이것은 당신이 스트레스를 받을 때 삶의 이유를 더 쉽게 기억할 수 있게 해줄 것입니다. 할 수 있을 것 같습니까? 이 카드를 매일 몇 번씩 꺼내서, 목록을 읽고, 이 목록에 있는 것들을 1분이나 2분 정도 떠올릴 수 있나요? 이 카드를 꺼내서 하루에 몇 번이나 목록을 읽을 수 있다고 생각하세요? 당신은 한 번에 몇 분 동안 각 항목을 머릿속에 떠올리거나 정신적으로 그려볼 수 있다고 생각하나요? 특별히 연습할 만한 장소나 상황이 있습니까? 도움이 될 수 있기 때문에 연습하는 것이 좋겠다고 생각한 적이 있나요?

**[계획 완료 후]** 계획이 수립된 것 같습니다. 0('전혀 가능성이 없음')부터 10('매우 가능성이 높음')까지의 척도에서 이 계획에 따라 이 기술을 연습할 가능성이 얼마나 되는지 평가해주십시오.

**[평점이 10점 만점에 7점 미만일 경우]** 이 계획을 사용할 가능성을 줄이는 부분이 있습니까? 이 계획을 사용할 가능성을 높이기 위해 무엇을 변경할 수 있습니까?

## 방법: 생존키트

생존키트를 구성하기 위해 전문가는 환자에게 긍정적인 삶의 경험, 즐겁거나 의미 있는 활동 또는 지지적인 관계를 실제적으로 상기시키는 역할을 하기 때문에 긍정적인 감정을 이끌어내는 물건을 분명하게 정하도록 요청한다. 예를 들어, 가족사진, 영감을 주는 인용문 또는 구절, 여행과 휴가에서 얻은 장신구나 기념품, 또는 친구나 사랑하는 사람에게서 받은 작은 선물들은 생존키트 안에 들어있는 흔한 물건이다. 환자는 이러한 물건을 모아 나중에 쉽게 접근할 수 있도록 용기(예 신발 상자, 봉투, 태클 박스[1])에 넣는다. 환자는 생존키트를 만든 후 회기에서 전문가와 함께 검토한다. 전문가는 생존키트의 내용을 검토할 때 환자에게 각 물건들이 생존키트에 포함된 이유를 설명하도록 요청한다. 회기에서 각각의 개별 물건을 검토하는 것은, 순간적으로 긍정적인 감정을 유발하기 때문에 기술연습으로 사용된다. 이것이 연습을 하는 주요 목적이다. 또한 각 항목을 검토하면 전문가가 포함된 물건들이 잠재적으로 의원성(醫原性)[2]인지 확인할 수 있는 기회가 제공된다(예 환자를 성적으로 학대하는 가족 구성원의 사진). 만약 의원성 대상이라고 확인된다면, 전문가는 환자가 대상을 그렇게 인식하도록 돕기 위해 소크라테스식 질문을 사용하여, 환자가 그 대상을 제외하는 것을 선택하도록 안내한다. 일단 생존키트가 만들어지면, 환자는 매일 그 물건들을 검토하여 긍정적인 감정을 유도하고 긍정적인 삶의 경험을 기억하는 연습을 하도록 권장된다. 또한 환자는 위기 또는 정서적 고통의 시기에 생존키트의 물건들을 검토하도록 권유된다. 따라서 생존키트는 자기관리 전략으로 위기대응계획에 추가되어야 한다.

---

1) 낚시도구상자

2) 의료행위로 인해 발생하는 장애나 질병

### 1단계: 환자에게 생존키트 소개 및 만들도록 요청하기

전문가가 생존키트의 개념을 소개하고 그 목적을 설명한 다음 환자에게 자신을 위해 생존키트를 구성하도록 요청한다.

**치료자용 스크립트 예시**

우리는 당신이 인생에서 많은 도전을 경험했지만, 그럼에도 불구하고 어떻게 긍정적인 시간과 밝은 지점들이 존재해왔는지에 대해 조금 이야기했습니다. 우리의 삶에서 좀 더 행복한 시간들과 사건들을 기억할 수 있는 것은 우리가 다른 도전에 직면하고, 스트레스에 대처하고, 살 가치가 있는 삶을 살 수 있도록 도와줄 수 있습니다. 알다시피, 긍정적인 인생경험에 대해 생각하는 것이 반드시 그 문제를 해결하거나 현재 직면하고 있는 문제를 사라지게 만들 수는 없습니다. 하지만 그러한 문제가 덜 압도적으로 보이고, 어떤 경우에는 문제를 해결하기 위한 해결책이나 대안을 생각하는데 도움을 줄 수 있습니다. 그러므로 긍정적인 기억들을 생각하는 것은 우리가 문제에 직면할 때 일종의 '생존키트' 역할을 할 수 있습니다. 제가 오늘 하고자 하는 것은 어떻게 당신 자신을 위한 생존도구를 만들 수 있는지에 대한 것입니다. 이 생존키트에 당신의 삶에서 긍정적인 경험을 떠올리게 하는 물품과 물건들을 넣을 것입니다. 예를 들어, 어떤 사람들은 친구와 가족의 사진을 생존키트에 넣고, 어떤 사람들은 그들의 생존 키트에 영감을 주는 구절이나 문구를 넣으며, 다른 사람들은 휴가, 여행, 또는 삶의 성취에서 얻은 기념품을 그들의 생존키트에 넣을 것입니다. 일단 우리가 생존키트를 만들고 나면, 당신이 할 수 있는 것은 이 키트의 내용물을 보는 것입니다. 경험하는 문제에 대해 이렇게 하면 문제에 대한 관점을 유지하고, 압도당할 가능성을 줄이고, 심지어 몇 가지 해결책을 만드는 데 도움이 될 수 있습니다. 당신을 위한 생존키트를 제작하는 방법에 대해 자세히 알고 싶으십니까? 생존키트의 목적은 당신에게 긍정적인 삶의 경험을 상기시키는 물건들을 저장하는 것이기 때문에, 생존키트의 첫 번째 단계는 당신의 물건들을 보관할 용기를 찾는 것입니다. 대부분의 사람들은 신발상자 같은 것을 사용하지만, 다른 사람들은 대신 큰 봉투나 태클 박스 또는 배낭을 사용했습니다. 어떤 종류의 용기가 당신의 생존키트로 사용되길 원하십니까? 생존키트를 만드는 다음 단계는 우리가 그 안에 무엇을 넣기를 원하는지 알아내는 것입니다. 우리는 당신에게 긍정적인 삶의 경험이나 삶의 좋은 것들을 상기시켜주는 물체나 물건들을 찾고 있습니다. 생존키트에 넣을 수 있는 물건은 무엇입니까? 그런 물건들을 몇 가지를 적어 두면 우리가 얘기했던 것을 집에 가서 기억하실 수 있을 겁니다.

### 2단계: 생존키트를 만들기 위한 계획세우기와 환자의 수용 유도하기

전문가는 환자에게 다음 약속을 위해 생존키트를 만들 의향이 있는지 묻는다. 전문가는 환자에게 생존키트를 만들 가능성을 0('전혀 가능성이 없음')과 10('매우 가능성이 높음')사이의 척도에서 평가하도록 요청해야 한다.

**치료자용 스크립트 예시**

그럼 우리는 계획을 세운 것 같군요. 다음 약속 전에 생존키트를 만들어서 우리가 함께 검토할 수 있게 가져올 수 있나요? 0('전혀 가능성이 없음')에서 10('매우 가능성이 높음')까지의 척도에 생존키트를 완료할 가능성을 평가해주십시오.

**[평점이 10점 만점에 7점 미만으로 평가한 경우]** 이 계획에서 사용 가능성을 줄이는 부분이 있습니까? 당신이 이 계획을 사용할 가능성이 더 높아지도록 하기 위해 우리가 무엇을 바꿀 수 있을까요?

### 3단계: 생존키트의 내용 검토하기(추수회기)

추수회기 동안 전문가와 환자가 생존키트의 내용을 함께 검토한다. 전문가는 환자에게 '이야기를 해달라.'고 요청하여 이 과정을 촉진한다. 각 물품의 '이야기' 또는 각 물품을 포함한 이유를 설명한다. 전문가는 해당 물품이 의원성(醫原性)인지 여부를 평가하고, 잠재적으로 의원성 물품이 확인되면 해당 물품을 생존키트에 유지해야 할지의 여부를 환자와 논의한다.

**치료자용 스크립트 예시**

생존키트를 가지고 오셨군요. 생존키트를 만드는 것과 관련된 질문이나 만들 때 어려움 또는 힘든 점은 없었습니까?

우리 함께 상자를 살펴보는 게 어떻습니까? 당신이 가진 첫 번째 물품은 무엇입니까? 이 물품에 대한 이야기와 왜 그것을 당신의 생존키트에 포함시키기로 결정했는지 이야기해주세요.

**[의원성유발 가능성이 있는 품목의 경우]** 이 물건은 흥미롭네요. 이것에 대해 좀 더 이야기하고 싶습니다. 당신이 이 물품에 대해 이야기 해 주었을 때, 긍정적인 면과 함께 덜 좋은 면도 있는지 궁금했습니다. 특히, 문제에 직면했을 때 스트레스를 더 많이 받거나 화가 날 수도 있는지 궁금했습니다. 우리는 [물품과 관련된 사람, 장소 또는 상황이] 어떻게 문제와 스트레스를 유발했는지, 그리고 당신에게 특별히 도움이 되지 않았는지에 대해 이야기를 나누었습니다. 그런 점에서 이 물건이 당신에게 긍정적인 경험 대신 부정적인 경험을 기억하게 하는지도 궁금합니다. 이것에 대해 어떻게 생각하십니까? 이 물건이 자살모드를 활성화하거나 비활성화한다고 할 수 있습니까?
**[환자가 의원성 물건을 제거하는 것을 꺼리는 경우]** 이 물건에 대해 긍정적인 부분과 덜 긍정적인 부분이 모두 있기 때문에 여기에 '아마도' 화일을 만들고 다른 모든 물품을 살펴보는 동안 이 물건을 임시로 배치하는 것은 어떻습니까? 나중에 가지고 있는 다른 모든 물건에 대해 이야기한 후 이 물건으로 돌아와서 이에 대해 어떻게 생각하는지 분명하게 할 수 있습니다.
**[모든 물건이 의원성일 가능성이 있고 제거해야 하는 경우]** 보시다시피 처음에는 생각보다 조금 더 어려울 수 있지만, 이것이 바로 우리가 이 활동을 하는 이유입니다. 이것에서 배운 한 가지 교훈은 우리 삶에서 도움이 되는 면과 도움이 되지 않는 면을 구별하기가 어렵다는 것입니다. 도움이 되지 않을 수 있는 것에 대해 조금 더 알게 되었으므로 도움이 되는 것을 더 쉽게 확인할 수 있습니다. 시간을 내어 그렇게 해보세요.
더 이상 하지는 않지만 즐겼던 것은 무엇입니까? 온라인에서 그런 사진을 찾을 수 있는지 확인한 다음 인쇄하여 생존키트에 넣을 수 있습니다.
과거에 자신에 대해 죄책감, 부끄러움 또는 나쁘게 느끼지 않게 하면서 당신을 지원한 사람들은 누구입니까? 휴대폰이나 소셜 미디어 페이지에 사진이 있습니까? 사진 몇 장을 인쇄하여 생존키트에 추가합시다.
자신을 기분이 좋게 만들거나 어떤 식으로든 영감을 준 것을 읽은 적이 있습니까? 온라인에서 구절을 찾아서 인쇄하여 생존키트에 포함시켜 보겠습니까?
좋아요. 이제 생존키트에 몇 가지 새 물품을 추가했습니다. 동일한 사람, 장소 또는 이벤트를 나타내는 추가 물품이나 물건을 추가하시겠습니까? 예를 들어, 이러한 긍정적인 경험을 나타내는 작은 기념품이나 선물이 있습니까? 다음 회기 전에 이러한 물건을 생존키트에 기꺼이 추가 하시겠습니까?

### 4단계: 생존키트의 내용물 검토 계획수립 및 환자의 수용 유도하기

생존키트의 마지막 단계는 전문가가 환자에게 생존키트의 내용을 정기적으로 검토한 다음, 그 빈도, 시기 및 기간을 지정하는 계획을 개발하도록 요청하는 것이다. 처음에 전문가는 환자가 기분이 괜찮거나 비교적 차분하다고 느낄 때에도 생존키트의 내용물에 접근하고 검토하는 연습을 하도록 권장해야 한다. 이렇게 하는 것이 학습과 향유기술을 수월하게 습득할 수 있도록 하기 때문이다. 일단 계획이 수립되면 전문가는 환자에게 생존키트 내용물을 0('전혀 가능성이 없음')에서 10('매우 가능성이 높음')의 범위에서 검토할 가능성을 평가하도록 요청해야 한다.

**치료자용 스크립트 예시**

제가 당신에게 부탁하고 싶은 것은 최소한 하루에 한 번은 생존키트를 검토해서 인생에서 긍정적인 경험을 기억하는 연습을 할 수 있도록 하는 것입니다. 특히 이것은 당신이 스트레스를 받을 때, 삶에서 발생하는 문제들을 더 쉽게 직면하게 해줄 것입니다. 생존키트를 살펴보고 매일 몇 분씩 왜 각 물건들을 그 안에 넣었는지 기억할 수 있다고 생각하십니까? 생존키트를 어디에 보관할 것입니까? 하루 중 몇 분 동안 생존키트를 살펴보기에 너 적합한 시간이 있습니까?

[계획 완료 후] 그래서 우리는 계획이 세워질 것 같습니다. 0('전혀 가능성이 없음')에서 10('매우 가능성이 높음')까지의 척도에 워크시트를 완료할 확률을 평가하도록 해 주십시오. 지금부터 다음 회기 사이에 적어도 하루에 한 번 생존키트를 살펴볼 가능성이 얼마나 됩니까?

[평점이 10점 만점에 7점 미만인 경우] 이 계획에서 사용가능성을 감소시키는 부분이 있습니까? 이 계획을 사용할 가능성을 높이기 위해 무엇을 변경할 수 있습니까?

## 사례를 통한 예시

### 마이크의 사례

삶의 이유 과제를 처음 마이크에게 소개했을 때, 그가 자살하려한다는 것을 함축하기 때문에 그는 약간 혼란스러워 했다. 아래에서 볼 수 있듯이 전문가는 자살하지 않더라도 살아야 할 이유가 있을 수 있다는 점을 지적하며 이에 반응했다. 또한 전문가가 마이크에게 각각의 삶의 이유에 대한 이야기를 하도록 요청함으로써 마이크의 삶의 이유에 대한 정서적 중요성을 어떻게 증가시켰는지에 유의하라.

전문가: 다음에 하고 싶은 것은 당신이 살아야 할 이유에 대해 이야기하는 것입니다.

마이크: 무슨 의미인가요?

전문가: 살아야 할 이유는 스트레스와 역경에도 불구하고 우리가 하루하루를 유지하는 것입니다, 살아야 할 이유는 종종 우리에게 삶의 목적이나 의미를 부여합니다.

마이크: 하지만 그것은 자살하고 싶은 사람들에게만 도움이 되지 않을까요?

전문가: 자살을 생각하는 사람들에게 확실히 도움이 되지만, 우리가 자살하지 않을 때에도 우리가 삶의 이유를 아는 것도 도움이 됩니다. 자살에 대해 생각하지 않더라도 우리 모두는 살아갈 이유가 있습니다. 우리에게 이러한 삶의 이유는 대부분은 일이 잘 풀리지 않을 때에도 자신에 대해 기분이 좋게 느끼는 데 도움이 됩니다. 그것은 아침에 일어나서 우리가 하던 일을 하고 일이 힘들 때도 계속 가야 하는 우리의 이유와 같습니다. 당신이 인생의 힘든 시기를 경험해서 반드시 자살하려 한다거나 무엇을 위해 살 가치가 있는지 알기 위해 자살하려는 상태일 필요는 없습니다.

마이크: 네, 말이 되네요.

전문가: 좋아요, 그렇다면, 당신은 삶의 이유가 무엇이라고 말하겠습니까?

마이크: 음, 확실히 내 아내입니다.

전문가: 음-흠. 당신의 아내가 당신의 삶을 살 가치가 있게 하는 것은 무엇입니까?

마이크: 글쎄요, 그녀는 정말 훌륭한 사람이고, 매우 힘이 되고, 매우 친절합니다. 우리는 분명히 문제가 있고, 많이 싸우는 것 같지만, 그녀는 제게 정말 중요해요.

전문가: 아내와 가장 좋았던 기억을 설명해 주실 수 있나요?

마이크: 네, 우리가 함께 보낸 첫 크리스마스가 될 것 같아요. 그 해 가족을 만나러 갈 수 없어서 우리 둘뿐이었습니다. 우리는 내 아파트에서 축하하고 하루의 대부분을 함께 보냈습니다. 저녁 식사거리를 만들었고, 정말 즐거웠고 눈이 많이 내리기 시작해서 그날 밤에 나가서 함께 눈사람을 만들었습니다. 그건 정말 어린아이 같은 짓이었어요. 어릴 때부터 그런 적이 없었거든요. 물론 우리는 서로 눈싸움을 했습니다. 아래에 사는 아이들이 우리 소리를 듣고 나와 합류해서 아이들과 눈싸움을 했어요. 우리가 아이들을 눈으로 맞추어서 너무 재미있었습니다. 아이들은 호흡이 잘 맞지 않았지요. 눈싸움이 끝나고 우리는 안으로 들어가서 옷을 갈아입

고 영화를 보며 남은 음식을 먹으며 밤을 보냈습니다. 왜 그 크리스마스가 나에게 두드러지는지 모르겠습니다. 그 이후로 우리는 매우 많은 크리스마스를 보냈습니다. 그게 처음이었고 어렸을 때라서 그런 것 같아요. 지금처럼 우리가 받는 스트레스도 많지 않았어요.

전문가: 좋은 추억이네요. 정말 멋진 크리스마스였던 것 같네요. 나는 당신이 그 이야기를 할 때, 미소를 짓기 시작했다는 것을 알았습니다.

마이크: 네. 내가 어떻게 안 그럴 수 있겠어요? 정말 좋은 날이었어요.

전문가: 긍정적인 기억들을 생각하는 것이, 인생에서 일이 잘 풀리지 않을 때에도, 기분이 나아지는 데 도움이 되나요?

마이크: 네, 그런 것 같아요. 때때로 상황이 나빠지더라도 여전히 좋은 일이 있는 것 같아요. 그것은 또한 나와 내 아내가 정말 좋은 시간을 보냈다는 것을 상기시켜주는 데 도움이 되므로 모든 것이 나쁘지만은 않습니다.

전문가: 네, 흥미롭습니다. 그게 상황을 균형 있게 만든다고 말하는 것 같습니까?

마이크: 네, 물론이죠. 모든 게 나쁘지만은 않아요.

전문가: 음, 우리가 확실히 당신의 결혼 문제를 모두 해결하지는 못했지만, 한 걸음 물러서서 좋았던 시절을 기억하는 것이 도움이 될 겁니다.

마이크: 네.

전문가: 이 재미있는 추억을 기억하는 것은 가끔 어려운 것처럼 들리네요.

마이크: 네, 물론이죠. 나는 우리가 서로 싸울 때는 그 일에 대한 생각을 전혀 하지 않습니다.

전문가: 아마도 앞으로 당신의 기억을 되살릴 수 있도록 하기 위해 이것을 색인 카드에 적어야 할 것입니다. 그것은 당신이 일들을 처리할 때 적절하게 균형을 잡는 데 도움이 될 것 같습니다.

마이크: 좋아요, 그렇게 할 수 있어요. 그게 도움이 될 거예요.

## 제니스의 사례

제니스는 두 번째 회기 동안 생존키트를 완성하고 세 번째 회기에 생존키트를 가져오라는 지시를 받았다. 그녀는 스크랩북 용품으로 외부를 장식한 신발상자를 가지고 세 번째 회기에 왔다. "제 선반에서 좀 더 눈에 띄도록 예쁘게 만들어서 상자를 볼 때마다 안에 무엇이 들어 있는지 기억하고 싶었습니다." 전문가는 이러한 결정을 내린 것에 대해 그녀를 칭찬했다. 그리고 나서 전문가는 제니스에게 그녀가 자신의 생존키트에 무엇을 포함시켰는지 보여주고 각각의 물건에 대한 이야기를 해 달라고 부탁했다. 제니스의 생존키트에는 다음과 같은 것이 포함되어 있다.

- 그녀의 딸이 어렸을 때 뒤뜰에서 개와 놀고 있는 사진. “이 사진은 가장 좋아하는 내 딸의 사진입니다. 이 사진은 항상 내 얼굴에 미소를 짓게 합니다.”
- 영감을 주는 인용구가 있는 여러 개의 접힌 페이지가 있는 주머니 크기의 책. “이것들은 내가 가장 좋아하는 인용구가 있는 페이지들입니다. 인생에서 무엇이 중요한지 일깨워주기 때문에 좋아합니다.”
- 몇 달 전 생일선물로 받은 그녀의 교회 신자가 보낸 생일카드. “저는 그녀에게 전혀 기대하지 않았고 누군가가 제 생일을 기억한다는 것을 믿을 수 없었어요. 그렇게 해주셔서 정말 감사했습니다.”
- 군 복무 중 그녀가 받은 군대의 훈장. “이 메달은 특별히 중요한 것은 아니지만, 우리나라를 위해 봉사한 것을 생각나게 해서 여기에 넣었습니다. 그리고 그것은 제가 자랑스러워하는 것입니다.”
- 전 남편의 빈 향수병. “내가 그에게서 떨어져 있다는 것이 얼마나 행운인지 생각나게 합니다. 결국 학대를 심하게 해서 그를 떠나기로 결정한 것은 내 자신의 인생에서 매우 중요한 결정 중 하나였어요.”

이 마지막 물품은 제니스의 인생에서 특히 힘든 시간과 관련이 있었기 때문에 전문가는 그녀에게 그것에 대해 더 물어보기로 결정했다. 전문가가 제니스가 이 물품을 그녀의 생존키트에 포함시킨 이유를 비판적으로 평가하도록 도와주고 그것이 긍정적인 기분과 생각을 키우는 것이 아니라, 자살모드를 지속시키는 부정적인 기분, 생각, 기억을 실제로 어떻게 촉진하는지를 발견하도록 안내한다.

전문가: 이 향수병에 대해 더 자세히 말해 주세요.

제니스: 음, 우리가 처음 결혼했을 때, 모든 것이 괜찮았어요. 하지만 세월이 흐르면서 전 남편은 감정적으로나 신체적으로 점점 더 통제하고 학대했습니다. 그는 항상 나에게 소리를 지르고 나를 비난하고 내가 얼마나 못생겼고 멍청한지 말해 주곤 했어요. 그는 결국 나를 때리기 시작했습니다. 3년 정도 참다가 그를 떠나 이혼했어요. 그는 끔찍한 사람일 뿐이고, 많은 면에서, 제 모든 문제와 정신건강문제의 근원입니다.

전문가: 알겠습니다. 그렇다면 왜 그 남자에 대해 말하는 동안 긴장하고 있는 것 같았는지 설명이 되는군요. 눈에 눈물이 고인 것을 알 수 있습니다.

제니스: 그래요, 그에 대해 말하는 것은 쉽지 않아요.

전문가: 그럴 거예요. 그래서 저는 그에 대해 궁금합니다. 만약 그에 대해 생각하는 것이 당신을 긴장되고 감정적으로 화가 나게 한다면, 당신은 이 기억을 생존키트에 보관해야 합니까?

제니스: 글쎄요, 나는 그가 없는 내 삶이 얼마나 더 나은지 상기시키기 위해 그것을 거기에 넣었어요.

전문가: 말이 되네요. 지금은 상황이 훨씬 나아진 것 같군요.

제니스: 아, 훨씬 나아졌어요. 비록 제가 여전히 그와 그가 나에게 한 행동들을 다루고 있긴 하지만요.

전문가: 그는 당신의 삶에 꽤 지속적인 영향을 주었네요….

제니스: 음...

전문가: …. 그리고 그 영향이 특별히 긍정적이지는 않습니다.

제니스: 절대 아니에요.

전문가: 그러니 전 남편을 생각하면 그를 떠난 것이 좋은 일이긴 하지만 부정적인 감정과 생각, 기억이 모두 떠오르는 거죠.

제니스: 네.

전문가: 음, 이 생존키트의 목적은 당신이 긍정적인 감정을 느끼고 인생을 위해 좋은 시간을 기억할 수 있도록 돕는 것이기 때문에, 이 향수병은 많은 면에서 그 반대인 것처럼 보입니다. 당신은 어떻게 생각하나요?

제니스: 그래요, 나도 동의합니다. 무슨 말인지 알겠어요. 이걸 빼야겠어요.

전문가: 네, 일리 있는 말입니다. 좋은 생각인 것 같아요.

제니스: 어쩌면 그냥 없애버려야 할 것 같네요.

전문가: 다른 생각이 있을 수도 있습니다. 그것에 대한 당신의 생각은 어떻습니까?

제니스: 음, 지금 생각해보면, 저는 이것이 제 자신에게 좋은 결정을 상기시키는 방법이라고 생각했기 때문에 이 방법을 고수해 왔습니다. 하지만 이제 저는 그것이 우리가 겪은 나쁜 시간들에 대해 생각하게 만든다는 것을 깨달았습니다. 그냥 없애버려야 해요.

전문가: 충분히 이해가 됩니다.

### 삶의 이유목록과 생존키트에 대한 팁과 조언

1. **삶의 이유목록과 생존키트 사용하기**. 삶의 이유목록은 생존키트와 결합할 때 가장 효과적일 수 있다. 삶의 이유목록과 생존키트의 목적은 비슷하지만 물리적 구조의 관점에서 다르기 때문에, 삶의 이유목록과 생존키트는 보다 광범위한 맥락과 상황에 걸쳐 사용을 촉진할 수 있는 보완적 개입의 역할을 할 수 있다. 예를 들어, 삶의 이유목록은 두 가지 개입 중 더 전달하기 쉬우므로 생존키트에 대한 접근이 비실용적이거나 불편하거나 재량권이 바람직한 상황에서 생존키트의 '확장' 역할을 할 수 있다. 따라서 전문가는 각 개별개입의 효과를 높이기 위해 삶의 이유목록과 생존키트 목록을 연결해야 한다.
2. **환자가 빈 생존키트로 회기를 떠나지 않게 하기**. 생존키트 사용에 대한 중요한 지침은 환자가 빈 생존키트로 회기를 떠날 수 없다는 것이다. 매우 드물게 환자는 모든 것이 포함된 생존키트를 만들 것이다. 그러나 어떤 경우에는 전문가와 환자는 원래 만든 것을 대체하기 위해 새로운 생존키트가 필요하다는 것을 발견할 수 있다. 이 경우 전문가는 환자가 회기를 완료하기 전에 생존키트에 배치할 새로운 비의원성 물건을 확인할 수 있도록 도와야 한다. 예를 들어 환자가 특정 장소에서 산악자전거나 하이킹을 즐기는 경우 전문가는 환자가 선호하는 위치에서의 산악자전거 이미지 또는 하이킹 코스를 온라인으로 검색할 수 있다. 다음 회기 중에 이러한 이미지를 인쇄하여 생존키트에 추가할 수 있다. 마찬가지로, 전문가와 환자가 좋아하는 인용구 또는 영감을 주는 구절을 함께 검색한 다음 인쇄하여 생존키트에 포함시킬 수 있다.
3. **적절한 스마트폰 앱으로 개입을 강화하기**. '가상 희망상자'라고 불리는 디지털버전의 생존키트는 최근 스마트폰 앱으로 개발되어 현재 다운로드 할 수 있다. 가상 희망상자 앱을 통해 환자는 자신의 전화에 저장된 사진, 노래, 웹 사이트 및 전화번호를 사용하여 스마트폰에서 생존키트를 구성할 수 있다. 그런 다음 환자는 기존의 생존키트로 얻을 수 있는 것보다 더 높은 수준의 재량으로 언제든지 앱에 접근할 수 있다. 자살하려는 환자는 가상 희망상자 앱이 유익하고 유용하며 사용하기 쉽고 기존의 생존키트보다 더 많이 사용하는 경향이 있다(Bush et al., 2014). 환자들은 일반적으로 가상 희망상자 앱과 기존 생존키트를 함께 사용하는 것을 선호한다. 각각은 바람직하고 보완적인 고유의 장점이나 특성을 가지고 있기 때문이다. 따라서 전문가는 기존의 생존키트와 스마트폰을 가지고 있고 기꺼이 앱을 다운로드할 자살하려는 환자는 가상 희망상자 앱과 함께 사용하는 것을 고려해야 한다.

# 2단계:
# 자살신념체계 약화

PART 04

CHAPTER

# 16

# ABC 워크시트

ABC 워크시트는 자동적인 부정적 생각, 가정, 그리고 자살모드 활성화에 대한 취약성을 증가시키는 자살충동의 핵심을 확인하는 방법을 환자에게 가르치기 위한 몇 가지 인지적 평가기법 중 하나이다. ABC 워크시트는 특히, 환자가 자신의 인지에서 편견을 분명하게 확인하도록 도움으로써 인지 재평가를 할 수 있게 하는 기본적인 기술이다. ABC 워크시트는 몇 가지 상호 관련되는 자동적인 과정을 인식할 수 있도록 환자에게 자동적인 사고가 촉발사건에 대한 반응으로 어떻게 나타나는지, 자동적인 사고가 어떻게 내재되어 있는 핵심신념을 반영하는지, 그리고 삶의 사건에 대한 생각이 감정 상태와 행동에 어떻게 영향을 미치는지를 교육한다. 비록 많은 종류의 ABC 워크시트가 개발되어 다양한 치료 매뉴얼에 사용되었지만, BCBT에서는 레식과 동료들(2007)이 PTSD에 대한 인지처리치료를 위해 개발한 ABC 워크시트를 통합하기로 선택했다. 첫째로 트라우마는 자살하려는 환자들 사이에서 공통적으로 발생하며, 많은 자살신념들은 종종 정신적인 충격경험과 관련되거나 영향을 받는다. 둘째, 우리의 BCBT 환자들 중 많은 사람들이 이전에 인지치료를 받았고 따라서 워크시트 사용에 익숙했다. 이런 상황을 고려할 때 인지처리치료를 위해 개발된 ABC 워크시트가 환자들이 이해하기 쉽고, BCBT에서 자주 접하는 자살신념을 표적으로 삼는데 매우 유용하다는 것을 확인하였다. ABC 워크시트는 부록 A.8에 수록되어 있다. 자살하려는 환자는 자신이 촉발사건(내적 또는 외적)을 어떻게 부정적으로 해석하고 있는지, 이러한 해석이 어떻게 부적응적인 행동과 부정적인 감정 반응을 유발하는지 모르는 경우가 많다. 따라서 ABC 워크시트는 기본적인 자기 모니터링 기술을 가르치는 역할을 하는데, 이것은 촉발사건에서 자동적인 사고 또는 감정적 또는 행동적 결과로 이어지는 부정적 연쇄를 효과적으로 늦춘다. 이렇게 하면 환자가 외적 또는 내적 촉발사건에 지나치게 학습된 방식으로 반응할 가능성이 감소한다. 특히 ABC 워크시트는 치료의 두 번째 단계에서 시행하는 유용한 첫 번째 개입이다.

## 이론적 근거

인지 재평가란 자살시도를 줄이는 치료법으로 공통적으로 사용되는 기술이다(Brown, Ten Have, et al., 2005; Linehan, Comtois, Murray, et al., 2006; Rudd et al., 2015). 자살에 대한 유동적 취약성 이론과 일관되게, 핵심 자살신념은 자살시도에 대한 지속적인 취약성을 장기화시킨다. 정신과 외래환자 중에서, 절망, 지각된 부담감, 자기혐오, 지각된 결함, 수치심과 같은 자살신념은 자살시도를 한 사람과 자살을 생각해 보았지만 시도하지 않은 사람, 자살을 한 적이 없는 사람을 구분한다(Bryan, Rudd, Wertenberger, Etienne, 2014). 또한 핵심 자살신념은 자살생각, 과거의 자살시도 및 정서적 고통보다 미래의 자살시도를 더 잘 예측한다(Brown, Beck, Steer, & Grisham, 2000; Bryan, Clemans, & Hernandez, 2012; Bryan, Morrow, Anestis, & Joiner, 2010; Bryan, Rudd, Wertenberger, Etienne, et al., 2014; Joiner, Van Orden, Witte, Selby, et al., 2009; Kanzler, Bryan, McGeary, & Morrow, 2012). 종합하면, 이러한 발견은 자살의 핵심신념이 급성 정서적 고통과 무관하게 자살에 만성적인 취약성으로 작용한다는 유동적 취약성 이론의 주장을 뒷받침한다. 자살의 핵심신념을 구체적인 목표로 삼는 것은 치료 후 자살시도 위험을 효과적으로 감소시키는 치료법을 구분하는 행동 메커니즘의 핵심이다. 이러한 인지적 취약점을 효과적으로 공략하기 위해 자살하려는 환자들은 먼저 이와 같은 근본적인 믿음이 자신들의 감정과 행동에 기여하는 자동성을 인식하는 방법을 배워야 한다.

## 방법

ABC 워크시트는 단순이 말로 하는 연습이 아니라 협업적인 쓰기 프로젝트로 완성되어야 한다. 실제 이것은 환자가 ABC 워크시트를 사용할 때, 이렇게 하는 것이 감정적인 관여를 증가시키기 때문에 워크시트에 직접 반응을 기록해야 한다는 것을 의미한다. 마찬가지로, 전문가는 ABC 워크시트(및 후속 장에서 설명하는 모든 다른 워크시트)를 서면작업으로 완료하는 것이 단순히 그 내용을 말로 검토하는 것보다 더 효과적이라는 것을 알아야 한다. 이렇게 하는 것은 효과적인 치료의 기술을 훈련시키는 철학과 일치한다. 인지 재평가를 행동기술 세트로 전환하는 것이 개입의 효과를 증가시킨다.

ABC 워크시트의 주요 섹션에는 세 개의 박스가 있다. A 박스는 활성화 사건을 나타낸다('나에게 무슨 일이 있었는가?'), B 박스는 신념을 나타낸다('나는 그것에 대해 어떻게 생각하는가 또는 그것은 나 자신에게 무엇을 말하는가?'), 그리고 C 박스는 감정적 결과('나는 무엇을 느끼는가?')를 나타낸다. ABC 박스 밑에는 인지 재평가 과정을 용이하게 하는 두 가지 질문이 있다. 첫 번째 질문인 'B에 있는 생각들은 도움이 되는가?'는 환자가 적응적인 자동적인 생각과 신념을 부적응적인 것과 구별할 수 있도록 돕기 위해 고안되었다. 이 질문 아래, ABC 워크시트는 인지 재평가를 용이하게 하기 위해 고안된 최종 질문을 포함한다. '앞으로 비슷한 상황에 처했을 때 나 자신에게 더 도움이 되는 말은 무엇인가?' 이러한 질문은 환자에게 자신의 신념이 '현실적'인지 '합리적'인지를 판단하도록 요구하지 않으며 '더 현실적' 또는 '더 합리적인' 생각을 만들어내도록 요구하지 않는다는 점에 주목하라. 자살하려는 환자에게는 어떤 부정적인 신념이 실제로 현실적이고 합리적인 것으로 인식되기 때문이다. 환자에게 자신의 인식이 현실적이거나 합리적인지 판단하도록 요청하는 것은 종종 지적하는 반응이 된다. 기능적인 측면을 반영한 언어를 사용하는 것(예 도움이 되는 그리고 도움이 되지 않는)은 **현실적**이고 **합리적**이라는 단어(예 '나는 비현실적인 사고를 가진 불합리한 사람이다')로 인해 암시될 수 있는 인지적 재평가의 판단적, 자기 비판적 측면을 피한다.

ABC 워크시트를 가르칠 때, 전문가는 먼저 삶의 사건, 생각, 감정이 어떻게 상호 연결되는지 검토해야 한다. 전문가는 환자에게 자신의 자살 에피소드 목록에서 자살시도를 예로 들어 ABC 워크시트를 사용하는 방법을 배우게 한다. 전문가는 환자에게 자살 에피소드나 자살시도로 이어진 촉발사건을 파악하고 이 사건을 A 박스에 적어달라고 요청한다. 대부분의 환자들은 특정 사건에서 느낀 감정을 쉽게 확인할 수 있지만 자동적 사고와 핵심 신념을 식별하기 위해 어려움을 겪을 가능성이 높기 때문에 실제로 ABC 워크시트를 사용할 때는 일시적으로 B 박스를 건너뛰고 다음에 있는 C 박스로 진행한다. 그런 다음 전문가는 환자에게 이 촉발사건에 대한 반응으로 느꼈던 감정을 확인하고 이러한 감정을 C 박스에 기록하도록 한다. 마지막으로 전문가는 환자에게 촉발사건에 대한 반응으로 어떤 생각이 자신의 마음에 있었는지 파악하고 이를 B 박스에 적어달라고 요청한다. 대부분의 환자들은 B 박스에 넣을 자동적 사고를 확인할 것이다. 일단 자동적 사고가 확인되면 전문가는 자동적 사고의 기초가 되는 핵심신념을 명확하게 하기 위해 소크라테스식 질문을 사용해야 한다.

핵심신념을 밝히는 일반적인 전략은 *하향 화살표 기법*이다. 하향 화살표 기법에서 전문가는 환자에게 '만약...라면, 그 다음(if... then 가정 공식)', '만약 [자동적 사고]가 사실이라면, 자동적 사고는 당신에게 뭐라고 말하는 것인가요?'라고 묻는다. 어떤 경우에는 환자가 처음에는 핵심신념으로 아래쪽 화살에 반응하지 않고 대신 또 다른 자동적인 생각이나 가정으로 반응하게 된다. 이 경우 전문가는 또 다른 아래쪽 화살로 대답한다. "그것이 사실이라면, 그건 당신에게 뭐라고 말하는 것인가요?" 아래 설명된 존의 사례 연구에서 하향 화살표 기법이 강조되어 있다.

ABC 박스가 완료된 후, 전문가는 환자에게 두 개의 인지 재평가 질문에 답하도록 한다. 일단 새롭고 더 도움이 되는 생각이나 믿음이 확인되면 전문가는 환자에게 새로운 신념이 원래의 신념과 비교했을 때 자신의 감정에 어떤 영향을 미치는지 생각해 보라고 한다. 숙련된 기술을 보장하려면 환자는 회기 당 몇 개의 ABC 워크시트뿐만 아니라 회기 간에 여러 개의 워크시트를 완료해야 한다. 전문가는 자살에피소드 지표에 집중하는 것 외에 추가하여, 다른 촉발사건과 자신의 삶에서 상황에 초점을 맞춘 워크시트를 완성해 기술의 일반화가 일어날 수 있도록 환자에게 요청하기도 한다.

## 1단계: ABC 워크시트의 개념 소개

전문가는 ABC 워크시트의 개념을 소개한 다음, 정서적 고통을 개념화하고 치료목표로 삼기 위해서 일반적인 인지행동치료 모델을 간략히 제시한다.

### 치료자용 스크립트 예시

오늘 우리는 스트레스 상황에서 당신이 가진 생각과 당신의 결정에 영향을 미치는 당신의 삶에서 얻은 신념 또는 '규칙'에 초점을 맞추는 것으로 시작하려고 합니다. 그동안 우리는 다양한 상황에서 정신적으로 자신에게 말하는 것을 어떻게 느끼고 삶의 상황에 대한 반응으로 무엇을 하는지 결정하는 방법에 대해 이야기했습니다. 예를 들어, 만약 어떤 사람이 인생의 실패자라고 일반적으로 생각한다면, 그는 비교적 자그마한 실수를 했을 때도 그는 '언제나 그랬던 것처럼 또 망쳤다.'라고 생각할지도 모르고 그 스스로 죄책감이나 슬픔을 느낄 것입니다. 그 사람은 기분이 너무 안 좋기 때문에, 기분이 나아지게 하기 위해 다른 사람들과 관계를 멀리하거나 술을 마실 수도 있습니다. 그에 반해 일반적으로 자신이 똑똑하고 유능한 사람이라고 생각하는 사람은 아마도 자신에게 다음과 같이 생각함으로써 동일한 실수에 대해 다른 방식으로 대응할 것입니다. '이런, 그건 안타까운 일이야. 우리 모두 가끔 실수를 하기도 해.' 이렇게 생각하는 사람은 실수가 가끔 일어난다는 것을 인식하고 실수를 고친 다음 하던 일을 계속합니다. 비록 이 두 번째 사람이 실수로 인해서 좌절하거나 짜증이 날 수도 있지만, 그들은 가끔 실수를 한다는 것을 알고 있기 때문에 반드시 슬프거나 죄책감을 느끼지는 않습니다. 그래서 우리가 가진 우리 자신에 대한 가정과 신념은 우리가 인생 사건을 어떻게 해석하고, 어떻게 느끼고, 어떻게 행동하느냐에 영향을 줄 수 있습니다. 이해가 되시나요?

오늘 나는 당신의 생각과 신념이 당신의 자살위기에 어떻게 기여했는지, 그리고 그것들이 정기적으로 당신이 느끼는 부정적인 감정과 고통에 어떻게 계속해서 기여하는지에 초점을 두려고 합니다. 이것을 하기 위해 우리는 ABC 워크시트를 사용할 것입니다. ABC 워크시트는 우리가 내리는 결정과 우리가 삶에서 취하는 행동의 기초가 되는 생각, 신념, 그리고 가정들을 분명하게 하는 데 도움을 주기 위해 고안되었습니다.

## 2단계: 지표 자살에피소드나 자살시도에 초점 맞춘 ABC 워크시트 작성

전문가는 환자가 지표 자살에피소드(the index suicide episode)나 위기에 초점을 맞춘 ABC 워크시트를 완성하는 것을 돕는다. 전문가는 ABC 워크시트의 각 구성 요소를 설명하고 환자에게 자동적인 생각과 신념을 식별하고 인지, 감정, 행동이 어떻게 상호 연결되는지 알 수 있도록 소크라테스식 대화로 안내한다. 환자가 자동적 사고를 식별하면 전문가는 하향 화살표 기법이나 기타 소크라테스식 질문을 사용하여 내재되어 있는 핵심신념을 확인한다. 전문가는 환자에게 ABC 워크시트 사본을 건네주고 워크시트의 각 부분을 환자 자신이 직접 글로 작성하도록 요청한다.

### 치료자용 스크립트 예시

이 워크시트에는 함께 작업하면서 내가 설명할 여러 부분들이 있습니다. 여기에 있는 세 개의 박스는 워크시트의 기본 섹션이며 'ABC 워크시트'라는 이름이 나오게 된 이유입니다. 첫 번째 박스는 A 박스입니다. 'A'는 '활성화사건'을 의미합니다. 이 박스에서 박스 바로 위에 있는 질문에 답해야 합니다: '무슨 일이 일어났는가?' 또한, '어떻게 된 일인가?' 우리가 함께 상담하기 직전에 일어난 자살위기를 다시 생각해 봅시다. 당신의 위기를 활성화하거나 촉발시킨 사건이나 상황은 무엇이었습니까? 계속해서 A 박스에 적으십시오.

이제 우리가 다음으로 할 일은 가운데 박스를 건너뛰고 오른쪽에 있는 박스로 넘어가는 겁니다. 이것이 C 박스입니다. 'C'는 '결과'를 의미합니다. 상황에 따른 결과에 대해 이야기할 때 우리는 나중에 느낀 감정에 가장 관심이 있습니다. 여기 C 박스에 대한 질문은 '결과적으로 어떤 느낌이 드는가?' 또한 '나는 어떤 감정을 느끼는가?'입니다. 그러니까 우리가 다시 자살위기로 돌아가면, 그 스트레스가 많은 상황이 되었을 때, 어떤 감정이 떠올랐는지에 대해 계속해서 C 박스에 적으십시오.

자 이제 가운데 박스를 보겠습니다. 내가 중간 박스를 건너뛴 이유는 때때로 우리가 어떤 상황에서 어떻게 느꼈는지 아는 것이 그 당시 우리가 어떤 생각을 하고 있었는지 알아내는 데 도움이 될 수 있기 때문입니다. 이 중간 박스는 B 박스이고 'B'는 '신념'을 의미합니다. 여기에 당시 당신의 생각이 어떠했는지 기록하십시오. 자신의 생각을 쉽게 파악할 수 있는 방법은 워크시트에 적힌 질문을 스스로에게 '나 자신에게 뭐라고 말하는가?' 또는 '내 마음 속에 무슨 일이 일어나고 있는가?' 묻는 것입니다. 자살위기에 처했을 때 스트레스가 심한 상황이 발생하고 [감정]을 느꼈을 때 자신에게 무엇을 말하고 있었고 그 당시 당신의 마음속에 있는 것은 무엇이었는지? 그 생각을 여기 B 박스에 적으십시오.

**[환자가 자동적 사고를 확인했지만 핵심신념은 확인하지 못한 경우]** 그 생각에 대해 조금 더 이야기합시다. 그 당시의 생각이 완전히 사실이고 정확하다고 가정합시다. 이 생각이 사실이라면 당신에게 무엇이라고 말하고 있습니까?

다시 한 번 요약하자면, 자살위기 동안 이 활성화사건은 어떤 일들이 발생하게 합니다. 이 사건으로 인해서 당신은 상황과 자신에 대해 매우 부정적인 생각을 하기 시작했고, 그로 인해 기분이 언짢아졌습니다. 이제 다음 질문을 보겠습니다. 'B에 있는 생각이 도움이 되었나요?' 그런 상황에서 자신에 대해 이런 말을 하는 것이 도움이 되었습니까? 일반적으로 자신에 대해 이렇게 부정적으로 생각하는 것이 도움이 됩니까? 이러한 생각과 신념이 그토록 도움이 되지 않는 이유는 무엇입니까? 계속해서 여기에 적으십시오.

이러한 생각과 신념이 도움이 되지 않는다면, 미래에 비슷한 상황에 처했을 때 자신에게 말할 수 있는 다른 것은 무엇입니까? 계속해서 그것을 적어 주십시오.

이제 이 프로세스가 어떻게 작동하는지 확인했는데, 질문이 있습니까? 이것이 이해가 되었나요? 좋습니다. 다른 워크시트로 연습해 봅시다.

## 3단계: 기타 스트레스 상황에 초점을 맞춘 ABC 워크시트 작성

기술 습득과 일반화를 용이하게 하기 위해, 전문가는 환자에게 환자 자신의 삶에서 다른 스트레스 상황에 초점을 맞춘 ABC 워크시트를 몇 개 더 완성하도록 한다. 전문가는 ABC 워크시트를 추가로 제공하고 환자에게 각 워크시트를 완성하도록 안내한다.

### 치료자용 스크립트 예시

이 워크시트에서는 스트레스를 받거나 화가 났던 다른 시간에 집중해 보겠습니다. 스트레스를 받거나 화가 났던 최근 상황에 대해 알려주세요. 마지막 워크시트와 마찬가지로 각 부분을 한 번에 하나씩 살펴보면 당신의 생각과 신념을 확인한 다음, 도움이 되었는지 여부를 파악할 수 있습니다.

활성화사건 A부터 시작하겠습니다. 무슨 일이 있었나요? A 박스에 적으세요. 다음은 C, 결과입니다. 그 결과로 인해 어떤 느낌을 받았거나 어떤 감정을 느꼈습니까? C 박스에 적으세요.

마지막은 B, 신념입니다. 당신은 자신에게 무엇을 말했습니까? 그게 사실이라면 당신에게 무엇이라고 말합니까? B 박스에 적으세요.

그래서 이 상황에서 활성화사건이 일어났을 때, 당신은 B 박스 안에 있는 것들을 스스로 말하기 시작했고, 그로 인해 당신은 이러한 부정적인 감정을 느끼게 되었습니다. B의 이러한 생각이 그 상황에서 도움이 되었습니까? 도움이 되지 않았습니까? 여기에 적으세요.

이러한 생각이 별로 도움이 되지 않는다면, 비슷한 상황에 처하게 된다면 앞으로 자신에게 무엇이라고 말할 수 있을까요? 여기에 적으세요.

참 잘 했습니다. 나는 당신이 이것을 하는 요령을 알았다고 생각합니다. 이 워크시트를 수행하는 방법과 관련하여 질문이 있습니까? 이것이 연습에 어떻게 도움이 될까요?

## 4단계: 회기 사이에 ABC 워크시트 실행 계획 수립

ABC 워크시트의 마지막 단계에서 전문가는 환자에게 다음 약속 전에 적어도 하루에 한 개의 워크시트를 완료하도록 요청한다. 이 워크시트들 중 적어도 하나는 자살시도나 자살사건에 초점을 맞춰야 한다. 그런 다음 전문가는 환자에게 0('전혀 가능성이 없음')에서 10('매우 가능성이 높음')까지의 척도에 워크시트를 완료할 가능성을 평가하도록 요청한다. 그런 다음 전문가는 환자에게 과제를 완료하기에 충분한 수의 빈 ABC 워크시트를 제공한다.

### 치료자용 스크립트 예시

지금까지 이야기 한 다른 모든 기술과 마찬가지로 완벽하게 활용하기 위해서는 연습을 해야 합니다. 이제 몇 가지 작업을 완료했으므로, 완료하는 데 시간이 많이 걸리지 않는다는 것을 알 수 있습니다. 지금부터 다음에 만날 때까지 하루에 적어도 하나의 ABC 워크시트를 완성할 수 있을 것이라고 생각하십니까? 원하는 상황에 집중할 수 있지만, 이 워크시트 중 적어도 하나는 치료를 시작하게 된 원래의 자살위기에 중점을 두어야 합니다. 이해하셨나요? 여기 당신이 가지고 갈 ABC 워크시트 한 묶음이 있습니다.

**[계획 완료 후]** 계획이 수립된 것 같습니다. 0('전혀 가능성이 없음')부터 10('매우 가능성이 높음')까지의 척도를 사용하여 지금부터 다음에 만날 때까지 매일 ABC 워크시

트를 하나 이상 완료할 가능성이 얼마나 되는지 평가해주세요.

**[평점이 10점 만점에 7 미만인 경우]** 이 계획에서 워크시트를 연습할 가능성을 줄이는 부분이 있습니까? 당신이 워크시트를 완성할 가능성을 높이기 위해 이 계획에서 우리가 무엇을 바꿀 수 있을까요?

## 사례를 통한 예시

존의 첫 ABC 워크시트를 완성하기 위해, 존과 전문가는 존의 자살위기를 활성화시킨 배우자와의 논쟁에 초점을 맞추기로 결정했다. 이 사건은 그의 자살위기와 가장 밀접한 관련이 있기 때문에 우선적으로 선정되었다. <표 16.1>에서 볼 수 있듯이, 존은 활성화사건을 확인하여 A 박스에 '내 아내와의 말다툼'을 썼다. 그러나 존은 자신의 생각과 신념을 확인할 수 없었기 때문에 전문가는 다음 C 박스로 그를 안내했고, 그의 감정적인 반응을 확인했다. 존은 아내와 말다툼을 하는 동안 죄책감과 분노, 슬픔을 느꼈다고 말했다. 자살 충동을 확인하기 위해 존과 전문가는 다음과 같은 대화를 했다.

전문가: 그 말다툼을 돌이켜 생각해보면 그때 머릿속을 스쳐가는 것이 무엇이었습니까? 자신에게 어떤 말을 하고 있었습니까?

존: 정말 기억나지 않습니다.

전문가: 그 날의 세부 사항을 기억하는 것이 어려울 수 있습니다. 우리가 생각했던 것을 기억하기 어려울 때, 우리는 때때로 우리의 감정을 보고 단서를 찾을 수 있습니다. 특정 유형의 생각은 특정 유형의 감정과 함께 하기 때문입니다.

존: 무슨 뜻입니까?

전문가: '나는 실패자다.'라는 생각을 예로 들어봅시다. 만약 당신이 스스로에게 '나는 실패자다.'라고 말한다면, 당신은 그 후에 행복을 느끼기를 기대할 수 있습니까?

존: 아니요.

전문가: 왜 안 되죠?

존: 글쎄요, 자신에게 실패했다고 말하는 것은 아마도 화나거나 기분이 우울하다는 것을 의미할 것입니다.

전문가: 맞습니다! 실패에 대해 생각하는 것은 우울하거나 슬퍼하는 것과는 맞지만 행복감과는 맞지 않습니다. 하나 더 해봅시다. '나는 안전하지 않다'고 스스로에게 말

한다면 편안하고 차분한 느낌을 기대할 수 있습니까?

존: 아마 아닐 겁니다.

전문가: 왜 아니죠?

존: 안전하지 않다면 아마도 긴장이 풀리지 않을 거예요.

전문가: 편안함 대신 어떤 기분이 들까요?

존: 전 모르겠어요. 두려움이겠죠.

전문가: 맞아요! 자신이 안전하지 않다고 생각하는 것은 두렵거나 불안한 느낌에 적합하지만 이완되거나 차분한 느낌에는 적합하지 않습니다. 어떤 생각은 어떤 감정에는 맞지만 다른 감정에는 맞지 않습니다. 당신이 느끼는 감정을 안다면, 당신은 종종 자신에게 무슨 말을 하는지 알아내는 데 도움이 됩니다.

존: 말이 되네요.

전문가: 좋습니다. 그렇다면 죄책감, 분노, 슬픔을 느끼고 있다면 어떤 생각을 하고 있었다고 생각하나요?

존: (잠시 멈춘 후)그녀가 항상 옳다고 스스로에게 말한 것 같아요. 문제가 있는 건 내 잘못이에요.

전문가: 그래요, 그게 맞는 것 같습니다.

존: 네, 이제 알 것 같아요.

전문가: 좋아요, 계속해서 적어 두세요. 제 다음 질문입니다. 그녀가 옳고 모든 것이 당신의 잘못이라는 것이 사실이라면 당신이 어떤 사람인지에 대해 뭐라고 말할 수 있습니까?

존: 그것은 내가 나쁜 남편이고 실패한 사람이라는 것을 의미합니다. 나는 항상 그렇게 될 것이라고 생각했어요.

전문가: 그것은 꽤 강한 생각입니다. 그것도 적어 보세요.

존의 핵심신념이 확인되자, 존과 전문가는 함께 워크시트를 완성했다. 존은 자신을 비난하고 실패자라고 부르는 것은 '술을 더 마시고 자신을 포기하고 싶은 마음'만 갖게 만들었기 때문에 도움이 되지 않는다고 지적했다. 존은 아내와 말다툼을 할 때 앞으로 무슨 말을 할 수 있느냐는 질문에 '나는 확실히 완벽하지 않아. 하지만 나는 몇 가지 일을 제대로 해.'라고 대답했다. 전문가는 존에게 이 대안적 사고도 기록하라고 지시했다.

**표 16.1** 존의 ABC 워크시트

| A<br>**활성화사건**<br>(무슨 일이 있나요?) | B<br>**신념**<br>(자신에게 뭐라고 말하나요?) | C<br>**결과**<br>(어떤 감정을 느끼나요?) |
|---|---|---|
| 아내와의 말다툼 | 그녀가 옳다. 모두 내 잘못이다. 나는 실패자이고 항상 그럴 것이다. | 죄책감<br>분노<br>슬픔 |
| **박스 B에 있는 신념이 도움이 되었나요?**<br>아니오, 포기하고 더 마시고 싶게 만들기만 한다. | | |
| **앞으로 비슷한 상황에서 내가 스스로에게 말할 수 있는 다른 것은 무엇인가요?**<br>나는 완벽하지는 않지만, 몇 가지 일은 잘한다. | | |

### ABC 워크시트를 위한 팁과 조언

1. **BCBT의 첫 번째 단계에서 배운 기술을 계속 보강하기**. 비록 BCBT의 초점이 인지 영역으로 옮겨가지만, 그럼에도 불구하고 전문가는 환자에게 위기대응계획과 다른 감정조절기술의 사용에 대해 계속 물어봐야 한다.
2. **자동적 사고가 아닌 핵심신념을 목표로 삼기**. 자동적 사고는 활성화사건에 대한 개인의 즉각적인 반응을 수반한다. 그러므로 자동적 사고는 맥락에 따라 달라지며 그 결과도 매우 가변적이다. 핵심신념은 자동적 생각의 기저에 있고 상이한 맥락에서도 안정적인 경향이 있다. 자동적 사고는 핵심신념에 의해 영향을 받기 때문에 전자는 후자를 밝히는 데 사용될 수 있다. 예를 들어, 환자가 실수를 할 때 '내가 또 망쳤다.' '나는 항상 실수를 한다.'는 자동적 사고를 할 수 있다. 이 두 가지 자동적 사고 모두 모든 환경과 상황에 걸쳐 존재하는 '나는 실패자다'라는 근본적인 핵심신념을 반영할 수 있다. 핵심신념을 목표로 하여 전문가는 상황과 맥락에 영향을 미치는 보다 중심적인 취약성을 해결할 수 있다.
3. **환자가 워크시트에 자신의 반응을 기록하도록 권고하기**. 소크라테스식 대화를 통해 많은 인지작업이 말로 이루어지지만, 환자들은 워크시트에 자신의 반응을 기록함으로써 이러한 개념을 실제적인 기술로 전환할 수 있다. 환자 자신들의 반응을 적음으로써, 환자들이 더 빠른 변화를 촉진할 수 있는 새로운 방법으로 자신의 신념을 '볼 수 있게' 할 수 있다. 또한 워크시트의 사용은 전문가가 환자의 기술연습 및 치료 순응도를 추적할 수 있는 구체적인 방법을 제공한다.

4. **인지경직성이 반드시 임상적 퇴행성을 반영하는 것은 아니다**. 환자들이 BCBT의 1단계에서 2단계로 넘어가면서, 전문가들은 종종 환자들이 '퇴보한' 것처럼 느껴진다고 보고한다. 대부분의 경우 이는 BCBT의 첫 회기 동안 잘 진행되어 오다가 그 후 ABC 워크시트 작업을 시작하면 갑자기 멈추는 것 같기 때문이다. 그러나 이러한 명백한 둔화는 임상적 퇴행을 반드시 반영하지는 않는다. 오히려 지금까지 치료의 직접적인 대상이 되지 않았던 인지 영역으로의 초점 변화를 반영하는 것일 수도 있다. 이 시점에서는 BCBT의 인지 영역이 중심을 차지하기 때문에 환자의 인지 경직성이 전면에 등장한다. 전문가는 이 과도기 동안 '천천히 신중하게 한다.'고 할 수도 있지만, 인지중심의 작업을 지연시키거나 섣불리 포기해서는 안 된다.

CHAPTER

# 17

# 도전질문 워크시트

도전질문 워크시트는 자살모드 활성화에 더 취약하게 만드는 핵심신념을 비판적으로 평가하는 방법을 환자에게 가르치기 위해 고안된 두 번째 인지평가 기법이다. 도전질문 워크시트는 ABC 워크시트에서 배운 기초 인지 재평가 기술을 바탕으로 한다. 따라서 연속적인 관점에서, 전문가는 환자가 ABC 워크시트의 기초가 되는 기본적인 자기 모니터링 기술(즉, 상황, 인지 및 감정이 어떻게 상호 연관되어 있는지 인식)을 숙달한 후에만 도전질문 워크시트를 도입해야 한다. 도전질문 워크시트는 환자들이 지나치게 학습된 핵심 사살신념이 부적응적이거나 도움이 되지 않는 특성을 인식하는 능력을 촉진하여, 자살모드 활성화가 되지 않는 적응적인 대안적 믿음을 고려하고 이후의 자살시도에 대한 취약성을 감소시킬 수 있게 한다. ABC 워크시트와 유사하게 BCBT에 사용된 도전질문 워크시트는 인지처리치료를 위해 개발된 워크시트에서 채택되었다(Resick et al., 2017). 이러한 워크시트는 말로 연습하는 것에만 국한되는 것이 아니라 협업적으로 직접 쓰면서 하는 활동으로 완성되어야 한다. 도전질문 워크시트는 부록 A.9에서 확인할 수 있다.

## 이론적 근거

앞 장에서 지적한 바와 같이 인지 재평가란 자살시도를 감소시키는 치료의 일반적인 요소다(Brown, Ten Have, et al., 2005; Linehan, Comtois, Murray, et al., 2006; Rudd, et al., 2015). 인지 재평가의 일차적인 목적은 핵심 자살신념을 보다 적응적인 신념과 자살위험을 줄이는 긍정적인 인식양식으로 대체하는 것이다(Bryan, Ray-Sannerud, Morrow, & Etienne, 2013b; Hirsch & Conner, 2006; Hirsch, Conner, & Duberstein, 2007, Hirsch, Wolford, Lalonde, Brunk, & Parker-Morris, 2009). 예를 들면, 삶의 의미(Bryan, Elder, et al., 2013; Dogra, Basu, & Das, 2011; Heisel & Flett, 2008), 희망(Dogra et al., 2011), 자긍심(Bryan, Ray-Sannerud, et al., 2013c)이나 자기 효능성(Bryan, Andreski, et al., 2014) 같은 것이다. 자살생각과 자살행동과의 강한 관계를 고려할 때 죄책감과 수치심은 특히 인지적 재평가의 중요한 대상이 될 수 있다(Bryan, Morrow, Etienne, & Ray-Sannerud, 2013; Bryan, Ray-Sannerud, 2013; Bryan, Robertge, Bryan, 2015; Hendin & Haas, 1991). 이러한 가능성을 더욱 강하게 지지하는 새로운 증거는 자신을 용서할 수 있는 능력이 자살시도 위험 감소와 관련이 있다는 것을 시사한다(Bryan, Theriault, & Bryan, 2014). 도전질문 워크시트는 인지 유연성의 개발을 통해 죄책감, 수치심, 자책감, 그리고 다른 부적응적 믿음을 약화시키는 데 도움이 된다. 환자의 인지 유연성이 높아지고 인지 경직성이 저하될수록 자신과 타인, 세계를 보다 균형 있게 평가할 수 있게 된다. 이것은 미래의 자살시도의 위험성을 감소시킨다.

## 방법

도전질문 워크시트의 상단은 환자가 적응하지 못하는 자살의(또는 다른) 핵심 신념을 적는 영역이다. 이 섹션 아래에는 환자가 시트 상단에 확인된 핵심신념을 비판적으로 평가하도록 지시하는 몇 가지 질문 목록이 있다. 환자는 워크시트 당 하나의 핵심신념만을 다루어야 하기 때문에 상단의 섹션에 특정 핵심신념을 작성하는 것은 어떤 핵심신념을 구체적으로 평가하고 있는지에 대한 시각적 기준(및 알려주는 것)을 제공한다. 도전질문 워크시트를 가르칠 때, 전문가는 ABC 워크시트의 하단에 있는 인지 재평가 질문을 검토한다(즉, "B에 나오는 생각이 도움이 되는가? 앞으로 비슷한 상황에 처한다면 내가 스스로에게 말할 수 있는 다른 것은 무엇인가?"). 전문가는 도전질문 워크시트가 삶의 사건에 대해 다른 방식으로 생각하는 방법을 배우는 다음 단계라고 알려주며, 워크시트가 환자의 생각과 신념이 도움이 되는지 판단하는 능력을 강화하는 역할을 한다고 설명한다. 전문가는 환자에게 핵심적인 자살충동을 예로 들어 문제해결 워크시트를 작성하는 방법을 배우게 하고, 워크시트 상단에 있는 섹션을 솔직하게 작성해 달라고 요청한다. 그런 다음 전문가는 환자에게 첫 번째 질문을 읽고 워크시트 상단에 있는 확인된 신념에 어떻게 적용되는지 고려하도록 요청한다. 전문가는 환자가 자신의 신념에 대한 대안적이고 더 적응적인 관점을 식별할 수 있도록 돕기 위해 소크라테스식 질문을 사용한다. 일단 환자가 보다 기능적 또는 적응적 관점을 파악하면 전문가는 환자에게 워크시트에 새로운 관점을 기록하도록 요청한다. 전문가와 환자는 모든 질문에 답할 때까지 이 과정을 반복한다.

처음 도전질문 워크시트를 사용할 때, 많은 환자들은 자신의 핵심신념에 도전하고 다른 관점을 생각하는 데 어려움을 겪는다. 이는 치료에 매우 잘 반응하고 있고 상당한 진전을 이룬 환자들에게도 흔히 있는 일이다. 전문가는 이 과제에 대한 어려움이 반드시 치료가 진척되지 않음을 나타내는 것은 아니며, 오히려 자살신념 체계의 자동성을 반영하는 것임을 명심해야 한다. 요컨대 환자의 부정적인 신념은 지나치게 학습되어 환자의 증상이 경감되기 시작하고 정서적 괴로움이 줄어들었을 때에도 계속 지속된다는 것이다. 인지 재평가 기술을 가르치는 과정 초기에 전문가는 임상적 목표가 환자가 지나치게 학습된 신념을 완전히 포기하도록 돕는 것이 아니라, 환자가 그 대안을 믿지 않거나 완전히 수용하더라도 대안적 관점의 가능성을 인정하도록 돕는 것임을 명심해야 한다.

숙련된 기술을 확보하기 위해, 환자는 회기당 몇 개의 도전질문 워크시트와 각 회기 사이에 몇 개의 도전질문 워크시트를 완료해야 한다. 전문가는 환자에게 자살에피소드 지표에 존재했던 자살신념에 초점을 맞춘 워크시트를 적어도 한 개 이상 완성할 것을 요청한다.

## 1단계: 도전질문 워크시트의 개념 소개

전문가는 도전질문 워크시트의 개념을 소개하고 인지적 평가의 일반적인 개념을 간략하게 제시한다.

### 치료자용 스크립트 예시

지난 한 주 정도 동안 우리는 ABC 워크시트에 상당히 초점을 맞춰 특정한 상황에서 우리의 생각과 신념이 어떻게 정서적 고통에 기여하는지를 배웠습니다. ABC 워크시트를 완성할 때, 당신은 당신의 생각과 신념이 당신에게 도움이 되었는지 판단하라는 요청을 받았고, 만약 그렇지 않다면, 그러한 부정적인 감정을 경험할 가능성을 줄이기 위해 앞으로 당신이 자신에게 말할 수 있는 다른 것을 생각하라는 요청을 받았습니다. 당신이 배우기 시작하면서, 우리가 우리 자신에게 하는 말과 삶에서 우리가 따르는 '규칙'은 우리가 어떻게 느끼는지, 그리고 스트레스를 받는 상황에 어떻게 대처하는지에 큰 영향을 미친다는 것을 알았을 것입니다. 우리의 생각과 신념을 평가함으로써, 우리는 도움이 되지 않는 생각들과 신념들을 보다 더 잘 확인하고 상황에 대해 생각하는데 도움이 되거나 균형 잡힌 방식을 확인할 수 있습니다.

오늘 나는 이 작업을 수행하기 위한 더 발전된 기술을 당신에게 가르쳐줌으로써 다음 단계로 나아갔으면 합니다. 이 기술을 배우기 위해, 우리는 도전질문 워크시트라는 새로운 워크시트를 사용할 것입니다. 도전질문 워크시트는 신념이 도움이 되는지 아닌지를 판단하기 위해 물어볼 수 있는 일련의 질문을 제공합니다. 이러한 질문의 결과로 신념이 도움이 되지 않는다고 판단되면, 자신에게 일어나는 일에 대해 좀 더 도움이 되는 방식으로 생각하는 방법을 파악할 수 있을 것입니다.

## 2단계: 자살신념에 초점을 맞춘 도전질문 워크시트 작성

전문가는 환자가 자살에피소드 지표 목록 중 자살신념에 초점을 맞춘 도전질문 워크시트를 작성하는 데 도움을 제공한다. 전문가는 도전질문 워크시트의 각 구성 요소를 설명하고 환자가 자살신념을 평가하도록 소크라테스식 대화로 안내한다. 환자가 자살신념을 지지하는 반응(즉, 변화의 증거가 없음)을 제공할 때, 전문가는 소크라테스식 질문을 사용하여 핵심신념에 반하는 정보를 찾아낸 다음, 완전히 믿거나 받아들이지 않더라도 대체적인 관점이 가능한지 환자에게 질문한다. 전문가는 환자에게 도전질문 워크시트지를 건네주고 워크시트의 각 섹션을 환자 자신이 글로 직접 작성하도록 요청한다.

#### 치료자용 스크립트 예시

이 워크시트에는 두 개의 주요 섹션이 있습니다. 위쪽에는 워크시트를 완성할 때 집중하고 싶은 특정한 생각이나 신념을 적는 곳이 있습니다. 이 워크시트를 작성할 때, 우리는 항상 한 번에 하나의 신념에만 집중할 것입니다. 이 섹션 아래에는 우리가 신념에 대하여 질문하고 우리의 답을 적는 일련의 질문들이 있습니다. 곧 알게 되겠지만, 이 질문들은 당신의 신념을 시험해 보기 위해 고안된 것입니다. 우리는 그 신념이 도움이 되는지 도움이 되지 않는지를 결정하기 위해 질문을 할 것입니다.

우선 초점을 맞출 신념을 고르는 것부터 시작해 봅시다. 당신이 치료를 받으러 오게 한 자살사건을 돌이켜보면, 그 당시 당신이 생각하고 있었던 일 중에서 당신의 자살시도(혹은 위기)로 이어지게 한 일들은 무엇입니까? 이 빈 줄에 그 신념을 적어 보겠습니다. 이제 우리가 할 일은 아래쪽에 있는 이 신념과 관련이 있는 각각의 질문을 하는 겁니다. 다시 말해, 우리는 이 모든 것을 질문함으로써 이 신념이 얼마나 도움이 되는지 알아낼 것입니다.

먼저 첫 번째 질문을 소리내어 읽으십시오. 이 신념과 관련하여 어떻게 대답하시겠습니까? 해당되는 질문 아래에 답을 적으십시오.

**[전문가는 워크시트의 모든 후속 질문에 대해서도 질문을 한다.]** 다음 질문으로 가 봅시다. 이 질문에 어떻게 대답하시겠습니까? 여기 질문 아래에 답을 적으십시오. 아주 좋습니다. 이제 전체 워크시트를 완료했는데 이것에 대해 어떻게 생각하십니까? 이 워크시트에 대해 질문이 있습니까? 다른 것을 연습해 봅시다.

### 3단계: 다른 부적응적 신념에 초점을 맞춘 도전질문 워크시트 작성

기술 습득과 일반화를 촉진하기 위해 전문가는 다른 자살 또는 부적응적 신념에 초점을 맞춘 몇 개의 도전질문 워크시트를 추가로 완성한다. 전문가는 도전질문 워크시트를 환자에게 추가로 제공하고 환자가 각 질문을 완료하도록 안내한다.

#### 치료자용 스크립트 예시

이 워크시트에서는 도움이 되지 않는다고 말한 다른 신념에 초점을 맞추겠습니다. 마지막 워크시트처럼 믿음이 도움이 되는지 아닌지를 더 잘 파악할 수 있도록 각 질문을 함께 살펴보겠습니다. 이 워크시트에서 우리는 어떤 신념에 초점을 맞춰야 합니까? 계속해서 상단에 적어 두십시오.

첫 번째 질문부터 시작하겠습니다. 계속해서 소리내어 읽고 어떻게 대답할지 알려주세요. 아래에 답을 적으십시오.

**[전문가는 워크시트의 모든 후속 질문에 대해서도 질문한다.]** 다음 질문을 하십시오. 그 질문은 무엇이며 어떻게 대답하시겠습니까? 아래에 답을 적으십시오.

참 잘했습니다. 당신은 이것을 하는 요령을 터득하고 있는 것 같습니다. 이 워크시트에 대해 질문이 있습니까? 이 워크시트가 정기적으로 연습하는 데 어떤 도움이 될 수 있을까요?

## 4단계: 회기 간 도전질문 워크시트 연습계획 수립

도전질문 워크시트의 마지막 단계에서 전문가는 환자에게 다음 약속 전에 적어도 하루에 한 개의 워크시트를 완료하도록 요청한다. 적어도 이러한 워크시트 중 하나는 자살시도 목록이나 자살에피소드 중에 존재했던 자살신념에 초점을 맞춰야 한다. 전문가는 환자에게 0('전혀 가능성이 없음')에서 10('매우 가능성이 높음')까지의 척도에 도전질문 워크시트를 완료할 가능성을 평가하도록 요청한다. 그런 다음 전문가는 과제를 완료할 수 있도록 환자에게 충분한 도전질문 워크시트를 제공한다.

### 치료자용 스크립트 예시

이제 몇 가지를 실시했으므로 실시방법을 알 수 있을 것입니다. 지금부터 다음에 만날 때까지 하루에 적어도 하나의 도전질문 워크시트를 완성할 수 있겠습니까? 원하는 어떤 신념에도 초점을 맞출 수 있지만, 적어도 이 워크시트들 중 하나는 마지막 자살시도나 자살위기 동안에 가졌던 신념에 초점을 맞춰야 합니다. 이해하셨나요? 여기 당신이 가져가야 할 도전질문 워크시트가 한 묶음 있습니다.

**[계획 완료 후]** 계획이 수립된 것 같습니다. 0('전혀 가능성이 없음') 부터 10('매우 가능성이 높음')까지의 척도를 사용하여 지금부터 다음에 만날 때 까지 적어도 하루에 하나의 도전질문 워크시트를 완료할 가능성을 평정해주십시오.

**[평점이 10점 만점에 7점 미만인 경우]** 이 워크시트를 완료할 가능성을 감소시키는 부분이 있습니까? 워크시트를 완성할 가능성을 높이기 위해 이 계획에서 무엇을 변경할 수 있습니까?

## 사례를 통한 예시

ABC 워크시트를 사용한 초기 상담을 바탕으로 존은 첫 번째 도전질문 워크시트에서 '나는 실패한 사람이다.'라는 핵심신념을 바탕으로 상담을 진행하기로 선택했다. 존의 대답은 <표 17.1>에서 볼 수 있다. 워크시트의 두 번째 질문(즉, '이 신념은 사실에 근거한 것인가, 아니면 당신이 말하는 것에 그저 익숙해진 것인가?')에 대해 존은 처음에는 자신의 신념이 사실에 근거한 것이라고 대답했다. 이 대답에 대해 질문을 받았을 때, 존은 그 신념이 사실에 근거하고 있다는 주장을 뒷받침하기 위해 그가 했던 많은 잘못된 판단들과 실수들을 증거로 묘사했다. 그러나 전문가는 존의 결론에 전적으로 반대하는 대신, 존에게 신념은 그렇게 말하는 데 익숙해졌을 가능성을 소개하기 위해 다음의 질문을 했다.

전문가: 실패했다고 스스로에게 말한 경우가 많은 것 같습니다. '나는 실패한 사람'이라는 생각을 자주 하십니까?

존: 네, 그런 것 같아요.

전문가: 하루에 몇 번이나 실패했다고 생각하십니까?

존: 모르겠어요. 적어도 하루에 한 번은 하는 것 같은데, 어떤 날은 그 이상 합니다.

전문가: 실패했다는 생각을 꽤 많이 하는 것 같습니다. 그런 생각을 얼마나 자주 하는지 감안해보면, 당신은 자신이 실패했다고 생각하는 것이 매우 쉽다고 말하는 것인가요?

존: 예, 그렇게 생각하는 것은 매우 쉽습니다.

전문가: 너무 쉬워서 많은 생각을 하지 않아도 생각이 빨리 떠오른다고 말씀하시는 것인가요? 자동으로 마음에 떠오르는 것처럼?

존: 네, 그런 것 같아요. 맞아요, 내가 엉망으로 할 때면 항상 그랬던 것 같아요.

전문가: 알겠습니다. 그래서 내가 당신의 말을 올바르게 이해했다면, 실패에 대한 이 생각은 많은 노력 없이 빠르게 떠오르고 거의 자동적인 반응인 것 같이 계속 반복되는 것처럼 보입니다. 맞습니까?

존: 예, 그렇습니다.

전문가: 흠…. 글쎄, 모르겠지만 그건 습관처럼 들리네요.

존: 무슨 말인가요?

전문가: 음, 습관은 우리가 별 다른 생각 없이 반복해서 하는 일입니다. 보통 우리가 하고 있다는 사실조차 알지 못합니다. 적어도 이것이 내가 습관을 생각하는 방식입

니다. 습관을 어떻게 설명하시겠습니까?

존: 아마 같은 방식으로 설명할 것 같아요.

전문가: 좋습니다. 그러면 우리는 같은 입장입니다. 방금 실패에 대한 당신의 생각을 설명한 것을 보면, 정말 습관이 된 것처럼 들립니다.

존: 글쎄요, 하지만 그것은 사실에 기반을 두고 있습니다.

전문가: 맞아요. 당신이 한 모든 잘못된 판단과 실수에 대해 말했지요.

존: 네.

전문가: 그렇다면 그것은 사실이면서 습관일까요?

존: 예, 아마도요.

전문가: 아마 그럴 것입니다. 왜냐하면 당신은 그것이 사실에 근거하고 있다고 말하지만, 그것이 어떻게 습관처럼 되어 있는지에 대해서도 이야기했으니까요. 어떻게 생각하나요?

존: 네, 동의합니다. 말이 되네요.

전문가: 좋습니다. 워크시트에 무엇을 기록해야 한다고 생각하십니까?

존: 둘 다 기록해야 될 것 같습니다.

전문가: 좋습니다. 당신은 그것이 어떻게 습관이 되었는지 설명하기 위해 몇 글자를 적어 두는 것이 도움이 될 것이라고 생각하나요? 그것이 그다지 명백하지 않았던 이 믿음의 일부인 것 같습니다.

존: 네, 좋습니다.

이러한 상호작용에서, 존은 실패한 사람이라는 자신의 신념이 사실에 근거한 것이라고 주장했는데 그것은 이해할 만한 일이었다. 전문가는 존의 관점에 반대하지 않으면서 존이 입장을 방어하도록 자극하는 것이 아니라, 소크라테스식 대화를 사용하여 습관에 근거한 믿음에 대한 대안적 가능성을 소개할 수 있었다. 전문가는 존이 습관의 개념과 일치하는 방식으로 그의 신념의 본질을 묘사하도록 유도하는 것으로 시작했다. 그런 다음 전문가는 존에게 이 설명을 습관에 대한 보다 일반적인 개념이나 정의와 조화시켜 줄 것을 요청했다. 존이 자신의 신념이 사실이라는 관점을 계속 고수하자, 전문가는 이에 동의하고, 반대하지 않으며 오히려 그 신념이 어느 한쪽이 아니라 사실과 습관 둘 다에 근거하고 있을 가능성을 제시했다. 본질적으로 전문가는 '절충안'을 받아들였고, 따라서 존은 자신의 신념이 어느 정도 습관화되어 있을 가능성을 받아들일 수 있게 되었다. 이는 결국 전적으로 사실에 근거했을 가능성을 약화시켰다. 비록 존이 아직 그 부적응적인 믿음을 완전히 버릴 준비가 되어 있지는 않을지라도, 추가적인 연습과 함께 그 신념의 영향력은 감소될 것이다. 존의 도전질문 워크시트는 <표 17.1>에 표시되어 있다.

**표 17.1** 존의 도전질문 워크시트 예시

신념: 나는 실패한 사람이다.

**1. 이러한 생각을 지지하거나 반대하는 증거는 무엇인가?**
찬성: 나는 압도당하는 느낌이 들고 항상 술을 마시고 이혼도 여러 번 했다.
반대: 나는 지금까지 잘 지내고 있다. 회사에서 잘 해내고 있다.

**2. 당신의 신념이 습관인가 아니면 사실에 근거한 것인가?**
사실과 습관 둘 다, 이 말에 너무 익숙해서 이것이 사실이라고 생각한다.

**3. 누군가 동일한 상황에서 이러한 신념을 가지고 있다면, 당신은 그것을 올바른 신념이라고 하겠는가?**
그들은 인생에서 몇 가지 일은 제대로 했을 것이므로 정확하지 않다.

**4. 당신은 실무율적으로 생각하고 있는가?**
그렇다, 그냥 모두가 하는 실수이지만 난 완전히 실패한 사람이라고 생각한다.

**5. 극단적이거나 과장된 말이나 구절(즉, 항상, 영원히, 절대로, 결코, 필연적으로, 당연히, 반드시, 할 수 없다, 매번)을 사용하고 있는가?**
아니다, 하지만 난 항상 실패한 사람이라고 생각한다.

**6. 오직 사건의 한 측면에만 집중하고 사물을 설명하는 상황과 관련된 다른 중요한 사실들은 무시하고 있는가?**
그렇다, 오로지 내 걱정과 분노에만 집중하고 과민반응을 하는 것이다.

**7. 이 신념의 근원은 무엇인가? 그 출처는 믿을 만한가?**
내가 근원이다. 내가 속상하고 취했을 때만 그렇게 말하고 최고의 판단이 아닐 때만 말해서 믿을 수 있는 출처는 아니다.

**8. 당신은 상황을 과장해서 보는가? 아니면 상황을 축소시켜 보는가?**
그렇다, 내가 그녀와 이야기하고 해결하면 그녀가 나를 떠나지 않을 가능성이 있다.
내가 음주를 통제하기 위한 조치를 취해야만 떠나지 않을 가능성이 있다.

**9. 당신의 신념은 사실보다 감정에 근거한 것인가?**
대부분 스트레스에 기초한다.

**10. 당신은 그 상황과 관련 없는 세부사항에 집중하고 있는가?**
그렇다, 나는 실제로 일어나는 일에 집중하는 대신 아내가 나를 떠나는 것이 얼마나 두려운지에 집중하고 있다.

## 도전질문 워크시트에 대한 팁과 조언

1. **1마일을 가기 위해 1인치 정도 걷기**. 많은 전문가들이 흔히 저지르는 실수는 도전질문 워크시트를 사용할 때 환자의 변화에 대해 비현실적인 기대를 갖는 것이다. 그러나 자살하려는 환자들은 제한된 사고과정과 문제해결능력을 가지고 있기 때문에, 변화는 때때로 느릴 수 있다. 자살하려는 환자와 함께 일할 때는 작은 변화를 초기에 기꺼이 받아들여야 한다. 이는 종종 나중에 더 큰 변화에 동기를 부여하거나 강화시킬 수 있기 때문이다. 존의 사례에서 증명되었듯이, 다른 관점의 존재 가능성을 인정하려는 환자의 의지를 받아들이는 전문가는 후속 변화를 위한 씨앗을 뿌릴 수 있다. 따라서 상대적으로 작은 변화를 받아들이는 것은 변화 과정의 중요한 첫 번째 단계가 될 수 있다.
2. **맥락의 중요성을 강조하기**. 인지적인 유연성의 핵심 요소는 자신의 신념, 결정, 행동을 맥락화 할 수 있는 능력이다. 자살신념은 환자가 이런 맥락을 무시하거나 묵살하는 경향에서 비롯되는 경우가 많다. 도전질문 워크시트에 나열된 10개의 질문 중 3개는 환자의 신념을 맥락화하도록 특별히 설계되었다. 질문 3('누군가 동일한 상황에서 이러한 신념을 가지고 있다면, 당신은 그것을 올바른 신념이라고 하겠는가?'), 질문 6('오직 사건의 한 측면에만 집중하고 사물을 설명하는 상황과 관련된 다른 중요한 사실들은 무시하고 있는가?'), 그리고 10번('당신은 그 상황과 관련 없는 세부사항에 집중하고 있는가?')을 질문한다. 비록 10개의 질문 모두 환자들이 자신의 신념을 비판적으로 평가할 수 있는 능력을 개발하는 데 도움을 주기 위해 중요하지만, 이 세 가지 질문은 특히 '더 큰 그림을 볼 수 있도록' 돕는 데 중요하다. 따라서 전문가는 이러한 질문에 대한 환자의 반응에 특히 주의를 기울여야 한다.

CHAPTER

# 18

# 문제적 사고패턴 워크시트

문제적 사고패턴 워크시트는 자살모드 활성화와 관련된 환자의 취약성을 증가시키는 다양한 유형의 인지왜곡을 확인하고 명명하는 방법을 환자에게 가르치기 위해 사용되는 세 번째 인지 재평가 기법이다. 인지왜곡은 과장되거나 역기능적인 사고패턴으로, 환자가 삶의 사건을 편향적으로 인식하게 하여 부정적인 감정과 신념을 강화시키고 일상적 기능을 방해한다(Beck, 1972; Burns, 1989). 문제적 사고패턴 워크시트는 환자들이 부적응적인 자동적 사고와 핵심 신념을 인식할 수 있도록 도와주는 유용한 도구로, 특히 도전질문 워크시트의 기초가 되는 기술을 숙달하기 위해 애쓰는 환자들에게 유용하다(17장 참조). 일반적인 패턴이나 부적응 인지의 '범주'를 인식하는 것은 환자에게 자신의 신념을 더 효과적으로 평가하는 방법을 가르칠 수 있기 때문에 다른 워크시트에도 도움이 될 수 있다. ABC 워크시트 및 도전질문 워크시트와 유사하게 문제적 사고패턴 워크시트는 인지처리치료를 위해 개발된 워크시트를 기반으로 하며(Resick et al., 2017) 협력적 서면활동으로 완료되어야 한다. 문제적 사고패턴 워크시트는 부록 A.10에 제시되어 있다.

## 이론적 근거

부적응적 핵심신념의 명시적 라벨링 또는 '이름 지정'은 환자가 확인된 신념이 부적응적인지 아닌지를 고려하는 것이 아니라 확인된 신념이 얼마나 부적응적인지를 고려할 수 있도록 도와줌으로써 인지적 재평가 과정을 용이하게 한다. 환자에게 명백하게 부적응적인 범주 및 정의에 대한 목록을 제시한 다음, 특정신념이 이러한 범주 중 하나 이상에 어떻게 들어맞는지 살펴보도록 요구하며 문제적 사고패턴 워크시트의 핵심신념이 부적응적이라고 암묵적으로 가정한다. 이러한 암묵적인 관점에서 환자 자신의 신념을 고려함으로써, 워크시트는 환자가 그 신념을 부적응으로 보고 생각해 보도록 돕는다.

### 문제해결 팁

**환자가 자신의 신념을 부적응적으로 볼 수 없거나 보기를 원하지 않는다면 어떻게 합니까?** 부적응적 신념을 보지 못하거나 보지 않으려는 것은 인지적 경직성을 반영합니다. 환자가 자신의 부적응적 신념이 합리적이라고 주장하는 경우, 전문가는 도움이 되는 것과 관련하여 자신의 신념을 고려하거나 평가하도록 지시해야 합니다. 예를 들면 다음과 같습니다.

> 나는 당신이 어떻게 이 신념을 진실이라고 볼 수 있는지 알 수 있을 것 같습니다. 하지만 이렇게 보는 것이 당신에게 얼마나 도움이 되는지 궁금합니다. 자신에게 이런 말을 반복해서 하는 것이 어떻게 유익합니까?

비록 환자들은 자신들의 믿음이 믿을 만하거나 진실하다고 생각할지 모르지만, 환자들은 이러한 신념이 도움이 되는 것을 거의 발견하지 못합니다. 설령 신념이 사실일지라도 도움이 되지 않을 수 있다는 점을 지적함으로써 전문가는 종종 환자의 인지적 경직성을 피할 수 있습니다.

## 방법

문제적 사고패턴 워크시트는 환자가 자신의 신념을 가장 잘 묘사하는 적합한 범주(또는 범주들)를 판단하는 데 도움이 되도록 고안된 간략한 정의가 포함된 인지적 왜곡 목록이다.

환자들에게 워크시트당 여러 개의 핵심신념을 탐색하도록 권장되므로 환자들은 자신들의 사고에서 특정한 패턴을 확인하는 것을 시작할 수 있다. 특히 유용한 접근방식은 이전 과제(즉, ABC 워크시트와 도전질문 워크시트)에서 확인된 부적응적 신념을 검토하고 이를 문제적 사고패턴 워크시트로 분류하는 것이다. 이러한 방법으로 환자는 여러 인지 재평가 전략을 연계하여 자살신념을 더욱 효과적으로 약화시킬 수 있다. 전문가가 문제적 사고패턴 워크시트를 소개할 때, 어떤 사람은 자신의 고통에 기여하는 특정한 패턴이나 '유형'의 사고방식을 갖는 경향이 있으며, 이러한 생각과 신념의 유용성을 판단하는 또 다른 유용한 전략은 이들을 다른 범주로 분류하는 것이라는 것을 지적할 수 있다. 전문가는 환자에게 핵심 자살신념을 예로 들어 문제적 사고패턴 워크시트를 완성하게 하고, 이 신념을 워크시트의 적절한 범주에 기록하게 한다. 전문가는 환자가 인지 왜곡의 맥락 안에서 신념을 평가하는 데 도움을 주기 위해 소크라테스식 질문을 사용한다. 환자가 신념이 범주에 적합하다고 판단하는 경우, 전문가는 환자에게 그 이유에 대한 설명을 작성하도록 요청한다. 전문가와 환자는 모든 인지 왜곡이 검토될 때까지 이 과정을 반복한다.

숙련되게 사용할 수 있도록 환자는 회기별로 문제적 사고패턴 워크시트를 사용하여 부적응적 신념을 분류하고, 회기 간에 문제적 사고패턴 워크시트를 작성하도록 요청받는다. 전문가는 환자가 자살위기 사건 동안 있었던 자살신념을 분류하도록 지시해야 한다.

## 1단계: 문제적 사고패턴 워크시트의 개념 소개

전문가는 문제적 사고패턴 워크시트의 개념을 소개하고 인지적 평가의 일반적인 개념을 간략하게 검토한다.

**치료자용 스크립트 예시**

이제 ABC 워크시트를 사용하여 삶의 사건, 생각, 감정이 서로 어떤 영향을 미치는지 인식하고 도전질문 워크시트를 사용하여 다른 상황에 대한 생각과 반응이 도움이 되는지 평가하는 방법을 배우기 시작했으므로, 우리는 생각과 신념을 평가하는 데 도움이 되도록 고안된 한 가지 기술을 더 살펴보겠습니다.

우리들 중 많은 사람들은 우리 자신과 세상을 어떻게 보는지를 형성하는 특정의 문제적인 패턴이나 '스타일'을 가지고 있습니다. 예를 들어, 어떤 사람들은 삶을 실무율적으로 보아 상황을 지나치게 단순화하는 경향이 있습니다. 이 사람들은 상황을 흑백으로 보고 인생의 회색 영역을 보는 데 어려움을 겪습니다. 이들에게 모든 것은 한 가지 또는 그 반대여야 합니다. 사이나 중간은 있을 수 없습니다. 사물을 흑백으로 보고 지나치게 단순화하는 경향이 있는 사람을 아십니까? 당신은 어떻습니까? 지나치게 단순화하는 경향이 있다고 생각하십니까?

또 다른 문제적 사고패턴은 결론을 성급히 내리는 것입니다. 결론을 성급히 내리는 개인은 극히 적은 정보를 바탕으로 앞으로 나쁜 일이 일어날 것이라고 추측하는 경향이 있습니다. 예를 들어, 그들은 자신들의 파트너와 말다툼을 하고 이것이 파트너가 자신들을 사랑하지 않고 자신과 헤어질 것이라는 것을 의미한다고 가정합니다. 이러한 사람들은 그것을 뒷받침할 증거나 정보가 많지 않더라도 부정적인 미래 사건을 예측하는 경향이 있습니다. 성급하게 결론을 내리는 경향이 있는 사람을 알고 계십니까? 당신은 어떻습니까? 당신은 스트레스를 받는 상황에서 성급하게 결론을 내리는 경향이 있습니까?

이러한 문제적 사고의 패턴을 몇 가지 더 살펴보고 도움이 되지 않는 패턴이 있을 수 있는지에 대해 이야기해 봅시다. 이를 위해 문제적 사고패턴 워크시트를 사용할 것입니다. 이 워크시트에는 도움이 되지 않는 일곱 가지 스타일의 사고가 나열되어 있습니다. 우리는 이미 두 가지인 지나친 단순화와 성급한 결론에 대해 대해 이야기 했습니다. 나머지도 함께 검토해 봅시다.

과장하는 것은 우리가 어떤 상황을 지나치게 부풀리거나 과민 반응할 때인 반면, 최소화하는 것은 우리가 어떤 것의 중요성을 무시하거나 지나치게 과소평가할 때입니다. 예를 들어, 내가 바보 같은 말을 하고 자신을 난처하게 할까봐 사교행사에 가는 것을 피한다면, 나는 부정적인 경험의 가능성을 지나치게 부풀리고 있기 때문에 과장하고 있는 것입니다. 다른 하나는, 만약 내가 직장에서 팀 프로젝트를 이끌었지만, 프로젝트의 성공과는 아무런 관련이 없다고 말한다면, 그 프로젝트에서 자신이 했던 중요한 역할을 깎아내리고 최소화 하고 있는 것입니다. 무시하는 것은 우리가 상황의 긍정적인 측면에 초점을 맞추지 않고 어떤 상황의 부정적인 측면에 초점을 맞출 때입니다. 예를 들어 내가 시험에서 95점을 받았지만 몇 가지 틀린 항목에만 집중한다면, A를 받았다는 사실에 집중하고 있지 않기 때문에 무시하고 있을 것입니다.

과잉 일반화는 단일사건이나 상황이 항상 발생하거나 결코 멈추지 않을 것이라고 가정하는 것입니다. 예를 들어, 만약 주택개량 프로젝트에서 작은 실수를 했는데 스스로에게 '나는 항상 모든 것을 망치고 실패할 거야.'라고 말한다면, 한 번의 실수가 항상 일어나거나 결코 끝나지 않을 것이라고 가정하기 때문에 지나치게 일반화하고 있는 것입니다. 마음을 읽는 것은 우리가 이것을 뒷받침할 증거가 없을 때, 특히 남들이 우리를 부정적으로 생각하고 있다고 가정할 때 우리가 다른 사람들이 무엇을 생각하고 있는지를 알고 있다고 가정하는 것입니다. 예를 들어, 누군가를 만나는 데 관심이 있지만 혼자 "그들은 나를 바보로 생각할 거야."라고 말한다면, 아무런 증거도 없이 다른 사람이 무슨 생각을 하고 있는지 알고 있다고 가정하기 때문에 마음을 읽고 있는 것입니다. 감정적 추론은 우리가 특정의 감정을 느끼기 때문에 어떤 것을 진실이라고 가정할 때입니다. 예를 들어, 어떤 상황에서 죄책감이나 슬픔을 느낄 수 있기 때문에 자신이 뭔가 잘못했거나 실패했을 것이라고 생각합니다. 이것이 감정적 추론인데, 단순히 자신이 특정한 감정을 느끼고 있기 때문에 잘못한 것이 사실이라고 가정하는 것입니다.

## 2단계: 자살신념에 초점을 맞춘 문제적 사고패턴 워크시트 완성

전문가는 환자가 자살에피소드지표 동안 자살신념에 초점을 맞춘 '문제적 사고패턴 워크시트'를 완성할 수 있도록 돕는다. 전문가는 환자가 문제적 사고패턴 워크시트에 나열된 각 인지왜곡을 이해하도록 설명하고 자살신념이 인지왜곡의 특정범주에 해당되는지 판단하도록 소크라테스식 대화로 환자를 안내한다. 환자가 자살신념이 특정 범주에 해당된다고 판단할 때, 전문가는 소크라테스식 질문을 사용하여 왜 또는 어떻게 그 신념이 맞는지 설명한 다음 환자에게 적절한 범주 아래에 그 설명을 직접 쓰도록 요청한다.

### 치료자용 스크립트 예시

이 워크시트를 작성할 때, 우리는 보다 간단하게 하기 위해 한 번에 한 가지 신념에 집중할 것입니다. 여기 각각에 대한 간략한 정의와 함께 문제적 사고패턴의 목록이 있습니다. 여러분에게 도움이 되지 않는 신념이 각 범주에 들어가 있는지 확인하기 위해 한 번에 하나씩 패턴을 살펴봅시다. 하나의 범주에 들어맞는 신념이 있지만 하나의 신념이 여러 범주에 해당하는 것도 가능합니다.

우선 집중할 신념을 선택하는 것부터 시작합시다. 당신을 치료받게 한 자살에피소드를 돌이켜보면, 자살시도[혹은 위기]로 이어졌을 때 당신이 생각하고 있던 몇 가지 사항들은 무엇입니까? 이제 이 신념이 어떤 패턴에 부합하는지 알아봅시다. 첫 번째 정의를 읽어 보십시오. 당신의 신념이 성급한 결론의 예라고 할 수 있습니까?

**[만약 그렇다면]** 당신의 신념이 어떤 면에서 성급한 결론을 내리는 문제적 사고패턴의 예라고 할 수 있습니까? 여기에 적어보십시오.

**[전문가는 워크시트의 모든 후속 질문에 대해 반복합니다]** 다음 질문을 보겠습니다. 당신의 신념이 [인지적 왜곡]의 한 예라고 할 수 있습니까? 이것에 대한 당신의 신념은 어떤 것입니까? 계속해서 적어두십시오.

매우 좋습니다. 이제 전체 워크시트를 완료했는데 어떻게 생각하십니까? 이 워크시트를 하는 것에 대해 질문이 있습니까? 또 다른 신념을 선택해서 다시 연습해보세요.

## 3단계: 다른 부적응적 신념에 초점을 맞춘 문제적 사고패턴 워크시트 완성

기술 습득과 일반화를 촉진하기 위하여, 전문가는 환자가 다른 자살 또는 부적응적 신념을 확인하도록 도와주고 문제적 사고패턴 워크시트 완성하는 과정을 반복한다. 전문가는 필요한 경우 문제적 사고패턴 워크시트를 추가로 제공한다.

### 치료자용 스크립트 예시

이제 우리가 말한 도움이 되지 않는 다른 신념에 초점을 맞춰봅시다. 지난 번과 마찬가지로, 어떤 패턴에 맞는지 더 잘 알 수 있도록 각각의 범주를 함께 살펴봅시다. 이 워크시트를 수행하기 위해 우리는 어떤 신념에 초점을 맞춰야 할까요?

첫 번째 패턴부터 시작해 봅시다. 소리내어 읽어보고 당신의 신념이 거기에 맞는다고 생각되면 나에게 알려주십시오. 그리고 아래에 답을 기록하십시오.

**[전문가는 워크시트에 있는 모든 후속 질문을 반복합니다.]** 다음 질문으로 넘어가십시오. 패턴은 무엇이며 당신의 신념이 거기에 적합하다고 생각하십니까? 아래에 그 이유를 기록하십시오.

매우 좋습니다. 당신이 이 워크시트를 작성하는 요령을 터득한 것 같습니다. 이 워크시트에 대해 질문이 있습니까? 이 워크시트가 정기적으로 연습하는 데 어떤 도움이 될 수 있을까요?

## 4단계: 회기 간 문제적 사고패턴 워크시트를 완성하는 것을 수행하기 위한 계획 수립

문제적 사고패턴 워크시트 마지막 단계에서 전문가는 환자에게 다음 약속 전에 적어도 하루에 한 개의 워크시트를 완료하도록 요청한다. 적어도 이러한 워크시트 중 하나는 자살시도나 자살사건 중에 존재했던 자살신념에 초점을 맞춰야 한다. 다음으로 전문가는 환자에게 0('전혀 가능성이 없음')에서 10('매우 가능성이 높음')까지의 척도에 따라 워크시트를 완성할 가능성을 평가하도록 요청한다. 그런 다음 전문가는 환자에게 과제를 완료하기 위해 충분한 수의 문제적 사고패턴 워크시트를 제공한다.

**치료자용 스크립트 예시**

이제 몇 가지 작업을 수행했으니, 어떻게 해야 하는지 알 수 있을 것입니다. 지금부터 다음에 만날 때까지 하루에 적어도 하나의 워크시트를 완성할 수 있을까요? 당신이 원하는 어떤 신념에 집중할 수 있지만, 적어도 이 워크시트들 중 하나는 당신의 마지막 자살시도나 자살위기 동안에 가졌던 신념에 초점을 맞춰야 합니다. 이해하셨나요? 여기 당신이 가지고 갈 문제적 사고패턴 워크시트 묶음이 있습니다.

**[계획이 완성된 후]** 계획이 수립된 것 같습니다. 0('전혀 가능성이 없음')에서 10('매우 가능성이 높음')까지의 척도를 사용하여 지금부터 다음에 만날 때까지 하루에 적어도 하나의 워크시트를 완성할 가능성이 얼마나 되는지 평가하세요.
**[평점이 10점 만점에 7점 미만인 경우]** 이 계획에서 이 워크시트를 완성할 가능성을 감소시키는 부분이 있습니까? 우리가 워크시트를 완성할 가능성을 높이기 위해 이 계획에서 무엇을 바꿀 수 있을까요?

## 사례를 통한 예시

문제적 사고패턴 워크시트는 BCBT 10번째 회기에서 존에게 소개되었다. 이 시점에 존과 전문가는 많은 자살신념을 확인했고 ABC 워크시트를 사용하여 자살신념에 대해 이미 도전하기 시작했다. 몇 번의 회기가 진행되는 동안, 존의 전문가는 존이 왜 그의 부적응적인 신념이 도움이 되지 않는지를 이해하기 위해 종종 애쓰는 것을 알았다. 물론, 존은 종종 '이러한 믿음들이 이치에 맞지 않는다는 것을 논리적으로 알고 있지만, 어쨌든 그것들은 내게 너무나 맞는 것으로 느껴진다'라고 했다. 따라서 전문가는 존이 이러한 모순을 이해하는걸 돕기 위해 문제적 사고패턴 워크시트를 소개했다. 존과 전문가는 먼저 이전에 완성한 ABC 워크시트 및 도전질문 워크시트의 내용을 검토했고, 그 후 전문가는 존에게 이러한 초기 워크시트의 모든 신념을 문제적 사고의 다양한 패턴으로 분류하고,

각각에 대한 설명하도록 요청했다. 존의 반응은 <표 18.1>에 제시되어 있다. 워크시트를 완성하자마자 존과 그의 전문가는 다음과 같은 대화에 참여했다.

전문가: 이 워크시트에서 눈에 띄는 점은 없습니까?

존: 글쎄요, 제 생각 중 일부는 다른 패턴에도 맞는 것 같습니다.

전문가: 네, 그건 아주 흔한 일입니다.
우리들의 도움이 되지 않는 많은 신념들은 여러 면에서 문제가 있습니다.

존: 네, 또 한 가지는 내가 다른 사람들보다 성급하게 결론을 내리고 감정적인 추론을 하는 것 같다는 것입니다.

전문가: 당신은 그것에 대해 어떻게 생각하십니까?

존: 아마도 서로 관련이 있다고 생각합니다.

전문가: 어떻게요?

존: 글쎄요, 내가 기분이 나쁘거나 화가 났을 때, 나는 그것에 대한 이유가 있다고 생각합니다. 그것에 대한 증거가 없더라도 그 느낌과 일치하는 내 자신에 대해 생각해 보면 감정적인 추론은 결국 나를 속단하게 만듭니다.

전문가: 꽤 흥미로운 관찰입니다.

존: 이 워크시트를 보고 그것에 대해 이야기 할 때, 이것이 제가 그렇게 느끼는 이유라고 생각합니다. 사실이 아니라는 것을 알면서도 사실이 되는 것처럼, 믿는 것은 나의 감정을 기반으로 한다고 생각합니다.

전문가: 그렇다면 생각과 신념이 감정에서 나오는 것 같나요?

존: 네, 맞아요. 전에는 그런 식으로 생각해 본 적이 없었는데, 기분이 안 좋을 때마다 그렇게 생각하기 시작합니다. 이런 생각들이 상황이나 이치에 맞지 않는다고 해도 어쨌든 저는 그저 기분이 나쁘다는 이유만으로 그것들을 믿게 되는 것 같습니다.

전문가: 그래서 이 새롭게 알게 된 것을 토대로 우리가 무엇을 해야 한다고 생각하세요?

존: 글쎄요, 한 가지는 내가 기분이 나쁘다고 해서 내가 잘못했다는 것을 의미하지는 않는다고 스스로에게 말할 수 있어요. 그게 정말 도움이 될 것 같습니다.

**표 18.1** 존의 문제적 사고패턴 워크시트

| |
|---|
| **비약적인 결론**<br>'모든 걸 망쳐버렸기 때문에 시도도 하지 말았어야 했다.' - 아직 시도도 안 해봤지만 일이 잘 풀리지 않을 거라고 가정<br>'내가 없으면 우리 집안이 더 나을 텐데.' - 비록 그들이 동의하지 않을지라도 내가 모든 사람들을 더 나쁘게 만든다고 가정 |
| **과장 또는 최소화(상황을 지나치게 부풀리거나 부적절하게 중요성을 축소)**<br>"더 이상 나빠질 수 없어." - 실제보다 더 나빠 보이게 만드는 것<br>"난 항상 모든 걸 망쳐." - 내가 실수할 때 너무 과도하게 부풀리는 것 |
| **상황의 중요한 측면 무시**<br>"내 잘못이다." - 살아남을 수 없을 정도로 그렇게 심하게 다쳤는 데도 친구의 죽음에 대해 자신을 자책 |
| 사물을 좋은/나쁜 또는 맞는/틀린 것으로 **지나친 단순화**<br>"난 실패자다." - 나도 일을 제대로 하기는 하지만 한 가지 실수로 '완전히 나쁘다.'라고 말하는 것<br>"나는 항상 모든 것을 망친다." - 나는 내가 옳은 일을 한 것은 무시 |
| 단일 사건에서 **과잉 일반화**(부정적인 사건은 끝나지 않는 패턴으로 간주)<br>"항상 모든 걸 망친다." - 일을 제대로 하는데도 단 한 번의 실수만으로 과도하게 일을 부풀리는 것. |
| **마음 읽기**(확실한 증거가 없을 때 사람들이 당신을 부정적으로 생각하고 있다고 가정)<br>"내가 없으면 우리 가족이 더 나을 거야." - 그들이 실제로 나를 사랑하고 그리워하면 이것이 사실이라고 가정 |
| **감정적 추론**(감정이 있으면 이유가 있을 것이라고 가정)<br>"이젠 더 이상 못 참겠어?" - 내가 단지 기분이 나쁘기 때문에 이를 다룰 수 없다고 가정<br>"나는 실패한 사람이다." - 자신에 대해 당황스럽고 화가 나서, 자신이 다 망쳤다고 생각함<br>"내가 없으면 우리 가족이 더 나아질 것 같다." - 부끄럽고 화가 나서 가족을 더 힘들게 하는 것 같다고 가정 |

### 문제적 사고패턴 워크시트에 대한 팁과 조언

1. **자살신념은 둘 이상의 범주에 속할 수 있음**. 전문가는 일부 자살신념이 여러 범주에 들어맞을 수 있다는 사실을 환자가 기억하고 이를 알도록 도와야 한다. 이것은 개인의 사고에 영향을 미칠 수 있는 편견의 여러 근원을 반영하며, 그들의 생각을 평가하고 재구성하는 다양한 잠재적 접근방식을 가리킨다.
2. **사고의 '스타일'을 확인하기.** 많은 환자들의 경우, 일반적으로 신념은 문제적 사고패턴 워크시트에 설명된 7가지 범주 중 하나 또는 두 개로 분류할 것이다. 이것은 환자에게 특정한 인지적 편견이나 '스타일'을 암시할 수 있다. 특정 스타일이 분명한 경우 이는 환자와 전문가가 도움이 되지 않는 신념을 보다 효율적으로 확인하고 효과적으로 평가할 수 있도록 도울 수 있다. 예를 들어 환자가 (존처럼) 성급하게 결론을 내리는 경향이 있다면, 환자의 대체적인 생각은 환자가 무시하고 있을 수 있는 상황적 및 상황적 요인을 통합할 필요가 있을 것이다. 반면에 환자가 과장하거나 지나치게 일반화하는 경향이 있는 경우, 대안적 사고는 '전부' 또는 '아무 것도 아닌' 생각을 다루거나 극단적인 언어의 사용(예 항상, 절대)을 최소화해야 할 것이다.

CHAPTER

# 19

# 활동계획 및 대처카드

자살하려는 사람들은 특히 대인관계에서 즐거운 삶의 사건보다 혐오적인 삶의 사건들을 더 많이 경험하기도 한다. 또한 자살하려는 사람은 충동적으로 이러한 불균형을 유지하는 결정을 내리거나 행동에 관여하는 경향이 있으며, 이로 인해 오랜 시간 동안 자신들의 정신적인 고통이 지속된다. 예를 들어, 급성의 자살하려는 사람은 사회적으로 타인으로부터 고립되거나 조기에 치료를 중단함으로써 다른 사람들과의 긍정적인 사회적 접촉을 감소시킨다. 활동계획은 이러한 불균형을 타겟으로 고안된 행동지향적 기술이다. 활동계획의 주된 목적은 정서적인 어려움을 경험하는 동안 버려두거나 위축되었던 즐겁고 의미 있는 여가 활동에 환자의 참여를 증가시킴으로써 기분을 고조시키고 부적응적인 대처 반응을 긍정적인 대처 반응으로 대체하는 것이다.

대처카드는 치료에서 배운 기술을 환자가 습득할 수 있도록 지원하고 강화하는 간단한 방법이다. 3×5인치 크기의 인덱스카드를 사용하여 만든 대처카드는 환자가 주머니, 지갑, 배낭, 자동차 또는 다른 편리한 장소에 보관할 수 있는 적응적인 인지 전략 또는 행동 전략을 매우 쉽게 전달해 주는 역할을 한다. 대처카드는 기술이 인지적이든 행동적이든, 언제 또는 어떻게 기술을 사용해야 하는지를 환자에게 상기시키는 시각적인 기억보조장치 역할을 하도록 고안되었다. 예를 들어, 환자가 자살 또는 부적응적인 신념의 인지적 재평가를 돕기 위해서 대처카드를 만들 수 있으며, 특정 상황(예 알코올이나 물질을 갈망하는 경우)에서 대처기술(예 이완 또는 마음챙김)을 사용하도록 상기시키기 위해 대처카드가 만들어질 수 있다.

그러므로 대처카드는 시험공부를 하기 위해 만드는 플래시 카드[1])와 유사하게 '컨닝 페이퍼' 또는 빠르게 참조할 수 있는 형태로 만들어서 이용할 수 있다.

## 이론적 근거

우울증의 행동모델에 따르면(예 Ferster, 1973; Lewinsohn & Graf, 1973; Lewinsohn & Libet, 1972년) 우울증의 시작은 즐거운 사건의 감소 또는 혐오적인 사건들의 증가에 기인한다. 더 나아가, 정서적인 어려움은 삶의 즐거움과 혐오스러운 사건들 사이의 상대적인 불균형에 의해 오랜 시간 동안 유지된다. 이것은 치료적인 관점에서 치료법이 특히 즐거운 삶의 경험 빈도와 만족도를 증가시킴으로써 즐거움과 혐오스러운 삶의 사건들 사이의 불균형을 해소하는 것을 목표로 삼아야 한다는 것을 암시한다. 환자가 더 많은 즐거운 삶의 경험을 하고, 혐오스러운 삶의 경험에 비해 즐거운 삶의 비율이 증가함에 따라 환자의 정서적인 어려움은 해소될 것이다. 또한 환자를 즐거운 삶의 경험에 많이 노출시키는 것은 부적응적인 핵심 신념을 다시 재평가하는 하나의 방법이 될 수 있다. 예를 들어, 친구들과 함께 즐거운 사교활동을 경험하는 것은 삶이 무의미하고 다른 사람에게 부담이 된다는 자살환자의 관점에 반대되는 증거로 작용할 수 있다.

우울증에 대한 인지행동치료의 구성요소를 보면 치료의 활동계획요소가 우울증 회복에 일차적으로 기여 할 수 있음을 알 수 있다. 예를 들어 즐거운 활동에 대한 참여도를 높이는 것에만 초점을 맞춘 치료법(행동 활성화라고 한다)은 인지치료법만큼이나 재발방지에도 효과적이다(Dimidjian et al., 2006; Gortner, Gollan, Dobson, & Jacobson, 1998). 특히 우울증이 더 심한 환자들 사이에서 즐거운 활동의 증가는 우울증의 완전한 완화 및 재발 방지를 위해 특히 중요할 수 있다(Dimidjian et al., 2006). 대부분의 사람들은 다른 사람들과 함께 즐거운 활동을 하기 때문에 활동계획은 사회성을 증가시키고 특히, 자살하려는 사람들에게 효과적일 수 있다(Bryan & Hernandez, 2013; Kaslow, et al., 2005). 자살하려는 사람을 동료들 또는 환자를 존중하고 염려하는 지지적인 사람들과 접촉하게 하는 활동이 특히 중요하

1) 앞에는 문제, 뒤에는 답이 있는 학습 카드를 플래시카드라고 한다.

다(Bryan & Hernandez, 2013). 이러한 경험은 수치심, 죄책감, 인식된 부담감과 같은 자살과 관련된 핵심 신념을 약화시키는 경우가 많기 때문이다. 개인적으로 의미 있는 활동(예 가족이나 친구들과 시간을 보내거나 자원봉사를 하거나 운동을 하는 것)도 삶의 강한 목적과 의미를 함양하는 부가적인 효과를 가지고 있는데, 이는 자살 위험 감소와 관련이 있고 사회적 지원과 긍정적인 상관관계가 있는 것으로 나타났다(Bryan, Elder, et al., 2013).

대처카드의 주요한 목적은 환자가 치료 이외의 정보와 기술을 보유할 수 있게 하는 기억보조장치 역할을 하는 것이다. 따라서 대처카드는 인지 재평가 및 감정조절 기술의 습득을 지원하며 BCBT에 포함된 대부분의 개입(전부는 아닐지라도)을 위한 보조도구로 사용될 수 있다.

## 방법: 활동계획

활동계획을 달성하기 위해 전문가는 환자에게 자신이 즐기는 하나 이상의 활동을 찾도록 요청한다. 환자가 '아무 것도 즐기지 않는다.'고 하거나 생활 중 어떤 즐거운 활동도 찾을 수 없다고 진술하면 환자에게 전문가는 환자가 즐기던 활동이었지만 더 이상 하지 않는 활동을 확인해 달라고 요청할 수 있다. 특히, 고통스러워하거나 고착되어 있는 환자에게는 자신이 하고 싶지만, 아직 많은 어려움으로 인해 하지 못하고 있는 즐거운 활동을 파악하도록 요청하는 것이 대안적인 전략이다. 그러한 활동이 확인되면 전문가와 환자는 환자가 활동을 재개하거나 참여도를 높일 수 있는 구체적인 계획을 함께 세운다.

활동계획의 효율성은 활동장벽에 대한 확인능력과 문제해결 능력에 의해 크게 결정된다. 예를 들어 BCBT에서 일반적으로 계획을 세운 활동이 운동하는 것이지만, 환자가 이 목표를 성공적으로 달성하려면 반드시 취해야 하는 세부적이고 점진적인 단계에서 고려해야 하는 사항이 많다. 예를 들어 전문가와 환자는 운동시간(예 출근 전 아침이나 퇴근 후 오후 또는 저녁), 운동 장소(예 체육관이나 집) 및 운동에 필요한 준비 단계(예 체육관 가방)를 고려해야 한다. 불면증이 심한 환자의 경우 아침 일찍 일어나는 것이 문제가 될 수 있기 때문에 오후나 저녁에 운동을 계획하는 것이 더 효과적일 수 있다. 이와는 대조적으로 집에 어린 자녀를 둔 환자들의 경우, 집 대신 체육관에서 운동을 계획하는 것은 그들의 집중력을 흐트러뜨리지 않고 운동할 수 있는 가능성을 높일 수 있다. BCBT에서 흔히 계획하는 또 다른 활동은 요리나 빵 굽기이다. 그러나 이 일을 성공적으로 끝내기 위해서는 환자가 필요한 모든 재료와 소모품을 먼저 구입하는 것이 필요할 수도 있다. 따라서 전문가와 환자는 더 큰 활동을 완료하기 위한 사전단계로 쇼핑목록을 작성해야 할 수 있다.

이와 같은 동일한 방법에 따라 전문가와 환자는 구체적이고 측정 가능하며 현실적인 계획을 수립해야 한다. 특정계획에는 활동에 대한 상세하고 명확한 조건(예 시기, 빈도, 기간 또는 위치)이 있어야 하고, 측정 가능한 계획들은 수량화가 가능하며 현실적인 계획들은 실현 가능하며 달성될 가능성이 있어야 한다. 예를 들어, '운동량 증가'는 비록 현실적일 수 있지만, 구체적이거나(즉, '운동량'을 구성하는 것은 무엇인가) 측정 가능한 것이 아니기 때문에 이상적인 활동 계획은 아니다. 마찬가지로 '주말에 10마일을 달리는 것'은 구체적이고 측정 가능하지만 처음 시작하는 것으로서는 현실성이 없기 때문에 몇 달 동안 운동을 하지 않은 환자에게는 좋은 목표가 아닐 수 있다. 따라서 전문가와 환자는 활동계획이 이 세 가지 특성을 충족하는지 확인하기 위해 활동 계획의 조건을 '협상'할 필요가 있다.

## 1단계: 활동계획의 개념 소개

전문가는 활동계획의 개념을 소개하고 개입의 근거를 설명한다.

### 치료자용 스크립트 예시

우리가 많은 스트레스를 받을 때 의미 있고 즐거운 것들을 놓치기 쉬울 수 있습니다. 왜냐하면 우리는 더 이상 그러한 활동들을 할 수 있는 충분한 시간이 없다고 느끼기 때문입니다. 즐거운 활동을 포기하는 또 다른 이유는 우리가 그 활동에 대한 동기나 흥미를 잃었기 때문입니다. 비록 단기적인 스트레스 요인을 다룰 때 단기간 이러한 활동을 포기하는 것이 타당할 수 있지만, 만약 우리가 오랜 시간 동안 스트레스를 계속 경험하고 그러한 즐거운 활동을 재개하지 않는다면, 결국 스트레스를 받는 사건들을 많이 경험하게 되기 때문에 우리의 삶은 균형을 잃게 됩니다. 이런 일이 생기면, 우리는 삶이 무의미하고 우리의 문제는 절대로 끝나지 않는 것으로 봅니다. 당신의 삶도 그렇다고 생각하십니까?

## 2단계: 즐거운 활동 확인

전문가는 환자에게 자신이 즐기는 활동을 나열해 달라고 한다. 환자가 즐거워할 만한 활동을 찾을 수가 없다고 하면 전문가는 환자에게 과거 자신이 즐기던 활동을 말해달라고 요청한다.

### 치료자용 스크립트 예시

이러한 불균형에 대처하는 쉬운 방법은 삶에서 즐거운 활동을 늘리거나 재개하는 것입니다. 대부분의 사람들에게 도전은 스트레스를 받거나 우울하거나 자살 충동을 느낄 때 이런 활동을 할 수 없다고 느끼는 것입니다. 하지만, 좋은 소식은 우리가 그렇게 느끼지 않거나 그렇게 할 수 있다고 생각하지 않더라도 우리들 대부분은 즐거운 활동을 할 수 있고 균형을 되찾을 수 있다는 것입니다. 당신이 좋아하지만 원하는 만큼 자주 하지 않거나 예전처럼 자주 하지 않는 활동들은 무엇입니까?

[환자가 즐거운 활동을 찾을 수 없나면] 더 이상 하지 않지만 예전에 즐겨 하던 일은 무엇입니까?

## 3단계: 활동참여계획 수립

전문가와 환자가 협력하여 확인된 활동에 참여하기 위한 계획을 수립한다.

### 치료자용 스크립트 예시

[활동계획 작성에 도움이 되는 개방형 질문]

이 활동을 하기 위한 일정을 작성해 주시겠습니까?
현재 이 활동을 얼마나 자주 하십니까?
당신은 얼마나 자주 이 활동을 했습니까?
이 활동을 얼마나 자주 하시겠습니까?
이 활동을 언제 시작할 수 있을 것 같습니까?
이 활동을 얼마나 자주 할 수 있다고 생각하십니까?

현실적으로 매번 얼마나 오랫동안 이 활동을 할 수 있다고 생각하십니까?
이 활동을 함께 할 수 있는 사람이 있습니까?
이 활동을 어디서 할 수 있습니까?
이 활동을 위해 준비해야 할 것이 있습니까?

### 4단계: 환자의 참여유도

일정이 확정되면 전문가는 환자에게 0('전혀 가능성이 없음')에서 10('매우 가능성이 높음')까지의 척도에서 예정된 활동에 참여할 가능성을 평가하도록 요청한다.

**치료자용 스크립트 예시**

이것은 꽤 좋은 계획인 것 같습니다. 당신은 어떻게 생각하나요? 0('전혀 가능성이 없음')에서 10('매우 가능성이 높음')까지의 척도를 사용하여 이 계획을 따를 가능성이 얼마나 되는지 평가하십시오.

**[평점이 10점 만점에 7점 미만인 경우]** 이 계획을 사용할 가능성을 감소시키는 부분이 있습니까? 당신이 이 계획을 사용할 가능성을 높이기 위해 우리가 이 계획에서 바꿀 수 있는 것은 무엇인가요?

## 사례를 통한 예시

집에서 고립되어 생활하며 다른 사람들을 피하려는 제니스의 성향 때문에, 전문가는 활동에 대한 참여와 다른 사람들과의 유대감을 높이기 위한 방법으로 활동계획을 소개했다. 전문가는 먼저 제니스가 이전에 즐거워했으나 그 후에 포기했던 몇몇 활동들을 확인하였다. 제니스는 운동이 다시 하고 싶은 강한 욕구를 가진 활동임을 시사했다. 따라서 전문가는 제니스가 이 활동을 재개하기 위한 구체적이고 측정가능하며 현실적인 계획을 개발하기 위해 노력하였다. 이 계획을 개발하는 과정에서 전문가는 제니스가 잠재적 장애물과 장벽을 확인하고 피할 수 있도록 도왔다.

전문가: 운동은 활동수준을 높이기 위해 시작하기에 좋은 것이라고 생각합니다. 운동을 하기 위한 좋은 초기 목표는 무엇일까요?

제니스: 음, 언젠가는 매일 운동하는 것으로 돌아가고 싶습니다. 그렇게 자주 운동을 하다 보면 나 자신에 대한 감정이 훨씬 좋아졌습니다.

전문가: 매일 운동한 지 얼마나 됐습니까?

제니스: 음 저도 모르겠어요. 몇 년, 아주 오래됐어요.

전문가: 지금은 얼마나 자주 운동을 하십니까?

제니스: 운동 안 한 지 오래됐어요. 지금은 전혀 운동을 하지 않아요.

전문가: 좋아요, 알겠습니다. 그래서 매일 운동하고 싶다면 지금 하고 싶은 것이 무엇인가요? 아니면 더 장기적인 목표가 있나요?

제니스: 글쎄요, 지금 당장 그렇게 하고 싶지만, 그런 일은 일어나지 않을 거라는 걸 알아요.

전문가: 그래요, 당신 말이 맞을지도 몰라요. 만약 매일 운동하는 것이 지금 현실적인 목표가 아니라면, 무엇을 시작하는 것이 좋겠습니까?

제니스: 제가 일주일에 며칠씩 산책을 하고 요가 수업 같은 걸 하면 어떨까요? 그것은 아마도 좋은 출발이 될 것 같아요.

전문가: 일주일에 며칠씩이라고 하면 2일, 3일, 4일?

제니스: 일주일에 3일 정도요. 꽤 규칙적이지만 며칠씩은 쉬게 할 거예요. 처음에는 피곤하고 아프게 될 거예요.

전문가: 그것은 좋은 지적입니다. 좋아요, 그럼 일주일에 3일 하는 것으로 시작합시다. 그리고 그것을 걷기와 요가를 섞어서 하는 건가요?

제니스: 예, 하지만 어딘가에서 요가 수업에 등록해야 합니다.

전문가: 좋아요, 그럼 당장 요가를 시작하는 건 불가능하겠지만, 몇 주 내로는 가능할까요?

제니스: 네.

전문가: 그럼 일주일에 3일씩 걷는 것부터 시작해볼까요? 아니면 일주일에 이틀만 걸으면서 요가를 위해 셋째 날은 쉬고.

제니스: 저는 3일 모두 걷기를 시작해야 한다고 생각해요. 그리고 나중에 요가를 위해 그 중 하루를 바꿀 수도 있어요. 그냥 규칙적으로 운동하는 습관을 들이면 될 것 같아요. 산책하는 것도 아마 그런 습관을 들이는 데 도움이 될 것 같고요.

전문가: 네, 좋습니다. 일주일 중 3일을 어느 날로 정해야 할까요?

제니스: 월요일, 수요일, 금요일, 출근하기 전이 좋을 것 같아요. 15분 동안 동네를 걷겠습니다.

전문가: 좋은 날들이 될 것 같네요. 매일 아침 출근하기 전에 15분씩 산책을 할 예정이니

까, 그렇게 하기 위해서는 아침에 몇 시에 일어나야 할까요?

제니스: 오, 전 그런 생각은 안 해봤어요. 제가 일찍 일어날 수 있을지 모르겠어요. 이미 출근 시간에 맞춰 일어나는 것도 힘들어요.

전문가: 그게 궁금했습니다. 그리고 우리는 많은 이야기를 했고 이미 수면은 나아지고 있습니다.

제니스: 예, 엉망으로 만들고 싶지 않아요.

전문가: 좋습니다. 출근 전 아침시간이 아니라면 또 어떤 시간이 좋을까요?

제니스: 음, 퇴근 후에 할 수 있습니다. 집에 가는 길에 정말 멋진 공원이 있어요. 직장에서 많은 사람들이 저녁에 걷고 있습니다. 차를 타고 지나갈 때마다 그곳이 정말로 멋져 보인다고 생각했습니다.

전문가: 좋은 선택인 것 같습니다. 당신은 할 수 있을 것 같아요. 집으로 가는 퇴근길에 월요일, 수요일, 금요일 그 공원에 들러 15분 정도 산책하는 것이 가능할까요?

제니스: 물론이에요. 사실 정말 재미있을 것 같아요.

전문가: 좋아요. 그럼 이걸 적으세요. 잊지 말고 산책을 할 때 당신이 가지고 가야 할 것들이 있습니다.

제니스: 무슨 말씀이세요?

전문가: 음, 퇴근하고 바로 운동 가실거지요?

제니스: 네.

전문가: 출근할 때 입는 옷이 오후나 저녁 산책을 하기에 적합할까요?

제니스: 무슨 말인지 알겠습니다. 괜찮을 것 같지만 이제 생각하니 땀을 흘리는 건 싫어서 갈아입어야 할 것 같아요. 테니스화도 가져가야 하고. 물집이 생기지 않는 더 편한 신발도 있어요.

전문가: 운동하는 것은 새로운 활동이기 때문에, 아마도 이 추가적인 물건들을 가져가는 습관은 아직 생기지 않았을 것입니다. 필요한 물건 없이 공원에 가지 않도록 짐을 싸야 할 물건들의 체크리스트를 만드는 것이 어떨까요?

제니스: 좋은 생각이에요.

전문가: 좋습니다. 그럼 이것도 적어봅시다. 월요일, 수요일, 금요일에는 오후에 산책 하기 위해 무엇을 가져가야 할까요?

제니스: 티셔츠, 반바지 또는 운동 바지, 양말, 신발이 필요해요.

전문가: 좋아요, 좋아요. 그리고 아침, 밤에 모두 짐을 싸 놓는 것이 당신의 계획입니까? 아니면 다른 시간?

제니스: 잊지 않고 전날 밤에 할 거예요. 제가 사용할 수 있는 체육관 가방이 있어요.

전문가: 좋아요! 그리고 일단 짐을 챙기고 나면 아침에 나갈 때 잊지 않도록 체육관 가방

은 어디에 두실 건가요?

제니스: 차고 문손잡이에 걸어 놓을 게요. 그렇게 하면 잊지 않을 거예요.

전문가: 좋은 생각이에요. 이 일을 성공하기 위해 우리가 계획해야 할 다른 것이 있나요?

제니스: 아니요, 없는 것 같아요.

전문가: 저도 같은 생각입니다. 우리는 언제 이 계획을 시작할 수 있을까요?

제니스: 내일이요. 오늘 밤에 짐을 싸서 내일 첫 번째 산책을 나갈 거예요.

## 방법: 대처 카드

대처카드는 이상적으로는 전문가가 제공하는 인덱스카드에 환자가 직접 손으로 쓰는 것이다. 환자가 소수의 대처기술에 주의를 기울이고 숙달되도록 하기 위해서는 한정된 시간에 환자를 위해 2~3장 이하의 대처카드가 만들어져야 한다. BCBT에서 대처카드는 환자의 신념 체계와 행동의 변화를 강화하기 위해 가장 자주 사용된다. 인지행동 대처카드에서는 자살이나 부적응적인 신념을 카드의 한쪽 면에 쓰고, 반대 면에는 대안적 관점이나 반대적인 관점을 기록한다. 이러한 대처카드 중 하나를 사용하는 환자에게 하루에도 몇 번씩 규칙적으로 카드를 검토하도록 지시할 수 있으며(예 식사 중, 화장실 사용 중, 수업 중) 또한 부적응적인 사고를 경험할 때에도 그렇게 할 수 있다. 이러한 방법으로 사용될 때, 대처카드는 ABC 워크시트, 도전질문 워크시트, 그리고 문제적 사고패턴 워크시트와 유사한 기능을 한다. 인지행동 대처카드는 종종 카드의 한쪽 면에 특정한 사건이나 상황을 묘사하고, 반대 면에는 그 상황에 대응하여 환자가 취해야 할 몇 가지 구체적인 단계를 나열한다. 대처카드는 원하는 행동 반응을 구체적이고 측정 가능하며 쉽게 달성할 수 있는 개별적인 단계로 세분화해야 한다는 점에 유의해야 한다. 대처카드로 행동의 복잡함이나 난이도를 줄일 수 있는 일련의 더 작은 단계로 행동을 나누는 것이 환자가 새로운 반응 패턴을 노력할 가능성을 증가시키는 데 매우 유용할 수 있다. 이러한 방식의 접근을 할 경우, 위기대응계획과 유사하게 대처카드가 효과적일 수 있으며 실제로 위기대응계획은 매우 구체적인 유형의 대처카드로 개념화할 수 있다.

일단 만들어진 대처카드는 내구성을 높이고 개인의 의미도 높일 수 있도록 적층하여 만든다. 환자가 촉발사건을 경험하지 않더라도 하루에 여러 번 대처카드를 검토하도록 지시해야 한다. 이렇게 하는 것이 정신적 시연을 촉진하고, 나아가 카드의 내용을 보다 빠르게 학습하고 통합할 수 있게 한다.

### 1단계: 대처카드의 개념 소개

전문가는 대처카드의 개념을 소개하고, 그 근거를 새로운 기술의 숙달에 도움이 되는 기억보조도구라고 설명한다.

**치료자용 스크립트 예시**

이것을 기억하고 더 빨리 배울 수 있도록 대처카드를 만들어 봅시다. 대처카드는 여러분이 시험을 위해 공부할 때 만들 수 있는 플래시카드와 같은 기억보조 장치입니다. 우리가 이 대처카드를 가지고 할 수 있는 것은 당신이 방금 배운 기술의 가장 중요한 부분을 인덱스카드에 적는 것입니다. 지갑, 주머니, 가방, 또는 편리하고 쉽게 접근할 수 있는 다른 곳에 인덱스카드를 보관할 수 있습니다. 이렇게 하면 그것을 가지고 있을 수 있고 당신이 작업해 온 것을 기억을 토대로 하여 빠르게 검토할 수 있습니다.

### 2단계: 대처카드 제작

전문가는 환자가 대처카드를 만들 때 도움을 주며, 대처카드의 내용을 BCBT의 다른 개입과 직접 연결하도록 한다.

**치료자용 스크립트 예시**

**[인지 지향적인 카드의 경우]** 이 신념은 정말 중요한 신념인 것 같습니다. 많은 관심과 연습이 필요할 것 같습니다. 이 특정신념에 초점을 맞춘 대처카드를 만드는 것에 대해 어떻게 생각하십니까? 그래서 오늘 우리가 이야기한 내용을 기억하기 위해 재빨리 복습할 수 있는 일종의 '컨닝 페이퍼'가 있습니다. 이 카드의 앞면에, 그 신념을 적으십시오. 이제 카드를 뒤집어서 방금 논의한 신념에 대한 새로운 반응을 적어 보십시오.

**[행동 지향적인 카드의 경우]** 이 특정한 상황이 당신에게 독특한 도전을 제기하는 것

처럼 들리는데, 새로운 기술을 사용하는 것을 기억하는 것은 힘들 수 있습니다. 그런 상황에 처했을 때 어떻게 해야 하는지 일깨워 줄 수 있는 대처카드를 만드는 것, 일종의 '컨닝 페이퍼' 같은 것에 대해 어떻게 생각하십니까?

이 카드의 앞면에 상황을 적으십시오. 이제 카드를 뒤집어서 여러분이 이 상황에서 사용하게 될 새로운 행동을 적어보십시오. 때로는 책장 같은 새로운 가구를 조립할 때 사용설명서를 읽는 것과 같이 작은 단계로 세분화하는 것이 도움이 됩니다. 이 새로운 기술을 좀 더 작은 단계로 세분하는 것이 도움이 될 것이라고 생각하십니까?

## 3단계: 회기 간 대처카드 검토계획 수립

전문가와 환자는 환자가 회기 간에 정기적으로 대처카드를 검토할 수 있는 계획을 협력하여 개발한다. 전문가는 환자에게 더 빠른 학습을 용이하게 하기 위해서 정해진 시간이 아니어도 계획한 대로 대처카드를 검토해야 한다고 설명한다. 그런 다음 전문가는 환자에게 0('전혀 가능성이 없음')에서 10('매우 가능성이 높음')까지의 척도에 예정대로 대처카드를 검토할 가능성을 평가하도록 요청한다.

### 치료자용 스크립트 예시

이 카드를 꺼내서 하루에도 몇 번씩 정기적으로 복습해 주길 바라며, 비록 촉발사건이나 단서를 경험하고 있지 않더라도 복습을 해야 합니다. 그렇게 하는 이유는 연습이기 때문입니다. 비록 그 순간에 카드가 '필요'하지는 않지만, 이것은 여러분이 카드를 더 빨리 기억하는 데 도움이 되기 때문에, 여러분은 그것을 검토하는 데 몇 초라도 시간을 투자해야 합니다. 마치 시험 공부하는 것과 같습니다. 시험을 보기 전 그 자료를 확실히 기억하기 위해 반복과 복습을 통해 학습합니다. 그러면 시험기간이 되면 해당자료를 기억할 수 있게 됩니다.

낮에 이 카드를 꺼내서 검토할 수 있는 시간을 좀 정해봅시다. 좋은 소식은 몇 초면 되니까 시간이 많이 걸리지 않는다는 것입니다. 이와 같은 새로운 기술을 배울 때, 기억하기 쉽고 하기 쉬운 시간대에 연습을 계획하는 것이 종종 도움이 됩니다. 예를 들어, 우리는 당신이 아침, 점심, 저녁 식사 중에 이것을 복습하도록 일정을 잡을 수 있습니다. 왜냐하면 당신은 식사를 할 것이기 때문에 기억하기 쉬울 것입니다. 아니면 당신이 화장실에 갈 때마다 이것을 검토하도록 일정을 잡을 수도 있습니다. 하루에 적어도 몇 번은 화장실에 갈 것이니까 그때 카드를 읽으면 기억하기 쉬워질 것입니다. 어떻게 하는 것이 당신에게 가장 좋을 것 같습니까?

**[계획서 작성 후]** 그럼 계획을 세웠으니, 촉발단서를 경험할 때마다 카드를 읽고 연습하기 위해 카드를 하루에 몇 번씩 읽어야 합니다. 0('전혀 가능성이 없음')에서 10('매우 가능성이 높음')까지의 척도를 사용하여 이 계획을 따를 가능성이 얼마나 되는지 평가하십시오.

**[평점이 10점 만점에 7점 미만인 경우]** 이 계획에서 사용할 가능성을 낮아지게 하는 부분이 있습니까? 당신이 이 계획을 사용할 가능성을 높이기 위해 우리가 이 계획에서 바꿀 수 있는 것은 무엇입니까?

## 사례를 통한 예시

마이크가 치료를 거의 끝내자, 전문가는 자살신념과 관련된 위험요인이 감소되는 것을 강화하기 위하여 몇 가지 대처카드를 개발하기로 하였다. 마이크의 대처카드는 <그림 19.1>에서 볼 수 있다. 카드 A와 B는 특히 끈질긴 자살신념인 '나는 쓸모가 없다.'와 '내가 없으면 사람들이 더 잘 살 것이다.'라는 두 가지를 공략해 마이크의 인지 재평가능력을 강화하려는 의도였다. 이러한 자살신념은 색인카드의 앞면에 쓰여 있었고, 이에 대한 그의 대체신념은 뒷면에 쓰여 있었다. 이러한 대안적 믿음은 마이크가 BCBT의 초기 회기에 완성한 다양한 워크시트로부터 나왔다. 마이크와 전문가는 이러한 인지 지향적인 카드 이외에도 마이크의 두 가지 주요 위험요인인 우울할 때 자신을 고립시키는 것(카드 C), 알코올 사용(카드 D)을 목표로 하는 행동지향적인 카드를 개발했다.

이러한 카드의 앞면에 마이크는 동기부여가 낮고 술을 갈구하는 동안, 이러한 위험요인이 나타나는 경향이 있는 심리적 조건들을 요약했다. 이 카드들의 뒷면에 마이크는 이러한 위험요인들을 더 효과적으로 관리하기 위해 그가 따를 수 있는 몇 가지 단계를 열거했다.

그림 19.1 마이크의 대처카드 예

| | |
|---|---|
| 난 쓸모없어. | 실수는 일어나게 마련이다.<br>나는 실수를 해도 좋은 사람이다. |
| 내가 없으면 사람들에게 더 좋을거야. | 나는 다른 사람들에게 중요하다.<br>나의 가족과 친구들은 나를 소중히 여긴다. |
| 나는 나가고 싶지 않다. | 1. 사회적 교제 시간 제한설정(30~60분)<br>2. 내 마음이 내키지 않더라도 끝까지 밖에 있기<br>3. 제한시간이 경과 후 활동을 계속할지 결정하기 |
| 술을 마시고 싶다. | 1. 스스로 "5분만 기다릴 수 있어"라고 하기<br>2. 호흡 연습하기<br>3. 산책하기 |

### 활동계획 및 대처카드에 대한 팁과 조언

1. **구체성이 중요하다**. 활동계획과 대처카드의 구체성은 성공의 핵심이다. 활동계획으로서 유용하거나 의미가 있기에 '더 많은 운동'은 너무 모호하다. 환자가 활동계획에 언제, 어디서, 얼마나 자주, 누구와 함께 참여할지 결정하는 것은 환자가 계획을 끝까지 이행할 가능성을 극적으로 증가시킬 것이다.
2. **미리 계획을 세우고, 세세한 것까지 잊지 마라**. 활동계획 수행의 가장 일반적인 장벽은 계획단계에서 간과하기 쉬운 작은 세부사항을 포함한다. 이러한 작은 세부사항들은 일반적으로 궁극적인 목표를 달성하기 위한 전제조건인 중간 단계를 수반한다. 예를 들어, 환자가 즐거운 활동으로 케이크를 굽고 싶다면, 환자는 가장 먼저 식료품을 사러 가야 할 것이다. 전문가는 환자들이 이러한 중간 단계에 대해 생각할 수 있도록 도와야 하며 성공 가능성이 높아지도록 그것들을 설명할 계획을 세워야 한다. 이것은 제니스를 치료한 전문가가 증명해 보였는데, 그는 옷을 갈아입는 등의 중간 단계를 고려했고, 제니스와 함께 이를 간과하지 않도록 계획을 수립했다.

# PART 05

# 3단계: 재발방지

CHAPTER

# 20

# 재발방지 작업 및 치료종결

재발방지 작업은 BCBT의 최종 절차로 환자가 감정조절과 인지 재평가 기술을 적용함에 있어 충분한 자신감을 가질 수 있도록 고안되었다. 추가로 재발방지 작업은 환자가 주어진 도전에 성공적으로 적응할 수 있도록 도전함으로써 환자의 인지적 유연성을 향상시키는 역할을 한다. 마지막으로 재발방지 작업은 환자가 BCBT를 통해 충분한 기술역량을 습득했는지를 판단하는 평가도구로 사용되며, 이는 치료종결을 결정하는 토대가 된다. 재발방지 과제에서 환자는 자살위기에 처한 자신을 상상한 다음 자신이 BCBT에서 배운 하나 이상의 기술을 성공적으로 활용하여 위기를 해결했다고 상상한다. 이러한 과정을 여러 번 반복한다. 각 작업이 반복됨에 따라 전문가는 난이도를 높여 환자가 점점 더 도전적인 새로운 상황에 유연하게 적응하게 해야 한다. 따라서 이 마지막 치료단계에서 환자는 치료에서 얻은 모든 정보를 종합하고 '최종시험'과 같이 내용을 완전하게 숙달했다는 것을 입증해야 한다.

## 이론적 근거

재발방지 작업은 효과적으로 사용되는 기술과 관련된 특정의 절차적 운동기억을 촉진하도록 고안된 심상 연습이다. 외부 자극으로부터 감각적 입력이 없음에도 불구하고, 심상은 뇌 내부의 지각과정을 수반한다(Munzert, Lorey, & Zentgraf, 2009). 특히, 재발방지 작업은 행동과 동작의 정신적 시연에 초점을 맞추기 때문에 기본 감각시스템과 함께 운동 이미지시스템을 활용한다. 1인칭 관점에 기초한 운동 이미지는 개인이 운동 과제에 실제로 참여하고 있을 때 관찰되는 활동과 유사한 뇌의 체감각(somatosensory)(눈, 귀 등의 감각기 이외의 감각) 및 운동 영역의 활성화와 관련이 있다(Jeannerod, 2001; Zentgraf et al., 2005). 그러므로 신경학적 수준에서 행동을 정신적으로 시연하는 것은 행동자체에 실제로 참여하는 것과 같다. 이는 자살시도에 대한 준비와 시연이 자살시도에 대한 가장 강력한 예측 변수 중 하나라는 사실을 설명한다(Joiner et al., 1997; Minnix et al., 2007). 따라서 재발방지 작업은 환자가 새로 습득한 기술을 통제된 맥락에서 반복적으로 연습하고 위기상황에 적용할 수 있는 기회를 제공한다. 본질적으로 환자는 감정적으로 화가 났을 때 자살시도를 하지 않는 연습을 반복한다.

재발방지 작업을 완료한 후 전문가는 환자가 치료를 완전히 종결하거나 자살시도에 대한 급성 위험의 감소에 초점을 맞추지 않은 다른 형태의 정신건강 치료 또는 낮은 수준의 진료로 전환하도록 돕는다. BCBT의 마지막 회기는 환자의 치료 진행을 강화하고 환자에게 향후 계획을 명확하게 설명하기 위한 것이다. 3장에서 논의한 바와 같이 BCBT는 치료종결을 결정하기 위해 역량기반 접근법을 사용한다. 이를 위해 BCBT는 환자가 재발방지 작업의 특정한 맥락 안에서 감정조절, 문제해결, 인지 재평가 기술을 효과적으로 사용할 수 있는 능력을 증명할 때 완료한 것으로 간주한다. 유능감은 재발방지 작업 중 다음과 같은 몇 가지 관찰가능한 기준에 의해 입증된다.

1. **상황에 적합하거나 적절한 기술의 선택**. 환자는 위기상황에서 자신의 욕구를 정확하게 평가하고 그 욕구에 맞는 기술과 반응을 선택할 수 있는 능력을 보여주어야 한다. 환자의 근본적인 욕구를 직접적으로 목표로 하지 않는 기술이나 반응을 선택하는 것은 효과적이지 않을 것이다. 예를 들어 위기 때 환자의 목표가 '안정'이라면 생리적 흥분을 감소시키거나 상황을 재구성할 수 있게 하거나 긍정적인 감정 상태를 유도하는 개입을 선택해야 한다. 환자의 '안정'에 직접적으로 도움이 되지 않는 기술을 선택하는 것은 상황과 관련이 없거나 적절하지 않으며 도움이 될 가능성이 적다. 따라서 이 기준은 환자의 자기인식 능력을 입증한다.
2. **상황의 제약 내에서 실용적인 기술의 선택**. 환자는 자신이 처한 상황을 정

확하게 평가하고 이러한 제약조건에 맞는 기술과 반응을 선택할 수 있는 능력을 증명할 수 있어야 한다. 위기상황에서 비실용적이거나 실행이 불가능한 기술이나 반응을 선택하는 것은 비효율적일 것이다. 예를 들어 환자가 선호하는 대처전략을 활용할 수 있지만, 환자가 치료 중간에 위기를 겪는 경우, 그 대처전략은 그 특정 순간에 적용하는 것이 가능하지 않을 수 있다. 따라서 이 기준은 상황적 요구를 정확하게 평가할 수 있는 환자의 능력을 입증한다.

3. **상황적 요구에 대한 적응**. 환자는 변화하는 상황에 대응하여 기술사용을 적용할 수 있는 능력을 증명할 수 있어야 한다. 환자가 상황에 맞는 적절한 기술을 선택했지만 기대하지 않은 또는 예상치 못한 이유로 인해 기술이 효과적이지 못하게 되는 경우, 환자는 기술을 사용하는 방법을 조정하거나 주어진 상황 내에서 더 잘 작동하는 새로운 기술을 선택할 수 있어야 한다. 예를 들어 환자가 대처전략으로 오토바이 타기를 선택했지만, 천둥을 동반한 폭풍우가 몰려오고 있다는 것을 발견하면 대체할 대처전략을 선택해야 할 수도 있다. 마찬가지로 환자가 이완과 같은 대처 기술을 사용하면서도 그 후에도 여전히 정서적으로 매우 불쾌하게 느낀다면, 환자 자신의 괴로움을 효과적으로 관리하기 위한 또 다른 대처 기술을 선택할 필요가 있을 수 있다. 따라서 이 기준은 환자의 인지적 유연성을 입증한다.
4. **기술의 신속한 선택 및 적용**. 환자는 위기에 대응하여 대처전략을 신속하게 선택할 수 있는 능력을 보여줄 수 있어야 한다. 위기에서 속도는 성공의 중요한 요소다. 환자가 상황을 평가하고 적절한 반응을 선택하는 데 너무 오랜 시간이 걸리는 경우, 해결책이 효과를 나타내기 전에 압도될 수 있다. 대부분 대처전략과 기술은 위기 해결에 어느 정도 긍정적인 영향을 미칠 것이기 때문에 비록 아주 작은 영향일지라도 속도는 역량평가에 가장 중요한 기준일 것이다. 요컨대, 환자에게는 '완벽한' 해결책을 만들기 위해 오랜 시간이 소요되는 것보다는 다소 도움이 되는 해결책이어도 빨리 만들어내는 것이 좋다.

환자가 이 네 가지 기준을 입증하면, 환자는 BCBT를 완료할 준비가 된 것이다. 대부분의 경우, 최종 재발방지 작업의 종료 후 전문가와 환자가 공식적인 치료 종결을 한다. 치료종결을 위한 별도의 약속은 필요하지 않다.

## 방법: 재발방지 작업

재발방지 작업은 지표자살위기(the index suicide crisis)와 가상의 미래위기 등 적어도 두 가지 이상의 위기에 초점을 맞춘다. 재발방지 작업이 처음 도입되고 예행연습이 끝나면 전문가는 환자에게 자신의 지표자살위기를 상상하고 성공적으로 해결하도록 요청해야 한다. 환자가 지표자살위기와 관련된 충분한 기술을 숙달한 후에 전문가와 환자는 환자의 이력을 고려하여 가상으로 앞으로 있을 수 있는 위기를 함께 만들어낸다. 그런 다음 환자는 이 위기를 상상하고 성공적으로 해결한다. 일단 환자가 가상의 위기와 관련된 기술을 충분히 숙달한 것을 증명하면, BCBT는 완료된 것으로 간주된다.

재발방지에는 다음과 같은 4가지 주요 단계가 수반된다. (1) 치료에서 습득한 기술 및 전략의 검토, (2) 환자 교육 및 사전 동의, (3) 심상 작업, (4) 통합이다. 재발방지 작업의 첫 번째 단계에서 전문가는 환자에게 치료기록을 꺼내서 내용을 검토한 다음, BCBT 과정에서 배운 많은 기술과 전략의 이름을 붙여 감정적 고통과 자살위기를 관리하도록 한다. 환자가 개입의 이름을 지정할 때, 전문가는 개입의 이름을 화이트보드나 백지에 쓴다. 전문가는 환자에게 긍정적이든 부정적이든 이러한 기술과 전략에 대한 자신의 경험을 설명해 달라고 요청한다. 이 첫 번째 단계의 목적은 환자가 치료에서 상당한 진전을 이루었음을 명시하는 것이다. 학습된 기술 및 전략을 기록한 목록은 심상 작업 중에 환자가 힘들어하거나 '어려워하는' 경우 환자를 돕기 위한 기억보조 도구로도 사용할 수 있다.

다음에 전문가는 절차를 상세히 묘사하고 그 근거를 설명한다. 재발방지 작업은 환자에게 정서적으로 고통스러운 절차가 될 수 있다. 따라서 전문가는 환자에게 미리 무엇을 예상해야 하는지를 충분히 알 수 있도록 교육하고 환자가 질문을 하거나 걱정을 표현할 수 있는 충분한 기회를 제공할 수 있도록 추가적인 시간을 들여야 한다. 교육 및 서면동의 단계 동안 전문가가 다루어야 할 몇 가지 사항은 <글상자 20.1>에 요약되어 있다.

일단 환자가 절차를 이해하고 시작할 준비가 되면, 전문가는 환자에게 눈을 감고 목록에 있는 자살위기가 발생한 상황에 있는 자신의 모습을 상상하도록 요청한다. 전문가는 생동감을 높이기 위해 환자에게 보고 듣는 것을 자세히 설명해 달라고 한 다음, 환자에게 "다음은 어떻게 되나요?"라고 물어 작업의 진행을 용이하게 한다. 진행 중에 전문가는 환자가 작업에 대한 정서적 참여를 높이고 자살모드의 다양한 영역을 이끌어 내기 위해 환자 자신의 생각과 감정을 설명하도록 안내한다. 환자가 스스로 학습된 기술의 적절한 사용을 설명하여 위기를 해결하는 것을 상상하면 전문가는 절차를 중단하고 환자를 칭찬한다. 그런 다음 전문가는 환자에게 피드백을 요청하고 그 과정에서 경험한 것을 이야기하도록 한다. 이 작업이 충분히 진행되면 전문가는 환자에게 절차가 반복될 것이며 환자가 다른 방식으로 문제를 해결해야 한다고 말한다(예 위기 중 다른 시점에 기술사용, 다른 방식으로 기술사용, 다른 기술사용).

재발방지 작업은 여러 번 반복되는데, 반복할 때마다 환자가 해결하는 것이 점점 어렵게 한다. 반복의 목적은 연습을 통해 학습된 기술을 효과적으로 적용하는 것을 촉진하는 것이다. 매번 재발방지 과제의 난이도를 높임으로써, 환자는 인지적 유연성과 문제해결 능력, 즉 장기적인 위험 감소를 위해 중요한 능력을 입증해야 한다. 위기는 다양한 맥락에서 발생할 수 있고 여러 가지 다른 방식으로 특징지어질 수 있기 때문에 환자가 항상 선호하는 대처 전략을 사용할 수 있는 것은 아니다. 환자가 이런 상황에 적응하지 못하면 위기를 효과적으로 관리할 수 없게 된다. 따라서 재발방지 작업의 반복은 환자가 다른 상황적 조건에 신속하고 효과적으로 적응할 수 있는 능력을 갖추도록 하는 데 중요하다. 환자가 여러 차례 재발방지 작업을 반복한 후에도 있을 수 있는 위기를 효과적으로 해결할 수 없는 경우, 전문가는 추가 회기를 예약하여 환자가 충분히 할 수 있을 때까지 기술연습과 절차연습을 계속해야 한다.

- 당신은 스트레스와 위기를 효과적으로 관리하는 능력을 향상시키는 치료에서 많은 새로운 기술과 전략을 배웠다.
- 이 치료의 마지막 단계에서, 특히 자살위기 관리 분야에서 이러한 기술에 대해 매우 높은 수준으로 숙달되었는지 확인하고자 한다.
- 기술의 숙달 정도를 평가하기 위해 재발방지 작업이라는 절차를 진행할 예정이다.
- 재발방지 작업에서 당신은 자살위기 상황을 상상하라는 요청을 받게 될 것이다. 구체적으로 상황의 세세한 부분, 그 당시 가졌던 생각과 감정, 그리고 취한 행동을 떠올려 보라는 질문을 받게 될 것이다.
- 우리가 함께 할 때, 나는 당신에게 몇 가지 질문을 하거나, 정신적인 이미지의 생생함, 즉 현실성을 높이기 위해 몇 가지 제안을 할 수도 있다. 현실적일수록 이 과정이 더 효과적이기 때문에 나는 그렇게 할 것이다.
- 당신이 인생에서 특정한 순간을 다시 경험하게 되겠지만, 당신이 하는 이번 작업은 치료에서 배운 새로운 기술이나 전략을 사용하여 문제를 성공적으로 해결함으로써 결말을 바꾸는 것이다. 우리가 치료에서 이야기한 어떤 기술이라도 당신이 어떤 것을 선호하든 결과를 바꾸기 위해 사용할 수 있다.
- 시작하기 전에 이 절차와 관련된 위험에 대해 이야기하고자 한다. 이 절차가 일부 환자들에게는 감정적으로 화가 나게 할 수도 있다. 왜냐하면 인생에서 힘든 시기를 생각하고 그 때 경험했던 모든 부정적인 생각과 고통스러운 감정을 기억하게 될 것이기 때문이다. 단, 이러한 위험은 치료의 이 특정 부분에만 국한되지 않는다. 당신은 우리가 함께 작업하는 동안 많은 스트레스와 부정적인 생각을 기억했다. 나는 치료의 전체 과정을 통해 그랬던 것처럼 당신을 지원할 수 있다.
- 이 작업을 끝낸 후에, 우리는 함께 절차에 대해 논의할 것이다.
- 이 절차는 여러 번 반복될 것이다. 연습할 때마다 문제를 해결하기가 조금 더 어려워지므로 상황을 해결하는 새로운 방법을 찾아야 한다. 이것은 당신이 이 기술들을 사용함에 있어 정말로 숙달했다는 것을 확실히 알 수 있도록 도와줄 것이다.
- 재발방지 작업에 대해 어떤 질문이나 걱정되는 사항은 무엇인가?

**글상자 20.1** 재발방지 작업의 서면동의서 요소들

## 1단계: 환자의 치료일지 및 자기관리 전략 검토

전문가와 환자는 환자의 치료기록을 함께 검토하고, 환자가 BCBT 과정에서 배우고 효과적으로 사용한 자기관리 전략에 대해 논의한다.

### 치료자용 스크립트 예시

치료의 마지막 단계로 들어가기 전에, 나는 당신과 지금까지 배운 것을 복습하는 시간을 갖고 싶습니다. 치료기록이 있습니까? 그것을 꺼내서 이 치료 과정에서 배운 모든 '교훈'을 살펴보겠습니다. 이 전체 치료 과정에서 스트레스 관리, 문제해결 및 위기 처리를 위해 배운 모든 기술과 전략은 무엇입니까? 이 화이트보드에 적어 두겠습니다.

아주 좋습니다. 이 모든 전략 중에서 사용할 '상위 3개'의 전략은 무엇입니까? 이 전략들 중에서 매우 유용하다고 생각되는 전략은 무엇입니까? 매우 도움이 되는 것으로 입증된 다양하고 유용한 기술을 배운 것 같습니다. 가장 중요한 것은, 당신이 일상생활에서 이러한 기술을 사용하여 문제와 스트레스에 보다 효과적으로 대응하기 시작했다는 것입니다.

## 2단계: 재발방지 작업에 대한 사전동의 제공

전문가는 재발방지 작업을 상세히 설명하고 절차에 대한 환자의 질문과 걱정을 이끌어낸다.

### 치료자용 스크립트 예시

방금 논의한 바와 같이, 지난 몇 개월 동안 스트레스와 위기를 효과적으로 관리하는 능력을 향상시킬 수 있는 많은 새로운 치료 기술과 전략을 배웠습니다. 이러한 모든 기술은 여기 화이트보드에 기록되어 있습니다. 치료에서 이 마지막 단계에는 '재발방지 작업'이라는 것을 할 것입니다. 이 절차는 특히 자살위기 관리와 관련하여 그러한 기술에 대한 지식을 습득했을 뿐만 아니라 그러한 기술을 효과적으로 사용할 수 있는 능력도 습득했는지 확인하기 위해 고안된 절차입니다. 재발방지 작업은 자살시도를 하지 않고 위기에 대응할 수 있는 능력을 입증하기 위해 배운 모든 기술을 사용하는 심상기반의 절차입니다. 이것은 일종의 치료의 '최종 시험'과 같습니다. 배운 것을 보여주고 새로운 지식을 특정 문제에 적용하는 방법을 알고 있음을 보여 주어야 합니다. 이 단계는 선수들이 자신이 슛을 성공하거나 1점을 득점하는 등 다른 방법으로 최선을 다하는 것을 상상하는 것과 매우 유사합니다. 상상으로 행동을 연습함으로써, 상상한 대로 행동할 가능성이 더 높아집니다. 당신에게도 마찬가지입니다. 정신적으로 당신의 기술을 연습함으로써 당신이 앞으로 그것을 사용할 가능성이 더 높아집니다.

재발방지 작업에서는 자살위기 상황을 상상해 보도록 하겠습니다. 자신이 어디에 있는지, 주변 사물이 어떤 모습인지, 들을 수 있는 내용은 무엇인지 등 자세한 상황을 상상해보라고 요청할 것입니다. 또한 나는 당신이 위기 동안 가지고 있는 생각과 감정, 그리고 당신이 취하는 행동을 상상해 보도록 요청할 것입니다. 당신의 상상력을 따라갈 수 있도록 당신은 이 모든 것들을 내게 소리내어 설명할 것입니다. 우리가 함께 할 때, 나는 당신이 무엇을 보고 있는지 혹은 무엇을 하고 있는지에 대해 몇 가지 질문을 하거나, 당신이 생각하고 느끼는 것에 대해 몇 가지 제안을 할 수도 있습니다. 심상의 현실성을 높이기 위해 이렇게 하는 것입니다. 심상이 현실적일수록 이 절차는 더 잘 작동합니다.

우리는 이 심상 작업을 여러 번 할 것입니다. 처음 몇 번은 당신을 치료로 이끈 자살위기에 집중하도록 하겠습니다. 특정 자살위기를 되살리겠지만 이번에는 치료에서 배운 기술이나 전략으로 위기를 해결하여 이야기의 끝을 바꾸는 것입니다. 다시 말해서, 당신은 그 상황에 더 효과적으로 대응하는 자신을 상상하게 될 것입니다. 마치 '다시 하기' 기회를 주는 것과 같습니다. 결과를 변경하기 위해 치료에서 당신이 어떤 것을 선호하든지 우리가 이야기한 기술을 사용할 수 있습니다.

시작하기 전에 이 절차와 관련된 위험에 대해 말씀하고자 합니다. 재발방지 작업은 일부 환자들에게 감정적으로 화가 나게 할 수도 있습니다. 왜냐하면 당신은 당신의 삶에서 매우 힘든 경우에 대해 생각하고 그 당시 경험했던 모든 부정적인 생각과 고통스러운 감정을 기억하게 될 것이기 때문입니다. 그러나 아픈 기억을 경험하는 이 특별한 위험이 이 절차에만 있는 것은 아니라는 것을 알아야 합니다. 아시다시피, 당신은 이 치료 과정에서 스트레스가 많은 기억과 부정적인 생각을 많이 기억했습니다. 제가 전체 치료를 통해 했던 것처럼, 이 절차동안 당신을 돕고 지원할 수 있습니다. 심상 작업을 마치면 우리는 당신이 새로운 기술을 배웠을 때처럼 절차를 함께 논의할 것입니다.

앞서 언급했듯이 이 절차를 여러 번 연습할 것입니다. 연습할 때마다 문제해결을 조금 더 어렵게 하여 여러 가지 해결방법을 찾아내야 합니다. 이것은 당신이 이 치료에서 배운 기술을 제대로 습득했는지 확인하는 데 도움이 됩니다. 여러 가지 방법으로 원래의 자살위기를 해결할 수 있는 능력을 확인한 후, 우리는 당신이 인생의 어느 시점에서 경험할 것으로 생각되는 하나 이상의 가상의 미래 위기를 상상하면서 이 절차를 연습하게 할 것입니다. 더 진행하기 전에 잠시 멈추고 이 절차에 대해 궁금한 점이 있으면 질문하셔도 됩니다.

## 3단계: 지표자살위기 중심의 재발방지 작업

전문가는 환자가 자신의 자살 위기목록으로 이어지는 상황과 단계를 설명하는 심상 작업을 하도록 환자를 안내한다. 전문가는 환자가 자살시도를 피하기 위한 자기관리 전략의 효과적인 사용을 상상하도록 돕는다.

**치료자용 스크립트 예시**

자리에 앉아 편안하게 눈을 감으십시오. 잠시 시간을 내어 당신이 치료를 받게 한 자살위기를 되돌아보고, 이야기가 시작되는 곳마다 그 상황에 처한 자신을 상상해 보십시오. 당신이 어디에 있고 무엇을 보는지 설명해 주시겠습니까?

[정신적 이미지의 생동감을 증가시키도록 유도하는 예시문]

주변에서 무슨 일이 일어나고 있습니까?
무엇이 들리나요?
어떻게 보이는지 설명해 보세요.
그 사람이 당신에게 말할 때 사용하는 정확한 단어는 무엇입니까?
당신이 느낀 감정은 무엇인가요?
이 시점에서 무슨 생각을 했습니까?
신체의 어느 부위에서 그 감각을 느끼십니까?
다음으로 무엇을 하실 겁니까?

[관리기술을 확인하거나 효과적으로 사용하려고 애쓰는 환자의 경우]

여기에서 사용할 수 있는 기술은 무엇입니까?
치료에서 배운 것 중에 이 시점에서 도움이 될 만한 것이 있습니까?
화이트보드에 나열된 것 중에 이런 상황에서 유용하게 쓰일 만한 것이 있습니까?

## 4단계: 경험의 처리

재발방지 작업을 완료한 후, 전문가는 안내 질문을 사용하여 환자가 이 절차의 효과와 가치를 인식할 수 있도록 돕는다.

### 치료자용 스크립트 예시

[처리를 촉진하는 예시문]

어땠나요?

그 작업을 하면서 무엇을 알아 차렸습니까?

그 작업이 쉬웠습니까?

그 작업에서 어려운 것은 무엇이었나요?

당신이 특정 기술을 사용하기로 선택한 이유는 무엇입니까?

그 문제를 해결할 수 있는 다른 방법은 무엇입니까?

## 5단계: 재발방지 작업의 반복

전문가는 환자에게 여러 번 심상 작업을 반복하여 안내하지만, 매번 다른 방법으로 환자에게 위기를 해결하도록 지시한다. 매번 반복하면서 환자는 자신의 지표자살위기로 이끄는 상황과 단계를 설명하고 자살시도를 피하기 위한 자기관리전략의 효과적인 사용을 상상한다. 그리고 전문가는 환자의 성공적인 위기해결을 더욱 어렵게 하는 새로운 어려움을 제시한다. 매번 반복한 다음, 전문가와 환자는 경험을 정리한다.

### 치료자용 스크립트 예시

아주 잘 했습니다! 좋습니다. 처음에 언급했듯이, 연습을 많이 할수록 더 좋은 결과를 얻을 수 있기 때문에 이것을 여러 번 함께 할 것입니다. 이번에는 다른 기술을 사용하든 새로운 방식으로 같은 기술을 사용하든, 다른 방식으로 문제를 해결하시기 바랍니다. 다시 한 번 말씀 드리지만, 이 작업을 여러 번 수행해가면서 나는 당신이 해결하는 것이 점점 더 어려워지도록 문제를 만들 것입니다. 예를 들어 당신이 사용할 기술을 선택할 수도 있지만, 나는 그 기술이 계획대로 되지 않는 이유를 생각해 낼 것입니다. 그래서 당신은 그 새로운 문제에 대응하여 그 시점에서 새로운 것을 알아내야 할 것입니다. 이해가 되었나요? 그래요, 좋습니다. 눈을 감아 주시면 다시 하겠습니다.

### 6단계: 가상의 미래 자살위기 함께 확인

전문가와 환자는 앞으로 발생할 가능성이 높은 있을 수 있는 위기에 대해 논의한다.

**치료자용 스크립트 예시**

매우 잘 했습니다! 당신은 치료를 시작하게 한 위기를 해결하기 위해 지식과 기술을 사용하는 방법을 확실히 터득했습니다. 다음으로 우리가 하고 싶은 것은 당신이 인생에서 경험할 수 있는 미래의 위기를 생각하면서 이러한 기술을 연습하게 하는 것입니다. 이것은 사랑하는 사람과의 논쟁이나 갈등, 어떤 종류의 실망스러운 소식을 듣거나, 동료로부터 비난을 받거나 실망감을 느끼는 것일 수 있습니다.

지난 몇 달 동안 우리가 이야기한 것을 토대로 생각해보면, 어떤 상황들이 당신을 가장 많이 자극하는 것 같습니까? 앞으로 어떤 상황이 당신을 화나게 할 것 같습니까?

### 7단계: 가상의 자살위기에 초점을 맞춘 재발방지 작업 수행

전문가는 환자가 가상의 미래의 자살위기를 초래하는 상황을 상상하는 심상 작업을 하도록 환자를 안내한다. 전문가는 환자가 자살시도를 피하기 위한 자기관리 전략의 효과적인 사용을 상상하도록 돕는다.

**치료자용 스크립트 예시**

이제 가상의 미래의 위기가 생겼으므로 이전에 했던 것과 똑같은 일을 수행하여 기술을 연습할 것입니다. 눈을 감고 당신이 어디에 있는지, 주변에서 무슨 일이 일어나고 있는지 설명해주세요.

[정신적 이미지의 생동감을 증가시키도록 유도하는 예시문]

주변에서 무슨 일이 일어나고 있습니까?
무엇이 들리나요?
어떻게 보이는지 설명해 보세요.
그 사람이 당신에게 말할 때 사용하는 정확한 단어는 무엇입니까?
당신이 느낀 감정은 무엇인가요?

이 시점에서 무슨 생각을 했습니까?
신체의 어느 부위에서 그 감각을 느끼십니까?
다음에는 무엇을 할 것입니까?
[자기관리 기술을 확인하거나 효과적으로 사용하려고 애쓰는 환자의 경우]
여기에서 사용할 수 있는 기술은 무엇입니까?
치료에서 배운 것 중에 이 시점에서 도움이 될 만한 것이 있습니까?
화이트보드에 나열된 것 중에 이런 상황에서 유용하게 쓰일 만한 것이 있습니까?

## 8단계: 경험의 처리

재발방지 작업을 완료한 후, 전문가는 안내 질문을 사용하여 환자가 재발방지 작업의 효과와 가치를 인식할 수 있도록 돕는다.

### 치료자용 스크립트 예시

[처리를 촉진하는 예시문]
어땠나요?
그 작업을 하면서 무엇을 알아 차렸습니까?
그 작업이 쉬웠습니까?
그 작업에서 어려운 것은 무엇이었나요?
당신이 특정 기술을 사용하기로 선택한 이유는 무엇입니까?
그 문제를 해결할 수 있는 다른 방법은 무엇입니까?

## 9단계: 재발방지 작업의 반복

전문가는 환자에게 여러 번 심상 작업을 반복하도록 안내하지만 매번 다른 방법으로 환자에게 위기를 해결하도록 지시한다. 매번 반복하면서 환자는 자신의 지표자살위기로 이끄는 상황과 단계를 설명하고 자살시도를 피하기 위한 자기관리전략의 효과적인 사용을 상상한다. 그리고 전문가는 환자의 성공적인 위기해결을 더욱 어렵게 하는 새로운 어려움을 제시한다. 매번 반복한 후, 전문가와 환자는 경험을 처리한다.

## 사례를 통한 예시

제니스 사례의 부분적인 기록은 전문가가 여러번 작업을 성공적으로 완료한 후 재발방지 작업의 난이도를 어떻게 증가시켰는지 보여주기 위해 제공하는 것이다. 전문가가 제니스에게 '어떤 상황에서도 빠르게 잘 대처하는 것'을 요구하는 새로운 도전을 제시하여, 향상된 인지적 유연성의 획득을 증명하는 것에 주목하라.

전문가: 다시 한 번 잘하셨습니다. 나는 당신이 그것을 지금 알고 있다고 생각합니다.

제니스: 맞아요, 내가 할 수 있을 것 같아요.

전문가: 좋습니다. 다시 시작하고 다시 해봅시다. 이번에는 일이 계획대로 진행되지 않을 경우 어떻게 대응할지 보고 싶습니다.

제니스: 좋아요.

전문가: 먼저 시작하세요.

제니스: 좋아요. 나는 직장에 있고 내 상사는 진짜 바보같이 굴어요. 그는 나에게 내가 망쳐놓고 아무것도 제대로 하지 않는다고 말하는데, 내가 나를 변호하려고 할 때 그는 나를 무시하면서 내가 변명하고 있다고 말합니다. 화가 나서 울고 싶다는 생각이 들고 더 이상 이 일을 다루고 싶지 않아서 커피 한 잔 마시기로 결심합니다. 그것이 제 위기대응계획의 첫 번째 일이기 때문입니다. 그래서 건물 1층에 있는 커피숍으로 걸어갑니다.

전문가: 커피숍에 갔는데 커피숍이 일찍 문을 닫았으면 어떻게 하죠?

제니스: 글쎄요, 몇 개의 건물 옆에 있는 카페테리아로 걸어가서 거기에서 커피를 마시면 돼요.

전문가: 좋습니다. 그렇게 하는 모습을 설명하십시오.

제니스: 글쎄요, 저는 제가 있는 건물에서 나와 길을 따라 내려간 다음 정지표지판에서 우회전합니다.

전문가: 어디에 있는지 묻는 상사의 문자 메시지가 온 휴대전화를 보고 있다고 상상해보세요.

제니스: 나는 그것을 무시하고 계속 커피를 마실 것입니다.

전문가: 음, 그가 다시 문자를 보내면 어떨까요?

제니스: 나는 그를 계속 무시할 것입니다.

전문가: 응답이 없을 때 그가 전화를 걸면 어떻게 하죠?

제니스: (한숨) 전화기를 끄고 잠시 동안 아이들에 대해 생각할 겁니다.

전문가: 아이들과 관련하여 당신은 어떤 생각을 하고 있습니까?

제니스: 글쎄요, 주말에 함께 모일 계획을 세우는 것을 생각하고 있습니다. 어쩌면 개들이 뒷마당에서 같이 놀 수 있을지도 모릅니다.

전문가: 좋습니다. 다음은 어떻게 되나요?

제니스: 커피를 마시고 뒤 계단을 통해 사무실로 돌아가서 제 상사를 보지 못했어요.

전문가: 그가 당신의 사무실 문에서 당신을 기다리고 있다면 어떨까요? 어떻게 할 것입니까?

제니스: 그럼 저는 그를 피할 수 없다고 생각합니다. 그는 믿을 만한 정보원이 아니며 그가 바보처럼 굴어도 나는 좋은 사람이라는 사실을 스스로 상기시킬 것입니다. 내가 나 자신을 비판하기 시작하면 그것은 단지 감정적인 추론일 뿐이며 때때로 사람들은 멍청이가 되는데, 그것이 반드시 한 사람으로서 나를 반영하는 것은 아니라는 것을 스스로 상기시킬 것입니다.

전문가: 훌륭합니다! 거기서 멈추도록 합시다.

제니스: 감사합니다. 사실 제가 생각했던 것보다 훨씬 쉬웠습니다.

## 방법: 치료종결

재발방지 작업의 완료와 기술숙달의 입증에 따라 전문가는 BCBT 종결에 대한 문제를 제기하며, 이는 완전한 치료종결 또는 다른 형태의 치료로의 전환(예 다른 치료의 지속)을 수반할 수 있다. 전문가는 재발방지 개념을 검토하고 환자에게 후속 절차에 대해 알려준다. 매우 중요한 점은 전문가는 새로운 자살사건이 발생할 경우 향후 다시 서비스를 재개할 수 있다고 환자에게 알려주어야 한다는 것이다

### 1단계: 재발방지 논의

전문가는 치료기록을 향후 환자의 위기관리를 돕기 위한 서면 계획으로 논의한다.

**치료자용 스크립트 예시**

자, 당신은 아주 짧은 시간에 먼 길을 왔습니다. 재발방지 작업과 관련된 당신의 성과를 바탕으로 이제 인생의 위기를 다루는 방법에 대해 매우 명확하게 이해했다

고 말할 수 있습니다. 어떻게 생각하십니까?

당신의 진행상황에 비추어 볼 때 이제 BCBT를 공식적으로 마무리 할 수 있는 위치에 있는 것 같습니다. 이 과정의 일부로 몇 가지 중요한 점을 강조하고 싶습니다. 첫째, 이 치료기록은 앞으로의 삶의 문제를 관리하기 위한 공식적인 계획으로서 역할을 해야 합니다. 이것이 우리가 계속해서 배운 것을 다시 언급하고 치료에서 배운 가장 유용한 교훈을 모두 기록한 이유입니다. 본질적으로, 당신은 살만한 가치가 있는 삶을 계속 살아가기 위해 필요한 가장 중요한 정보를 여기에 적어 놓았습니다. 이건 마치 수업시간에 노트를 정리해서 저장하는 것과 같습니다. 치료를 마친 후에는 나중에 메모를 검토하여 기억을 되살려 보세요.

이제 치료가 끝났으니 이 치료기록을 어디에 보관할지 생각해보세요. 이 치료기록을 꺼내서 나중에 필요할 때 검토하시겠습니까?

## 2단계: 추수절차 논의 및 지속적 관리를 위한 권장사항

전문가는 필요에 따라 환자가 향후 추가 치료회기를 받을 수 있는 방법(후속회기)에 대한 정보를 제공하고, 적절한 경우 지속적인 치료를 위한 권장사항을 제시한다.

**치료자용 스크립트 예시**

두 번째로 논의하고 싶은 것은 추가도움이 필요한 경우 향후에 치료를 재개하는 방법입니다. 우리가 이 치료를 마쳤다고 해서 지원이나 코칭이 필요한 경우 몇 번의 사후 관찰회기(추수회기)을 위해 돌아올 수 없다는 의미는 아닙니다. 예를 들어, 환자가 몇 달이 지난 후 몇 번 다시 만나자고 요청하고 삶의 새로운 위기에 직면하여 탐색하는 데 어려움을 겪는 것은 매우 흔한 일입니다. 대부분의 경우 사람들은 재충전이나 '조정(tune-up)'을 받기 위해 한두 번만 만나면 되지만 때로는 그보다 몇 번 더 만나야 합니다. 그러므로 앞으로 이런 상황에 처하게 된다면 저에게 전화만 주시면 약속을 잡겠습니다. 마지막으로 치료의 다음 단계에서 해야 한다고 생각하는 몇 가지 권장사항을 제공하겠습니다.

전문가는 환자 고유의 상황에 따라 추가 치료와 후속 권장사항을 제공한다.

# 사례를 통한 예시

## 존의 사례

존은 다른 정신건강전문가들로부터 다른 형태의 치료를 받지 않았기 때문에 BCBT 종결이 존의 정신건강치료의 종결을 의미했다. 전문가가 존과 함께 일 년에 한 번씩 정기검진을 받을 때, 존은 자신이 잘 지내고 있으며 다른 자살 위기를 겪은 적이 없다고 말했다.

## 마이크의 사례

마이크는 새로운 정규직 업무를 시작했기 때문에 재발방지 회기의 단 한 회기에만 참석했다. 마이크가 이 마지막 회기 동안 여러 번 반복적인 재발방지 작업을 성공적으로 완료했기 때문에, 전문가는 마이크가 기술을 적용할 수 있는 능력을 입증했고 추가회기가 필요하지 않다고 판단했다. 약 6개월 후, 마이크는 가능한 정신과 상담에 대해 문의하기 위해 전문가에게 다시 연락했다. 마이크는 그가 '우리가 처음 치료를 시작했을 때보다 훨씬 나아졌다.'고 언급했음에도 불구하고 계속적인 동요와 짜증을 보고했다. 그와 그의 아내는 그 증상들과 관련된 가능한 약물치료에 대해 정신과 의사와 상담을 해야 할 만큼 충분히 어려움을 겪고 있다는 것에 동의했다. 전문가는 이 의뢰를 용이하게 하도록 도와주었다.

## 제니스의 사례

BCBT의 결론에 따라, 전문가는 제니스에게 외상심리치료로 전환하여 제니스 자신의 PTSD를 해결할 것을 권고했다. 제니스는 이 권고에 동의하면서 '내가 살면서 겪은 학대에 대해 마침내 대처할 준비가 된 것 같다.'고 말했다. 제니스는 몇 달 후 이 치료를 완료했고, 그 때 그녀는 더 이상 PTSD 진단 기준을 충족하지 하지 않았다. 그녀는 PTSD 치료 중 가끔 자살충동을 경험했지만 '이번에는 어떻게 대처해야 할지 알고 있었다.'고 언급했다.

### 재발방지 작업 및 치료종결을 위한 팁과 조언

1. **회피에 주의하기**. 정서적 회피와 억압은 재발방지 과제의 효과를 감소시키고 지속적인 자살행동의 위험요인으로 작용한다. 환자들은 이야기의 어려운 부분을 얼버무리거나 세부적인 내용을 제공하는 것을 거부하는 것과 같은 몇 가지 다른 방법으로 재발방지 과제 동안 회피를 보일 수 있다. 전문가는 이러한 행동이 감정조절과 인지 재평가에서의 지속적인 어려움을 나타내는 것일 수 있으므로 유의해야 한다.
2. **환자의 자살 신념을 표현하게 하기**. 첫 번째 요점과 관련하여 재발방지 과제의 정서적 만족도를 높이기 위한 특히 강력한 전략은 환자의 자살신념에 주의를 환기시키는 것이다. 환자가 자살신념을 언어화하지 않으려 한다면 전문가는 그 신념을 언어화해야 한다.
3. **인지적 경직성에 대해 경각심을 가지기**. 자신의 지표자살 에피소드를 검토해보는 동안 일부 환자들은 기억 속에 갇혀서 그 과제의 목적이 결과를 바꾸는 것이라는 사실을 잊게 될 것이다. 재발방지 과제의 1차적인 목표는 환자의 자살행동 이외의 적절한 대처기술을 개발하는 것이기 때문에, 전문가는 자살위기의 '사슬 끊기'를 위해 고군분투하는 경우 환자가 방향을 재설정하도록 해야 한다.

# 부록 A
# 환자를 위한 양식과 유인물

# 부록 A.1 자살모드

자살모드는 자살위기와 관련된 많은 다양한 위험요인과 보호요인을 체계화하는 방법이다. 이러한 요인은 다음과 같은 인지적(스트레스를 받았을 때 우리가 어떻게 생각하는 지와 관련된 요인), 행동적(우리가 취하는 행동 및 스트레스에 대응해서 하는 일과 관련된 요인), 감정적(스트레스를 받을 때 느끼는 감정과 관련된 요인), 신체적(스트레스를 받을 때 생물학 및 신체 감각과 관련된 요인) 영역으로 구분될 수 있다. 기저 요인은 상대적으로 고정되어 있거나 변화할 가능성이 없는 반면, 급성 요인은 우리 생활에서 발생하는 활성화사건에 반응하여 변화한다.

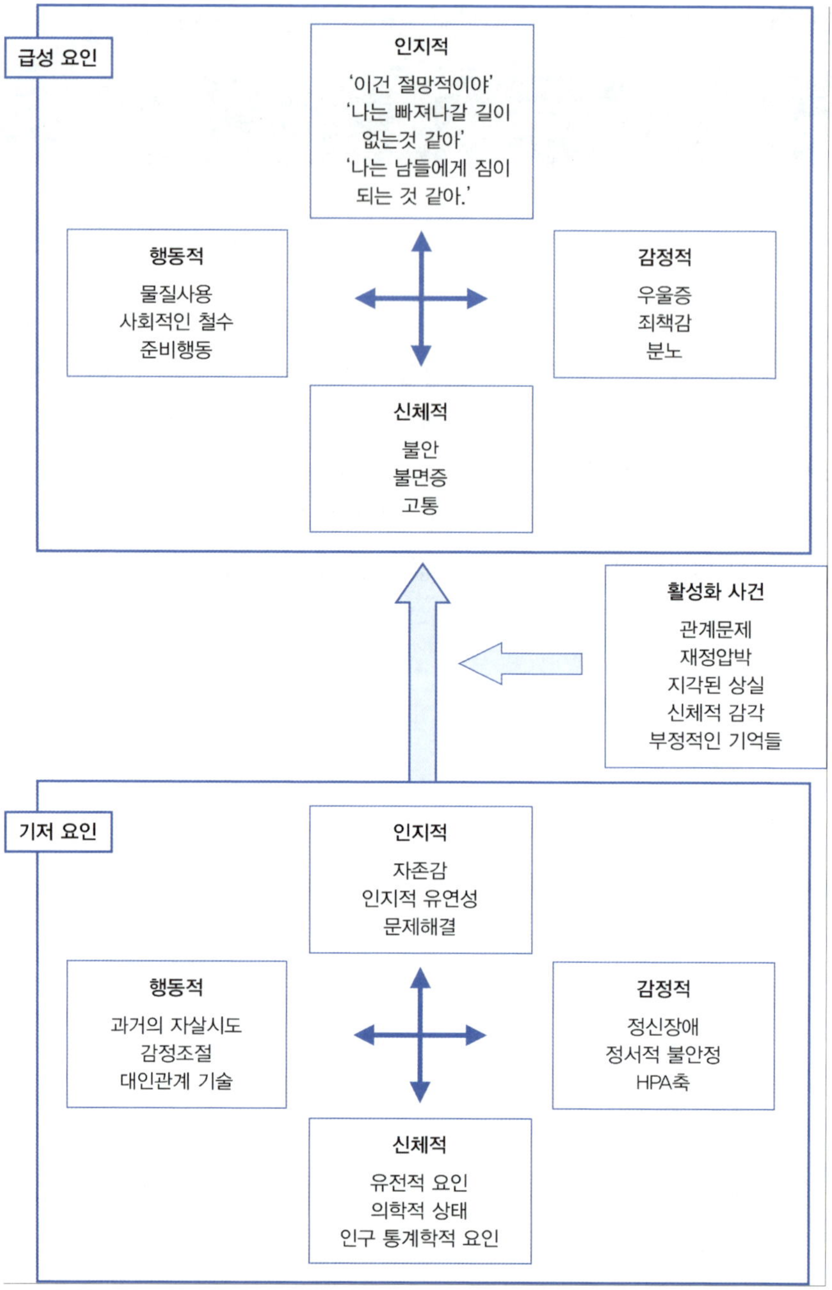
급성 요인
인지적
'이건 절망적이야'
'나는 빠져나갈 길이 없는것 같아'
'나는 남들에게 짐이 되는 것 같아.'
행동적
물질사용
사회적인 철수
준비행동
감정적
우울증
죄책감
분노
신체적
불안
불면증
고통
활성화 사건
관계문제
재정압박
지각된 상실
신체적 감각
부정적인 기억들
기저 요인
인지적
자존감
인지적 유연성
문제해결
행동적
과거의 자살시도
감정조절
대인관계 기술
감정적
정신장애
정서적 불안정
HPA축
신체적
유전적 요인
의학적 상태
인구 통계학적 요인

# 부록 A.2 자살시도 예방을 위한 BCBT 정보시트

**내가 제공받는 치료의 이름은 무엇입니까?**

자살시도를 예방하기 위한 단기인지행동치료(BCBT)입니다.

**전문가는 BCBT 실시방법을 어디서 어떻게 배웠습니까?**

[응답은 전문가에 따라 다르지만 대학원, 대학원 경험 및 추가교육에 대한 정보를 포함해야 합니다. 전문가는 구체적으로 BCBT와 관련하여 받은 지도감독의 양과 특성에 대해 설명해야 합니다.]

**BCBT는 다른 치료법과 비교하면 어떻습니까?**

연구에 따르면, BCBT는 일반적인 치료(treatment as usual)라 불리는 것과 비교되어 왔습니다. 일반적인 치료는 지역사회 전문가들에 의해 제공되는 전형적인 정신건강 치료법입니다. 우울증, 자살생각, 그리고 다른 정서적 증상들의 측면에서 BCBT 환자치료는 일반적인 치료와 거의 같은 양만큼 향상됩니다. 자살시도와 입원 측면에서 BCBT의 환자들은 자살시도를 할 확률이 60% 정도 낮으며, 정신과병원에서 보내는 날도 적습니다.

**BCBT는 어떻게 작동합니까?**

BCBT는 여러분에게 문제를 해결하고, 위기를 관리하고, 당신과 당신의 삶에 대해 다르게 생각하는 방법을 가르치는 데 초점을 맞춘 일대일 치료법입니다. 그러한 새로운 기술을 배우면서, 여러분은 인생에서 위기를 더 잘 관리할 수 있다는 것을 알게 될 것입니다. 이를 위해, 여러분과 여러분의 전문가는 인생에서 스트레스를 받는 상황에 대해 이야기하고 이러한 상황을 다르게 다룰 수 있는 새로운 기술을 연습할 것입니다.

### BCBT는 얼마나 자주 만나야 되고 얼마나 오래 지속해야 합니까?

BCBT는 일반적으로 내담자의 요구와 전문가의 가용성에 따라 1주일에 한 번 또는 두 번 만나게 되며 12번의 회기로 지속됩니다. 첫 번째 약속은 보통 90분 정도 걸리고 나머지 11번의 약속은 보통 1시간 정도 소요됩니다.

### BCBT와 관련하여 있을 수 있는 위험은 무엇입니까?

가장 흔한 위험은 스트레스나 고통스러운 상황, 생각, 그리고 감정에 대해 말할 때 화가 나는 것입니다. 치료는 때때로 단기적으로는 당신의 고통을 증가시킬 수 있는 감정적으로 어려운 주제에 대한 논의를 포함할 것입니다. 이렇게 고통이 증가되는 기간이 매우 짧기는 하지만, 짧은 시간 동안 자살에 대한 여러분의 욕구를 증가시킬 수 있습니다. 전문가가 이 기간을 이겨내는 데 도움을 드릴 것입니다.

또 다른 흔한 위험은 자살시도입니다. 과거에 자살을 시도했거나 자살생각으로 치료를 시작한 환자의 약 절반이 치료 도중이나 직후에 자살을 시도합니다. 자살시도의 위험은 시간이 지남에 따라 감소하는 경향이 있고, BCBT는 이러한 위험을 절반 이상 감소시키는 것으로 나타났습니다.

훨씬 덜 일반적이지만 심각한 위험은 자살로 인한 사망입니다. 외래치료를 받는 환자의 2% 미만이 자살로 사망합니다. 자살시도의 이력이 있는 환자, 특히 여러 번 자살시도를 한 환자의 경우 자살로 인한 사망위험이 더 높습니다. 치료 중에 자살을 시도하는 환자는 자살로 사망할 위험성이 가장 큽니다.

### BCBT에서 얼마나 많은 환자가 개선됩니까? 어떻게 아십니까?

질적으로 높은 수준의 과학적인 연구 결과에 따르면 BCBT를 받은 환자의 75% 이상이 치료 후 첫 3개월 이내에 자살생각, 우울증, 절망 및 불안이 개선되기 시작합니다. 이러한 개선은 치료 후 최대 2년 동안 지속되는 경향이 있습니다. BCBT를 받는 환자는 치료시작 후 3개월 이내에 자살시도를 할 가능성도 적습니다. 이러한 자살위험성의 개선은 치료 후 최대 2년 동안 지속됩니다. 또한 BCBT를 받는 환자는 업무문제를 겪을 가능성이 적은 등 삶의 다른 영역에서도 개선을 보고하는 경향이 있습니다.

### BCBT에서 얼마나 많은 환자가 악화됩니까? 어떻게 아십니까?

질적으로 높은 수준의 과학적 연구 결과에 따르면 BCBT에서 악화되는 환자는 거의 없지만 일부 환자는 다른 환자처럼 반응하지 않는 경우가 있습니다. 환자의 15~30%는 계속해서 심각한 정서적 고통을 겪고 치료 중 또는 치료 직후에 자살시도를 할 수 있습니다.

### BCBT를 받는 환자는 치료를 받지 않은 환자 그리고 다른 치료를 받는 환자와 비교하면 어떻습니까?

BCBT를 받은 환자의 결과는 전혀 치료를 받지 않은 환자의 결과와 아직 비교되지 않았습니다. 환자의 75% 이상이 BCBT를 받을 때 정서적 고통이 개선되었다고 보고합니다. 비슷한 수의 환자들이 다른 형태의 치료와 약물을 받을 때 개선을 보고합니다. 그러나 BCBT를 받는 환자의 15~30%만이 치료 중 또는 치료 직후에 자살을 시도하는데, 다른 형태의 치료 및 약물을 받는 환자의 30~60%가 치료 중 또는 치료 직후에 자살을 시도합니다. 이것은 BCBT 환자가 다른 치료를 받는 환자보다 자살시도를 할 가능성이 절반이라는 것을 의미합니다.

BCBT처럼 잘 작동하는 대체 치료법은 변증법적 행동치료 또는 DBT라고 불립니다. BCBT와 DBT는 서로 직접적으로 비교되지 않았지만, BCBT와 마찬가지로 DBT는 대부분의 환자의 정서적 고통을 줄이고 자살시도 위험을 거의 동일한 양만큼 감소시킵니다. DBT와 BCBT는 문제를 해결하고 위기를 관리하기 위한 교육기술 측면에서 매우 유사합니다. DBT와 BCBT는 치료기간 및 치료방법 면에서 다릅니다. DBT에는 12개월 동안 매주 진행되는 개인 및 집단치료 회기과 주간 회기 간 15분 간의 전화 상담이 포함되어 있으며, 총 52개의 개인치료 회기과 1년 동안 52개의 집단치료 회기가 있습니다. BCBT에는 12주(격주 회기의 경우 6주) 동안 지속되는 개인회기가 포함됩니다.

또 다른 치료 옵션은 항우울제, 기분 안정제, 항불안제 또는 기타 유형의 약물을 포함할 수 있는 정신과 약물치료입니다. 연구에 따르면 대부분의 환자는 약물을 복용하는 동안 증상이 호전되는 것을 느끼지만 약물 자체만으로는 자살시도의 위험을 줄이는 것으로 보이지 않습니다.

최종 치료방법은 치료와 약물치료를 병행하는 것입니다. 병행치료를 단독요법이나 약물치료와 비교한 연구는 거의 없습니다. BCBT를 받는 대부분의 환자는 BCBT를 받지만 약을 복용하지 않는 환자와 마찬가지로 약물을 복용하고 회복합니다.

**BCBT가 작동하지 않는다고 느낄 경우 어떻게 해야 합니까?**

모든 약속을 시작할 때, 여러분은 지난 약속 이후 상황이 어떻게 진행되었는지 설명해야 하며, 새로운 기술과 전략이 도움이 되었는지 질문을 받게 될 것입니다. 만약 특정의 전략이 효과가 없다면, 당신은 그때 그렇게 말해야 합니다. 전문가가 전략의 효과를 높이는 방법을 찾는 데 도움을 줄 수 있을 것입니다. 드물기는 하지만 당신과 전문가는 전략이 효과가 없다고 판단할 수 있으며 더 나은 방법을 찾기 위해 이 방법을 사용하는 것을 중단하기로 합의할 것입니다.

# 부록 A.3
## 치료계획 템플릿

이 치료에서 우리는 당신의 특정 요구와 관심사에 맞게 우리가 하는 일을 조정할 것입니다. 이렇게 하는 것이 내담자의 필요와 관심에 근거한 명확한 계획을 세우는 데 도움이 될 것입니다. 이 양식을 치료계획이라고 합니다. 치료계획은 우리가 설정할 우선순위를 요약하고 진행상황을 추적할 수 있는 방법을 제공합니다. 우리가 함께 일하면서, 우리는 당연히 목표로 삼아야 할 문제로 '자살위험'을 포함시킬 것입니다. 또한 우리는 '자살행동의 위험 감소'를 목표 또는 목적으로 포함할 것이지만, 치료과정에 포함하거나 추가할 다른 목표가 있을 수 있습니다.

| 문제번호 | 문제 설명 | 목적/목표 | 개입 | 예상 회기 수 | 결과 |
|---|---|---|---|---|---|
| 1 | | | | | |
| 2 | | | | | |
| 3 | | | | | |
| 4 | | | | | |

결과: 0 - 성공하지 못함 1 - 부분적으로 성공 2 - 성공

# 부록 A.4 치료 합의에 대한 약속

나_______________________는, 치료 과정에 전념하기로 동의한다. 이것은 내가 다음을 포함한 치료의 모든 측면에 적극적으로 관여하기로 동의하고 이해했다는 것을 의미한다.

1. 치료 참석(치료에 참석할 수 없을 때 제공자에게 알린다.)
2. 목표 설정
3. 나의 의견, 생각, 감정을 나의 서비스 제공자에게 정직하고 솔직하게 말한다(부정적이든 긍정적이든, 가장 중요한 것은 나의 부정적인 감정)
4. 치료 기간 동안 적극적으로 참여
5. 숙제 완료
6. 처방대로 약을 복용하는 것
7. 새로운 행동과 새로운 방법의 실험
8. 필요할 때 위기대응계획 실시
9. 제공자와 내가 동의하는 추가 조항들

나는 성공적인 치료결과는 내가 쏟는 에너지의 양과 노력에 크게 좌우된다는 것을 이해하고 인정한다. 만약 내가 치료가 효과가 없다고 느낀다면, 나는 내 서비스 제공자와 그것을 의논하고 문제가 무엇인지에 대해 공통된 이해를 얻고 가능한 해결책을 찾으려고 노력하는데 동의한다.

---

또한 나는 내가 나의 서비스 제공자에게 통지하지 않고 약속을 지키지 않을 경우, 나의 서비스 제공자가 나의 안전을 확인하기 위해 나의 연락체계를 포함한 나의 사회지지 네트워크 내의 개인들과 접촉할 수 있다는 것을 이해하고 인정한다.

간단히 말해서, 나는 치료와 생활을 열심히 하는 것에 동의한다.

이 합의는 다음 날짜에 검토 및 수정될 우리의 치료계획 기간 동안 적용될 것이다: ______________

환 자 서명: ________________________________ 날짜: ________
제공자 서명: ________________________________ 날짜: ________

# 부록 A.5

## 수단안전계획

수단안전계획은 안전을 강화하고 잠재적으로 치명적인 자살수단에 대한 접근을 줄이기 위해 취해야 할 조치를 설명합니다.

질문이 있으십니까? 전문가에게 문의하십시오. ____________________

비상시에는 119에 전화하시오.

환자 이름: ____________________

지원자 이름: ____________________

지원자 연락처: ____________________

안전계획:

계획의 종결에 대한 조건:

______________________________________________

______________________________________________

______________________________________________

______________________________________________

______________________________________________

______________________________________________

환자 이름: ______________________________

지원자 서명: ______________________________

(수단안전계획 시행에 대해 서명)

2018년 길포드 출판사(The Guilford Press)에서 출판한 브라이언(Craig J. Bryan)과 러드(M. David Rudd)의 Brief Cognitive–Behavioral Therapy의 워크시트를 응용하였습니다. 이 자료는 개인적으로 또는 내담자에게 사용하기 위해 이 책을 구입한 사람에 한하여 복사하여 사용하는 것이 허락됩니다.

# 부록 A.6

## 위기지원계획

_________를 위해 내가 도울 수 있는 일들:
(환자 이름)

1. 다음과 같은 방법으로 격려와 지원을 한다.
   •
   •
   •

2. 그의 위기대응계획에 따라 ______________________________ 돕는다.

3. 다음을 수행하여 안전한 환경을 보장한다.

   • 모든 총기와 탄약 제거
   • 다음 물품의 제거 또는 단속:
     ∨ 모든 칼, 면도날 및 기타 날카로운 물체
     ∨ 모든 처방 및 처방전 없이 구입할 수 있는 약품(비타민 및 아스피린 포함)
     ∨ 모든 술, 불법 마약 및 관련 무기류

- 위기 중과 이후에 필요에 따라 환자를 항상 모니터링하고 개인적인 지원을 제공할 수 있는 사람이 있는지 확인
- 환자가 진술한 자살/자해/타인을 해치는 방법에 주목하고, 차량, 로프, 화기 등에 대한 접근을 적절히 제한
- 차량/자동차 키에 대한 접근 제한/제약
- 환자에 대한 위험을 높일 수 있는 사람을 식별하고 환자와의 접촉을 최소화
- 환자가 도움이 된다고 판단하는 것에 대한 접근을 제공하고 좋은 영양 섭취, 운동, 휴식 등 건강을 증진시키는 선택과 행동을 장려

이러한 지원을 계속 할 수 없거나 위기대응계획이 도움이 되지 않거나 충분하지 않다고 판단되는 경우, 환자의 치료제공자에게 연락하여 나의 걱정을 전달하겠다. 만약 내가 ____________________이 자신이나 다른 사람에게 위험하다고 믿는다면, 다음 사항에 동의한다.

- 정신건강치료 제공자에게 전화: ________________________________________
- 위기 상담전화 1577－0199/1393에 전화
- 병원에 ________________ 가 가도록 도움
- 119에 전화

나는 이 계획을 _____________까지 따르기로 동의한다.

도움제공자 서명 ______________________ 환자 서명 ______________________

전 문 가 서명 ______________________

---

2018년 길포드 출판사(The Guilford Press)에서 출판한 브라이언(Craig J. Bryan)과 러드(M. David Rudd)의 Brief Cognitive－Behavioral Therapy의 워크시트를 응용하였습니다. 이 자료는 개인적으로 또는 내담자에게 사용하기 위해 이 책을 구입한 사람에 한하여 복사하여 사용하는 것이 허락됩니다.

# 부록 A.7

## 수면개선 유인물

1. **졸릴 때만 잠자리에 듭니다. 졸리지 않으면 잠자리에 들 이유가 없습니다.** 너무 일찍 잠자리에 들면 좌절할 시간이 더 길어질 뿐 입니다. 사람들은 종종 그 날 있었던 일에 대해 생각하고, 다음 날의 일정을 계획하거나, 잠들지 못하는 것에 대해 걱정합니다. 이러한 행동은 수면과 양립할 수 없으며 불면증을 지속시키는 경향이 있습니다. 따라서 졸릴 때까지 취침시간을 미루어야 합니다. 이것은 여러분이 자야하는 예정시간보다 늦게 잠자리에 든다는 것을 의미할지도 모릅니다. 그래도 잠자리에 드는 시간과 상관없이 예정된 기상시간을 지키세요.

2. **잠이 오지 않거나 15분 안에 다시 잘 수 없을 때 침대에서 일어나세요.** 시계를 지켜보는 사람이 되었다는 것을 알게 되면, 침대에서 일어나세요. 만약 여러분이 자다가 일어났는데 15분 동안 다시 잠들려고 시도했지만 할 수 없다면, 침대에서 일어나세요. 기억하세요, 목표는 빨리 잠드는 것입니다. 당신이 졸릴 때에만(하품하고 고개를 떨구거나 눈이 감기고 집중력이 저하되는 것) 침대로 돌아가세요. 목표는 당신의 침대가 좌절이 아니라 잠과 다시 연결되도록 하는 것입니다. 이 단계를 필요한 만큼 자주 반복해야 합니다.

3. **수면과 성관계를 위해서만 침대를 사용하십시오.** 이 지침의 목적은 여러분의 침실을 깨어있는 것보다 수면과 연관 짓는 것입니다. 여러분이 부엌을 배고픔과 연관 지을 수 있는 것처럼, 이 지침서는 여러분이 잠과 즐거움을 침실과 연관 짓는 데 도움을 줄 것입니다. 낮과 밤 모두 이 규칙을 따르십시오. 침대에서 TV를 보거나, 라디오를 듣거나, 밥을 먹거나, 책을 읽지 마세요. 여러분은 안정적인 수면 주기를 되찾기 위해 일시적으로 침실에서 TV나 라디오를 옮겨야 할 수도 있습니다.

# 수면지침

1. **카페인을 제한하세요.** 취침 6~8시간 전에 카페인을 섭취하지 마십시오. 그렇습니다, 카페인은 자극효과를 경험하지 않는다고 생각하는 사람들의 수면도 방해하는 것이 사실입니다. 불면증이 있는 사람은 보통 잠자는 사람보다 약한 자극제에 더 민감합니다. 카페인은 커피, 차, 소다, 초콜릿 등 많은 일반 의약품(예 엑세드린)과 같은 품목에서 발견됩니다.

2. **니코틴을 피하세요.** 니코틴은 자극제입니다. 흡연이 '휴식'에 도움이 된다는 것은 신화입니다. 니코틴이 체내에 축적되면 카페인과 유사한 효과를 냅니다. 다시 잠자리에 들기 위해 담배를 피우지 마십시오.

3. **술을 피하세요.** 알코올은 종종 수면의 시작을 촉진하지만 알코올이 대사됨에 따라 수면이 방해되고 분절됩니다. 따라서 다량의 알코올은 수면에 좋지 않으며 많이 마시지 말아야 합니다. 알코올 사용을 소량에서 적당한 양으로 제한하십시오.

4. **수면제를 제한하세요.** 수면제는 일시적으로만 효과가 있습니다. 학자들은 수면제를 정기적으로 복용하면 약 2~4주 내에 효과가 사라진다는 사실을 보여주었습니다. 시간이 지남에 따라 수면제는 실제로 수면문제를 악화시킵니다. 수면제를 장기간 사용했을 때 약물복용을 중단하면 불면증이 다시 나타날 수 있습니다. 따라서 장기복용 후, 많은 사람들은 정상적으로 수면을 취하기 위해 수면제가 '필요하다.'고 잘못된 결론을 내립니다.

5. **정기적으로 운동을 하세요.** 하루에 30분 정도 운동하는 것이 좋습니다. 비록 긍정적인 효과가 눈에 띄는 데 종종 몇 주가 걸리지만, 늦은 오후나 초저녁의 운동은 수면을 도울 수 있습니다. 취침 2시간 이내에는 신경계 활동을 증가시키고 잠드는 것을 방해할 수 있기 때문에 운동을 하지 마세요.

6. **침실 환경을 살펴보세요.** 적당한 온도, 조용함, 어두움, 편안함, 극도의 더위나

추위는 수면을 방해할 수 있습니다. 소음은 백색소음(팬의 소음 등) 또는 귀마개가 있는 경우 차단할 수 있습니다. 침실은 어두운 색조로 어둡게 하거나 수면안대를 착용할 수 있습니다. 시계를 보는 것은 수면 부족의 영향에 대한 걱정을 증가시킬 수 있기 때문에 시계를 시야에서 벗어나게 합니다. 매트리스가 너무 부드럽거나 단단하지 않은지, 그리고 베개가 적당한 높이와 강도인지 확인하세요.

7. **먹는 것을 확인하세요.** 취침 직전에 과식을 피하십시오. 취침시간에는 다음과 같은 음식을 피해야 합니다. 땅콩, 콩, 대부분의 생과일 및 채소(가스를 유발할 수 있음), 카페인이 함유된 음식(초콜릿과 같은), 감자칩이나 옥수수칩과 같은 고지방 식품입니다. 특히 저녁에 칼로리가 높은 식사와 향신료를 피하도록 주의하십시오. 너무 배가 고프거나 배가 부른 채로 잠자리에 들지 마세요. 깨어나는 것이 배고픔과 연결될 수 있기 때문에 한밤중에 간식은 피하세요. 따뜻한 우유 한 잔, 치즈 또는 시리얼 한 그릇과 같은 가벼운 간식은 취침시 수면을 촉진시킬 수 있습니다.

8. **낮 동안에는 낮잠을 피하세요.** 낮 동안의 수면은 밤에 잠을 자지 못하게 하고 깊은 잠을 자지 못하고 불안정하고 잠들기 어렵고 아침에 일찍 일어나게 합니다. 낮잠을 자야 한다면 짧게 자고 오후 3시 이전에 낮잠을 자도록 계획을 세우세요. 5~30분 이상 수면을 취하지 않도록 알람을 설정하는 것이 가장 좋습니다.

9. **긴장을 푸세요.** 잠자리에 들기 전에 최소한 한 시간 동안 마음을 가라앉히세요. 뇌는 여러분이 즉시 켜고 끌 수 있는 전등스위치가 아닙니다. 우리들 대부분은 오후 10시까지 전속력으로 가다가 10시 30분에 편안히 잠들기를 기대할 수 없습니다. 따뜻한 물로 목욕을 하거나, 소설을 읽거나, TV를 보거나, 배우자나 아이들과 즐거운 대화를 나누세요. 여러분에게 어떤 것이 효과가 있는지 찾아 잠자기 전에 그것을 일상화하세요. 문제와 씨름하거나, 잠자기 전에 말다툼을 하거나, 여러분의 몸의 자극을 증가시키는 다른 일을 하지 않도록 하세요.

10. **규칙적인 수면 스케줄을 유지하세요.** 주말과 공휴일에도 규칙적인 스케줄을 유지하세요. 침대에서 과도한 시간을 보내는 것은 두 가지 불행한 결과를 초래합니다. (1) 여러분은 침실을 각성 및 좌절과 연관 짓기 시작하고 (2) 여러분의 수면은 실제로 얕아집니다. 놀랍게도, 수면의 질을 향상시키기 위해 수면시간을 줄이는 것은 매우 중요합니다! 자명종 시계를 맞춰 놓고 매일 아침, 평일, 주말, 잠자리에 드는 시간이나 전날 밤 잠의 양에 상관없이 같은 시간에 일어나세요. 만약 여러분이 잠을 잘 자지 못했다면 여러분은 아마도 침대에 누워 있고 싶을 것입니다, 하지만 여러분의 새로운 스케줄을 유지하려고 노력해야 합니다. 이 지침서는 여러분의 내부 생체시계를 조절하고 잠에서 깨는 리듬을 재설정하기 위해 고안되었습니다.

# 부록 A.8

## ABC 워크시트

ABC 워크시트는 삶의 사건에 대한 반응으로서 사고와 감정이 서로 연결되어 있는 것을 확인하는데 사용될 수 있습니다. 첫째, 스트레스가 심한 상황을 확인하고 이 상황을 박스 A에 요약하십시오. 박스 B에는 이러한 상황에서의 생각을 확인하고 기록하십시오. 박스 C에는 이러한 상황에서 경험한 감정을 확인하고 기록하십시오. 다음에는 박스 B에 기록한 생각과 신념이 도움이 되었는지 도움이 되지 않았는지를 설명하십시오. 만약 당신의 생각이 도움이 되지 않았다면, 그 상황에 대해 다른 방식의 사고를 확인하고 써 넣으시오. 그것은 박스 B에 기록한 것과 반대되는 것일 수 있습니다.

| A<br>활성화사건<br>(무슨 일이 있나요?) | B<br>신념<br>(자신에게 뭐라고 말하나요?) | C<br>결과<br>(어떤 감정을 느끼나요?) |
|---|---|---|
| | | |

**박스 B에 있는 위의 신념이 도움이 되었나요?**

**앞으로 비슷한 상황에 처한다면 내가 스스로에게 말할 수 있는 다른 것은 무엇인가?**

# 부록 A.9 도전질문 워크시트

도전질문 워크시트는 당신의 생각과 신념이 도움이 되었는지 도움이 되지 않았는지를 결정하기 위해 사용할 수 있습니다. 첫째, 부정적인 신념을 확인하고 워크시트의 윗부분 박스에 기록하십시오. 둘째, 이 신념과 관련된 각각의 질문을 검토해보십시오. 각 질문에 대한 당신의 답을 종이에 쓰십시오.

신 념:

**1. 이러한 생각을 지지하거나 반대하는 증거는 무엇인가?**

**2. 당신의 신념이 습관인가 아니면 사실에 근거한 것인가?**

**3. 누군가 동일한 상황에서 이러한 신념을 가지고 있다면, 당신은 그것을 올바른 신념이라고 하겠는가?**

4. 당신은 실무율적으로(all or nothing) 생각하고 있는가?

5. 극단적이거나 과장된 말이나 구절(즉, 항상, 영원히, 절대로, 결코, 필요, 의무, 반드시, 할 수 없다, 매번)을 사용하고 있는가?

6. 오직 사건의 한 측면에만 집중하고 사건을 설명하는 상황과 관련된 다른 중요한 사실들은 무시하고 있는가?

7. 이 신념의 근원은 어디인가? 그 출처는 믿을 만한가?

8. 당신은 상황을 과장해서 보는가? 아니면 상황을 축소시켜 보는가?

9. 당신의 신념은 사실보다 감정에 근거한 것인가?

10. 당신은 그 상황과 관련 없는 세부사항에 집중하고 있는가?

# 부록 A.10

## 문제적 사고패턴 워크시트

문제적 사고패턴 워크시트는 당신의 생각을 특정 유형이나 패턴의 사고로 범주화하는 데 사용할 수 있습니다. 가장 적합한 패턴에 부정적인 생각과 신념을 적어 넣으세요. 어떤 생각과 신념은 여러 개의 패턴에 해당될 수도 있습니다.

---

**비약적인 결론** (증거가 부족하거나 심지어 모순될 때)

---

**과장 또는 최소화** (상황을 지나치게 부풀리거나 부적절하게 중요성을 축소)

---

**상황의 중요한 측면 무시**

---

**지나친 단순화** (좋은/나쁜 또는 맞는/틀린)

---

**하나의 사건으로부터 과잉 일반화** (부정적인 사건은 끝이 없는 패턴으로 보여 진다.)

**마음 읽기** (명확한 증거가 없을 때 사람들이 당신을 부정적으로 생각하고 있다고 가정한다.)

**감정적 추론** (감정을 느끼고 이에 대한 이유가 있을 것이라고 가정한다)

# 부록 B
# 전문가를 위한 도구

# 부록 B.1

## 충실도 검사목록

| 그렇다 | 부분적 | 아니다 | BCBT 설명 |
|---|---|---|---|
| | | | 초기증상/기분체크 |
| | | | 주제설정 |
| | | | 과제와 치료일지 검토 |
| | | | 연습을 통한 기술습득 |
| | | | 과제할당 |
| | | | 치료의 3단계 모델 |
| | | | 위기관리, 건강한 사회적 지지와 기술개발에서의 역할 설명 |
| | | | 치료구조에 대한 환자의 이해정도 평가 |
| | | | 치료구조에 대한 이해 및 피드백 유도 |
| | | | 환자에게 치료구조에 대해 질문할 수 있는 기회제공 |

| 그렇다 | 부분적 | 아니다 | 자살위기목록에 대한 서술적 평가 |
|---|---|---|---|
| | | | 자살에피소드를 나타내는 사건에 대한 서술적 설명 |
| | | | 다음과 같은 원인이 되거나 관련되는 정보 도출 |
| | | | • 성향 |
| | | | • 활성화사건 |
| | | | • 인지 |
| | | | • 정서 |
| | | | • 행동 |
| | | | • 신체 |
| | | | 자살위기 또는 자살시도에서 일관성 확인(해당되는 경우) |

| 그렇다 | 부분적 | 아니다 | 인지-행동 개념화 |
|---|---|---|---|
| | | | 환자가 이해할 수 있는 언어를 사용하여 자살모드의 개념설명 |
| | | | 평가에서 얻은 정보를 다음의 범주로 개념화 |
| | | | • 성향 |
| | | | • 활성화사건 |
| | | | • 인지 |
| | | | • 정서 |
| | | | • 행동 |
| | | | • 신체 |
| | | | 개념화에 대한 환지의 이해정도 평가(자살모드) |
| | | | 모델이 자신의 경험을 정확하게 반영한다는 환자의 동의 유도 |
| | | | 환자가 동의하지 않는다면, 피드백을 받고 모델을 재개념화 |
| | | | 환자가 자살모드 모델을 치료일지에 기록하도록 권장 |

| 그렇다 | 부분적 | 아니다 | 치료 계획 |
|---|---|---|---|
| | | | 치료계획에 대한 근거 설명 |
| | | | 치료목표에 대한 환자로부터의 피드백 및 의견 유도 |
| | | | 핵심치료목표로 기술개발 강조 |
| | | | 치료목표에 대한 객관적이고 측정 가능한 결과 설정 |
| | | | 두드러진 증상이 혼합되어 나타날 때 증상의 위계 확인 |
| | | | 치료계획에 대한 환자의 이해정도 평가 |
| | | | 치료계획 검토/수정 날짜 정하기 |

| 그렇다 | 부분적 | 아니다 | 치료합의서에 대한 약속 |
|---|---|---|---|
| | | | 치료합의서의 근거 설명 |
| | | | 환자와 함께 치료합의서 검토 |
| | | | 치료합의서 항목 및 기대치에 대한 환자의 피드백 및 의견 유도 |
| | | | 환자에게 치료합의서 추가 및 수정하도록 요청 |
| | | | 치료합의서에 대한 환자의 이해정도 평가 |
| | | | 치료합의서 검토/수정 날짜 정하기 |

| 그렇다 | 부분적 | 아니다 | 위기대응계획 |
|---|---|---|---|
| | | | 환자가 쉽게 휴대할 수 있는 카드(또는 유사한 것)에 기록 |
| | | | 위기대응계획의 근거 설명 |
| | | | 개인의 경고신호 확인 및 논의 |
| | | | 자기관리기술 확인 및 목록화 |
| | | | 외부 지지자원 확인 및 목록화 |
| | | | 전문적인 도움의 출처를 확인하고 목록화 |
| | | | 건강돌봄제공자 |
| | | | 자살위기핫라인 |
| | | | 응급실 및 119 |
| | | | 모든 단계를 구두로 검토 |
| | | | 위기대응계획에 대한 환자의 이해정도 평가 |

| 그렇다 | 부분적 | 아니다 | 수단안전상담 |
|---|---|---|---|
| | | | 수단안전상담에 대한 근거 설명 |
| | | | 심하게 괴로울 때 충동성, 인지적 혼란, 문제해결능력 저하에 대한 논의 |
| | | | 수단의 안전에 대한 잠재적인 방법 확인 |
| | | | 자살수단 접근에 대해 질문 |
| | | | 수단안전에 대한 논의에 환자의 협력적인 참여 |
| | | | 안전한 수단에 대해 선호하는 옵션과 관련된 환자의 피드백과 의견 유도 |

| 그렇다 | 부분적 | 아니다 | 기술훈련 |
|---|---|---|---|
| | | | 기술에 대한 근거 설명 |
| | | | 자살모드/사례개념화 기술을 명시적으로 연결 |
| | | | 기술의 시연/모델링 |
| | | | 회기에서 기술 연습 |
| | | | 환자의 이해정도와 숙달정도 평가 |
| | | | 회기간 연습을 위한 기술연습 배당 |
| | | | 재발방지도구로서의 역할을 포함하여 치료기록 사용 |
| | | | 환자가 회기에서 얻은 교훈을 치료기록에 기록하도록 권장 |

| 그렇다 | 부분적 | 아니다 | 재발방지 과제: 사전동의 |
|---|---|---|---|
| | | | 개입의 근거 설명 |
| | | | 재발방지과제에 대한 피드백과 의견 유도 |
| | | | 재발방지과제에 대한 부정적인 정서반응의 가능성 논의 |
| | | | 재발방지과제를 하는 동안 사용할 대처전략과 기술 확인 |
| | | | 재발방지과제 수행에 대한 환자의 동의 |

| 그렇다 | 부분적 | 아니다 | 재발방지 과제: 위기지표 |
|---|---|---|---|
| | | | 환자가 지표 에피소드를 설명하도록 권장 |
| | | | 환자가 기억을 설명하게 하도록 전략적으로 유도 |
| | | | 위기상황과 직결된 신념, 감정, 행동, 상황에 초점 |
| | | | 기술사용에 새로운 도전 / 장애물을 도입하여 문제해결 촉진 |
| | | | 환자에게 학습된 기술의 사용을 상상하도록 권장 |
| | | | 환자에게 설명하도록 함(debriefing) |

| 그렇다 | 부분적 | 아니다 | 재발방지작업: 미래 위기 |
|---|---|---|---|
| | | | 미래에 자살 사건을 유발할 가능성이 있는 촉발요인을 협력하여 확인 |
| | | | 환자가 미래의 자살 사건에 대해 이야기하도록 격려 |
| | | | 환자가 기억을 선명하게 하도록 전략적으로 유도 |
| | | | 위기상황과 직결된 신념, 감정, 행동, 상황에 초점 |
| | | | 기술사용에 새로운 도전 / 어려움을 도입하여 문제 해결 촉진 |
| | | | 환자에게 학습된 기술의 사용을 상상하도록 권장 |
| | | | 환자에게 설명하도록 함(debriefing) |

# 부록 B.2
## 자살위험 평가 문서 템플릿

그렇다 아니다 **자살 생각**

내용: ___________

빈도: 전혀 드물게 가끔 자주 항상

강도: 짧게/잠깐 동안 집중된 숙고 강한 반추 기타

기간: 초 분 시간

그렇다 아니다 **최근 의도**

주관적 보고: ___________

객관적 신호: ___________

그렇다 아니다 **자살 계획**

어떻게: ___________

언제: ___________

어디서: ___________

그렇다 아니다 **수단에 접근**: ___________

그렇다 아니다 **자살 준비/연습**: ___________

그렇다 아니다 **자살의 생각과 시도의 역사**

생각: ___________

시도: ___________

그렇다 아니다 **충동성**

주관적 보고: ________________________________

객관적 신호: ________________________________

그렇다 아니다 **약물 남용**: ________________________________

그렇다 아니다 **주요한 상실**: ________________________________

그렇다 아니다 **관계 문제**: ________________________________

그렇다 아니다 **건강 문제**: ________________________________

그렇다 아니다 **법률 문제**: ________________________________

그렇다 아니다 **기타 문제**: ________________________________

보호 요인

그렇다 아니다 **삶의 이유**: ________________________________

그렇다 아니다 **희망**: ________________________________

그렇다 아니다 **사회적 지지**: ________________________________

그렇다 아니다 **삶의 의미**: ________________________________

그렇다 아니다 **기타 보호 요인**: ________________________________

---

**현재 평가된 위험 수준**: 상승하지 않음 낮음 중간 높음

현재 외래진료는 충분한 안전과 안정성을 제공할 수 있음/ 제공할 수 없음

위의 요인에 근거하여 입원이 필요함 /필요하지 않음

환자가 위기대응 계획에 동의함: 그렇다 아니다

**다음 수단 접근에 대한 안전 계획** :

## 부록 B.3

# 위기대응계획 템플릿

위기대응계획은 경고신호, 자기관리, 삶의 이유, 사회적 지지 그리고 위기 및 전문가서비스로 구성되어 있습니다. 위기대응계획은 환자들이 심한 스트레스 동안 효과적으로 적응할 수 있도록 도와주는 것으로, 환자들이 쉽게 사용할 수 있는 색인카드에 적도록 하면 됩니다.

| | |
|---|---|
| **경고신호** | (화가 나서) 서성거림<br>화가 나는 것<br>“이젠 더 이상 못 참겠어.” |
| **자기관리** | 산책하기<br>음악듣기<br>전화기로 게임하기 |
| **삶의 이유** | 내 아이들<br>내 아내 |
| **사회적 지원** | 아내에게 전화: ○○○-○○○○-○○○○<br>친구에게 전화: ○○○-○○○○-○○○○ |
| **위기 및 전문가 서비스** | 의사에게 전화하거나 메시지 남기기<br>응급 핫라인<br>응급 문자상담<br>병원가기<br>119 |

# 부록 B.4 가능한 경고신호

| 생각 |
|---|
| "난 바보야."<br>"지겹게 또 시작이군."<br>"이것은 결코 끝나지 않을 거야."<br>"내 잘못이야."<br>"아무도 나를 신경 쓰지 않아."<br>"무슨 소용이야?"<br>"이젠 더 이상 못 참겠어."<br>"나는 벌을 받을 만해."<br>"난 실패한 사람이야." |
| **심상** |
| 스트레스가 많은 기억들<br>외상 관련 플래시백<br>불편한 상황을 다시 경험하는 것<br>자살시도를 하는 내 모습을 보는 것 |
| **감정 또는 느낌** |
| 슬픔 또는 우울<br>죄책감 또는 후회<br>걱정<br>분노 |

| 행동 또는 동작 |
| --- |
| 서성거림<br>다른 사람들 주변에서 조용히 있는 것<br>타인을 피하는 것<br>외침/소리 지르기<br>울기<br>떨림/전율<br>공격<br>자해<br>자살시도 연습<br>자살시도 준비 |
| **신체적 감각** |
| 두통이나 다른 통증<br>흥분/몹시 초조함<br>심장 박동이 빨라짐<br>근육 긴장<br>메스꺼움<br>호흡곤란<br>불면증 |

# 부록 B.5 자기관리전략

| | |
|---|---|
| • 영화 보기 | • 이완 또는 호흡 운동 |
| • TV 시청 | • 기도 |
| • 음악 감상 | • 퍼즐(예 십자말풀이, 스도쿠, 컴퓨터 게임) |
| • 노래 부르기 | • 앞으로 있을 긍정적인 사건 생각 |
| • 애완동물과 함께 놀기 | • 긍정적인 기억들을 생각 |
| • 산책하기 | • 친구들 사진 보기 |
| • 운동하기 | • 가족들의 편지 또는 이메일 읽기 |
| • 따뜻한 물로 목욕이나 샤워를 하는 것 | • 좋아하는 음식 먹기(예 아이스크림, 피자) |
| • 독서 | • 요리 또는 빵 굽기 |
| • 영적 또는 종교적 자료를 읽는 것 | • 스포츠 하기 |
| • 명상 | |

# 부록 B.6

## 이완 스크립트

참고: 말줄임표[...]는 전문가가 몇 초 동안 일시 중지해야 하는 위치를 나타냅니다.

코를 통해 아주 천천히 깊게 숨을 들이마셔서 폐가 공기로 가득차고 배가 팽창하는 것을 느껴보세요... 그리고 나서 매우 천천히 입으로 숨을 내쉬어 보세요... 좋습니다... 반복해 보죠... 아주 천천히 깊게 숨을 들이 마시고... 그리고 아주 천천히 내뱉으세요... 아주 좋습니다... 그리고 당신은 아주 천천히, 아주 천천히 숨을 쉴 수 있습니다. 깊게... 들이 마시고... 내뱉고... 들이 마시고... 내뱉고... 좋습니다...

[15초 동안 일시 중지]

그리고 이제 숨을 쉴 때마다, 제가 여러분에게 바라는 것은 긴장감을 푸는 것입니다. 어깨를 떨어뜨리도록 해 보세요. 마치 자그마한 추가 끌어당기는 것 같기도 하고... 천천히 숨을 내쉬면서, 조금 더 떨어지도록... 완전히 긴장을 풀도록... 좋습니다... 천천히 그리고 깊게 숨을 쉬세요... 폐와 배를 채우고 숨을 내쉴 때마다 천천히 긴장을 풀도록 하세요... 계속해서... 몇 번이고... 아주 좋습니다.

[15초 동안 일시 중지]

이제 마음이 편안해졌으니 심호흡을 한 번만 더 해보세요. 그리고 천천히 내쉬세요... 그리고 준비가 되면 눈을 뜰 수 있습니다.

---

# 부록 B.7 마음챙김 스크립트

참고: 말 줄임표[...]는 전문가가 몇 초 동안 일시 중지해야 하는 위치를 나타냅니다.

호흡을 느리게 하는 것부터 시작합시다. 천천히, 꾸준히 숨을 들이 쉬고 천천히 숨을 내 쉬세요... 들이 쉬고... 내 쉬고... 들이 쉬고... 내 쉬고... 아주 좋습니다... 우리는 이 주의집중 운동을 하는 동안 이렇게 천천히 그리고 깊게 호흡할 것입니다.

[15초 동안 일시 중지]

잠시 시간을 내어 호흡에 주의를 집중하십시오... 공기가 몸에 들어가는 느낌을 알아차리십시오... 폐가 공기로 가득 차 있을 때 가슴이 어떤 느낌인지 확인하고... 공기가 몸에서 빠져 나갈 때 어떤 느낌인지 주목하십시오... 호흡에 집중하세요... 들이 쉬고... 내 쉬고... 호흡에 다시 주의를 기울이세요. 만약 여러분이 이 일을 하는 동안 마음이 산만하다면, 괜찮습니다. 그냥 그것을 알아차리고 나서 여러분의 관심을 다시 호흡으로 돌려보세요.

[15초 동안 일시 중지]

이제 당신의 주의를 소리의 감각으로 옮겨보세요... 당신이 들을 수 있는 모든 소리에 잠시 주목하세요... 당신이 보통 무시하거나 걸러낼 수 있는 배경에 있는 소리도 주목하세요. ... 만약 당신이 집중하는 동안 당신의 마음이 산만하고 집중이 되지 않아도, 그것은 괜찮습니다... 단지 그것을 알아차리고 나서 당신의

---

주의를 다시 소리에 돌려주세요... 당신의 마음이 어디에 있든지 무엇에 대해 어떻게 생각하든지... 단지 당신의 초점을 당신의 호흡으로 되돌려 보세요... 다시... 그리고 다시... 그리고 다시.

[15초 동안 일시 중지]

이제 잠시 당신의 마음속에 떠오르는 생각들을 알아차려 보세요... 바꾸려고 하지 마세요... 그것들을 막으려고 하지 마세요... 그냥 여러분의 마음속에서 움직이는 것을 그려보세요. 마치 그것들이 컨베이어 벨트에서 당신을 지나쳐 가고 있는 것 처럼요... 때때로 우리의 생각은 단어나 문장과 같습니다... 만약 당신에게 단어나 문장으로 나타나는 어떤 생각이 있다면, 단지 그 단어들을 그 위에 놓아보세요. 컨베이어 벨트에 단어들이 당신을 지나쳐 가는 것을 지켜보세요... 때때로 우리의 생각은 그림이나 이미지 같은 것입니다... 만약 당신이 사진이나 이미지 같은 생각을 가지고 있다면, 그것들 또한 컨베이어 벨트 위에 올려놓고 그 이미지들이 당신을 지나쳐 가는 것을 지켜보기만 하면 됩니다... 당신이 어떤 생각을 알아차릴 때마다, 그것을 방해하려고 하지 않고 당신의 마음속을 지나가는 것을 그저 지켜보세요... 이제 다시 소리의 감각으로 시선을 옮기세요... 당신이 원할 때마다 당신의 집중력을 생각에서 다른 것으로 어떻게 바꿀 수 있는지 보세요. 당신은 아마 더 많은 생각들이 머릿 속에 떠오른다는 것을 알게 될 것입니다. 괜찮습니다. 그냥 그것들이 당신을 지나쳐 가는 것을 보고 나서 당신의 초점을 당신의 호흡으로 돌려주세요. 어떤 생각이 떠오를 때마다 이 과정을 반복하세요, 비록 그 생각이 스트레스를 주는 생각이나 귀찮은 생각일지라도... 다시... 그리고 다시... 그리고 다시... 항상 호흡에 주의를 기울이세요.

[15초 동안 일시 중지]

이제 스트레스를 주는 것에 대해 잠시 생각해 보세요. 아마도 그것은 여러분이 직면하고 있는 문제이거나 여러분이 걱정해 왔던 문제일 것입니다. 그 스트레스가 여러분을 지나쳐 가는 것을 지켜보세요. 다른 모든 생각들과 같이, 그리고 당신의 호흡에 초점을 되돌리세요... 종종 우리가 스트레스 받는 생각들이 우리 마음속에 계속 떠오를 것이고, 우리는 그것들을 다시 알아차릴 것입니다... 괜찮습니다... 그럴 때마다, 그냥 생각을 보고 그것이 지나가는 것을 보고 나서 당신의 호흡으로 돌아가세요. 이것을 계속 반복해서... 몇 번이고... 언제라도 생각이 떠오를 때... 그냥 알아차리고 나서 호흡에 집중하세요... 좋습니다.

[15초 동안 일시 중지]

이제 천천히 심호흡을 한 번 더 하세요... 그리고 천천히 내쉬세요... 그리고 준비가 되면, 눈을 뜰 수 있습니다.

# 추천사

"이 매뉴얼은 자살위험성을 감소시키기 위한 치료의 발전에 있어 가장 최신이면서 효과적인 노력의 결과를 제시하고 있다. 이 매뉴얼은 가장 심각하고 날로 증가하고 있는 문제인 자살을 다루는 모든 임상가들이 배워서 사용해야 한다. 이 책은 모든 치료자들이 가지고 있어야 하는 책이다."

– 페트리샤 A. 레식, PhD, ABPP, 듀크대학교 외과대학 정신의학과

"이 책이야말로 자살예방을 위한 명백한 교재이다. 이 책은 자살시도를 줄이기 위해 현재까지 개발된 가장 효과적인 치료에 대한 개요이다. 자살예방을 위한 단기인지행동치료는 고위험의 자살환자를 대상으로 큰 규모의 연구를 통해 얻은 분명한 과학적 근거의 지지를 받고 있다. 이 책은 전형적인 정신의학적인 진단이나 증상을 타깃으로 하여 접근한 것이 아니라, 자살행동의 기능분석에 대해 광범위하고 구체적인 내용을 제공하고 있다. 이 책은 치료의 주요한 결과로서 직접적으로 자살생각과 행동을 목표로 한다."

– 알렌 L. 피터슨, PhD, ABPP, 산안토니오의 텍사스대학 정신의학과 건강센터

"특별히 자살위험성을 감소시키기 위한 치료는 거의 없다. 자살예방영역의 대가가 쓴 이 책은 적절하면서도 절대적으로 유용한 책이다. 브라이언과 러드의 근거기반의 접근은 일반적인 인지행동치료의 원칙에 따라 훈련된 임상가들이 사용하기 쉽다."

– E, 데이비드 크론스키, PhD. 캐나다 브리티시 콜롬비아 대학교 정신의학과

"왜 BCBT를 배워야 하는가? 당신이 임상가로서 더 자신감을 갖는 것은 물론 자살하려는 사람이 자신의 삶과 살아가는 것에 대한 희망을 갖도록 도와주는 것에 더 효과적면서 더 구체적인 인지행동치료 전략을 갖추게 될 것이기 때문이다."

– G. 할로웨이, PhD, 인지행동치료 백연구소의 교수진

“강력한 경험적 근거를 기반으로 한 혁신적인 치료 접근법, 자살 예방을 위한 단기인지행동치료법이 이 권위 있는 매뉴얼에서 단계적으로 상세히 제시된다. 주요 치료 개발자들은 자살 환자와 강력한 협력 관계를 구축하고, 위험을 평가하며, 안전을 확립하기 위해 즉각적으로 일하는 방법을 보여준다. 감정조절 및 위기관리 기술을 구축하고 환자의 자살신념체계를 해체하기 위해 효과가 입증된 개입이 설명된다. 이 책에는 사례 예시, 대화 예시, 그리고 재생 가능한 유인물, 양식, 스크립트 및 기타 임상도구 17개가 포함되어 있다.

– 브라이언 박사(Craig J. Bryan, PsyD, ABBP)는 유타대학의 국립재향군인연구센터의 이사이고 심리학과와 정신의학과의 부교수이다.

데이비드 러드 박사(M, David Rudd, PhD, ABPP)는 멤피스대학의 총장으로, 또한 심리학의 저명한 대학교수이기도 하다.

# 참고문헌

Aharonovich, E., Liu, X., Nunes, E., & Hasin, D. S. (2002). Suicide attempts in substance abusers: Effects of major depression in relation to substance use disorders. *American Journal of Psychia−try, 159*(9), 1600−1602.

Akiskal,H.S.,&Benazzi,F.(2005).Psychopathologiccorrelatesofsuicidalideationinmajor depres−sive outpatients: Is it all due to unrecognized (bipolar) depressive mixed states? *Psychopathol−ogy, 38*(5), 273−280.

Allen, J. P., Litten, R. Z., Fertig, J. B., & Babor, T. (1997). A review of research on the Alcohol Use Disorders Identification Test (AUDIT). *Alcoholism: Clinical and Experimental Research, 21*, 613−619.

Bagge, C. L., Conner, K. R., Reed, L., Dawkins, M., & Murray, K. (2015). Alcohol use to facilitate a suicide attempt: An event−based examination. *Journal of Studies on Alcohol and Drugs, 76*, 474−481.

Barraclough, B., & Pallis, D. (1975). Depression followed by suicide: A comparison of depressed suicides with living depressives. *Psychological Medicine, 5*, 55−61.

Bastien, C. H., Vallieres, A., & Morin, C. M. (2000). Validation of the Insomnia Severity Index as an outcome measure for insomnia research. *Sleep Medicine, 2*, 297−307.

Baumeister, R. F. (1990). Suicide as escape from self. *Psychological Review, 97*, 90−113.

Beck, A. T. (1972). *Depression: Causes and treatment*. Philadelphia: University of Pennsylvania Press.

Beck, A. T., Brown, G. K., & Steer, R. A. (1997). Psychometric characteristics of the Scale for Suicide Ideation with psychiatric outpatients. *Behaviour Research and Therapy, 35*, 1039−1046.

Beck, A. T., Kovacs, M., & Weissman, A. (1979). Assessment of suicidal intention: The Scale for Sui−cide Ideation. *Journal of Consulting and Clinical Psychology, 47*, 343−352.

Beck, A. T., & Steer, R. A. (1991). *Manual for the Beck Scale for Suicide Ideation.* San Antonio, TX: Psychological Corporation.

Beck, A. T., Steer, R. A., & Brown, G. K. (1996). *Beck Depression Inventory–II.* San Antonio, TX: Psychological Corporation.

Bedics, J. D., Atkins, D. C., Comtois, K. A., & Linehan, M. M. (2012). Treatment differences in the therapeutic relationship and introject during a 2–year randomized controlled trial of dialectical behavior therapy versus nonbehavioral psychotherapy experts for borderline personality disor–der. *Journal of Consulting and Clinical Psychology, 80*(1), 66–77.

Benazzi, F. (2005). Suicidal ideation and bipolar–II depression symptoms. *Human Psychopharma–cology: Clinical and Experimental, 20*(1), 27–32.

Benazzi, F., & Akiskal, H. S. (2006). Psychometric delineation of the most discriminant symptoms of depressive mixed states. *Psychiatry Research, 141*(1), 81–88.

Bennett, B. E., Bricklin, P. M., Harris, E. C., Knapp, S., VandeCreek, L., & Younggren, J. N. (2006).

*Assessing and managing risk in psychological practice.* Washington, DC: American Psychiatric Association.

Berman, A. L. (2006). Risk management with suicidal patients. *Journal of Clinical Psychology, 62*(2), 171–184.

Bernert, R. A., Joiner, T. E., Cukrowicz, K. C., Schmidt, N. B., & Krakow, B. (2005). Suicidality and sleep disturbances. *Sleep, 28*(9), 1135.

Bond, G. R., Becker, D. R., & Drake, R. E. (2011). Measurement of fidelity of implementation of evidence–based practices: Case example of the IPS fidelity scale. *Clinical Psychology: Science and Practice, 18*(2), 126–141.

Borges, G., Walters, E. E., & Kessler, R. C. (2000). Associations of substance use, abuse, and depen–dence with subsequent suicidal behavior. *American Journal of Epidemiology, 151*(8), 781–789.

Bostwick, J. M., & Pankratz, V. S. (2001). "Omission of suicide data": Reply. *American Journal of Psychiatry, 158*(11), 1935.

Boudreaux, E. D., Miller, I., Goldstein, A. B., Sullivan, A. F., Allen, M. H., Manton, A. P., et al. (2013). The Emergency Department Safety Assessment and Follow–up Evaluation (ED–SAFE): Method and design considerations. *Contemporary Clinical Trials, 36,* 14–24.

Britton, P. C., Bryan, C. J., & Valenstein, M. (2016). Motivational interviewing for means restriction counseling with patients at risk for suicide. *Cognitive and Behavioral Practice, 23*(1), 51–61.

Brown, G. K., Beck, A. T., Steer, R. A., & Grisham, J. R. (2000). Risk factors for suicide in psychiatric outpatients: A 20–year prospective study. *Journal of Consulting and Clinical Psychology, 68*(3), 371–377.

Brown, G. K., Henriques, G. R., Sosdjan, D., & Beck, A. T. (2004). Suicide intent and accurate expectations of lethality: Predictors of medical lethality of suicide attempts. *Journal of Consult–ing and Clinical Psychology, 72*(6), 1170–1174.

Brown, G. K., Steer, R. A., Henriques, G. R., & Beck, A. T. (2005). The internal struggle between the wish to die and the wish to live: A risk factor for suicide. *American Journal of Psychiatry, 162*, 1977–1979.

Brown, G. K., Ten Have, T., Henriques, G. R., Xie, S. X., Hollander, J. E., & Beck, A. T. (2005). Cognitive therapy for the prevention of suicide attempts: A randomized controlled trial. *Journal of the American Medical Association, 294*(5), 563–570.

Bryan, A. O., Theriault, J. L., & Bryan, C. J. (2014). Self–forgiveness, posttraumatic stress, and sui–cide attempts among military personnel and veterans. *Traumatology, 21*, 40–46.

Bryan, C. J. (2016). Treating PTSD within the context of heightened suicide risk. *Current Psychiatry Reports, 18*(8), 1–7.

Bryan, C. J., Andreski, S. R., McNaughton–Cassill, M., & Osman, A. (2014). Agency is associated with decreased emotional distress and suicidal ideation in military personnel. *Archives of Sui–cide Research, 18*(3), 241–250.

Bryan, C. J., Bryan, A. O., May, A. M., & Klonsky, E. D. (2015). Trajectories of suicide ideation, nonsuicidal self–injury, and suicide attempts in a nonclinical sample of military personnel and veterans. *Suicide and Life–Threatening Behavior, 45*(3), 315–325.

Bryan, C. J., Bryan, A. O., Ray–Sannerud, B. N., Etienne, N., & Morrow, C. E. (2014). Suicide attempts before joining the military increase risk for suicide attempts and severity of suicidal ideation among military personnel and veterans. *Comprehensive Psychiatry, 55*(3), 534–541.

Bryan, C. J., Clemans, T. A., & Hernandez, A. M. (2012). Perceived burdensomeness, fearlessness of death, and suicidality among deployed military personnel.

*Personality and Individual Differences, 52*(3), 374–379.

Bryan, C. J., Clemans, T. A., Leeson, B., & Rudd, M. D. (2015). Acute vs. chronic stressors, multiple suicide attempts, and persistent suicide ideation in US soldiers. *Journal of Nervous and Mental Disease, 203,* 48–53.

Bryan, C. J., Corso, K. A., Corso, M. L., Kanzler, K. E., Ray–Sannerud, B., & Morrow, C. E. (2012).

Therapeutic alliance and change in suicidal ideation during treatment in integrated primary care settings. *Archives of Suicide Research, 16,* 316–323.

Bryan, C. J., Corso, K. A., Rudd, M. D., & Cordero, L. (2008). Improving identification of suicidal patients in primary care through routine screening. *Primary Care and Community Psychiatry, 13,* 143–147.

Bryan, C. J., Elder, W. B., McNaughton–Cassill, M., Osman, A., Hernandez, A. M., & Allison, S. (2013). Meaning in life, emotional distress, suicidal ideation, and life functioning in an active duty military sample. *Journal of Positive Psychology, 8,* 444–452.

Bryan, C. J., Garland, E. L., & Rudd, M. D. (2016). From impulse to action among military person–nel hospitalized for suicide risk: Alcohol consumption and the reported transition from suicidal thought to behavior. *General Hospital Psychiatry, 41,* 13–19.

Bryan, C. J., Gartner, A. M., Wertenberger, E., Delano, K. A., Wilkinson, E., Breitbach, J., et al. (2012). Defining treatment completion according to patient competency: A case example using brief cognitive behavioral therapy (BCBT) for suicidal patients. *Professional Psychology: Research and Practice, 43*(2), 130–136.

Bryan, C. J., Gonzales, J., Rudd, M. D., Bryan, A. O., Clemans, T. A., Ray–Sannerud, B., et al.

(2015). Depression mediates the relation of insomnia severity with suicide risk in three clinical samples of U.S. military personnel. *Depression and Anxiety, 32,* 647–655.

Bryan, C. J., Griffith, J., Pace, B. T., Hinkson, K., Bryan, A. O., Clemans, T., et al. (2015, April).

*Combat exposure and risk for suicidal thoughts and behaviors among military personnel and veterans: A systematic review and meta–analysis.* Paper presented at the annual meeting of the American Association of Suicidology,

Atlanta, GA.

Bryan, C. J., Grove, J. L., & Kimbrel, N. A. (2017). Theory–driven models of self–directed violence among individuals with PTSD. *Current Opinion in Psychology, 14,* 12–17.

Bryan, C. J., & Hernandez, A. M. (2013). The functions of social support as protective factors for suicidal ideation in a sample of air force personnel. *Suicide and Life–Threatening Behavior, 43*(5), 562–573.

Bryan, C. J., Hitschfeld, M. J., Palmer, B. A., Schak, K. M., Roberge, E. M., & Lineberry, T. W. (2014). Gender differences in the association of agitation and suicide attempts among psychiat–ric inpatients. *General Hospital Psychiatry, 36,* 726–731.

Bryan, C. J., Kanzler, K. E., Grieser, E., Martinez, A., Allison, S., & McGeary, D. (2017). A shortened version of the Suicide Cognitions Scale for identifying chronic pain patients at risk for suicide. *Pain Practice, 17*(3), 371–381.

Bryan, C. J., Kopta, S. M., & Lowes, B. D. (2012). CelestHealth System: A new horizon for mental health treatment. *Science and Practice, 2,* 7–11.

Bryan, C. J., Mintz, J., Clemans, T. A., Leeson, B., Burch, T. S., Williams, S. R., et al. (2017). Effect of crisis response planning vs. contracts for safety on suicide risk in US Army soldiers: A randomized clinical trial. *Journal of Affective Disorders, 212,* 64–72.

Bryan, C. J., Morrow, C. E., Anestis, M. D., & Joiner, T. E. (2010). A preliminary test of the interpersonal–psychological theory of suicidal behavior in a military sample. *Personality and Individual Differences, 48*(3), 347–350.

Bryan, C. J., Morrow, C. E., Etienne, N., & Ray–Sannerud, B. (2013). Guilt, shame, and suicidal ideation in a military outpatient clinical sample. *Depression and Anxiety, 30*(1), 55–60.

Bryan, C. J., Ray–Sannerud, B., Morrow, C. E., & Etienne, N. (2013a). Guilt is more strongly associ–ated with suicidal ideation among military personnel with direct combat exposure. *Journal of Affective Disorders, 148*(1), 37–41.

Bryan, C. J., Ray–Sannerud, B., Morrow, C., & Etienne, N. (2013b). Optimism reduces suicidal ide–ation and weakens the effect of hopelessness among military personnel. *Cognitive Therapy and Research, 37*(5), 996–1003.

Bryan, C. J., Ray–Sannerud, B., Morrow, C. E., & Etienne, N. (2013c). Shame, pride, and suicidal ideation in a military clinical sample. *Journal of Affective Disorders, 147*(1–3), 212–216.

Bryan, C. J., Roberge, E. M., Bryan, A. O., Ray–Sannerud, B., Morrow, C. E., & Etienne, N. (2015).

Guilt as a mediator of the relationship between depression and posttraumatic stress with sui–cide ideation in two samples of military personnel and veterans. *International Journal of Cogni–tive Therapy, 8,* 43–155.

Bryan, C. J., & Rudd, M. D. (2006). Advances in the assessment of suicide risk. *Journal of Clinical Psychology, 62,* 185–200.

Bryan, C. J., & Rudd, M. D. (2012). Life stressors, emotional distress, and trauma–related thoughts occurring in the 24 h preceding active duty U.S. soldiers' suicide attempts. *Journal of Psychi–atric Research, 46,* 843–848.

Bryan, C. J., & Rudd, M. D. (2015). Response to Stankiewicz et al. [Letter to the editor]. *American Journal of Psychiatry, 172,* 1022–1023.

Bryan, C. J., & Rudd, M. D. (2017). Nonlinear change processes during psychotherapy characterize patients who have made multiple suicide attempts. *Suicide and Life–Threatening Behavivor.* [Epub ahead of print]

Bryan, C. J., Rudd, M. D., Peterson, A. L., Young–McCaughan, S., & Wertenberger, E. G. (2016). The ebb and flow of the wish to live and the wish to die among suicidal military personnel. *Journal of Affective Disorders, 202,* 58–66.

Bryan, C. J., Rudd, M. D., Wertenberger, E., Etienne, N., Ray–Sannerud, B. N., Morrow, C. E., et al.(2014). Improving the detection and prediction of suicidal behavior among military personnel by measuring suicidal beliefs: An evaluation of the Suicide Cognitions Scale. *Journal of Affec–tive Disorders, 159,* 15–22.

Bryan, C. J., Rudd, M. D., Wertenberger, E., Young–McCaughon, S., & Peterson, A. (2014). Nonsui–cidal self–injury as a prospective predictor of suicide attempts in a clinical sample of military personnel. *Comprehensive Psychiatry.* [Epub ahead of print]

Bryan, C. J., Sinclair, S., & Heron, E. A. (2016). Do military personnel "acquire" the capability for suicide from combat?: A test of the interpersonal–psychological theory of suicide. *Clinical Psy–chological Science, 4,* 376–385.

Bryan, C. J., Stone, S. L., & Rudd, M. D. (2011). A practical, evidence–based approach for means–restriction counseling with suicidal patients. *Professional Psychology:*

*Research and Practice, 42*(5), 339.

Bryan, C. J., & Tomchesson, J. (2007, April). *Clinician definitions of common suicide–related terms.*

Poster presented at the annual meeting of the American Association of Suicidology, New Orleans, LA.

Bryant, F. (2003). Savoring Beliefs Inventory (SBI): A scale for measuring beliefs about savouring. *Journal of Mental Health, 12*(2), 175–196.

Budman, S. H., & Gurman, A. S. (2002). *Theory and practice of brief therapy.* New York: Guilford Press.

Burns, D. D. (1989). *The feeling good handbook: Using the new mood therapy in everday life.* New York: Morrow.

Busch, K. A., Fawcett, J., & Jacobs, D. G. (2003). Clinical correlates of inpatient suicide. *Journal of Clinical Psychiatry, 64,* 14–19.

Bush, K., Kivlahan, D. R., McDonell, M. B., Fihn, S. D., & Bradley, K. A. (1998). The AUDIT alcohol consumption questions (AUDIT–C): An effective brief screening test for problem drink–ing. *Archives of Internal Medicine, 158,* 1789–1795.

Bush, N. E., Dobscha, S. K., Crumpton, R., Denneson, L. M., Hoffman, J. E., Crain, A., et al. (2015).

A virtual hope box smartphone app as an accessory to therapy: Proof–of–concept in a clinical sample of veterans. *Suicide and Life–Threatening Behavior, 45,* 1–9.

Buysse, D. J., Reynolds, C. F., Monk, T. H., Berman, S. R., & Kupfer, D. J. (1989). The Pittsburgh Sleep Quality Index: A new instrument for psychiatric practice and research. *Psychiatry Research, 28, 1* 93–213.

Centers for Disease Control and Prevention. (2016). Web–based Injury Statistics Query and Report–ing System (WISQARS) [Online]. Retrieved from *www.cdc.gov/injury/wisqars/index.html.*

Cha, C. B., Najmi, S., Park, J. M., Finn, C. T., & Nock, M. K. (2010). Attentional bias toward suicide–related stimuli predicts suicidal behavior. *Journal of Abnormal Psychology, 119,* 616–622.

Chang, S., Stuckler, D. S., Yip, P., & Gunnell, D. (2013). Impact of 2008 global economic crisis on suicide: Time trend study in 54 countries. *British Medical*

*Journal, 347*, f5239.

Cipriani, A., Pretty, H., Hawton, K., & Geddes, J. R. (2005). Lithium in the prevention of suicidal behavior and all−cause mortality in patients with mood disorders: A systematic review of ran−domized trials. *American Journal of Psychiatry, 162*(10), 1805−1819.

Cook, D. A. (2009). Thorough informed consent: A developing clinical intervention with suicidal clients. *Psychotherapy Theory, Research, Practice, Training, 46*, 469−471.

Coombs, D. W., Miller, H. L., Alarcon, R., Herlihy, C., Lee, J. M., & Morrison, D. P. (1992). Pre−suicide attempt communications between parasuicides and consulted caregivers. *Suicide and Life−Threatening Behavior, 22*, 289−302.

Cordero, L., Rudd, M. D., Bryan, C. J., & Corso, K. A. (2008). Accuracy of primary care medical providers' understanding of the FDA black box warning label for antidepressants. *Primary Care and Community Psychiatry, 13*, 109−114.

Crits−Christoph, P., Ring−Kurtz, S., Hamilton, J., Lambert, M. J., Gallop, R., McClure, B., et al.

(2012). Preliminary study of the effects of individual patient−level feedback in outpatient sub−stance abuse treatment programs. *Journal of Substance Abuse Treatment, 42*, 301−309.

Crosby, A., Ortega, L., & Melanson, C. (2011, February). *Self−directed violence surveillance: Uni−form definitions and recommended data elements, version 1.0*. Atlanta, GA: Centers for Dis−ease Control and Prevention.

Dawes, R., Faust, D., & Meehl, P. (1989). Clinical versus actuarial judgment. *Science, 243*, 1668−1674.

Dimidjian, S., Hollon, S. D., Dobson, K. S., Schmaling, K. B., Kohlenberg, R. J., Addis, M. E., et al. (2006). Randomized trial of behavioral activation, cognitive therapy, and antidepressant medication in the acute treatment of adults with major depression. *Journal of Consulting and Clinical Psychology, 74*, 658−670.

Dogra, A. K., Basu, S., & Das, S. (2011). Impact of meaning in life and reasons for living to hope and suicidal ideation: A study among college students. *Journal of Projective Psychology and Mental Health, 18*, 89.

Eddleston, M., Buckley, N. A., Gunnell, D., Dawson, A. H., & Konradsen, F. (2006). Identification of strategies to prevent death after pesticide self−poisoning using a Haddon matrix. *Injury Preven-tion, 12*, 333-337.

Ellis, T. E., & Rufino, K. A. (2015). A psychometric study of the Suicide Cognitions Scale with psy-chiatric inpatients. *Psychological Assessment, 27*, 82-89.

Erisman, S. M., & Roemer, L. (2010). A preliminary investigation of the effects of experimentally induced mindfulness on emotional responding to film clips. *Emotion, 10*, 72-82.

Esposito-Smythers, C., Spirito, A., Kahler, C. W., Hunt, J., & Monti, P. (2011). Treatment of co-occurring substance abuse and suicidality among adolescents: A randomized trial. *Journal of Consulting and Clinical Psychology, 79*, 728-739.

Fawcett, J. (1999). Profiles of completed suicides. In D. Jacobs (Ed.), *The Harvard Medical School guide to suicide assessment and intervention* (pp. 132-148). San Francisco: Jossey-Bass.

Ferster, C. B. (1973). A functional analysis of depression. *American Psychologist, 28*, 857-870.

Forman, E. M., Berk, M. S., Henriques, G. R., Brown, G. K., & Beck, A. T. (2004). History of mul-tiple suicide attempts as a behavioral marker of severe psychopathology. *American Journal of Psychiatry, 161*, 437-443.

Franklin, J. C., Ribeiro, J. D., Fox, K. R., Bentley, K. H., Kleiman, E. M., Huang, X., et al. (2017).

Risk factors for suicidal thoughts and behaviors: A meta-analysis of 50 years of research. *Psy-chological Bulletin, 143*(2), 187-232.

Frey, L. M., & Cerel, J. (2015). Risk for suicide and the role of family: A narrative review. *Journal of Family Issues, 36*, 716-736.

Gable, S. L., Reis, H. T., Impett, E. A., & Asher, E. R. (2004). What do you do when things go right?: The intrapersonal and interpersonal benefits of sharing positive events. *Journal of Personality and Social Psychology, 87*, 228.

Garland, E. L., Gaylord, S. A., Boettiger, C. A., & Howard, M. O. (2010). Mindfulness training modifies cognitive, affective, and physiological mechanisms implicated in alcohol dependence: Results of a randomized controlled pilot trial. *Journal of Psychoactive Drugs, 42*, 177-192.

Ghahramanlou-Holloway, M., Bhar, S. S., Brown, G. K., Olsen, C., & Beck, A. T. (2012). Changes in problem-solving appraisal after cognitive therapy for the prevention of suicide. *Psychological Medicine, 42*, 1185-1193.

Gortner, E. T., Gollan, J. K., Dobson, K. S., & Jacobson, N. S. (1998). Cognitive-behavioral treat-ment for depression: Relapse prevention. *Journal of Consulting and Clinical Psychology, 66*, 377-384.

Green, K. L., Brown, G. K., Jager-Hyman, S., Cha, J., Steer, R. A., & Beck, A. T. (2015). The predic-tive validity of the Beck Depression Inventory suicide item. *Journal of Clinical Psychiatry, 76*, 1683-1686.

Grove, W. M. (2005). Clinical versus statistical prediction: The contribution of Paul E. Meehl. *Jour-nal of Clinical Psychology, 61*, 1233-1243.

Guan, K., Fox, K. R., & Prinstein, M. J. (2012). Nonsuicidal self-injury as a time-invariant predictor of adolescent suicide ideation and attempts in a diverse community sample. *Journal of Consult-ing and Clinical Psychology, 80*, 842-849.

Gujar, N., Yoo, S., Hu, P., & Walker, M. P. (2011). Sleep deprivation amplifies reactivity of brain reward networks, biasing the appraisal of positive emotional experiences. *Journal of Neurosci-ence, 31*, 4466-4474.

Gysin-Maillart, A., Schwab, S., Soravia, L., Megert, M., & Michel, K. (2016). A novel brief therapy for patients who attempt suicide: A 24-months follow-up randomized controlled study of the attempted suicide short intervention program (ASSIP). *PLOS Medicine, 13*(3), e1001968.

Hall, M. H. (2010). Behavioral medicine and sleep: Concepts, measures, and methods. In A. Steptoe (Ed.), *Handbook of behavioral medicine: Methods and applications* (pp. 749-765). New York: Springer.

Hall, R. C., Platt, D. E., & Hall, R. C. (1999). Suicide risk assessment: A review of risk factors for suicide in 100 patients who made severe suicide attempts: Evaluation of suicide risk in a time of managed care. *Psychosomatics, 40*, 18-27.

Harmon, S. C., Lambert, M. J., Smart, D. W., Hawkins, E. J., Nielsen, S. L., Slade, K., et al. (2007).

Enhancing outcome for potential treatment failures: Therapist/client feedback and clinical sup-port tools. *Psychotherapy Research, 17*, 379-392.

Harris, E. C., & Barraclough, B. (1997). Suicide as an outcome for mental disorders: A meta-analysis. *British Journal of Psychiatry, 170*, 205-228.

Harrison, Y., & Horne, J. A. (2000). The impact of sleep deprivation on decision making: A review. *Journal of Experimental Psychology: Applied, 6*, 236-249.

Harvard University School of Public Health. (n.d.). Lethal means counseling. Retrieved February 8, 2015, from www.hsph.harvard.edu/means–matter/lethal–means–*counseling*.

Hayes, S. C., Wilson, K. G., Gifford, E. V., Follette, V. M., & Strosahl, K. (1996). Experiential avoid–ance and behavioral disorders: A functional dimensional approach to diagnosis and treatment.

*Journal of Consulting and Clinical Psychology, 64,* 1152–1168.

Heisel, M. J., & Flett, G. L. (2008). Psychological resilience to suicide ideation among older adults. *Clinical Gerontologist, 31,* 51–70.

Hendin, H., & Haas, A. P. (1991). Suicide and guilt as manifestations of PTSD in Vietnam combat veterans. *American Journal of Psychiatry, 148,* 586–591.

Hill, R. M., Rey, Y., Marin, C. E., Sharp, C., Green, K. L., & Pettit, J. W. (2015). Evaluating the Interpersonal Needs Questionnaire: Comparison of the reliability, factor structure, and predic–tive validity across five versions. *Suicide and Life–Threatening Behavior, 45,* 302–314.

Hirsch, J. K., & Conner, K. R. (2006). Dispositional and explanatory style optimism as potential moderators of the relationship between hopelessness and suicidal ideation. *Suicide and Life–Threatening Behavior, 36,* 661–669.

Hirsch, J. K., Conner, K. R., & Duberstein, P. R. (2007). Optimism and suicide ideation among young adult college students. *Archives of Suicide Research, 11,* 177–185.

Hirsch, J. K., Wolford, K., Lalonde, S. M., Brunk, L., & Parker–Morris, A. (2009). Optimistic explan–atory style as a moderator of the association between negative life events and suicide ideation. *Crisis, 30,* 48–53.

Horesh, N., Levi, Y., & Apter, A. (2012). Medically serious versus non–serious suicide attempts: Relationships of lethality and intent to clinical and interpersonal characteristics. *Journal of Affective Disorders, 136,* 286–293.

Horvath, A. O., & Greenberg, L. S. (1989). Development and validation of the Working Alliance Inventory. *Journal of Counseling Psychology, 36,* 223–233.

Ilgen, M. A., Harris, A. H. S., Moos, R. H., & Tiet, Q. Q. (2007). Predictors of a suicide attempt one year after entry into substance use disorder treatment. *Alcoholism: Clinical and Experimental Research, 31,* 635–642.

Ingram, R. E., Miranda, J., & Segal, Z. (2006). Cognitive vulnerability to depression. In L. B. Alloy & J. H. Riskind (Eds.), *Cognitive vulnerability to emotional disorders* (pp. 63–91). Mahwah, NJ: Erlbaum.

Inskip, H. M., Harris, E. C., & Barraclough, B. (1998). Lifetime risk of suicide for affective disorder, alcoholism and schizophrenia. *British Journal of Psychiatry, 172*, 35–37.

Jain, S., Shapiro, S. L., Swanick, S., Roesch, S. C., Mills, P. J., Bell, I., et al. (2007). A randomized controlled trial of mindfulness meditation versus relaxation training: Effects on distress, posi–tive states of mind, rumination, and distraction. *Annals of Behavioral Medicine, 33*, 11–21.

Jeannerod, M. (2001). Neural simulation of action: A unifying mechanism for motor cognition. *Neu–roImage, 14*, S103–S109.

Joiner, T. E., Jr. (2005). *Why people die by suicide.* Cambridge, MA: Harvard University Press.

Joiner, T. E., Jr., Conwell, Y., Fitzpatrick, K. K., Witte, T. K., Schmidt, N. B., Berlim, M. T., et al. (2005). Four studies on how past and current suicidality relate even when "everything but the kitchen sink" is covaried. *Journal of Abnormal Psychology, 114*, 291–303.

Joiner, T. E., Jr., Pfaff, J. J., & Acres, J. G. (2002). A brief screening tool for suicidal symptoms in adolescents and young adults in general health settings: Reliability and validity data from the Australian National General Practice Youth Suicide Prevention Project. *Behaviour Research and Therapy, 40*, 471–481.

Joiner, T. E., Jr., Rudd, M. D., & Rajab, M. H. (1997). The Modified Scale for Suicidal Ideation: Factors of suicidality and their relation to clinical and diagnostic variables. *Journal of Abnormal Psychology, 106*, 260–265.

Joiner, T. E., Jr., Steer, R. A., Brown, G., Beck, A. T., Pettit, J. W., & Rudd, M. D. (2003). Worst–point suicidal plans: A dimension of suicidality predictive of past suicide attempts and eventual death by suicide. *Behaviour Research and Therapy, 41*, 1469–1480.

Joiner, T. E., Jr., Van Orden, K. A., Witte, T. K., & Rudd, M. D. (2009). *The interpersonal theory ofsuicide: Guidance for working with suicidal clients.* Washington, DC: American Psychological Association.

Joiner, T. E., Jr., Van Orden, K. A., Witte, T. K., Selby, E. A., Ribeiro, J. D., Lewis, R., et al. (2009).

Main predictions of the interpersonal–psychological theory of suicidal behavior:

Empirical tests in two samples of young adults. *Journal of Abnormal Psychology, 118*, 634–646.

Joiner, T. E., Jr., Walker, R. L., Rudd, M. D., & Jobes, D. A. (1999). Scientizing and routinizing the assessment of suicidality in outpatient practice. *Professional Psychology: Research and Prac–tice, 30*, 447.

Judd, L. L., Schettler, P. J., Akiskal, H., Coryell, W., Fawcett, J., Fiedorowicz, J. G., et al. (2012).

Prevalence and clinical significance of subsyndromal manic symptoms, including irritability and psychomotor agitation, during bipolar major depressive episodes. *Journal of Affective Dis–orders, 138*, 440–448.

Kabat–Zinn, J., Massion, A. O., Kristeller, J., Peterson, L. G., Fletcher, K. E., Pbert, L., et al. (1992).

Effectiveness of a meditation–based stress reduction program in the treatment of anxiety disor–ders. *American Journal of Psychiatry, 149*, 936–943.

Kanzler, K. E., Bryan, C. J., McGeary, D. D., & Morrow, C. E. (2012). Suicidal ideation and per–ceived burdensomeness in patients with chronic pain. *Pain Practice, 12*, 602–609.

Kaslow, N. J., Sherry, A., Bethea, K., Wyckoff, S., Compton, M. T., Grall, M. B., et al. (2005). Social risk and protective factors for suicide attempts in low income African American men and women. *Suicide and Life–Threatening Behavior, 35*, 400–412.

Katz, L. Y., Cox, B. J., Gunasekara, S., & Miller, A. L. (2004). Feasibility of dialectical behavior therapy for suicidal adolescent inpatients. *Journal of the American Academy of Child and Ado–lescent Psychiatry, 43*, 276–282.

Kessler, R. C., Borges, G., & Walters, E. E. (1999). Prevalence of and risk factors for lifetime suicide attempts in the National Comorbidity Survey. *Archives of General Psychiatry, 56*, 617–626.

Klonsky, E. D., & May, A. M. (2015). The three–step theory (3ST): A new theory of suicide rooted in the "ideation–to–action" framework. *International Journal of Cognitive Therapy, 8*, 114–129.

Klonsky, E. D., May, A. M., & Glenn, C. R. (2013). The relationship between nonsuicidal self–injury and attempted suicide: Converging evidence from four samples. *Journal of Abnormal Psychol–ogy, 122*, 231–237.

Kopta, S. M., & Lowry, J. L. (2002). Psychometric evaluation of the Behavioral Health Question–naire–20: A brief instrument for assessing global mental health and the three phases of psycho–therapy outcome. *Psychotherapy Research, 12,* 413–426.

Kovacs, M., Beck, A. T., & Weissman, A. (1976). The communication of suicidal intent: A reexamina–tion. *Archives of General Psychiatry, 33,* 198–201.

Kroenke, K., Spitzer, R. L., & Williams, J. B. (2001). The PHQ–9. *Journal of General Internal Medi–cine, 16,* 606–61.

Lambert, M. J. (2013). Outcome in psychotherapy: The past and important advances. *Psychotherapy, 50,* 42–51.

Lambert, M. J., Morton, J. J., Hatfield, D., Harmon, C., Hamilton, S., Reid, R. C., et al. (2004).

*Administration and scoring manual for the OQ–45.* Orem, UT: American Professional Creden–tialing Services.

Lambert, M. J., Whipple, J. L., Smart, D. W., Vermeersch, D. A., Nielsen, S. L., & Hawkins, E. J. (2001). The effects of providing therapists with feedback on patient progress during psycho–therapy: Are outcomes enhanced? *Psychotherapy Research, 11,* 49–68.

Lewinsohn, P. M., & Graf, M. (1973). Pleasant activities and depression. *Journal of Consulting and Clinical Psychology, 41,* 261–268.

Lewinsohn, P. M., & Libet, J. (1972). Pleasant events, activity schedules, and depressions. *Journal of Abnormal Psychology, 79,* 291–295.

Linehan, M. M. (1993). *Cognitive–behavioral treatment of borderline personality disorder.* New York: Guilford Press.

Linehan, M. M., Armstrong, H. E., Suarez, A., Allmon, D., & Heard, H. L. (1991). Cognitive–behavioral treatment of chronically parasuicidal borderline patients. *Archives of General Psy–chiatry, 48,* 1060–1064.

Linehan, M. M., Comtois, K. A., Brown, M. Z., Heard, H. L., & Wagner, A. (2006). Suicide Attempt Self–Injury Interview (SASII): Development, reliability, and validity of a scale to assess suicide attempts and intentional self–injury. *Psychological Assessment, 18,* 303–312.

Linehan, M. M., Comtois, K. A., Murray, A. M., Brown, M. Z., Gallop, R. J., Heard, H. L., et al. (2006). Two–year randomized controlled trial and follow–up of

dialectical behavior therapy vs
therapy by experts for suicidal behaviors and borderline personality disorder. *Archives of Gen−eral Psychiatry, 63*, 757−766.

Luebbert,K.,Dahme,B.,&Hasenbring,M.(2001).Theeffectivenessofrelaxationtrainingin reduc−ing treatment−related symptoms and improving emotional adjustment in acute non−surgical cancer treatment: A meta−analytical review. *Psycho−Oncology, 10*, 490−502.

Lynch, T. R., Chapman, A. L., Rosenthal, M. Z., Kuo, J. R., & Linehan, M. M. (2006). Mechanisms of change in dialectical behavior therapy: Theoretical and empirical observations. *Journal of Clinical Psychology, 62*, 459−480.

MacLeod, A. K., Rose, G. S., & Williams, J. M. G. (1993). Components of hopelessness about the future in parasuicide. *Cognitive Therapy and Research, 17*, 441−455.

MacLeod, A. K., & Tarbuck, A. F. (1994). Explaining why negative events will happen to oneself: Parasuicides are pessimistic because they can't see any reason not to be. *British Journal of Clinical Psychology, 33*, 317−326.

Mann, J. J., Apter, A., Bertolote, J., Beautrais, A., Currier, D., Haas, A., et al. (2005). Suicide pre−vention strategies: A systematic review. *Journal of the American Medical Association, 294*, 2064−2074.

Martin, D. J., Garske, J. P., & Davis, M. K. (2000). Relation of the therapeutic alliance with outcome and other variables: A meta−analytic review. *Journal of Consulting and Clinical Psychology, 68*, 438.

May, A. M., & Klonsky, E. D. (2016). What distinguishes suicide attempters from suicide ideators?: A meta−analysis of potential factors. *Clinical Psychology: Science and Practice, 23*, 5−20.

Meltzer, H. Y., Alphs, L., Green, A. I., Altamura, A. C., Anand, R., Bertoldi, A., et al. (2003). Clo−zapine treatment for suicidality in schizophrenia: International suicide prevention trial (Inter−SePT). *Archives of General Psychiatry, 60*, 82−91.

Miklowitz, D. J., Alatiq, Y., Goodwin, G. M., Geddes, J. R., Fennell, M. J. V., Dimidjian, S., et al. (2009). A pilot study of mindfulness−based cognitive therapy for bipolar disorder. *International Journal of Cognitive Therapy, 2*, 373−382.

Miller, I. W., Camargo, C. A., Arias, S. A., Sullivan, A. F., Allen, M. H., Goldstein, A. B., et al., for the ED−SAFE Investigators. (2017). Suicide prevention in an emergency department population: The ED−SAFE study. *JAMA Psychiatry, 74*(6),

563－570.

Miller, W. R., & Rollnick, S. (2012). *Motivational interviewing: Helping people change* (3rd ed.).

New York: Guilford Press.

Millner, A. J., Lee, M. D., & Nock, M. K. (2017). Describing and measuring the pathway to suicide attempts: A preliminary study. *Suicide and Life－Threatening Behavior, 47*(3), 353－369.

Minnix, J. A., Romero, C., Joiner T. E., Jr., & Weinberg, E. F. (2007). Change in "resolved plans" and "suicidal ideation" factors of suicidality after participation in an intensive outpatient treatment program. *Journal of Affective Disorders, 103*, 63－68.

Munzert, J., Lorey, B., & Zentgraf, K. (2009). Cognitive motor processes: The role of motor imagery in the study of motor representations. *Brain Research Reviews, 60*, 306－326.

Nasir, M., Baucom, B., Bryan, C. J., Narayanan, S., & Georgiou, P. (2017, August). Complexity in speech and its relation to emotional bond in therapist－patient interactions during suicide risk assessment interviews. *Proceedings of the Annual Conference of the International Speech Com－munication Association, INTERSPEECH*, pp. 3296－3300.

National Action Alliance Clinical Care & Intervention Task Force. (2012). *Suicide care in systems framework*. Washington, DC: National Action Alliance for Suicide Prevention.

National Institute for Health and Clinical Excellence. (2012). *Self－harm: Longer－term management*.

Leicester, UK: British Psychological Society.

Nock, M. K., Borges, G., Bromet, E. J., Alonso, J., Angermeyer, M., Beautrais, A., et al. (2008). Cross－national prevalence and risk factors for suicidal ideation, plans, and attempts. *British Journal of Psychiatry, 192*, 98－105.

Nock, M. K., Park, J. M., Finn, C. T., Deliberto, T. L., Dour, H. J., & Banaji, M. R. (2010). Measur－ing the suicidal mind: Implicit cognition predicts suicidal behavior. *Psychological Science, 21*, 511－517.

Nock,M.K.,&Prinstein,M.J.(2005).Contextualfeaturesandbehavioralfunctionsofself－m utilation among adolescents. *Journal of Abnormal Psychology, 114*, 140.

O'Connor, R. C. (2011). Towards an integrated motivational–volitional model of suicidal behaviour.

In R. C. O'Connor, S. Platt, & J. Gorden (Eds.), *International handbook of suicide prevention: Research, policy, and practice* (pp. 181–198). Chichester, UK: Wiley.

O'Connor, R. C., & Noyce, R. (2008). Personality and cognitive processes: Self–criticism and differ–ent types of rumination as predictors of suicidal ideation. *Behaviour Research and Therapy, 46*, 392–401.

O'Connor, R. C., & O'Connor, D. B. (2003). Predicting hopelessness and psychological distress: The role of perfectionism and coping. *Journal of Counseling Psychology, 50*, 362–372.

O'Connor, R. C., Rasmussen, S., & Hawton, K. (2010). Predicting depression, anxiety, and self–harm in adolescents: The role of perfectionism and acute life stress. *Behaviour Research and Therapy, 48*, 52–59.

Oquendo, M. A., Galfalvy, H. C., Currier, D., Grunebaum, M. F., Sher, L., Sullivan, G. M., et al.

(2011). Treatment of suicide attempters with bipolar disorder: A randomized clinical trial com–paring lithium and valproate in the prevention of suicidal behavior. *American Journal of Psy–chiatry, 168*, 1050–1056.

Owens, D., Horrocks, J., & House, A. (2002). Fatal and non–fatal repetition of self–harm: Systematic review. *British Journal of Psychiatry, 181*, 193–199.

Peterson, L. G., Peterson, M., O'Shanick, G. J., & Swann, A. (1985). Self–inflicted gunshot wounds: Lethality of method versus intent. *American Journal of Psychiatry, 142*, 228–231.

Pigeon, W. R., Britton, P. C., Ilgen, M. A., Chapman, B., & Conner, K. R. (2012). Sleep disturbance preceding suicide among veterans. *American Journal of Public Health, 102*(Suppl. 1), S93–S97.

Pirkola, S., Isometsä, E., & Lönnqvist, J. (2003). Do means matter?: Differences in characteristics of Finnish suicide completers using different methods. *Journal of Nervous and Mental Disease, 191*, 745–750.

Pomerantz, A. M., & Handelsman, M. M. (2004). Informed consent revisited: An updated written question format. *Professional Psychology: Research and Practice, 35*, 201–205.

Poulin, C., Shiner, B., Thompson, P., Vepstas, L., Young–Xu, Y., Goertzel, B., et al. (2014). Predicting the risk of suicide by analyzing the text of clinical notes. *PLOS ONE, 9,* e85733.

Price, R. K., Risk, N. K., Haden, A. H., Lewis, C. E., & Spitznagel, E. L. (2004). Post–traumatic stress disorder, drug dependence, and suicidality among male Vietnam veterans with a history of heavy drug use. *Drug and Alcohol Dependence, 76*(Suppl.), S31–S43.

Pugh, M. J., Hesdorffer, D., Wang, C. P., Amuan, M. E., Tabares, J. V., Finley, E. P., et al. (2013).

Temporal trends in new exposure to antiepileptic drug monotherapy and suicide–related behav–ior. *Neurology, 81,* 1900–1906.

Quoidbach, J., Berry, E. V., Hansenne, M., & Mikolajczak, M. (2010). Positive emotion regulation and well–being: Comparing the impact of eight savoring and dampening strategies. *Personality and Individual Differences, 49,* 368–373.

Resick, P. A., Monson, C. M., & Chard, K. M. (2017). *Cognitive processing therapy for PTSD: A comprehensive manual.* New York: Guilford Press.

Rihmer, Z., & Akiskal, H. (2006). Do antidepressants t(h)reat(en) depressives?: Toward a clinically judicious formulation of the antidepressant–suicidality FDA advisory in light of declining national suicide statistics from many countries. *Journal of Affective Disorders, 94,* 3–13.

Rihmer, Z., & Pestality, P. (1999). Bipolar II disorder and suicidal behavior. *Psychiatric Clinics of North America, 22,* 667–673.

Rudd, M. D. (2006). Fluid vulnerability theory: A cognitive approach to understanding the process of acute and chronic risk. In T. E. Ellis (Ed.), *Cognition and suicide: Theory, research, and therapy* (pp. 355–368). Washington, DC: American Psychological Association.

Rudd, M. D. (2009). Psychological treatments for suicidal behavior: What are the common elements of treatments that work? In D. Wasserman (Ed.), *Oxford textbook of suicidology* (pp. 427–438).

Oxford, UK: Oxford University Press.

Rudd, M. D. (2012). Brief cognitive behavioral therapy (BCBT) for suicidality in military popula–tions. *Military Psychology, 24,* 592–603.

Rudd, M. D., Bryan, C. J., Wertenberger, E., Peterson, A. L., Young–McCaughon, S., Mintz, J., et al. (2015). Brief cognitive behavioral therapy effects on post−treatment suicide attempts in a military sample: Results of a 2−year randomized clinical trial. *American Journal of Psychiatry, 172*, 441−449.

Rudd, M. D., Cordero, L., & Bryan, C. J. (2009). What every psychologist should know about the Food and Drug Administration's black box warning label for antidepressants. *Professional Psy−chology: Research and Practice, 40*, 321−326.

Rudd, M. D., Joiner, T., Brown, G. K., Cukrowicz, K., Jobes, D. A., Silverman, M., et al. (2009).

Informed consent with suicidal patients: Rethinking risks in (and out of) treatment. *Psycho−therapy, 46*, 459−468.

Rudd, M. D., Joiner, T. E., Jr., & Rajab, M. H. (1995). Help negation after acute suicidal crisis. *Jour−nal of Consulting and Clinical Psychology, 63*, 499−503.

Rudd, M. D., Joiner, T., & Rajab, M. H. (1996). Relationships among suicide ideators, attempters, and multiple attempters in a young−adult sample. *Journal of Abnormal Psychology, 105*, 541−550.

Rudd, M. D., Joiner, T. E., Jr., & Rajab, M. H. (2001). *Treating suicidal behavior: An effective, time−limited approach*. New York: Guilford Press.

Saunders, J. B., Aasland, O. G., Babor, T. F., De la Fuente, J. R., & Grant, M. (1993). Development of the Alcohol Use Disorders Identification Test (AUDIT): WHO collaborative project on early detection of persons with harmful alcohol consumption—II. *Addiction, 88*, 791−804.

Schmitz, W. M., Allen, M. H., Feldman, B. N., Gutin, N. J., Jahn, D. R., Kleespies, P. M., et al. (2012).

Preventing suicide through improved training in suicide risk assessment and care: An Ameri−can Association of Suicidology task force report addressing serious gaps in U.S. mental health training. *Suicide and Life−Threatening Behavior, 42*, 292−304.

Selby, E. A., Anestis, M. D., Bender, T. W., Ribeiro, J. D., Nock, M. K., Rudd, M. D., et al. (2010).

Overcoming the fear of lethal injury: Evaluating suicidal behavior in the military through the lens of the interpersonal−psychological theory of suicide. *Clinical Psychology Review, 30*, 298−307.

Shimokawa, K., Lambert, M. J., & Smart, D. W. (2010). Enhancing treatment outcome of patients at risk of treatment failure: Meta−analytic and mega−analytic review of a psychotherapy quality assurance system. *Journal of Consulting and Clinical Psychology, 78*, 298–311.

Silverman, M. M. (2006). The language of suicidology. *Suicide and Life–Threatening Behavior, 36*(5), 519–532.

Simon, G. E., Rutter, C. M., Peterson, D., Oliver, M., Whiteside, U., Operskalski, B., et al. (2013).

Does response on the PHQ–9 Depression Questionnaire predict subsequent suicide attempt or suicide death? *Psychiatric Services, 64*, 1195–1202.

Simon, G. E., & Savarino, J. (2007). Suicide attempts among patients starting depression treatment with medications or psychotherapy. *American Journal of Psychiatry, 164*, 1029–1034.

Simon, O. R., Swann, A. C., Powell, K. E., Potter, L. B., Kresnow, M. J., & O'Carroll, P. W. (2001).

Characteristics of impulsive suicide attempts and attempters. *Suicide and Life–Threatening Behavior, 32*(Suppl. 1), 49–59.

Simon, W., Lambert, M. J., Busath, G., Vazquez, A., Berkeljon, A., Hyer, K., et al. (2013). Effects

of providing patient progress feedback and clinical support tools to psychotherapists in an inpatient eating disorders treatment program: A randomized controlled study. *Psychotherapy Research, 23*, 287–300.

Slade, K., Lambert, M. J., Harmon, S. C., Smart, D. W., & Bailey, R. (2008). Improving psycho–therapy outcome: The use of immediate electronic feedback and revised clinical support tools.

*Clinical Psychology and Psychotherapy, 15*, 287–303.

Smith, J. C., Mercy, J. A., & Conn, J. M. (1988). Marital status and the risk of suicide. *American Journal of Public Health, 78*, 78–80.

Speca, M., Carlson, L. E., Goodey, E., & Angen, M. (2000). A randomized, wait–list controlled clini–cal trial: The effect of a mindfulness meditation–based stress reduction program on mood and symptoms of stress in cancer outpatients. *Psychosomatic Medicine, 62*, 613–622.

Stanley, B., & Brown, G. K. (2012). Safety Planning Intervention: A brief intervention to mitigate suicide risk. *Cognitive and Behavioral Practice, 19*, 256–264.

Stetter, F., & Kupper, S. (2002). Autogenic training: A meta–analysis of clinical outcome

studies.
*Applied Psychophysiology and Biofeedback, 27,* 45–98.

Stewart, A. L., Ware, J. E., Brook, R. H., & Davies, A. R. (1978). *Conceptualization and measure–ment of health for adults in the Health Insurance Study: Vol. II. Physical health in terms of functioning.* Santa Monica, CA: RAND Corporation.

Strosahl, K., Chiles, J. A., & Linehan, M. (1992). Prediction of suicide intent in hospitalized para–suicides: Reasons for living, hopelessness, and depression. *Comprehensive Psychiatry, 33,* 366–373.

SubstanceAbuseandMentalHealthServicesAdministration.(2014).*Resultsfromthe2013 National Survey on Drug Use and Health: Mental health findings.* Rockville, MD: Author.

Suicide Prevention Resource Center. (2006). *Core competencies in the assessment and management of suicidality.* Newton, MA: Author.

Swahn,M.H.,&Potter,L.B.(2001).Factorsassociatedwiththemedicalseverityofsuicideattempts in youths and young adults. *Suicide and Life–Threatening Behavior, 32*(Suppl. 1), 21–29.

Tarrier, N., Taylor, K., & Gooding, P. (2008). Cognitive–behavioral interventions to reduce suicide behavior: A systematic review and meta–analysis. *Behavior Modification, 32,* 77–108.

Taylor, D. J., McCrae, C. S., Gehrman, P. R., Dautovich, N., & Lichstein, K. L. (2007). Insomnia. In M. Hersen & J. Rosqvist (Eds.), *Handbook of psychological assessment, case conceptualization, and treatment* (pp. 674–700). New York: Wiley.

Trockel, M., Karlin, B. E., Taylor, C. B., Brown, G. K., & Manber, R. (2015). Effects of cognitive behavioral therapy for insomnia on suicidal ideation in veterans. *Sleep, 38,* 259–265.

VandeCreek, L. (2009). Time for full disclosure with suicidal patients. *Psychotherapy Theory, Research, Practice, Training, 46,* 472–473.

Van Orden, K. A., Cukrowicz, K. C., Witte, T. K., & Joiner, T. E., Jr. (2012). Thwarted belongingness and perceived burdensomeness: Construct validity and psychometric properties of the Inter–personal Needs Questionnaire. *Psychological Assessment, 24,* 197–215.

Van Orden, K. A., Witte, T. K., Gordon, K. H., Bender, T. W., & Joiner, T. E. (2008).

Suicidal desire and the capability for suicide: Tests of the interpersonal–psychological theory of suicidal beah–
vior among adults. *Journal of Consulting and Clinical Psychology, 76*, 72–83.

Wenzel, A., & Beck, A. T. (2008). A cognitive model of suicidal behavior: Theory and treatment.
*Applied and Preventive Psychology, 12*, 189–201.

Wenzel, A., Brown, G. K., & Beck, A. T. (2009). *Cognitive therapy for suicidal patients: Scientific and clinical applications*. Washington, DC: American Psychological Association.

Wilcox, H. C., Conner, K. R., & Caine, E. D. (2004). Association of alcohol and drug use disorders and completed suicide: An empirical review of cohort studies. *Drug and Alcohol Dependence, 76*, S11–S19.

Wilkinson, P., Kelvin, R., Roberts, C., Dubicka, B., & Goodyer, I. (2011). Clinical and psychosocial predictors of suicide attempts and nonsuicidal self–injury in the Adolescent Depression Anti–depressants and Psychotherapy Trial (ADAPT). *American Journal of Psychiatry, 168*, 495–501.

Williams, J. M. G., Barnhofer, T., Crane, C., & Beck, A. (2005). Problem solving deteriorates follow–ing mood challenge in formerly depressed patients with a history of suicidal ideation. *Journal of Abnormal Psychology, 114*, 421.

Woznica, A. A., Carney, C. E., Kuo, J. R., & Moss, T. G. (2015). The insomnia and suicide link: Toward an enhanced understanding of this relationship. *Sleep Medicine Reviews, 22*, 37–46.

Zentgraf, K., Stark, R., Reiser, M., Kunzell, S., Schienle, A., Kirsch, P., et al. (2005). Differential activation of pre–SMA and SMA proper during action observation: Effects of instructions. *Neu–roImage, 26*, 662–672.

# 찾아보기

## ㅇ



## ㅈ

**ㅊ**

## 역자 육성필

고려대학교에서 석사학위를 취득하고 서울대학병원 신경정신과에서 임상심리학 레지던트 과정을 수료한 뒤 고려대학교에서 심리학 박사학위를 받았다. 미국 로체스터대학교의 자살예방연구소(University of Rochester Institute of Suicide Prevention & Study)에서 박사후과정을 하였다. 스트레스, 자살 및 자해, 폭력, 상실, 소진 등을 주요연구주제로 교육과 연구를 하고 있으며 현재 서울상담심리대학원대학교 위기관리상담전공 교수로 재직 중이다.

## 저자소개

브라이언 박사(Craig J. Bryan, PsyD, ABBP)는 유타대학의 국립재향군인연구센터의 이사이고 심리학과와 정신의학과의 부교수이다. 그는 Suicide and Life-Threatening Behavior 저널의 부편집인이며 미국자살예방협회의 이사회에서 활동했다. 브라이언 박사는 미국심리학회 제18분과(공공서비스심리학자)와 19분과(군사심리학회)로부터 찰스 S. 거르시니 군사심리상, 피터 J. N. 리너로스 국가봉사상 등의 상을 받았으며, 미국자살예방협회로부터 에드윈 S. 슈나이드먼상을 받았다. 그는 유타대학의 Presidential Scholar이며 Beacon of Excellence 수혜자이다. 2005년부터 2009년까지 그는 2009년 이라크배치를 포함하여 임상심리학자로 미 공군에서 현역으로 근무했다. 브라이언 박사의 주요 연구 관심사는 자살예방과 외상 후 스트레스장애다. 그는 150편 이상의 논문과 여러 권의 책을 출판했는데, 대부분 자살예방, 외상 및 군사정신건강에 중점을 두고 있다.

데이비드 러드 박사(M, David Rudd, PhD, ABPP)는 멤피스대학의 총장으로, 또한 심리학의 저명한 대학교수이기도 하다. 그는 유타대학의 국립재향군인연구센터의 공동창립자이사 연구책임자이기도 하다. 러드 박사는 미국심리학회, 국제자살연구원, 인지치료학회의 회원으로, Distinguished Practitioner and Scholar of the National Academy of Practice in psychology로 선출되었다. 그는 이전에 텍사스주 Examiners of Psychologists 위원회의 위원장, 미국자살예방협회장, 미국심리학협회 대표위원회 위원을 역임했다. 러드 박사의 연구는 자살 환자의 치료에 초점을 맞추고 있다. 그는 자살하려는 개인의 임상치료에 관한 200개 이상의 과학적인 논문과 수많은 책을 출판했으며 자살예방에 있어서 국제적인 리더로 인정받고 있다.

자살의 단기인지행동치료

초판발행 2023년 1월 2일

지은이 Craig J. Bryan · M. David Rudd
옮긴이 육성필
펴낸이 노 현

편 집 김윤정
표지디자인 이영경
제 작 고철민·조영환

펴낸곳 ㈜피와이메이트
서울특별시 금천구 가산디지털2로 53, 210호(가산동, 한라시그마밸리)
등록 2014. 2. 12. 제2018-000080호
전 화 02)733-6771
f a x 02)736-4818
e-mail pys@pybook.co.kr
homepage www.pybook.co.kr
ISBN 979-11-6519-190-0 93180

* 파본은 구입하신 곳에서 교환해 드립니다. 본서의 무단복제행위를 금합니다.
* 역자와 협의하여 인지첩부를 생략합니다.

정 가 22,000원

박영스토리는 박영사와 함께하는 브랜드입니다.